新一代信息科学与技术丛书

Digital Preservation Technology and Its Applications for Cultural Heritage

文化遗产数字化保护技术及应用

Wenhua Yichan Shuzihua Baohu Jishu ji Yingyong

周明全　耿国华　武仲科

高等教育出版社·北京
HIGHER EDUCATION PRESS　BEIJING

图书在版编目(CIP)数据

文化遗产数字化保护技术及应用/周明全，耿国华，武仲科著.
—北京：高等教育出版社，2011. 9
ISBN 978－7－04－031878－4

Ⅰ.①文…　Ⅱ.①周…②耿…③武…　Ⅲ.①数字技术－应用－文化遗产－保护　Ⅳ.①G269. 1－39

中国版本图书馆CIP数据核字(2011)第163439号

策划编辑　陈红英　　责任编辑　陈红英　　封面设计　张　楠　　版式设计　王艳红
责任校对　杨凤玲　　责任印制　刘思涵

出版发行	高等教育出版社	咨询电话	400－810－0598
社　　址	北京市西城区德外大街4号	网　　址	http://www.hep.edu.cn
邮政编码	100120		http://www.hep.com.cn
印　　刷	北京人卫印刷厂	网上订购	http://www.landraco.com
开　　本	787mm×1092mm　1/16		http://www.landraco.com.cn
印　　张	18.5	版　　次	2011年9月第1版
字　　数	350千字	印　　次	2011年9月第1次印刷
购书热线	010－58581118	定　　价	45.00元

本书如有缺页、倒页、脱页等质量问题，请到所购图书销售部门联系调换。

物 料 号　31878－00

序

在人类进入新世纪以来，全球化步伐不断加快，科学技术日新月异，国际合作广泛深入，世界各国正日益联结一起，人类命运互联互通、紧密相依。借助于科技的力量，人类在许多方面取得了巨大的成就，与我们的前辈相比，在自然面前，人类似乎已显得足够强大。然而，我们又不得不承认，关乎人类的前途命运，甚至生死攸关的世界性难题在不断增多，需要我们共同面对、合作解决。文明的进步是一个历史接续与不断创造的过程，在长期的历史进程中，人类以灵活多样的活动形式，留下了珍贵的精神遗产和丰富的文化遗迹。解决人类共同面对的问题，我们可以从前人那里吸收经验、借鉴智慧、寻求灵感，因此，如何对文化遗产进行保护、整理、开发与利用，是一个重要的时代课题。数字化文化遗产的保护是一个很好的思路和手段，具有广阔的应用前景和重要的文化意义。

中国是一个历史悠久的国家，被誉为“世界四大文明古国”之一。在几千年有文字记载的历史长河中，中国人民创造了博大精深的中华文明，留下了数量众多、内涵丰富、价值独特的文化遗存。运用数字化技术进行古代遗存发现、保存及展示，是迫切的和必要的。北京师范大学积极发扬历史学科优势，大力发展以计算机科学与技术为代表的新兴学科，推动学科交叉，培育综合优势，在数字化文物保护、古籍整理、考古学和计算机科学方面开展了一系列的研究工作，取得了一批研究成果。周明全教授和他的团队积十余年的努力，综合运用数字化技术、图像处理技术、图形学技术、虚拟现实技术，为文化遗产保护探索了新的方法，研制了新的工具，开展了国际交流，取得了显著的成绩。此书是他们工作的总结、研究的心得、技术的推广。希望此书的出版为从事数字化文化遗产研究的科技人员提供一个良好的交流平台，并为考古学、文物保护、数学、信息科学、博物馆学、建筑学、艺术等学科的研究人员在数字化文化遗产保护方面的工作提供有益的参考。

愿我国的数字化文化遗产事业越做越好！

是为序。

钟秉林

2011 年 7 月

前言

告别了石器时代、青铜器时代、农业时代和工业时代，我们进入了一个全新的信息时代。互联网将世界联系在一起，我们不再感受“烽火连三月，家书抵万金”，再也不用“日日思君不见君”。新的文明应是华夏文明的延续，在信息时代如何用信息技术保护中华文化遗产，传承中华文明之根，是时代赋予我们的责任和使命。我们要对历史负责，因为中华文化遗产是中华文明的见证；我们要对人类文明负责，因为中华文化遗产是世界文化遗产的重要组成部分，我们要发扬中华文化，无逊于世界文明；我们要对未来负责，因为保护中华文化遗产是中华文明的延续，我们要对得起子孙后代。

基于这一共识，国内文物工作者与计算机工作者共同努力，一批对中华文明情有独钟的信息时代弄潮儿，开创了文化遗产数字化保护这一先河。

本书总结了作者16年从事文化遗产数字化保护的研究和实践，融入了作者对文化遗产数字化保护的理解，介绍文化遗产数字化与保护过程中所使用的信息技术，从数据获取到建立用户需要的各种表示模型和操作，到虚拟修复和数字化管理、WEB检索，再到数字博物馆展示技术，等等，并给出实际的应用案例。全书分4部分：第一部分概述，包括第1章绪论；第二部分基本技术，包括第2章数字化保护技术基础和第3章数字化管理技术基础；第三部分专题技术层，包括第4章刚体文物的虚拟复原技术、第5章字画虚拟复原技术、第6章古建筑物的虚拟复原技术、第7章二维图像三维重建技术、第8章遗址场景重构与绘制技术和第9章数字博物馆技术；第四部分应用实例层，包括第10章文化遗产数字化保护技术应用实例，介绍了秦始皇陵兵马俑一号坑第三次发掘的数字化和大唐芙蓉园数字化虚拟展示。

本书具有如下特色：

1. 交叉研究突出，科学体系相对完整

参考国内外考古学、信息学的研究成果，形成文化遗产数字化生存的基础体系与应用体系，反映交叉学科研究的前沿进展。

2. 技术覆盖面宽,应用指导作用强

覆盖了对遗址文物的采集获取、存储表示、加工处理、虚拟展示的数字化生存技术全过程,所述研究均来自高层次实证研究的支撑,源自多年文物遗产数字化保护的实践,具有示范指导作用。

感谢税午阳、王茹、王学松、邓擎琼、祝轩、朱晓冬、刘军等博士生以及张婧、呼艳硕士生在整理编写工作中所做出的努力。衷心感谢文化遗产研究与保护技术教育部重点实验室(西北大学)、文化遗产数字化保护与虚拟现实北京市重点实验室(北京师范大学)的鼎力帮助及与我们多年合作致力于文化遗产数字化保护的故宫博物院、秦始皇兵马俑博物馆、陕西省考古研究院的同行们。特别感谢高等教育出版社陈红英编辑在策划和编辑中所给予的指导和帮助。

由于作者水平有限,不足之处在所难免,望广大读者多多指点,共同为发展文化遗产数字化保护事业做出贡献。

周明全

2011 年 6 月

目录

第1章　绪论

中国是一个历史悠久的文明古国，中华民族创造了博大精深的古代文化，留下了数量众多、内涵丰富的文化遗存、遗址。这些遗存、遗址蕴含着中华民族特有的精神价值、思维方式和想象力，体现着中华民族的生命力和创造力，是全人类文明的瑰宝。保护文化遗产，保持民族文化的传承，是连接民族情感纽带的重要文化基础，也是维护世界文化多样性和创造性、促进人类共同发展的前提。用传统的搬迁和复制方法很难完整、真实、生动地再现这些文化遗产的原貌。人工智能、虚拟现实、多媒体、宽带网络与数据库等先进数字化信息技术的发展为遗产保护提供了有效手段。如何运用这些技术延续历史文明，推进文化遗产的保护，实现文化遗产数字化保护，是考古学家和计算机科学工作者要解决的难题，也是当代科学的重要任务。

1.1　文化遗产数字化保护概述

1. 文化遗产的概念

1972年11月，联合国教科文组织在《保护世界自然和文化遗产公约》中正式提出文化遗产的概念，明确指出，文化遗产是全人类文明历史的精华，是极其罕见和不可再生、不可复制的，不仅属于其所在国家，而且属于整个人类。文化遗产包括文物、建筑群和遗址，之后又引入文化景观和口述及非物质文化遗产。

2. 世界文化遗产的分类

图1-1描述了世界文化遗产的分类体系。其中，物质文化遗产指具有历史、艺术和科学价值的文物；不可移动文物是固定的，如建筑空间、自然空间，包括古遗址、古墓群、古建筑、石窟、石刻、壁画等；可移动的文物指历史上各个时代的重要实物、艺术品、文献、手稿、图书资料、动植物标本等。非物质文化遗产是无空间规定的，也称无形遗产，是指各民族人民世代相承的、与群众生活密切相关的各种传统文化表现形式和文化空间，如民俗活动、表演艺术、传统知识和技能，以及与之相关的手工制品等。本书内容主要侧重于物质文化遗产方面。

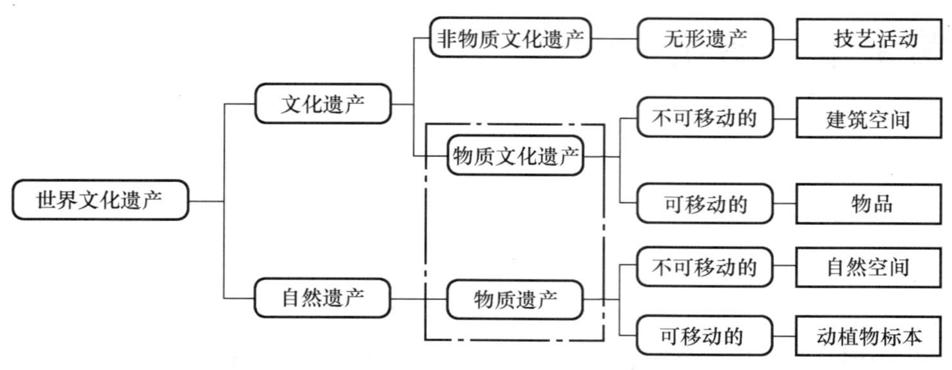

图 1-1 世界文化遗产分类

3. 文化遗产数字化的含义

利用当代测绘遥感和计算机虚拟现实技术,以数字化方式将文化遗产的全部动产和不动产真实、完整地存储到计算机网络,实现真三维数字存档,供保护、修复、复原以及考古研究和文化交流使用。

4. 文化遗产的数字化应用

图 1-2 概括了文化遗产的数字化应用层次。

(1) 数字化存档是文化遗产得以传承的根本。

(2) 保护与修复再现了文化遗产的光彩。

(3) 考古研究深掘文化遗产的内涵。

(4) 文化交流与传播很好地弘扬了民族文化。

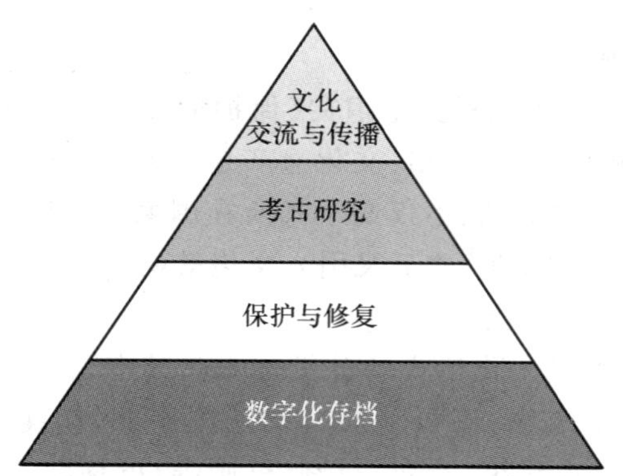

图 1-2 文化遗产的数字化应用层次

1.2 文化遗产数字化保护的意义与价值

文化遗产蕴藏着人类的文明和智慧,其历史高度、文化厚度和自然生命积淀为人类自身创造的历程,保护文化遗产就是通过唤醒人们保护自然与文化遗产的自觉意识,以达到保护人类自身历史和创造的目的。中国是世界文化遗产大国,拥有40万处文物古迹保护点,有6 000多处为国家级,省、自治区、直辖市级文物保护单位,其中国家级1 271处。自1987年世界遗产委员会第11届会议批准中国的故宫等6处遗产列入《世界遗产名录》,至2007年6月,中国已有35项文化遗产和自然景观列入《世界遗产名录》,其中文化遗产24项,自然遗产6项,文化和自然双重遗产4项,文化景观1项,还有35项正在申遗。全国拥有518项人类口述和非物质遗产(李德仁,2008)。五千年的文明史留下了灿若繁星的宝贵文物,多以陶器、瓷器、铜器、陶俑的形式出现,经历了千百年的风化侵蚀、战火和历史变迁,尤其是现代社会经济高速发展,人类活动频繁,这些文化遗产遭到或正在遭到前所未有的冲击和破坏,文物中的相当一部分已残缺或成为碎片,人为破坏因素直接导致了文物无法实体复原。如龙门石窟文物流散海外,无法观览到一个完整的龙门石窟遗产,再如两次浩劫使圆明园成为一片废墟,人们无法观赏圆明园的宏伟与秀丽。如何应用现代科学技术有效地继承并保护这些珍贵的文化遗产,使人类文明得到较好的传承,已经成为人类社会必须共同面对的问题。

信息技术具有大容量存储、高速度计算、多媒体呈现、远距离传输等特点,运用现代信息技术保护文化遗产是一个必要且行之有效的方法。利用计算机图形学、图像处理、虚拟现实等信息领域的新技术,结合传统的文物保护与修复工作,将破损文物按原始形状复原出来再现其原貌,是计算机工作者义不容辞的任务,也是时代赋予的历史使命。在文化遗产保护中引入数字化技术,是文化遗产保护领域的一场技术革命,将改变文化遗产保护的传统技术与手段,甚至会影响考古工作者的思维方式和工作流程。

很多文化遗产本身是一个整体,按传统的保护方法,应放在博物馆中陈列。但是文物一旦脱离了它原始的环境,便造成了整体观念的分离,对文物本身的特性而言是一种损害。博物馆或相关保护机构可以利用多媒体、虚拟现实等数字化技术和设备,重造“体验型博物馆”,让观众通过遥感器在虚拟的文化遗产空间漫游,了解文化遗产的整体效果,复原和再现一个全面而完整的意义空间,从而充分发挥文化遗产的教育作用。

文化遗产数字化的直接技术包括:

(1) 文化遗产保护中高保真、全息存取等技术。

(2) 文化遗产分类、信息化存储、建立资源性的符号库和素材数据库的数字化技术。

(3) 虚拟博物馆、虚拟文物遗址再现与文物修复,文化空间与过程的数字模拟及再现技术。

(4) 利用虚拟技术对传统手工艺的生活方式、使用方式、消费方式、流通方式、传播方式、传承方式进行再现的技术。

(5) 文化遗产数字展示与传播的模式和技术。

目前计算机技术在考古学上的应用大多局限于展示层面,深层次、实质性的考古辅助系统还不多见。在文化遗产数字化保护方面,虽已有大量的研究和实践工作基础,仍需深入研究解决计算机在考古学应用中的关键技术,为考古学者创造性工作提供实质性的帮助,急需解决计算机辅助数字考古过程的支撑技术和方法,具体如下所示。

(1) 遗址、场景、遗物快速建模、模拟和绘制问题,以支持文物专家推理、预测、发现、认知、提出问题以及验证假说等创造性工作。

(2) 刚性三维物体匹配、拼接问题,提供复原方案,辅助文物工作者的文物修复过程。

(3) 精确文物模型和场景的虚拟展示技术,以支持文物和遗址的展示、测量和传播等。

(4) 文物遗址资料数字化,提供考古过程的线划图、剖面图及定量尺寸标注等资料生成支持工具,实现考古发掘报告资料图示的自动生成。

1.3 文化遗产数字化保护的对象

文化遗产数字化保护的对象包括物质文化遗产和非物质文化遗产。

1972年,联合国教科文组织在《保护世界自然和文化遗产公约》中具体指明了物质文化遗产保护的主要范围和对象:

(1) 文物。从历史、艺术或科学角度看,有突出的普遍价值的建筑物、碑雕和碑画,具有考古性质成分或结构的铭文、窟洞及联合体。

(2) 建筑群。从历史、艺术或科学角度看,在建筑式样、分布均匀或与环境景色结合方面,具有突出的普遍价值的单立或连接的建筑群。

(3) 遗址。从历史、审美、人种学或人类学角度看,具有突出的普遍价值的人类工程或自然与人联合工程以及考古地址等遗址。

2003年10月通过的《保护非物质文化遗产国际公约》指明,非物质文化遗产是指以非物质形态存在的与群众生活密切相关、世代相承的传统文化表现形式,包括口头传承、传统表演艺术、民俗活动、礼仪与节庆、有关自然界和宇宙的民间传统知识和实践、传统手工艺技能等与其表现形式相关的文化空间。

1.4 文化遗产数字化保护的状况

20世纪90年代以来,以虚拟现实为代表的数字化技术得到了长足的发展,并在保护文化遗产方面显露了引人注目的效果,构建了以技术为中心的技术性保护理论,形成以技术为中心的专业分工,为文化遗产的保护提供强有力的保障,给文化遗产保护事业开辟了新的途径。同时,文化遗产作为信息产品汇入全球市场,受到经济规律的支配和消费文化的影响,因此文化遗产的数字化工作也成为各国政府和学者普遍重视的问题。

1.4.1 国外文化遗产数字化保护状况

目前,国外在文化遗产数字化保护方面已经有相当成熟的理论与技术支持,一些多媒体、虚拟技术或图形学方面的会议都开设了文化遗产专题,而一些数字图像与视觉艺术的国际会议也都包含了大量将多媒体与虚拟现实技术用于数字化文物的内容,同时还开展了大量文物相关的项目和研究。与此同时,很多学校也开始设置文化遗产数字化保护的相关研究机构,展开一系列的网络技术、数字技术、文化遗产数字化保护的研究,并与世界其他国家的文化单位合作,寻求用数字技术、网络技术有效保存世界遗产的方式。

1. 欧洲地区

欧盟资助的3D MURALE项目提出了一整套古遗址保护重建的方法并将之应用于土耳其Sagalassos遗址,该方案包括文物的数据采集和记录、多媒体数据库、虚拟重建、可视化古代遗迹及文物,通过数据库中的资料并结合出土文物的三维模型重建古遗址(Cosmas,2002)。为文化遗产的数字化保护提供了新的多媒体技术以记录、分类、保护和恢复古代的器物、建筑及遗址。

2004年在比利时举行的第五届虚拟现实、考古学和智能文化遗产会议(VAST)上设立了Avatar和虚拟人专题,讨论了在虚拟古代场景人的行为(Pablo,2004)群体行为(Ryder,2004)以及在虚拟的古代文化遗址中体验历史事件发生过程(Gaitatzes,2004)等主题。

2. 美国

1) 数字图书馆

美国印第安纳大学筹建的传统音乐档案馆,利用数字技术保护历史档案;美国内布拉斯加大学人文科学数字研究中心建设的惠特曼文本数字资料库,开始将数字技术用于文献保护;哥伦比亚大学视觉媒体中心开展一系列文化遗产数字化收集、网络课程的开设、艺术品的虚拟展示等教学实践;美国斯坦福大学、华盛顿大学与Cyberware公司合作的数字化米开朗基罗项目;芝加哥大学、西安大略湖大学的Sulman木乃伊工程。

2)开发利用世界上其他古老文明的遗产,作为展现最新技术的内容载体

数字考古领域最有影响的工作是1990年开始的美国斯坦福大学的数字米开朗基罗项目(Leovy et al,2001),之后是美国斯坦福大学的Forma Urbis Romae

项目(Koller,2006),再后来是美国加州大学洛杉矶分校的数字化斗兽场和讲坛项目(Frischer,2003,2004),之后是在美国弗吉尼亚大学正在进行的对整个古罗马城市数字化的"罗马再生"项目(Frischer,2008)。数字米开朗基罗项目通过三维激光扫描仪实现米开朗基罗主要作品的数字化,其中对高7.5米的大卫雕塑的三维数字化,模型超过20亿个点,最高精度达到50 μm。Forma Urbis Romae项目通过Cyberware三维扫描仪对遗留的1 163片大理石碎片进行数字化试图恢复古罗马地形图,由于碎片的形状任意且厚度不同,采用传统的手工拼接方法几乎难以完成,因此项目组试图通过数字化方法减轻拼接工作的难度。IBM Thomas J. Watson实验室采用立体照相机技术通过1 000多次的扫描,实现米开朗基罗Florentine Pietà雕塑的数字化,但是该模型精度较低(Abouaf,1999)。普林斯顿大学和Akrotiri Excavation等机构合作展开Akrotiri遗址遗留破碎壁画的数字化及修复工作,设计并实现了一套壁画碎片数字化系统及碎片拼接方法,实现了碎片的虚拟拼接和修复(Benedict,2008)。

3. 其他国家和地区

日本奥兹大学对日本奥兹地区的非物质文化遗产狮子舞进行数字化保护工作等。

加拿大国家研究中心开发了一款高精度三维扫描数字化系统开展博物馆和遗址的数字化工作,与Padova大学合作实现了圣母玛丽亚与圣婴的3D数字化,还同以色列合作开展恺撒时代古建筑遗址的数字化工作(Taylor,2002)。

1.4.2 我国文化遗产数字化保护状况

目前国内在文化遗产数字化保护上也取得了一些颇具影响的标志性的成果,浙江大学CAD & CG国家重点实验室就敦煌艺术的数字化保护技术自1997年至今进行的研究已经取得了多方面的研究成果,提出了壁画临摹技术和壁画色彩演变技术,开发并实现了敦煌莫高窟虚拟参观旅游系统、敦煌壁画辅助临摹与修复系统及计算机辅助石窟保护修复系统(潘云鹤,2003);北京大学开展了龙门石窟的数字化保护工作,根据场景的不同尺寸和对扫描模型精度的不同要求,选择不同类型的扫描仪实现了龙门石窟擂鼓台区外立面、洞窟、圆雕大日佛、洞窟中小佛像、饰物三维模型的建立(魏涛,2007);北京师范大学周明全教授从1998年开始从事三维刚性物体的复原研究,特别是在计算机辅助秦始皇陵兵马俑复原上做了出色的工作(吕科,2003)、(樊少荣,2005)、(李春龙,2005)、(Zhou,2009a)、(Zhou,2009b)、(Zhou,2009c),通过数字化设备获得破碎兵马俑碎片的三维信息,然后根据形状匹配技术实现碎片的自动拼合,最后通过手工调整实现了破碎文物的虚拟复原。

国内各种数字博物馆如南京博物馆、西北大学考古数字博物馆、山东大学考古数字博物馆、国际友谊博物馆等,也为我国通过信息技术对濒危文化遗产的保护、传承与再创造提供了有益的方法与经验。

1.5 文化遗产数字化保护的策略与要求

随着遗产概念外延的扩张,遗产数量越来越多,层次越来越丰富,但同时,世界各地大量的文物被战争及自然灾害毁坏,大批文化遗产被纷至沓来的旅游者破坏,因此,采用先进的计算机技术将信息、控制、管理、决策相结合,对珍贵、濒危并具有历史价值的文化遗产进行真实、系统和全面的记录,并进行虚拟再现、建立永久性的档案和数据库是文化遗产保护的重要策略。具体体现在以下几个方面。

1. 采用数字化信息与处理技术进行保存

数字化信息获取与处理技术是对文化遗产存在方式的一种较新型的保护技术,这种技术可以保证文化遗产以最全面、真实的形式保存下来。利用数字化信息获取与处理技术可以把一些文化遗产的档案资料,如照片、影像等,编辑转化为数字化格式,保存于计算机硬盘、光盘等介质中。数字信息获取与处理技术能更好地整理、收集、记录文化遗产的信息,可以达到传统意义上的保护方式所不能达到的展示要求与保真效果,可以对文化遗产实现更为安全和长久的保存。

2. 使用资料数据库和数字化展示平台让文化遗产再现风采

文化遗产具有海量的信息资料,对保存和再现的具体操作有着较高的要求,不能靠简单的数据堆积,必须在全面调查发掘的基础上,按“数字化”、“多媒体格式”的要求进行加工、整理、分类编码后,再进行系统化的分类、编辑并存入数据库。例如,数字博物馆就是一种适合于文化遗产传播的数字化展示平台,它与普通博物馆不同,不仅仅是静态藏品的展示,更是将一些民间工艺品制作过程的历史演变、工艺存在的文化状态、民间艺人的档案、民间工艺的分类、民间工艺的传播方式、民间工艺品的制作工艺、民间工艺品的原材料以及民间生活方式等成千上万种文化艺术的全过程进行数字化编程后存入数据库网络。在虚拟的数字博物馆里,可以以活态文化的方式展示各种文化遗产的具体内容和精髓。

3. 利用虚拟再现技术还原文化遗产

文化遗产的虚拟再现是指运用数字摄影、三维信息获取、多媒体及虚拟现实技术等手段还原文化遗产,创设体验文化遗产的虚拟情境,从而对文化遗产进行保护和传播。对于文物、建筑群和遗址等物质文化遗产,使用虚拟再现技术,根据现实生活中的原型,复原文化遗产的样貌,并进行多维度的展示;对非物质文化遗产进行虚拟再现时,需要根据其特点,找到一种最佳的方式,用可视或可体验的形式对其进行重构和整合,将“无形”转化为“有形”。另外,还可以将物质文化遗产和非物质文化遗产资源整合在一起,更为深入、立体地对文化遗产进行保存和传播。

1.6 文化遗产数字化保护的研究内容

1. 数字化采集、记录和保存

1) 物质文化遗产

以墓葬为例,考古挖掘对墓葬而言,有时是一种破坏,如丝织物的迅速氧化、壁画因失水而起翘、剥离,木质文物的收缩、开裂等。而数字化手段能够与考古现场同步,以最快、最全面的方式及时记录下墓葬的原初面貌。通过数字化摄影和三维立体扫描,最大限度地弥补因文物不可抗拒的衰败和消失而带来的缺憾。

2) 非物质文化遗产

文字、录音、摄影、录像等传统的技术手段曾为我们保存了大批珍贵的非物质文化遗产。但是书籍的发霉、录像带的老化、录像色彩的蜕变、录音带的失真等都使所记录的非物质文化遗产的信息不同程度地出现失真,影响了对它的长期保存和利用。而利用数字技术,可以对非物质文化遗产进行信息化存储,并建立各种记录媒体提供的相关信息的资料数据库。

2. 数字化复原和再现

1) 物质文化遗产

对于一些已经损坏或消失的物质文化遗产,可以借助虚拟技术使之复原,并在虚拟世界中对演变进行模拟。

很多文化遗产本身是一个整体,传统的保护方法是将文化遗产放在博物馆中陈列。但是文物一旦脱离了它的初始环境,就造成了整体观念的分离,对文物本身的特性而言是一种损害。博物馆或相关保护机构利用多媒体、虚拟现实等数字化技术和设备,重造一个"体验型博物馆",可让观众通过遥感器在虚拟的文化遗产空间中漫游,了解文化遗产的整体结果,从而复原和再现一个全面而完整的意义空间。

2) 非物质文化遗产

利用多媒体虚拟场景建模、多媒体虚拟场景协调展示等虚拟现实技术,可对非物质文化遗产特别是传统手工艺的生产方式、使用方式、消费方式、流通方式、传播与传承方式等进行真实再现,并建立包括文字、声音、图像、视频、虚拟现实在内的多媒体的数字博物馆。

3. 数字化展示与传播

基于数字媒介统一平台而建立的数字博物馆,将多种媒介形式的文化遗产信息整合在一起,借助多媒体集成、数字摄影、虚拟现实等技术,在不动用文化遗产的情况下,通过四通八达的网络环境,使文化遗产的展示、传播与利用极为便利和充分,打破了特定时间、场所的限制,最大限度地实现了文化资源的利用和共享。

借助网络进行数字化展示打破了时间与空间的限制,摆脱了传统意义上博物馆所必需的建筑、陈列、参观时间等条件的束缚,任何人在任何时间、任何地点都能从网上方便地获得需要的信息,使海量存储的文化资源得到最大限度的展示、利用和共享,能够方便、快速、高效地满足广大用户的需求,成为现代技术条件下适合于大众传播的一种新的应用平台。

参考文献

Abouaf J. The florentine Pietà. Can Visualization Solve the 450 – year – old Mystery. IEEE Computer Graphics &Applications, 1999, 19 (1): 6 – 10.

Benedict J B, Corey Toler-Franklin, Diego Nehab, et al. A System for High – Volume Acquisition and Matching of Fresco Fragments: Reassembling Theran Wall Paintings. ACM Transactions on Graphics, 2008, 27(3).

Ciechomski P H, Ulicny B, Cetre R, et al, A case study of a virtual audience in a reconstruction of an ancient Roman odeon in Aphrodisias, The 5th International Symposium on Virtual Reality, Archaeology and Intelligent Cultural Heritage, incorporating 2nd Eurographics Workshop on Graphics and Cultural Heritage, Eurographics Association, 2004: 9 – 17.

Cosmas J, Itegaki J, Green D, et al , A Novel Multimedia System for Archaeology. Proceedings of Forum International des Musees in Central Europe on Computer Graphics (WSCG 2002), 2002: 147 – 154.

Frischer B, et al. The Digital Roman Forum Project of the UCLA Cultural Virtual Reality Laboratory: Remediating the Traditions of Roman Topography. 2008.

Frischer B, The Rome Reborn Project. How Technology is helping us to study history. University of Virginia, November 10, 2008.

Frischer B. Mission and Recent Projects of the UCLA Cultural Virtual Reality Laboratory. in Proceedings of the Conference Virtual Retrospect , Biarritz – France, 2003: 6 – 7.

Gaitatzes A, Christopoulos D, Papaioannou G. The Ancient Olympic Games: Being Part of the Experience. VAST 2004: The 5th International Symposium on Virtual Reality, Archaeology and Intelligent Cultural Heritage, Foundation of the Hellenic World, 2004: 19 – 28.

Koller D, Levoy M. Computer – aided Reconstruction and New Matches in the Forma Urbis Romae. Bullettino Della Commissione Archeologica Comunale di Roma, Supplementi 15, 2006: 103 – 125.

Levoy M, Pulli K, Curless B, et al. The Digital Michelangelo Project: 3D Scanning of Large Statues. Proceedings of ACM SIGGRAPH, 2000: 131 – 144.

Ryder G, Flack P A, Day A M. Adaptive Crowd Behaviour to Aid Real - Time Rendering of a Cultural Heritage Environment. VAST 2004: The 5th International Symposium on Virtual Reality, Archaeology and Intelligent Cultural Heritage, incorporating 2nd Eurographics Workshop on Graphics and Cultural Heritage, Dieter W. Fellner, Stephen N. Spencer (eds.), Eurographics Association, 2004: 29 - 36.

Taylor J, Beraldin J A, Godin G, et al. NRC 3D imaging technology for museums & heritage. In: Proceedings of the first international workshop on 3D virtual Heritage. 2002: 70 - 75.

Ware C. Information Visualization: Perception for Design, 2nd edt, Morgan Kaufman. 2004.

Zhou M Q, Geng G H, Wu Z K, et al. A Virtual Restoration System of broken Pottery Relics. Computer Applications and Quantitative Methods in Archeology, 2009.

Zhou M Q, Shui W Y, Wu Z K. Hole Filling for Cultural Relics Restoration Based on the Geometry Image. Computer Applications and Quantitative Methods in Archeology, 2009.

Zhou M Q, Wu Z K, Shui W Y. A Computer Aided restoration system of Terra Cotta Warriors and Horses and its Array. Computer Applications and Quantitative Methods in Archeology, 2009.

樊少荣．破碎刚体互补形状匹配与拼接方法研究．陕西:西北大学硕士论文，2005.

李春龙，周明全，成欣，程日彬．轴对称破碎文物的虚拟复原方法．计算机辅助设计与图形学学报，2005，18(5)：620 - 624.

李德仁．虚拟现实技术在文化遗产保护中的应用．云南师范大学学报，2005，40(4)：1 - 7.

吕科，耿国华，周明全．基于哈希方法的空间曲线匹配．电子学报，2003，31(2)：294 - 296.

第2章　数字化保护技术基础

文化遗产数字化保护是通过现代信息技术手段有效地保护古代留下的文物和文化遗迹,涉及计算机图形学各个方面的技术。总体来讲,主要有五个方面的技术,即文物和文化遗址的表示模型、3D几何处理技术、可视化技术、动画与仿真技术以及三维模型内容检索技术。

2.1　文物和文化遗址的表示模型

在文化遗产数字化保护中,用到了各种几何表示模型的形式,主要有三大类,即点云模型、多边形(或三角形)网格模型和曲面模型。

2.1.1　点云模型

随着三维摄影(3D photography)和三维扫描技术(3D scanning)的发展和应用,点云模型日益成为三维物体的主流表示方法,在文物和文化遗址的几何表示中也得到了广泛的应用。

点云模型是直接以离散点为基元的一种自然的三维几何表示模型。研究以点为基元的点云模型的表示、处理、渲染及几何造型等方面的技术被称为基于点的图形学。

点云模型通常以一组三维坐标点(x,y,z)或加上相应的法矢(n_x,n_y,n_z)隐式表示三维自由物体。其数据通常直接来源于三维数据的获取设备,如三维扫描仪。因此,此表示模型建立较容易,与广泛使用的多边形(或三角形)网格模型相比,有如下特点。

(1) 点云模型不需要维持全局的拓扑结构信息。而大多数多边形(或三角形)网格模型的算法都需要维持几何表面的拓扑一致性,例如,网格简化或提取时需要重新生成网格;当拓扑结构频繁改变时,需要局部重建拓扑结构以避免极度变形后的网格过度拉伸。而在这些情况下,点云模型不需要维持表面拓扑结构的一致性,避免了复杂的三维网格重建计算,因而更具灵活性。

(2) 点云模型可以很方便地实现多分辨率重采样技术,更容易利用空间数据结构建立层次结构来实现实时绘制或快速计算。

(3) 点云模型的离散性使其适合于并行运算,适用于图形处理器(graphics processing unit,GPU)加速绘制或计算。

通过三维获取技术得到的原始点云数据通常具有噪声、浮游点、拼接错位、空洞、过度采样和采样过稀疏等诸多问题,需要经过前期处理才能使用。前期处理是从原始点云中构造一个表面连续的、可用的点云模型;后期处理是对点云模型作进一步的造型处理,如重采样、磨光、多分辨率简化、编辑、变形、布尔运算等操作,以得到符合用户需求的点云模型。对于点云模型的数字几何处理也在后期处理阶段进行,其目标是在点云模型的流形表面邻域内应用和拓展基本的信号处理。

1. 点云模型的优势

(1) 数据的获取相对容易。

(2) 可以表示三维信息及内部结构。

(3) 布尔运算简单。

2. 点云模型的劣势

(1) 数据集巨大。

(2) 几乎没有拓扑信息。

(3) 基本属性,例如法矢、曲率等的精确计算很困难。

(4) 操作和变形非常困难。

(5) 交互的编辑很困难。

2.1.2 多边形(或三角形)网格模型

多边形(或三角形)网格模型是当前三维自由物体的最主要表示模型,它通过一组多边形或三角形表示三维自由表面物体,如图2-1所示。

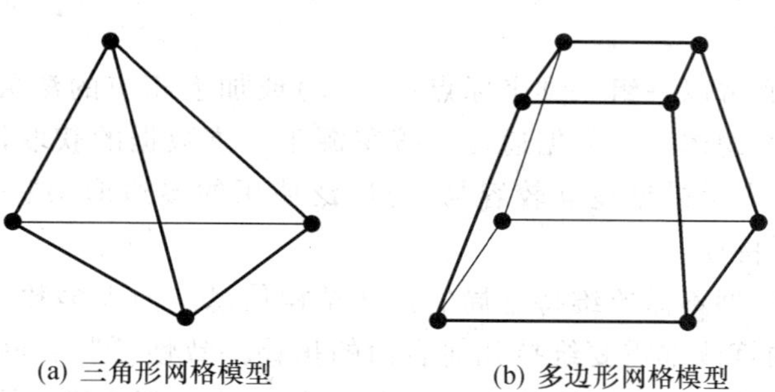

图2-1 多边形(或三角形)网格表示

通常多边形(或三角形)网格模型的存储结构为一组三维坐标点表示顶点和一组由顶点下标组成的多边形或三角形。另外,可能存储这组顶点上的法矢和顶点对应的纹理坐标。但对此模型进行操作时,通常使用半边结构加速邻域关系的搜索。半边结构是一个以边为基础的表示点、边、面邻域关系的数据结构,具体如图 2-2 所示。

1. 多边形(或三角形)网格模型的优势

(1) 由于硬件支持,绘制速度非常快。

(2) 布尔运算比较简单。

(3) 数据的获取比较容易。

2. 多边形(或三角形)网格模型的劣势

(1) 数据集比较大。

(2) 拓扑信息比较弱。

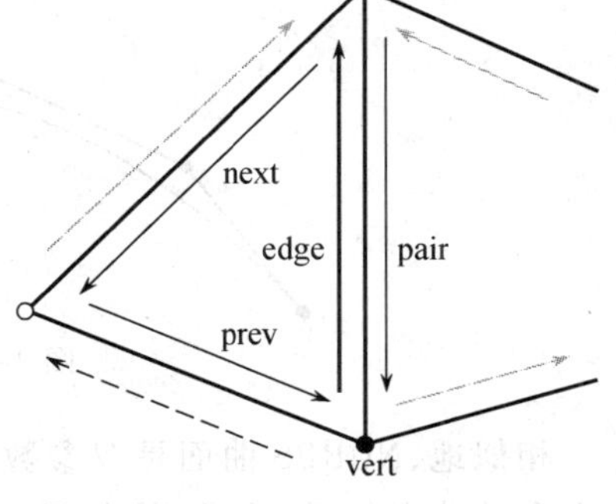

图 2-2 半边结构

(3) 基本属性,例如象法矢、曲率等的精确计算很困难。

(4) 操作和变形非常困难。

(5) 交互的编辑很困难。

点云模型和多边形(或三角形)网格模型都属于离散表示,对于它们的操作,称为数字几何处理。

2.1.3 曲面表示

用数学函数来表示三维物体一直是计算机图形学领域的重要方法。在文化遗产数字化保护中,文物或文化遗址也常常使用数学函数来表示。由于曲面表示有严格的数学方程,因而计算精确、模型文件很小,利于网上传输。曲面表示通常分为两类:参数曲面模型和隐式曲面模型。参数曲面模型的应用较广泛,近几年隐式曲面模型也开始被应用。在参数曲面模型中,非均匀 B 样条(NURBS)曲面模型最为常用。

1. NURBS 曲面模型

NURBS 曲面模型通过严格的数学方程精确描述三维物体,在造型方面提供很大的灵活性和准确性,因此成为工业标准。NURBS 曲线是一个单参数数学方程,是构造 NURBS 曲面的基础。一条 NURBS 曲线由节点矢量、次数、控制顶点个数、控制顶点及其上的权值来定义,其公式为

$$C(t) = \frac{\sum_{i=0}^{n} N_{i,p}(t) w_i P_i}{\sum_{i=0}^{n} N_{i,p}(t) w_i} \tag{2.1}$$

其中,p 是阶数(次数 +1),控制顶点个数为 $n+1$,$N_{i,p}(t)$ 是 B 样条基函数,P_i 是控制顶点,w_i 为 P_i 上的权值。图 2-3 为一条 NURBS 曲线。

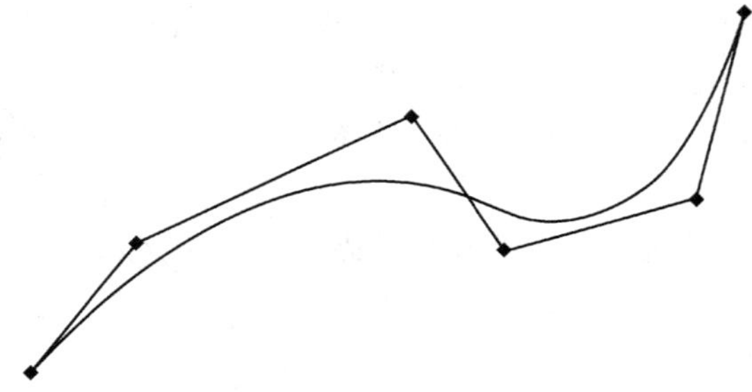

图 2-3　NURBS 曲线

相似地,NURBS 曲面是双参数数学方程,由 u,v 两个参数方向。由 u,v 参数方向的节点矢量、次数、控制顶点个数和控制顶点及其上的权值来定义,其公式为

$$S(u,v)=\frac{\sum_{i=0}^{m}\sum_{j=0}^{n}N_{i,p}(u)N_{j,q}(v)w_{i,j}P_{i,j}}{\sum_{i=0}^{m}\sum_{j=0}^{n}N_{i,p}(u)N_{j,q}(v)w_{i,j}} \tag{2.2}$$

其中,$N_{i,p}$和 $N_{j,q}$分别为 u,v 参数方向上的 B 样条基函数,$m+1$ 和 $n+1$ 分别为 u、v 方向的控制顶点个数,p、q 分别为 u、v 方向上的阶数,$P_{i,j}$是控制顶点,$w_{i,j}$为 $P_{i,j}$上的权值。图 2-4 为 NURBS 曲面。

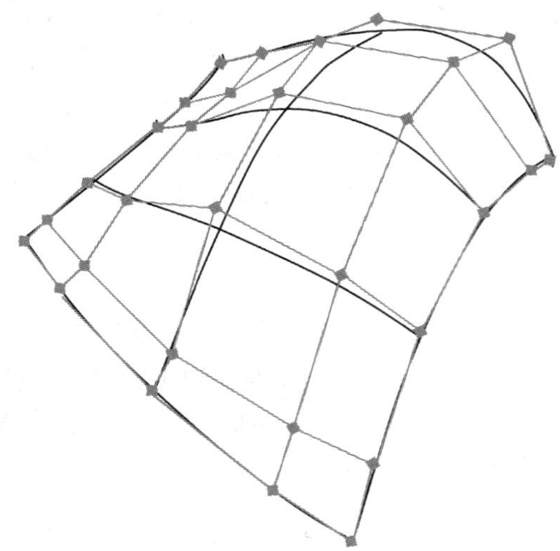

图 2-4　NURBS 曲面

1）参数曲面模型的优势

（1）数据集小,即使表示非常复杂的自由曲面。

（2）可以局部传输和渐进传输数据。

(3) 对于基本属性,例如法矢、曲率等进行精确计算容易。

(4) 操作和变形比较容易。

(5) 交互编辑较容易。

2) 参数曲面模型劣势

(1) 模型的建立不容易。

(2) 布尔运算比较困难。

(3) 绘制比较慢。

2. 隐式曲面模型

隐式曲面技术以其在内外点分类、几何性质计算(如法矢),求交和布尔运算的有效性等独特的性质近几年在几何造型领域得到人们的日益重视,在文化遗产保护领域也有应用。它通过数学上的隐式方程约束三维空间点来定义空间的形体,具体公式为

$$S=\{P=(x,y,z)\in R^3, F(x,y,z)=C\}$$

其中,S 为隐式曲面,F 为 $R^3\to R$ 的映射,称为隐式函数,C 为常数值,通常可以取为 0。

通常使用的隐式函数 F 为代数方程、Blobby 方法、离散方法、过程函数等,其中 Blobby 方法较常用。

1) Blobby 模型

Blobby 模型是计算机图形学中最早使用的隐式表示方法,其通过一组球基函数和表示电子密度场来实现。密度场函数定义为

$$D(r)=a\mathrm{e}^{-br^2}$$

其中,r 为从原子中心到当前点的距离,a 为函数在中心点的高度值,b 表示与曲线的标准偏移,是高斯函数。在等值面上任意点上的能量等于其临域上所有原子的贡献和,公式为

$$S=\sum_{i=1}^{N}D(r_i)\quad\begin{cases}[\text{Inside surface}] & S\geqslant T\\ [\text{Outside surface}] & S<T\end{cases}$$

其中,N 为原子总数,T 是常数定义等值面。可以看成基于一组点骨架 $r_i(i=1,2,\cdots,N)$ 的隐曲面,定义为累加 N 个骨架场得到的场的场值为 C 的等值面。进一步推广用树的结构来定义隐式曲面,即 Blobtree 模型。

2) Blobtree 模型

Blobtree 模型是一种骨架隐式模型。它通过扩展的 CSG 树表示,即其叶节点为隐式表示的体素,中间节点除交、并、差布尔运算外,还包括一些过渡算法。

3) 隐式曲面模型的优势

(1) 测试点在曲面上容易。

（2）较容易计算交、并、差。

（3）较容易控制拓扑变化。

（4）可以直接进行光滑过渡、变形及碰撞检查。

4）隐式曲面模型的劣势

（1）非直接规定曲面。

（2）很难描述曲面的尖锐特征。

（3）很难计算曲面上点的坐标。

（4）绘制速度慢。

隐式曲面模型适合表示动态变化的物体，如流体、柔软物体等。

2.1.4 CSG 树表示

通过对基本体素定义各种运算可得到新的实体（见图 2-5），其运算可以为几何变换或者正则化的并交差集合运算。常用的体素有长方体、立方体、圆柱体、圆锥体、圆台体、棱锥体、棱柱体、环体和球体等。

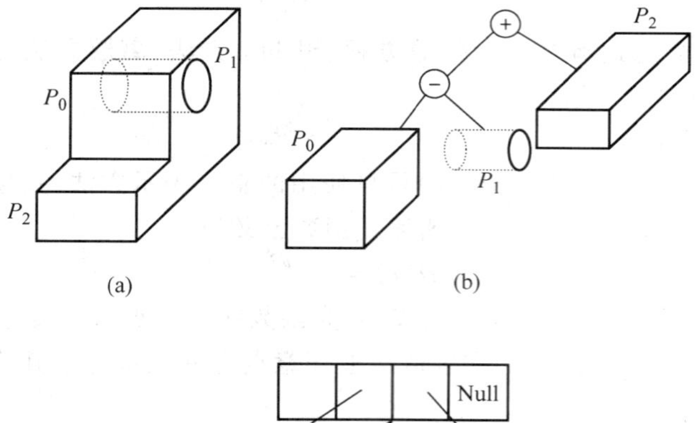

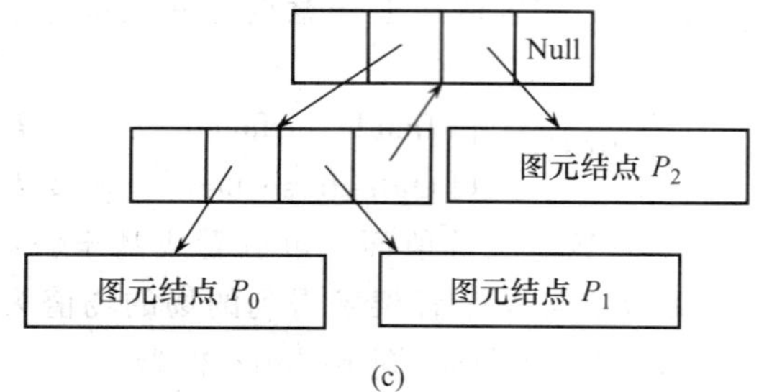

图 2-5 CSG 树表示

CSG 树表示应用于古建筑和大遗址的表示和绘制中。

2.1.5 过程造型

自然界中的物理现象，包括云彩、烟雾和水等，它们天然上就不具备固定的形态。对于这类形体的造型,往往通过过程造型来计算出所要模拟的物体或现象,而不是用方程,这种方法称为过程造型。过程造型往往不依赖于数据,而是依赖于特定规则。过程造型是一种广泛使用的、自动生成复杂的自然现象和自然物体的方法,像植物、山体、云、雾等;它也可以用于人造物体如建筑物或城市等的自动建模。过程造型主要有分形、L 系统和粒子系统三种方法。

1. 分形

分形已经成为数学的一个分支。分形不同于传统的欧式几何,它本身具有自相似性,即它的局部与整体具有相似性。而它的维数不是整数,即它的维数不是常见的一维、二维或三维,而是分数维,许多自然现象如山体、海岸线、植物、闪电等具有这样性质,适合用分形来描述。

分形通常通过函数迭代生成,即从初始值通过生成函数反复迭代生成,或通过几何作图迭代方式实现,图 2-6 所示的雪花曲线就是这样形成的。

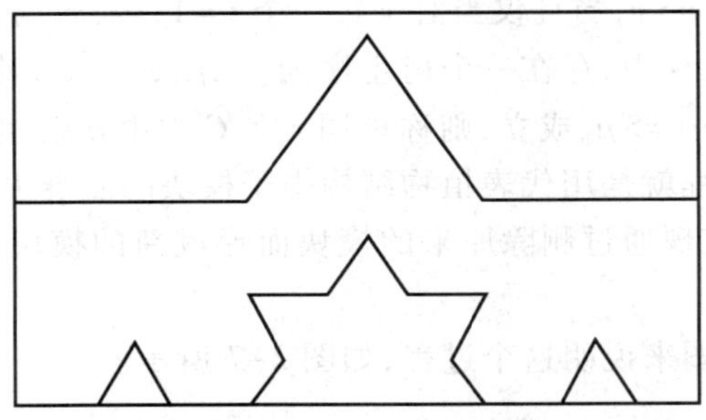

图 2-6 雪花曲线

分形方法生成的形状具有整体与局部的相似性,主要用于模拟文化遗址场景中的山体、树叶、云彩等。

2. L 系统

L 系统实际上也是分形的一种,它是以语法为基础的分形生成方法。L 系统最早是由匈牙利生物学家 Aristid Lindenmayer 于 1968 年提出的,一开始被作为研究简单多细胞生物体生长过程的理论框架,随后逐渐被运用于更为高级的植物和植物组织的研究当中。L 系统提供了一套符号集和生成规则,而其模拟植物生长的过程本质上就是利用生成规则作符号的替换操作。替换过程始于一个初始结构,随后的每次生长都要利用符号集结合生成规则,将当前的结构作一次全面的替换。

1) 基本的 L 系统

在 L 系统中,DOL 系统是最简单的一种情况。DOL 系统指的是没有和外界交互的确定性的 L 系统,即对于 L 系统字母集中的任何符号只存在一条产生式,且该产生式是上下文无关的。

对 DOL 系统的形式化描述如下：

V 表示字母集，V^* 表示 V 上的所有单词的集合，V^+ 表示 V 上所有非空单词的集合，DOL 系统是一个有序三元组 $G = <V, \omega, P>$，V 表示该系统的字母集，$\omega \in V^+$ 是一个非空单词，是改写过程的初始原子，称为公理，$\{P, V, V^*\}$ 是改写规则 p 的集合。

一条改写规则 $p:(a, x) \in P$ 表示为：$a \to x$，其中，a 表示前趋，是 L 系统字母集中的一个符号，x 表示后继，是字母集中的 0 个、1 个或多个符号。

假定对任意的字母 $a \in V$，至少存在一个单词 $x \in V^*$ 使得 $a \to x$ 成立，如果对于 $a \in V$，没有明确地给出它的改写规则，就假定有 $a \to a$。所以在 DOL 系统中对于每一个字母集中的字母 a，总是存在对应的一个单词 x，使得改写规则 $a \to x$ 成立。

改写过程如下：

对于给定的任意一个单词 $\mu = a_1, \cdots, a_m$，单词 $v = x_1, \cdots, x_m \in V^*$ 是由 μ 直接衍生出来的，记为 $\mu => v$，当且仅当对于每一个 $i = 1, \cdots, m$，都有 $a_i \to x_i$ 成立。如果在某个 DOL 系统 G 中，存在一个衍生序列 $\mu_0, \mu_1, \cdots, \mu_n$，使得 $\mu_0 = \omega, \mu_n = v$，并且有 $\mu_0 => \mu_1 => \cdots => \mu_n$ 成立，则称单词 v 在 G 中由 μ 衍生的长度为 n。

这里的改写过程就是用代表植物结构中子模块的后继去替换代表父模块的前趋的过程，从而实现通过删除原来的模块而形成新的模块来重写植物的架构的目的。

这里通过一幅图来说明这个过程，如图 2-7 所示。

图 2-7　一片复合型树叶的生长

这个过程用 DOL 系统表示如下，其中 A 将会被解析为图中的细线部分，I 为图中的粗线部分，每一个 A 和 I 都表示一个单位长度的线条。

n = 5

ω：A

p1:A → I [A][A] I A

p2:I →I I（将 1 个单位长度的粗线替换为 2 个单位长度的粗线）

2）海龟解析法

L 系统的图形化解析法被称为海龟解析法（turtle interpretation），该解析法的中心思想来自于 LOGO 语言中的小海龟。海龟的状态被定义为一个三元组(x,y,α)，其中，笛卡儿坐标(x,y)表示了海龟所处的位置，而海龟的朝向使用代表角度的 α 符号来表示。通过给定步长 d 和角度增量 δ，海龟会通过如下解析中所示的符号执行相应的指令。

F：向前移动长度为 d 的一步。海龟的状态变为(x', y', α)，其中 $x' = x + d\cos\alpha$，$y' = y + d\sin\alpha$。在(x,y) 和 (x',y') 之间的一条线段被画了出来。

f：向前移动长度为 d 的一步而不把线条画出。

+：向左转动 $\delta°$。海龟的状态变为$(x,y,\alpha+\delta)$，角度的正方向为逆时针。

-：向右转动 $\delta°$。海龟的状态变为$(x,y,\alpha-\delta)$。

自相似物体在三维空间中的建模依然可以用海龟解析法来生成。关键概念在于海龟在三维空间的当前朝向是由 3 个单位向量$\boldsymbol{H}$、$\boldsymbol{L}$、$\boldsymbol{U}$的组合表示的。这 3 个向量是正交的，并满足等式$\boldsymbol{H}\times\boldsymbol{L}=\boldsymbol{U}$。海龟的旋转用等式为$[\boldsymbol{H}'\boldsymbol{L}'\boldsymbol{U}'] = [\boldsymbol{HLU}]\boldsymbol{R}$，其中 $\boldsymbol{R}$ 是一个 3×3 的旋转矩阵。具体地说，绕向量$\boldsymbol{H}$、$\boldsymbol{L}$、$\boldsymbol{U}$旋转 $\alpha°$ 角所进行的运算分别用下面的矩阵来表示。

$$\boldsymbol{R}_U(\alpha)=\begin{bmatrix}\cos\alpha & \sin\alpha & 0\\ -\sin\alpha & \cos\alpha & 0\\ 0 & 0 & 1\end{bmatrix}$$

$$\boldsymbol{R}_L(\alpha)=\begin{bmatrix}\cos\alpha & 0 & -\sin\alpha\\ 0 & 1 & 0\\ \sin\alpha & 0 & \cos\alpha\end{bmatrix}$$

$$\boldsymbol{R}_H(\alpha)=\begin{bmatrix}1 & 0 & 0\\ 0 & \cos\alpha & -\sin\alpha\\ 0 & \sin\alpha & \cos\alpha\end{bmatrix}$$

图 2-8 直观地表现了$\boldsymbol{H}$，$\boldsymbol{L}$，$\boldsymbol{U}$在坐标系统中的关系。

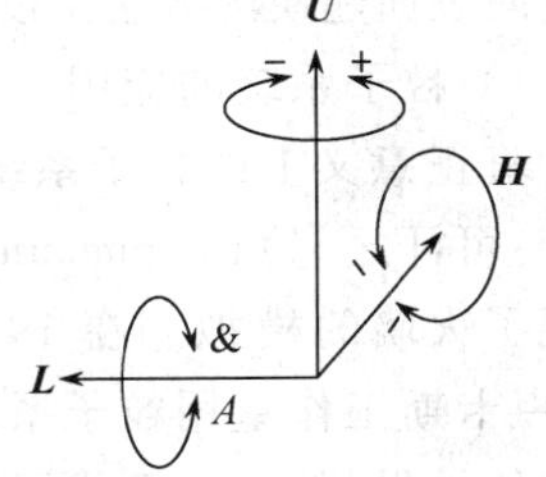

图 2-8 控制三维空间中的海龟

如下符号控制了海龟在三维空间中的转向。

+：向左旋转 $\delta°$，使用旋转矩阵 $\boldsymbol{R}_U(\delta)$。

-：向右旋转 $\delta°$，使用旋转矩阵 $\boldsymbol{R}_U(-\delta)$。

&：向下旋转 $\delta°$，使用旋转矩阵 $\boldsymbol{R}_L(\delta)$。

∧：向上旋转 $\delta°$，使用旋转矩阵 $\boldsymbol{R}_L(-\delta)$。

\：向左摇动 $\delta°$，使用旋转矩阵 $\boldsymbol{R}_H(\delta)$。

/:向右摇动 $\delta°$,使用旋转矩阵 $\boldsymbol{R}_H(-\delta)$。

|:向后转,使用旋转矩阵 $\boldsymbol{R}_U(180°)$。

3. 粒子系统

在计算机图形学当中,对雨、云、烟雾、水、火等自然现象的模拟曾经是非常困难的,这一类物体被称为模糊物体(fuzzy objects)。这些物体没有光滑的、严格定义的、发光的表面,与此相反,它们的表面是不规则的、复杂的、弱定义的。在更多情况下,我们更关心它们动态流动的外观表示。由于它们不是刚体,所以其运动无法用图形学中常见的仿射变换来描述。William T. Reeves 于 1983 年提出的使用粒子系统的方法很好地解决了这一类物体运动的模拟(Reeves,1983),并被沿用至今。

与传统图形学物体表示方法相比,粒子系统有如下 3 个特点。

(1) 不是由基本几何表面元素诸如多边形、斑块的集合来定义物体的边界,而是由一团基本粒子来定义物体的形体。

(2) 粒子系统不是静止的实体,随着时间的推移,它内部的粒子在不断地改变形态以及移动,新的粒子不断诞生,旧的粒子在生命期完结后会消亡。

(3) 由于用粒子系统来表达的对象的形态及形状不完全是具体定义的,所以同一粒子系统描述的物体外观是不确定的。用粒子系统建立及改变物体的外形是一个随机的过程。

在对模糊物体进行建模时,采用粒子系统建模的方法和经典的面向表面建模的方法相比,有以下几个优点。

(1) 粒子是比在表面表示法中最简单的图元——多边形更为简单的图元,它通常就是三维空间中的一个点。因此,在相同时间下,粒子系统能处理更多的图元并能产生更为复杂的图像表现效果,而且粒子更容易实现运动模糊的效果。

(2) 粒子系统模型的定义是过程式的,它被随机数控制。因此,用粒子系统表现一个高度精细的物体,并不需要人做大量的工作去事先设计。由于它是过程式的,所以它本身的精细程度可以随观察位置的变化而实时调整。

(3) 粒子系统表现的物体是"活的",所以在生命周期内它一直在变化形态,而面向表面建模的方法是没办法具有这种性质,来表现复杂动态变化的物体的。

1) 粒子系统的应用

真正意义上的粒子系统的第一次应用可能要追溯到 1982 年的电影《星际迷航Ⅱ:可汗之怒》(Paramount,1982),在那部电影中,卢卡斯工作室使用粒子系统实现了火墙的模拟。在 1983 年的《星球大战Ⅵ:杰迪归来》(Lucasfilm,1983)中,卢卡斯工作室用粒子系统模拟了爆炸的效果。在那部电影中,为了达到运动模糊的效果,粒子被画成了一条条非常小的直线,而不是点,尽管由于物体变成了线而牺牲了纹理效果,但粒子的运动看上去依然显得很真实。

1987 年，Craig W. Reynolds 使用粒子系统模拟了鸟群的飞行(Reynolds, 1987)。Andrew P. Witkin 和 Paul S. Heckbert 于 1994 年使用粒子来模拟并控制物体的表面(Witkin, 1994a)，同年，Andrew P. Witkin 还介绍了粒子系统中物理效果的实现(Witkin, 1994b)。在 John Berg 于 2000 年发表的文章中(Berg, 2000)，通过从如何减少粒子绘制数目、减少内存管理次数，如何管理统一场景中不同作用的粒子系统以及如何将粒子系统与游戏引擎中不同层次的物体相关联等角度，他描述了一种高效粒子系统的实现方法。

如今，随着可编程 GPU 技术的发展，大量粒子的模拟实现与 GPU 相结合，提高了粒子运动的计算速度和绘制速度。Shannon Drone 介绍了一种基于 GPU 的动态环境中的粒子系统实现方法(Drone, 2007)。

2) 粒子系统的原理

为了达到理想的效果，粒子系统需要针对粒子实现以下 7 个属性。

(1) 初始位置。

(2) 初始速度(包括速度大小和方向)。

(3) 初始大小。

(4) 初始颜色。

(5) 初始透明度。

(6) 形状。

(7) 生存期。

计算物体在时刻 t_1 位移的公式为

$$\boldsymbol{S}(\boldsymbol{t}_1) = \boldsymbol{S}(\boldsymbol{t}_0) + \int_{t_0}^{t_1} \boldsymbol{v}(\boldsymbol{t})\,\mathrm{d}t \tag{2.3}$$

其中，$S(t_0)$ 是物体在某个早于 t_1 时间的位移，t_0 是 $S(t_0)$ 状态下的时间，$\boldsymbol{v}(\boldsymbol{t})$ 是物体处在 t 时刻的加速度。如果我们知道物体的加速度，那么 $\boldsymbol{v}(\boldsymbol{t})$ 就可以很容易地通过如下公式获得。

$$\boldsymbol{v}(t_1) = \boldsymbol{v}(t_0) + \int_{t_0}^{t_1} \boldsymbol{a}(t)\,\mathrm{d}t \tag{2.4}$$

如果理解了式(2.3)，那么式(2.4)也不难理解了，其中，$\boldsymbol{a}(\boldsymbol{t})$ 表示物体在 t 时刻的加速度。物理引擎中物体的运动模拟就是以这两个公式为基本原理的。通过计算当前时刻物体的所有受力情况，我们获得了物体受到的合力 $\boldsymbol{F}$，根据牛顿第二定律公式：$\boldsymbol{F} = m \times \boldsymbol{a}$，如果 m 已知，就可以求出当前时刻的加速度 $\boldsymbol{a}$，继而求出当前时刻的速度，最后求得下一个位移。需要说明的是，如果时间 $\Delta t = t_1 - t_0$ 足够小，在这样的情况下，式(2.3)和式(2.4)就可以表示为

$$\boldsymbol{S}(\boldsymbol{t}_1) = \boldsymbol{S}(\boldsymbol{t}_0) + \boldsymbol{v}(\boldsymbol{t}_0) \cdot \Delta t \tag{2.5}$$

$$\boldsymbol{v}(\boldsymbol{t}_1) = \boldsymbol{v}(\boldsymbol{t}_0) + \boldsymbol{a}(\boldsymbol{t}_0) \cdot \Delta t \tag{2.6}$$

式(2.5)与式(2.6)在计算机程序中非常容易模拟。

粒子系统主要用于模拟烟、雾、火焰、下雪、降雨、喷泉等自然现象。

2.2 3D几何处理技术

2.2.1 点云模型

1. 去噪、光顺

基于点的模型通常由三维扫描仪或图重构的方法得到,由于物理测量的误差,采样点中不可避免地包含了一定的噪声。一个好的去噪算法,可以在去噪的同时有效地保持在光顺过程中模型的特征。

对于点云模型的去噪,可以直接借鉴网格模型去噪的一些算法,如拉普拉斯算子、各向异性扩散算法、向量场扩散算法、双边滤波及局部自适应的维纳滤波等方法。从网格模型到点云模型的去噪算法的移植,一般是将网格模型中由连接关系得到的流形邻域替换成点云模型中的 K 邻域。

在点云模型的表面重建阶段也可以隐式地对采样点的噪声进行处理,一些表面重建算法(Alexa,2001a)、(Carr,2001a)、(Ohtake,2003)、(Kazhdan,2006)利用拟合的方法得到光顺的曲面,从而同时达到去噪的效果。

由 Levin(Levin,1998)、(Levin,2003)提出的最小二乘算法(moving least squares,MLS)是一种有效的直接针对点云模型去噪的方法(Alexa,2001a)、(Dey,2004)。算法的基本思想:P 是从一个光顺曲面 S 采样得到的点集,最小二乘算法由点集 P 计算得到一个光顺曲面 M 来拟合曲面 S。

2. 配准

通常的三维扫描设备在扫描过程中一次只能得到检测物体的部分点云数据,要得到完整的物体形状数据,需要对物体进行多视角的扫描。由于多视角测量时的坐标系不同,所以必须将多视角测量下的三维点云数据进行配准,将其转换到同一坐标系下。

迭代最近点算法(iterative closest point,ICP)是解决三维数据配准问题的代表性算法,该算法由 Besl 和 Mckay(Besl,1992)提出,是一种高层次的基于自由曲面的配准方法。算法首先利用牛顿迭代或者搜索方法寻找两组点云对应的最近点对,并采用欧氏距离作为目标函数进行迭代,直到残差平方和所构成的目标函数值不变,结束迭代过程。

ICP 算法经过十几年的发展,不断地得到了完善和补充。Chen 和 Medioni(Chen,1992)及 Bergevin 等人(Bergevin,1996)提出了 point-to-plane 搜索最近点的精确配准方法。Rusinkiewicz 和 Levoy(Rusinkiewicz,2001)提出了 point-to - projection 搜索最近点的快速配准方法。Soon - Yong 和 Murali(Soon,2003)提出了 contractive - projection - point 搜索最近点的配准方法。此外,Andrew 和 Sing(Andrew,1999)提取了基于彩色三维扫描数据点纹理信息的数据配准方法,主要在 ICP 算法中考虑三维扫描点的纹理色彩信息来搜索最近点。Natasha 等人(Natasha,2003)分析了 ICP 算法中的点云数据配准质量问题。

3. 重采样

随着三维数据采集设备精度的提高,获取的三维模型数据通常具有很高的复杂度。为了对大规模模型数据进行有效的存储、传输及使之适合于几何处理和绘制等,必须对模型进行相应的简化。另外,在三维扫描仪扫描实体模型时,由于扫描速度难于控制、多次扫描叠加或扫描不均等原因,采集到的数据存在着数据冗余(主要是数据重叠)、噪声、采样不均匀等问题,需要在对原始点云数据进行处理之前进行重采样。这里的重采样指的是下采样,即减少采样点的数量,以得到合适的采样密度(通常是均匀分布)。

Alexa(Alexa,2001b)采用贪心策略从原始模型上迭代移动采样点的位置,使得不能简化的采样点均匀分布在整个模型上。Moenning(Moenning,2003)基于 Fast Marching 策略,提出了采样密度可控的均匀简化和特征敏感的简化方法。Pauly(Pauly,2002)将原面向网格简化的顶点聚类方法、基于二次误差的累进顶点删除算法和模拟粒子的重新网格化等应用到采样点云模型表面上,得到了点云模型增长聚类、层次聚类、迭代简化、粒子模拟等简化方法,取得了较好的简化效果。但应用这些方法时并不能像网格模型表面那样预先用一个全局误差去控制简化过程,并且在简化过程中只是将点作为纯几何意义上的点,没有考虑其面积属性。对此,Wu(Wu,2004)提出了面向表面面元的简化方法,该方法完全考虑表面面元的线性几何,并能用确定的全局误差控制面元的形成和简化,同时也给出了一种高质量的面元分布。

在点云模型的造型过程中,由于形状编辑和变形等操作产生剧烈变形和过度拉伸,从而产生采样不足的问题,这时就需要对点云模型做上采样处理,即增加采样点的数量,以保持采样密度满足一定的阈值要求。Pauly(Pauly,2003)通过将那些过度拉伸的采样点元一分为二后再进行局部切向松弛(使用粒子系统和最小二乘投影),解决了采样点云的动态重采样问题。以相同的原理,采用有向粒子表示的变形表面也能容易地实现拉伸、分裂和连接,而基于斥力的粒子模拟还能在整个造型过程中实现分布均匀且足够稠密的表面采样。

4. 分割

分割是指将三维空间中的点划分成更小的、连贯和连接的子集的过程。经过分割后,具有相似属性的点被归为一类。这些点的子集应该是“有意义的”,分割后应该得到一系列我们感兴趣的对象。

一个复杂的三维模型可以被分解成若干部分，模型的分解在数字几何处理的许多方面都起着重要作用，如形状识别、曲面重建、曲面参数化、编辑造型等。

三维模型的分割方法根据其分割目的的不同可以分为两类，即基于面片的分割（patch - type segmentation）和基于部分的分割（part - type segmentation）。基于面片的分割是指将模型分成若干面片，每一面片都与拓扑圆盘同构，该方法分解得到的面片适用于曲面重建、曲面参数化、纹理映射、模型重网格等应用中；基于部分的分割是指根据模型的显著特性进行分解，通常是沿着模型的特征敏感区域或曲率较高的区域进行分割，将整个模型分割成若干有意义的部分，该方法得到的分割结果适用于形状识别、编辑造型等应用中。

5. 参数化

点云模型的参数化是把三维空间中的点集离散映射到二维的平面域上或球面上。参数化是三维模型上纹理映射和大部分几何处理的基础（如滤波、变形、眶缩、雕刻等）。

点云模型的参数化是把三维空间中的点集离散映射到二维的平面域上或球面上。跟网格曲面参数化一样，点云模型参数化的实质是建立从离散点云模型到参数域之间的一一映射，并要求使得某种意义下度量的扭曲（如距离扭曲）达到极小。但是，由于点云模型曲面没有提供类似于三角网格的拓扑结构信息，使得在点云模型上难以定义角度和面积等概念，从而使得点云模型的参数化受到了许多限制，增加了难度。

在点云模型参数化中，考虑得较多的是如何使得参数化中的距离扭曲极小，使得参数化前采样点之间的距离与参数化后对应参数点之间的距离尽量相同（按照一定比例）。Floater（Floater，2001）提出了一个通过求解稀疏线性方程组的无网格参数化方法，并以此进行曲面重建。Zwicker 等人（Zwicker，2002）在 Pointshop3D 系统里提出了一个交互式的点云参数化以实现最小扭曲、无走样的参数化方法，该方法通过对采样点的各层次聚类求解一个线性最小二乘问题，使得参数化扭曲极小。

6. 编辑

随着点云模型的广泛应用，对其进行有效的交互编辑成为迫切需要解决的问题。但是由于点云模型巨大的数据量和没有拓扑信息，使得其编辑操作成为具有挑战性的难题。典型的工作是 Zwicker 等人（Zwicker，2002）提出的 PointShop 3D 点云模型编辑造型系统。该系统将传统的基于二维像素的编辑操作推广到三维离散点上，利用有效的参数化技术和动态自适应重采样技术，设计了一个无网格模型的形状编辑和造型原型系统，提供一个交互式的点云模型编辑系统，可进行擦除、纹理映射、雕刻、滤波和重采样等操作，此工作成为广泛使用的一个点云模型处理平台。

7. 变形

点云模型的变形是一个非常有挑战性的研究课题，由于点云模型并没有提供表面的解析表达式和参数化信息，从而增加了点云模型变形技术的研究难度。然而，点云模型的变形与网格变形相比，也有其优势，具体如下所示。

(1) 点云模型数据结构简单，便于构建和存储，而网格模型数据结构复杂，存储和维护都有些不便。

(2) 网格模型在变形过程中常出现面片翻转和面片扭曲现象，这在点云模型变形过程中不会出现。

(3) 大规模点云模型变形过程中可以看到“粒子”的涌动现象，比网格变形更逼真。

与网格模型的变形算法类似，点云模型的变形也分为两步：建立源模型和目标模型各采样点之间的对应关系；插值对应的点，其中建立点之间的对应关系是难点，而插值问题相对来说比较简单，通常用线性插值或 Hermite 插值来插值对应的点。

然而，与网格模型不同的是，点云模型的大变形操作会不可避免地出现裂缝，因此需要在形变过程中对点云模型进行动态重采样。例如，采用移动最小二乘曲面(MLS surface)方法对点云模型进行动态重采样，以消除形变过程中的裂缝。

一般的变形技术先产生一个位移函数 $d:R^3 \to R^3$，然后，每个表面采样点 P_i 根据位移函数 $P_i \to d(P_i)$ 进行移动，以达到变形的效果。

(Pauly,2003)综合利用平移算子和旋转算子进行自由变形。

点云模型基于物理的动画是当前基于点的一个新的研究课题，(Muller,2004)提出了一个基于物理的塑形点云模型的造型和动画。(Wiche,2005)给出了一个点采样薄板样条的动画。

8. 网格化

将点云模型转化为网格模型，也称网格重建。Hoppe 于 1992 年提出通过各采样点的局部信息自动计算各点处的法向信息，用切平面线性逼近待重建曲面的局部模型，建立离散点集的距离场函数，然后利用实现等值面抽取的步进立方体(marching cube，MC)算法得到它的三角面片逼近曲面，并以此曲面作为所需的重建曲面(Hoppe,1992)。Arreanta 等提出了一种基于 Voronoi 图的网格三维重建算法(Amenta,1998)。它通过构造采样点集的三维 Voronoi 图，利用 Delaunay 三角剖分的方法来重建曲面。通过该方法得到的重建曲面精确地通过每一个原始采样点。Bradiey 提出了一种依赖种子点增长的网格三维重建算法(Bradley,2001)，它从选定的种子点开始，通过候选点与当前网格的可见关系来判断该点是否在网格上以及确定它的连接关系，最终获得一张或多张网格曲面作为所求的重建曲面。Floater 提出了无网格参数化的三维重建算法(Floater,2001)，它首先将原始数据点集投影到平面上，并运用平面 Delaunay 三角剖分方法将投影点集分割为一个个三角形,从而得到各点集的连接关系。最后根据投影点集的连接关系确定各原始数据点间的拓扑连接,所得到的三角网格曲面即为重建曲面。

对于任意给定的平面点集,只存在着唯一的一种三角剖分方法,这就是Delaunay三角剖分方法。这种剖分方法遵循"最小角最大"和"空外接圆"准则。"最小角最大"准则是在不出现奇异性的情况下,Delaunay三角剖分最小角之和均大于任何非Delaunay剖分所形成三角形最小角之和,三角形的最小内角之和最大,从而使得划分的三角形不会出现某个内角过小的情况,比较有利于有限元的后续计算。"空外接圆"准则是Delaunay三角剖分中任意三角形的外接圆内不包括其他结点。因此,在各种二维三角剖分中,只有Delaunay三角剖分才同时满足全局和局部最优。Delaunay三角剖分方法因其具有良好的形态,所以使用最为广泛。为了使得到的网格中出现尽量少的尖锐三角形,还需要对此三角网格进行优化,并且由于在数据预处理的过程中,去除遮挡形成的表面空洞,后期还要进行空间三角网格曲面补洞的处理。

2.2.2 网格模型处理

随着三维几何扫描仪的广泛应用及与之相应的扫描模型的数量和复杂度的增加,对高鲁棒性和高效的几何处理需求也逐渐增强。

1. 去噪、光顺

比较好的一种算法是非迭代的,并且能够保全面特征的光顺算法。该算法的具体步骤如下。

1) 为了合适地定义溢出点,必须区分空间位置和信号,然后通过利用一次的预测值来获得表面光顺,即由三角面片 q 定义的面预测值便是 q 的正切面 Π_q,如图2-9所示。

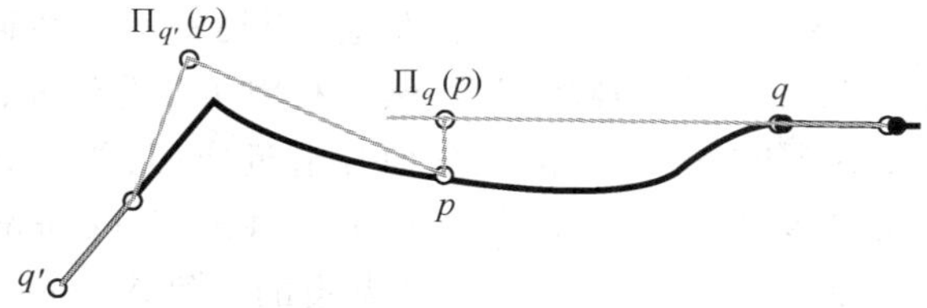

图2-9 面预测值

2) 点 p 光顺后的预测位置为

$$p' = \frac{1}{k(p)} \sum_{q \in S} \prod_q (p) a_q f(\| c_q - p \|) g(\| \prod_q (p) - p \|) \qquad (2.7)$$

其中,k 是归一化后的因子,即

$$k(p) = \sum_{q \in S} a_q f(\| c_q - p \|) g\left(\left\| \prod_q (p) - p \right\|\right) \tag{2.8}$$

其中,在空间权重函数 f 和影响权重函数 g 中都应用了高斯函数。影响权重函数 g 决定了想要保存特征的大小。利用公式(2.7)对网格模型进行光顺,即移动顶点到预测位置,除了三角面片,不需要其他连接信息。

因为我们的预测值基于正切平面的方向,即面法向量,所以采用缓和算法,通过光顺法向量来光顺预测值。

2. 分割

模糊聚类分割算法是网格分割中常用的一种算法,此算法的策略是从粗糙到精细。多级树上的每一节点对应特定组件的一个面片,根节点是整个输入的模型。在每一节点,根据算法算出几个合适的组件 k,并算出该节点的 k 种分解方法。

算法的核心思想是在保持模糊组件间边界的同时,找出有意义的组件,然后集中解决小的模糊区域,找到精确的组件间的边界。相当于给定每一面片属于各个组件的概率比。整个算法由以下4个步骤组成。

(1) 基于测地距离和角距,设定所有两两面片之间的距离。

(2) 利用步骤(1)算出的面片之间的距离,算出初始分解之后,设定每一个三角面片属于某一组件的概率。

(3) 利用迭代的聚类策略,通过提炼步骤(2)的概率解,算出一个模糊的组件分解。

(4) 利用最小分割算法建立精确的组件边界,这样,模糊组件最后变为最后的结果。

3. 模型简化与压缩

基于顶点聚类的模型简化最大的优点在于计算成本低、简化率高,特别适合交互简化程序。

在一个合成的复杂场景中,当模型距离视角越远时,所显示的图像越小,因为图像的分辨率限制,模型上的多个点会映射到图像上某一像素。一种解决办法是找到模型上的那些点映射到同一个像素点上,然后用一个新的点来表示那些点,用这一个新点来进行渲染。顶点聚类即是基于这种思想。聚类过程即是寻找模型中足够相近的点,然后用一个新的点来表示这些点,判断点之间的相近性即是判断网格之间的相近性。通过定义不同的聚类大小,就能够得到不同的相近距离阈值,这样,就能够让我们获得模型的不同尺度的简化模型(LOD)。整个算法有以下几个步骤。

(1) 顶点权重计算。根据每一顶点对,计算其权值。

(2) 三角化。网格被分成各个三角形。

(3) 聚类。根据几何上的临近性,所有顶点被分成各个类。

（4）结合。用一个新的点来表示每一类中的所有点，这样一些三角形被简化为边和顶点。

（5）消除。对于多余的三角形，消除其顶点和边。

（6）法向调整。计算简化后模型的边和三角形的法向。

整个流程如图 2-10 所示。

4．模型细化

循环策略是常用的一种模型细分的算法。该策略是基于三角化的能够在规则网格上产生C^2连续面的样条函数，规则网格指没有特殊点的网格，特殊点指没有 6 个相邻顶点。边界上具有 3 个相邻点的网格也属于规则网格。对于边界，应用特殊规则，这一规则能够沿着边界产生一条三次样条曲线，该曲线只取决于边界上的点。整个循环策略如下：

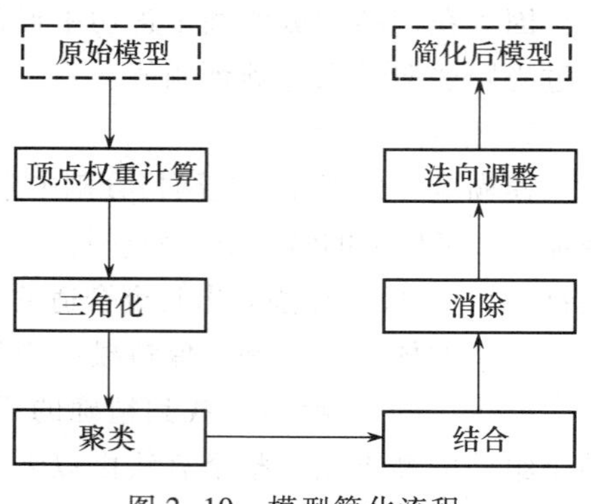

图 2-10　模型简化流程

（1）通过下面公式来计算出 β，然后通过 β 对于每一个网格上的点计算出一个新点，其中 k 是顶点的相邻点的个数，并为相邻点的权值选用合适的数。

$$\beta=\frac{1}{k}\left[\frac{5}{8}-\left(\frac{3}{8}+\frac{1}{4}\cos\frac{2\pi}{k}\right)^2\right] \tag{2.9}$$

对于特殊点，β 值被算出来是c^1连续，对于规则点，在图 2-11（b）中，替代 k 为 6 来计算点的权重。

（2）对于网格上的每一条边，通过图 2-11 计算出一个新的点。

（3）这样，网格中的每一个三角形都拥有了 6 个顶点，其中 3 个从原有的 3 个顶点产生，3 个从原有的 3 条边产生，这 6 个点最后产生 4 个新的三角形。

5．编辑

三维几何形状编辑是几何造型和计算机图形学领域的一个重要方法。目前的主流造型方法是参数曲面设计，且可利用细分技术推广到非奇异参数域。曲面编辑是几何造型与处理的核心内容，其目的是为用户提供直观、高效的曲面编辑工具，实现复杂的几何模型的构造；其内容包括局部形状调整、曲面剪裁粘贴、几何纹理迁移、曲面融合、大范

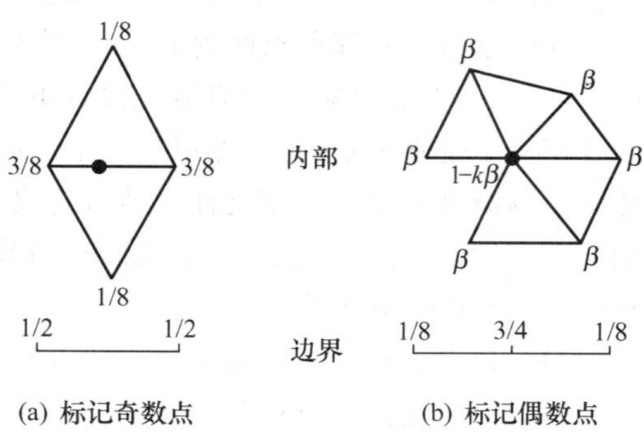

(a) 标记奇数点　　(b) 标记偶数点

图 2-11　新点产生策略

围变形等。当前主要研究的是交互式的局部网格变形与编辑网格。曲面变形与编辑方法大致可以分为 4 类,包括 Barr 变形方法、基于空间均匀网格的自由变形方法(FFD)、基于曲面细分的方法和约束变形方法。

Barr 变形方法首先提出了整体与局部变形的概念(Barr,1984)。在传统的造型方法中,物体通常是用 CSG 树来表示。通过对基本物体的旋转、平移、比例缩放、求和、求交、求减等几何变换和布尔运算,CSG 造型方法可以生成非常复杂的物体。Barr 推广了传统的运算操作,他提出把整体和局部变形作为新的算子。

自由变形(free-form deformation,FFD)(Sederberg,1986)是一种与物体表示无关的变形方法,后续的研究者在此基础上做了许多改进,但是其基本思想不变,即通过 Bezier、B 样条或者 NURBS 体使物体变形。FFD 方法提供了一个更为一般的空间变形方法框架:待变形物体首先被嵌入一个中间空间,当空间的形状发生变化时,该变形传递给嵌入其中的物体。

基于细分属性的曲面编辑方法将传统基于顶点直接操纵的曲面编辑和形变问题转化为曲面局部几何微分属性的操纵,然后通过优化技术重建编辑后的曲面。基于这一方法,用户只需采用很少的编辑操作,即可实现曲面的高效编辑,并且在曲面变形过程中能够很好地保持曲面几何细节。常见的细分方法有 Loop 细分法(Loop,1987)、蝴蝶改进法(Zorin,1999)、Catmull-Clark 法(Catmull,1978)和 Doo-Sabin 法(Doo,1978)等。

Hsu(Hsu,1992)等人于 1992 年提出了一种根据变形后物体上点的偏移反求栅格顶点,从而达到直接操纵物体变形的方法(DMFFD),这种方法实际上属于约束变形的一种,但是它通常需要求解一个大型的广义逆矩阵,计算复杂、不便交互。Borrel 和 Rappoport 提出的简单约束变形法采用了类似的变形控制方法,该方法除了使用约束点外还增加了用户定义的影响半径来控制变形。

网格局部编辑变形的基本步骤如下所示。

(1) 交互生成局部变形区域。采用手工标定的一个封闭矩形来确定变形区域,该方法是一种能够精确控制变形区域和变形外观的交互式网格编辑技术。根据用户标定的矩形区域大小和变形程度,曲面网格将作出相应的变形。

(2) 生成变形网格。变形网格的生成有两种方式:一种是将待编辑区域中的网格顶点参数化到矩形域中并均匀采样,将采样点作为控制网格的顶点,通过参数曲面(如 B 样条)或定义网格模板的方法构造控制网格,并且求出变形区域网格点与控制网格点的映射关系;另一种是在变形区域选取控制点,根据约束特征通过控制点拟合曲面变形(如径向基函数),并且可以自定义控制点影响的变形范围,这种变形直接操纵网格模型且变形比较平滑。

(3) 操作变形。如果采用步骤(2)中第一种生成变形网格的方式,对控制网格点的操作作用到对应变形区域的网格点;如果采用步骤(2)中第二种生成变形网格的方式,通过对控制点的操作,直接影响其周边非控制点的变形,具体影响范围可以自定义控制,且无需考虑映射关系。简单的网格操作方法可以包括放大或缩小网格、拖动模型顶点、旋转网格、拖动网格等。

(4) 变形模型边界处再编辑。由于是局部变形,变形区域的边界可能产生走样,因此在边界处可采用基于三角面片的顶点均值网格编辑等方法,来解决边界走样问题。

6. 参数化

网格参数化作为曲面纹理映射的方法而引入图形学,是数字几何处理中的重要问题,并且在三维数字几何处理中有广泛的应用。

三角网格是一种典型的网格表示方式,因此这里主要介绍三角网格模型的参数化方法。网格参数化是在三维模型和参数域之间的几何度量的变形最小的条件下把模型上的点映射到参数域上。可以表示成这样一个问题:给定一个三角网格模型 $S=\{T_i\}$,并且已知一个参数域 Φ,要寻求一个从三角网格模型的点 $V_i \in S$ 到参数域上的点 $V_i \in \Phi$ 的一一映射 f,映射过程中保持参数域上的网格与原始网格拓扑同构,并使得在参数域上的网格与原始网格之间的度量下变形最小。如今很多参数化技术都是为了解决一个内在的几何度量的变形最小化问题。通常有微分几何、等积映射、调和映射、保角映射等解决方法。

最基本的是平面参数化的方法,直观来讲,平面参数化就是在保证参数化的有效性和几何度量变形最小的条件下,把一个空间三角网格平摊成平面三角网格的方法。在平面参数化中,保长约束是很难满足的。而保角映射能局部保角,保角映射理论在三角网格参数化的应用成为当前参数化研究的热点之一,Gu 等证明了对于零亏格的封闭曲面,调和映射和保角映射是等价的(Gu,2003)。Levy 等提出基于 Cauchy-Riemann 等式的最小二乘逼近准保角映射的参数化方法(Levy,2002),通过增加约束条件,把保角映射的参数化问题建立成一个线性的最优化问题。下面主要介绍这种保角映射的参数化方法。

三角网格模型可以看成三角面片的集合 $G=\{V_G,F_G,P_G\}$。其中 $V_G=\{V_i,1\leqslant i\leqslant n\}$($n$ 代表顶点的数目),F_G 是所有的顶点之间的拓扑连接关系。P_G 是所有顶点的属性的向量集合。对每个三角形构建一个局部正交基 (x_1,y_1),(x_2,y_2),(x_3,y_3)。

考虑在离散的三角网格模型 S 上有一个映射关系 U: $U:S\rightarrow(u,v)$ 。如果 U 满足条件

$$\frac{\partial U}{\partial x}+i\frac{\partial U}{\partial y}=0 \tag{2.10}$$

那么就称 U 是一个保角映射。如图 2-12 所示,二维的 (u,v) 参数域和三维的网格之间的映射关系满足保角。这个保角条件在整个三角网格上是严格成立的。

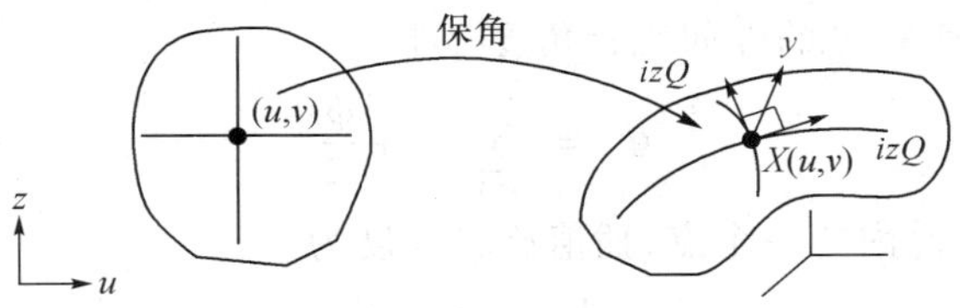

图 2-12 保角映射

为了方便算法的实现,假定映射 U 在每个三角面片上都保持线性,则 U 可以通过优化 $C(S)$ 得到。

$$\operatorname*{Min}_{U} C(S) = \sum_{d \in S} \left| \frac{\partial U}{\partial x} + i \frac{\partial U}{\partial y} \right|^2 A(d) \tag{2.11}$$

其中,d 代表三角网格 S 上的一个三角面片,$A(d)$ 代表这个三角形 d 的面积。

对一个三角面片,建立一个局部的二维坐标系,则三角面片的每个点都有一个局部坐标(x,y),二维参数域为(u,v),令 $\beta_j = x_j + iy_j$,$\partial_j = u_j + iv_j$,则 $\partial_j = U(\beta_j)$,然后,向量 $\boldsymbol{\partial}$ 写成 $\boldsymbol{\partial} = (\partial_f, \partial_p)$,其中 ∂_f 由 $n-p$ 个自由坐标构成,∂_p 则是 p 个已知的坐标。因此

$$C(S) = \| M_f \partial_f + M_p \partial_p \|^2 \tag{2.12}$$

其中,$\boldsymbol{M} = (M_f, M_p)$,是一个稀疏的 $m \times n$ 复数矩阵(m 代表三角面片数,n 代表顶点数)。最后,通过求解最小二乘优化问题,解出 ∂_f 的坐标值,即把三维数据映射到二维参数域。

保角映射的参数化方法使得原始网格映射到二维参数域的网格后有很好的保角性质,可以处理复杂边界的三角网格。

7. 变形

近年来,有多种变形算法,其中最常用的是基于草图的网格变形。该算法具有良好的用户体验,具体流程如下所示。

(1) 建立参考曲线。首先勾勒出一个参考曲线,后台对这条曲线进行光顺处理。然后将该二维曲线映射到网格上的三维空间。计算观测点通过参考曲线第一个点与射线的交点,这一交点,顺着观测面的法线方向,就定义了三维空间与图像空间平行的平面,投影参考曲线到这一平面就算出了三维参考曲线。

(2) 识别感兴趣区域。在将参考曲线映射到三维空间后,我们隐式地利用模糊分割算法(fuzzy decomposition)把模型分为三部分:① 静态部分,在变形过程中不改变;② 感兴趣部分,即被参考曲线覆盖和变形算法实施部分;③ 刚性部分,该部分在保持与感兴趣部分连接关系的前提下将被刚性地移动。

(3) 计算旋转角度。通过旋转相对于参考顶点 v^r 的每一个顶点 v 来对网格进行变形,旋转轴即是勾勒面的法向,旋转角度 $\theta(v)$ 是 v^r 和v^t切线的带符号夹角。为了计算旋转角度 $\theta(v)$,首先定位参考曲线的分割线段$[s_{i,} s_{i+1}]$,定义 ϕ_i

为在节点 i 处的带符号的外面旋转角度，即

$$\Phi_i = \sum_{j=0}^{i-1} \phi_j + \frac{\phi_i}{2}$$

对于$[S_i, S_{i+1}]$内的一个点，插值旋转角度为

$$\Phi(s) = \Phi_i + \frac{\phi_i}{2} b(2\alpha) + \frac{\phi_{i+1}}{2} b(2\alpha - 1)$$

其中：

$$\alpha = \frac{s - s_i}{s_{i+1} - s_i}$$

$$b(x) = \begin{cases} 1, & x > 1 \\ x, & 0 \leqslant x \leqslant 1 \\ 0, & \text{其他} \end{cases}$$

节点旋转角度即为

$$\theta(v) = \Phi^r[s(v)] - \Phi^t[s(v)] + \theta_g$$

一旦计算出了顶点的目标位置和旋转角度，那变形后的顶点位置即为

$$v' = T(v^t) R[\theta(v)] T(-v^r) v$$

其中，T 和 R 分别为勾勒平面法向的移动和旋转角度函数。

2.2.3 体素模型数据处理

在对模型进行分析和处理的许多场合（如科学计算、形状分析等），不仅需要模型的表面信息，还需要模型的实体信息。例如，空间中哪些位置处于模型内部，哪些处于模型外部。仅有模型表面信息的情况下，这是很难确定的。体素模型是一种最常见的基于实体的模型表示方法，经常应用于计算机图形学、计算可视化、医学图像处理等领域。体素的概念与图像处理领域中像素的概念十分类似。一个体素代表了空间内的一个体积单元，通常代表了空间中的一个小立方体。所有体素的大小都是相等的，体素间的拓扑关系也是固定的。

若将体素视为空间中的一个小立方体，那么体素空间中常见的邻接关系有如下 3 种。

（1）6 邻接。如果两个体素间存在一个公共面，则这两个体素是 6 邻接的。

（2）18 邻接。如果两个体素间存在一条公共边或一个公共面，则这两个体素是 18 邻接的。

（3）26 邻接。如果两个体素间存在一个公共顶点或一条公共边或一个公共面，则这两个体素是 26 邻接的。

具体如图 2-13 所示。

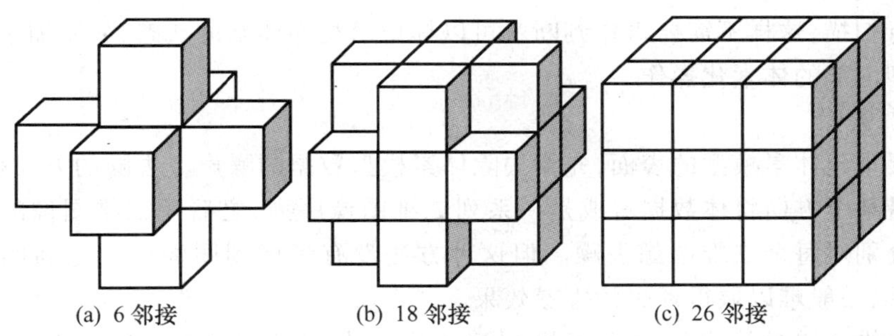

图 2-13 体素模型的邻接关系

1. 体素化

体素化是将物体的几何形式表示转换成最接近该物体的体素表示形式,产生体数据集,其不仅包含模型的表面信息,还能描述模型的内部属性。体素化的方法很多,这里介绍一种简单的操作方法。假设某体素模型的分辨率为 $N \times N \times N$,之后的操作主要包括如下两部分。

1) 对模型表面的体素化

首先计算出模型的 AABB 包围盒,然后根据空间分辨率对包围盒进行划分,得到每个大小为$(X/N) \times (Y/N) \times (Z/N)$的空间像素列表。然后对构成 3D 模型的多边形或三角形列表进行遍历,得到这些基本体元所对应的包围盒,然后对 AABB 包围盒求交运算得到这些基本体元所能影响到的体素单元,将这些体素单元作为待判断的基本对象。为了作进一步的精确判定,使用三角形与 AABB 包围盒的求交算法确定这些基本体元所能影响到的最终体素,并将这些最终体素标记为非空,这样就完成了对 3D 模型表面的体素化操作。

2) 对模型内部的体素化

将模型表面体素化的操作完成之后即可得到对模型体素表示的一个"外壳",接下来的操作就是进行模型的内部体素化操作。首先将对应的 3D 模型建立空间八叉树,这棵八叉树主要用于进行基本体元面片的求交操作。然后从模型的 AABB 包围盒中所有空体素的中心位置以轴对齐方向发射两条射线,这两条射线的方向相反,但基本方向都是轴对齐的。对于这两条射线利用空间模型的八叉树来得到其与 3D 模型的相交位置,并得到相交点的法向量及到相交点的距离,然后根据这两点法向量之间的关系来判断得到当前体素是在 3D 模型的内部或是在 3D 模型的外部。将这样的操作施加于每一个空的体素之后就可以完成对 3D 模型内部的体素化操作。

但是将这样的操作施加于每一个空的体素速度比较慢,故此处可以采用扫描的方法来进行加速处理。如果判断得到某个体素的位置为模型内部后,就可以根据射线的方向及这两条射线与模型的交点处的距离来对当前体素相邻的体素进行扫描，这样不需要再作判断就可以标记出相邻体素的状态，从而加速了整个模型内部的体素化操作。

2. 去噪

要重建体素模型的表面，先要去除体素模型数据的噪声。去噪的方式很多，可以沿某个方向将体数据看成是一系列二维图像序列，之后用二维图像的去噪方法分别对每个二维图像去噪。但这种方法没有考虑到图像序列之间的相关性，所以一般难以取得理想的去噪效果。

二维去噪的许多算法可以推广到三维体素模型，如中值滤波、均值滤波等。Zaroubi 等将小波变换用于去除三维体数据的复杂噪声（Zaroubi，2000）。Bao 用自适应多尺度乘积的方法降低了 MRI 数据中的噪声（Bao，2003）。非局部均值方法是一种较新的去噪方法。它由 Buades 等人在 2005 年首次提出，该方法基于利用数据中信息的自然冗余来移除噪声（Buades，2005）。在非局部均值理论中，体素的灰度值是体数据中所有其他体素灰度的加权平均值。为了缩小搜索的范围，通常只考虑像素周围距离较近的几个体素。但这种算法通常非常耗时，Coupe 提出了一种快速非局部均值算法，并在 MRI 图像数据中取得了很好的效果（Coupe，2006）。Thacker 给出了非局部均值方法的统计学解释（Thacker，2008）。

3. 体素模型表面重建

体素模型表面重建是在已知体素模型数据的情况下，寻找出感兴趣目标的表面。此时，体素数据的每个体素不光代表了空间的一个小立方体，还具有一个灰度值代表了这个小立方体的颜色。常见的方法有 Cuberill 方法、Marching Cube 方法和 Dividing Cube 方法。

Cuberill 方法适合于正交密集数据场的表示方法，主要适用于医学图像、无损探伤等三维图像的等值面抽取将三维图像中的每一像素看成是空间中的一个六面体单元，即体素。在体素内数据场具有相同的值，用边界体素的 6 个面拟合等值面，即把边界体素中相互重合的面去掉，只把不重合的面连接起来近似表示等值面。Cuberill 方法简单易行，便于并行处理，因为对每个体素的处理都是独立的，其主要问题是出现严重的走样，显示图像给人一种“块状”感觉，在物体边界处锯齿形走样特别醒目，而且显示粗糙，不能很好地显示物体的细节。

Marching Cube 方法的基本思想是把三维图像相邻层上的各 4 个像素组成立方体的 8 个顶点，逐个处理三维图像中的立方体，分类出与等值面相交的立方体，采用插值计算出等值面与立方体边的交点。根据立方体每一顶点与等值面的相对位置，将等值面与立方体的边的交点按一定方式连接生成等值面，作为等值面在该立方体内的一个逼近表示。但 Marching Cube 方法存在连接方式上的二义性，为解决二义性问题，有很多行之有效方法，如 Marching Tetrahedra 方法就是在 Marching Cube 方法的基础上发展起来的。

在密集数据场处理时,特别是医学图像上,包含等值的单元数很多,每一三角面片很小,使每一体素的投影接近于像素大小,因此往往是显示精度而不是体素大小限制了图像的精度。一种更有效的方法是直接在显示图像上显示像素点,这就是 Dividing Cube 方法的基本思想。Dividing Cube 方法逐个扫描每个体素,当体素的 8 个顶点越过等值面时,将该体素投影到显示图像上。如果投影面积大于一个像素的大小,则该体素被分割成更小的子体素,使子体素在显示图像上的投影为一像素大小,每一子体素在图像空间被绘制成一表面点。每一表面点由对应子体素的值、对象空间中的位置和梯度三部分表示,可使用传统的图形学消隐技术,如 Z-Buffer 算法,将表面点绘制到图像空间中。采用绘制表面点而不是绘制体素内等值面片,从而节省了大量计算时间。

2.2.4 参数曲面模型

在参数曲面表示中,B 样条曲面最常使用,下面以 B 样条曲面为例讨论。

1. 插值

这里以三次 B 样条曲线插值为例。

给 n 个数据点 $Q_i(i=0,1,\cdots,n)$,节点矢量通过积累选弦长确定,即

$$t_0=0$$

$$t_i=t_{i-1}+|Q_i-Q_{i-1}|, i=1,2,\cdots,n \tag{2.13}$$

因为节点矢量 $T=[t_0,t_0,t_0,t_0,t_1,t_2,\cdots,t_{n-1},t_n,t_n,t_n,t_n]$,从而定义 B 样条曲线方程为

$$C(t)=\sum_{i=0}^{n+2}N_{i,3}(t)P_i \tag{2.14}$$

且

$$\sum_{i=0}^{n+2}N_{i,3}(t_j)P_i=Q_j, j=0,1,2,\cdots,n \tag{2.15}$$

加上边界条件,如首、末点切矢,或自由边界条件。

1) 首、末点切矢边界条件 R_0,R_n

给定首、末点切矢。

$$[C(t_0)]'=3\left(\frac{P_1-P_0}{t_1-t_0}\right)=R_0 \tag{2.16}$$

$$[C(t_n)]'=3\left(\frac{P_n-P_{n-1}}{t_n-t_{n-1}}\right)=R_n \tag{2.17}$$

2) 自由边界条件

首末点二阶导矢为 0,则

$$[C(t_0)]''=6\left(\frac{P_2-P_1}{(t_1-t_0)^2}-\frac{P_1-P_0}{(t_1-t_0)(t_2-t_0)}\right)=0$$

$$[C(t_n)]''=6\left(\frac{P_{n+2}-P_{n+1}}{(t_n-t_{n-1})^2}-\frac{P_{n+1}-P_n}{(t_n-t_{n-1})(t_n-t_{n-2})}\right)=0$$

得到关于 $n+3$ 个控制顶点 P_i 的 $3(n+3)$个线性方程组,解此线性方程组,得到插值数据点的 B 样条曲线。这里我们使用三次 B 样条,此线性方程组为三对角方程组,可以使用追赶法求解。

2. B 样条曲面插值

给定空间数据点 $Q_{ij}(i=0,1,\cdots,m;j=0,1,\cdots,n)$,用双三次 B 样条曲面插值这些数据点。这里两个方向的节点矢量取积累弦长的平均值,从而得到

$$\sum_{i=0}^{m+2}\sum_{j=0}^{n+2}N_{i,3}(u_r)N_{j,3}(v_s)P_{ij}=Q_{rs},r=0,1,\cdots,m;s=0,1,\cdots,n \quad (2.18)$$

加上 $2(m+1)+2(n+1)$个边界条件,得到未知变量和方程数相同的方程组,解此线性方程组,得到插值数据点的 B 样条曲面方程。

上述过程可以分解成两次插值曲线算法进行简化。

3. 网格化

为了绘制或有限元计算,参数曲面通常要离散呈三角网格模型。通过计算一组在参数$(u_i,v_j)(i=0,1,\cdots,m;j=0,1,\cdots,n)$的曲面上点 $P_{ij}(i=0,1,\cdots,m;j=0,1,\cdots,n)$,这里 $u_0=v_0=0;u_m=v_n=1$。连接点 $P_{ij},P_{i+1,j},P_{i,j+1}$ 和 $P_{i+1,j},P_{i+1,j+1},P_{i,j+1}$ 构成两个三角形。遍历 $i=0,1,\cdots,n;j=0,1,\cdots,n$,生成三角网格模型。

这里的主要问题是如何快速计算曲面上的点 P_{ij}。通常我们选取参数(u_i,v_j)是等距的,即 $u_i=i\times h,v_j=j\times h$,这里 h 为参数域上等间距。这样可以使用一些快速计算方法。

2.2.5 隐式曲面

1. 过渡

过渡操作可以把各个体素光滑地连在一起,通常可以使用线性过渡、双曲过渡和超椭球过渡等。假设 n 个隐式曲面的隐式函数为 $F_i(x,y,z)$,其过渡操作的隐式方程如下所示。

线性过渡的隐式方程为

$$B\big(F_1(x,y,z),F_2(x,y,z),\cdots,F_n(x,y,z)\big)=\sum_{i=1}^{n}F_i(x,y,z)-1 \quad (2.19)$$

双曲过渡的隐式方程为

$$B\big(F_1(x,y,z),F_2(x,y,z),\cdots,F_n(x,y,z)\big)=\prod_{i=1}^{n}F_i(x,y,z)-1 \quad (2.20)$$

超椭球过渡的隐式方程为

$$B\left(F_1(x,y,z),F_2(x,y,z),\cdots,F_n(x,y,z)\right)=1-\left\{\sum_{i=1}^{n}\left[\max(1-\alpha_i F_i(x,y,z),0)\right]^{\beta}\right\}^{\frac{1}{\beta}} \tag{2.21}$$

这里参数 $\alpha_1,\alpha_2,\cdots,\alpha_n,\beta$ 用来控制过渡形状。

2. 变形

隐式曲面的隐式函数为 $F(x,y,z)$,在外力作用下的变形量函数为 $D(x,y,z)$,因此,变形后的隐式曲面的隐式函数为 $F(x,y,z)+D(x,y,z)$,即隐式曲面的方程为

$$F(x,y,z)+D(x,y,z)=0 \tag{2.22}$$

3. 网格化

隐式曲面通常需要生成多边形、三角网格来显示。此转换方法同体数据中提取等值面的 Marching Cubes 方法类似,具体步骤如下所示。

(1) 将隐式曲面所在空间分割成相同的立方体。

(2) 计算每个立方体顶点上隐式函数的值。

(3) 通过计算函数的根或线性插值得到边。

(4) 对每个立方体计算上述边,连成多边形或三角形,得到多边形、三角网格表示。

2.3 绘制技术

不同的表示模型需要不同的绘制技术。这里我们讨论 3 种主要的绘制技术,即三角片网格的绘制技术、点云绘制技术和体绘制技术。其他的表示如参数曲面或隐式曲面都可以通过三角化转化成三角片网格,通过三角片网格的绘制技术来实现。事实上,点云模型可以通过三角片网格重构算法生成三角片网格,体数据可以通过 Marching Cube 方法生成三角片网格模型,从而通过三角片网格的绘制技术来实现。因此,三角片网格的绘制是核心绘制技术,并且由于图形硬件的支持,它的绘制速度比较快。

2.3.1 三角片网格绘制技术

将三维模型真实显示在屏幕上,不仅受到本身指定颜色的影响,还要受到场景中光照的特性及物体本身反射和吸收光的材质属性的影响,这里主要考虑光照模型和着色处理方法两个因素。

1. 光照模型

光照模型分为局部光照模型和全局光照模型。

模型在屏幕上最终显示的材质有很多参数,如环境、漫反射、镜面反射、光亮

度和放射率，材质的这些参数、光源参数及光照模型决定了含有材质的物体表面颜色。

光线由4个部分构成，即发射光、泛光、漫反射光和镜面反射光，这4个成分单独计算，然后累加起来。发射光来自物体，不受光源的影响。泛光来自环境的泛光光源，在各方向均匀散布。漫反射光来自一个方向，直接照射到表面的要比仅仅扫过表面亮，一旦照射到表面上，无论在何处观察，亮度都相同。镜面反射光来自一个特定方向，并以一个特定方向离开，可以把这个成分看成是材料的光洁度。

2. 着色处理方法

着色处理是计算光照并由此决定像素颜色的过程，传统方法中主要有3种类型的着色处理方法，即Flat方法、Gouraud方法和Phong方法。

Flat方法以三角面片为单位进行颜色计算，然后用这种颜色对三角形进行填充。这种方法中由于相邻的三角面片的法矢不同，颜色也不同，因此，在共同的边上存在颜色突变，即马赫带效应。

Gouraud方法首先计算三角形每个顶点处的光照，然后用顶点颜色通过插值来计算三角形内部各点的光照。这种方法消除了Flat方法中颜色突变的马赫带效应问题，但不能真实反映上三角内部高光现象。

Phong方法用三角形各顶点处的法向量通过插值的方式计算每个像素处的法向量，然后根据各个像素的法向量计算光照效果。Phone方法解决了三角内部高光现象，但计算量大大增加。

光线跟踪是一种全局光照模型下的绘制方法，它模拟了光传播过程中各种光的效应，如反射、透射、散射等。

光线跟踪方法沿着到达视点的光线的反方向跟踪，经过屏幕上每一个像素，找出与视线相交的物体表面点 P_0，并继续跟踪，找出影响 P_0 点光强的所有光源，从而算出 P_0 点上精确的光线强度，在材质编辑中经常用来表现镜面效果。光线跟踪是计算机图形学的核心方法之一。在光线追踪方法中，光线从光源被抛射出来，当它们经过物体表面的时候，对它们应用种种符合物理光学定律的变换。最终，光线进入虚拟的摄像机底片中，图片被生成出来。

光线跟踪方法的广泛使用在于它比其他渲染方法，如扫描线渲染或者光线投射，更加能够真实地模拟光线，像相互反射和阴影这样一些对于其他的算法来说都很难实现的效果，却是光线跟踪方法的一种自然结果。光线跟踪方法易于实现并且视觉效果很好。

光线跟踪方法的一个最大的缺点是需要大量的计算资源，其他方法利用了数据的一致性从而在像素之间共享计算，但是光线跟踪方法通常是将每条光线当成独立的光线，每次都要重新计算。但是，这种独立的做法也有一些优点，例如，可以使用更多的光线以抗混叠现象，并且在需要的时候可以提高图像质量。

光线跟踪是一个全局绘制方法,相比前面的局部方法,计算量大大增加。

2.3.2 点云模型绘制技术

为了及时把握对采样点几何模型所进行的各种处理的结果,更好地调整并控制处理过程,需要对采样点几何模型进行快速、有效的绘制,我们把这种绘制方式称为基于点的绘制方式。近几年来,研究人员提出了许多基于点的绘制技术和方法,这些技术和方法大体上可进行如下分类。

以绘制时空间中的数据流向进行分类,可以分为正向绘制方法和逆向绘制方法。正向绘制方法是一种采样点元由景物空间向图像空间进行投影的绘制方法,如 Z-Buffer 方法;而逆向绘制方法是一种从屏幕图像空间中的显示单元出发,搜索景物空间中相关单元的绘制方法,如光线跟踪绘制方法(该方法计算出由视点出发穿过屏幕每一个像素的视线与景物空间中的点云模型表面的交点几何及其属性,再将其显示在屏幕上)。

以对面元的处理方式进行分类。一类是在图像空间中直接将每一个采样点解释为具有一定大小的无方向的圆盘(或正方形),采用这类处理方式的采样点云模型往往采用正向绘制技术进行绘制;另一类则在物体空间中将纯几何采样点的表达方式转换成基于面元的表达方式,再将这些面元绘制到屏幕上,采用该处理方式的采样点云模型既可以采用正向绘制技术,又可采用逆向绘制技术。下面我们首先讨论基于点的正向绘制过程及其相关技术,然后回顾逆向绘制过程中的技术和算法。

1. 正向绘制技术

在对离散采样点云模型进行正向绘制的流程中,输入为景物空间中离散的采样点云模型,输出为视觉上连续光滑的模型表面图像。在正向绘制过程中,最有可能出现的问题是绘制的图像中存在"空洞"。这是因为在对采样点云模型进行正向绘制时,只是单纯地将采样点投影到屏幕上的每一个像素中,这样,某些像素可能不包含任何投影点,而某些像素虽有投影点,但均为被剔除的采样点(如背向点或隐藏点),从而在这些像素上形成"空洞"。为了产生连续光滑的模型表面,就必须填补这些"空洞"。目前已有的文献中,填补"空洞"的常用技术有如下几种。

(1) 完全忽略法。这类方法适合于无规则的几何点,如某些树的采样点云模型,因为树叶之间本来就存在着许多空洞,所以在绘制这类模型时,可以完全忽略绘制过程中的空洞。

(2) 二步法。是在绘制时先完成第一步——"空洞"检测,再完成第二步——图像重构,因此,二步法中的两步是分开来进行的。

(3) Splatting 法。这类方法中其可见性检测和图像重建这两步同时完成。

（4）增加采样点进行绘制的方法。

2. 逆向绘制技术

对点云模型进行光线跟踪绘制的绘制原理是：计算出由视点出发穿过屏幕每一个像素的视线与点云模型表面的交点几何及其属性，再将其显示在屏幕上。所以，光线跟踪点云模型表面最关键的问题就是光线与点云模型表面的求交测试。

Schaufler 等（Schaufler，2000）提出将光线与采样点云模型表面的求交测试分成两个部分，即交点检测、实际交点计算及其交点属性的插值估算。该方法将光线想象成具有一定半径的光柱，而将模型表面上的点看成带法向的几何点，交点检测时对每一根由视点出发穿过屏幕像素的光线，寻找其相应的光柱内是否包含可用于求交的模型表面上有效的采样点（所谓有效的采样点，就是模型表面上那些没有被遮挡的正向点）。八叉树层次结构加速了模型表面上点的搜索。在检测到交点后，搜集交点附近且在光柱内的采样点，从这些采样点中求出真正的交点及其交点属性。该光线跟踪点云模型的方法要求模型表面上的采样点分布均匀，否则就可能出现光柱内用于求交的有效的采样点太多、太少甚至没有等使求交失败的情况。

Admason 等（Admason，2003）开发了一种基于 Alexa（Alexa，2003）的移动最小二乘表面的求交测试算法。在该测试算法中，对给定的一个采样点集，在最小二乘表面上定义一个点的投影算子以及局部多项式表面逼近。求交测试的思想是迭代地将交点附近并位于光线上的点投影到最小二乘表面上最后收敛到光线与模型表面的交点上。其迭代过程如下所示。

（1）估算表面附近光线上一点 r_0。

（2）将点 r_0 投影到最小二乘表面上，产生新的投影点 r_0'及点 r_0'附近的多项式逼近。

（3）光线与 r_0'附近的多项式求交，产生新的交点 r_1，点 r_1 比点 r_0 更接近于真实的交点。

（4）如果其精度（即两个交点之间的距离 $|r_1 - r_0|$）达到了预定的值，则结束，否则，用点 r_1 代替点 r_0，继续步骤（2）。

实验结果表明，一般迭代 2～3 次就能找到精度为$10^{-6}h$ 的交点。但该方法由于需要迭代求交，而且求解的又是非线性方程，计算量大，绘制一个图像一般需要几个小时的时间。

总之，由于点云模型没有拓扑关系，非常有利于进行视点相关的多分辨率重采样，因此，点绘制可以大大加快大规模数据所构建场景的绘制过程。同时，点云模型的离散性使得点云模型可以方便地利用 GPU 或其他并行机制来加速。

2.3.3 体绘制技术

在体绘制技术研究的初期,算法分为像序体绘制算法的和物序体绘制算法,分别以光线投射算法(ray casting)和足迹表法(splatting)为代表。随着体绘制技术研究的进展,在两者基础上提出了混合方式的体绘制算法,以切错-变形算法(shear-warp)为代表;随着硬件技术的发展,提出了基于图形硬件的体绘制算法,以纹理映射算法(texture mapping)为代表;随着体绘制理论的完善,提出非空域体绘制算法(non-space domain volume rendering),以频域和小波域算法为代表。另外,与基于结构化网格的体绘制算法同步,非规则网格的算法也逐渐成熟,以体元投射算法(cell projection)为代表。下面简要介绍这些主流算法的原理和流程。

1. 光线投射算法

光线投射算法最先由 Levoy M.(Levoy,1988)于 1988 年提出,现在仍然是众多学者研究的热点,是最经典的像序体绘制算法。光线投射算法模拟自然界中光线投射到物体上,经过半透明物体的部分吸收、遮挡作用,在被照射物体的另一侧形成物体的影像这一过程,如图 2-14 所示,光线 ds 照射到物体的 a 点上,在 ab 之间传播,并于 b 点处离开物体。光线在物体内部传播时,物体对光线的作用是连续的,这在算法中无法精确实现,实践中将连续的光线重采样为多个点,并对这些重采样点进行从前向后的融合或者从后向前的融合,近似地模拟光线穿透物体的过程。

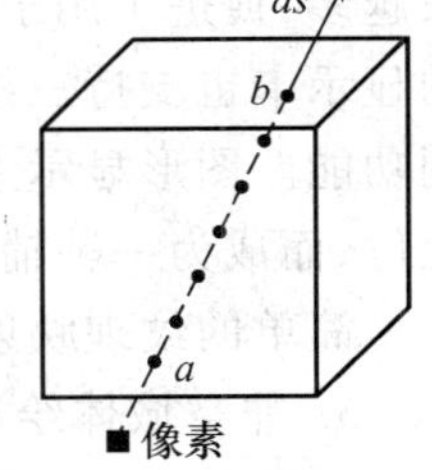

图 2-14 光线投射算法模拟过程

光线投射算法是绘制质量最高的一种体绘制算法。它模拟自然现象的过程,只要重采样率足够高、传递函数设置合理,该算法几乎没有走样现象产生。

2. 足迹表法

足迹表法是一种物序体绘制算法,它改变了传统的从图像出发的观念,转而从绘制的数据入手,避免了费时的插值操作,提高了算法的绘制速度。足迹表法遍历体数据中的每个体素,计算该体素对结果图像产生的影响,将所有体素对最终图像的影响进行融合。计算体素对结果图像的影响作用是通过计算体素值与二维重构核来完成。

足迹表法需要遍历每一个体素,当体数据的分辨率很高的时候,是比较费时的。

3. 切错-变形算法

切错-变形算法是迄今为止绘制速度最快的一种软件体绘制算法,它是一种物序和像序结合的体绘制算法。切错-变形算法建立了一个始终垂直于体数据主轴的坐标系，把绘制过程分为切错后的体数据在中间坐标系的垂直投影和将中间坐标系的结果图形变形到投影平面这两个过程。切错-变形算法避免了当投影平面与体数据的主轴不垂直时产生的大量相关计算，将三维计算简化为二维计算，极大地提高了绘制速度，使得在个人计算机上就能够以接近实时速度绘制大规模的体数据，而没有明显的图像质量缺失。但是由于该算法缺少三维信息，并且存在变换走样和误差，绘制结果的可靠性难以得到保证。

4. 纹理映射算法

纹理映射算法是利用图形卡为图形处理专门设计的硬件计算通道来加速体绘制的算法。在体绘制发展的初期，一般的图形卡都是针对传统图形学中的模型面片设计的，功能比较固定，体绘制这种基于点阵的绘制方法无法充分发挥图形卡的优势，而且由于专门的图形加速卡相对比较昂贵，大部分研究单位也很难配备。因为同属于图形领域，体绘制和一般图形绘制问题有很多共性，图形加速卡的辅助作用显而易见。于是以图形加速卡为基础、以纹理作为基本数据结构的纹理映射算法作为单独的一类体绘制算法最早在图形工作站上提出来。

随着社会的进步和个人计算机的不断发展，人们对于计算机视觉的需求越来越多，促进了用于普通个人计算机的图像显示硬件的蓬勃发展，如今即使普通的显示卡也支持三维纹理映射，一些高端的显示卡还提供了对于绘制流程的控制功能。图形显示卡的发展和普及使基于纹理的体绘制算法丧失了原有的独立地位，而成为一种辅助加速手段。

简单的纹理映射算法可以看成是重构核中只有一个元素的足迹表法。

5. 非空域体绘制算法

上面讨论的各种算法都属于空域体绘制算法，还有一些算法是在非空域进行的，如频域体绘制算法和小波域体绘制算法。

频域体绘制算法是基于傅里叶-截面定理的。该定理告诉我们，在三维数据场相对应的频域场中，按给定的视线方向经过原点抽取一个界面，再将这个截面作逆傅里叶变换，就可以在空域的图像平面中得到所需要的投影（Takashi，1993）。频域体绘制算法的计算复杂度比空域体绘制算法的计算复杂度要低，不超过 $O(N\ 2\lg N)$，但是没有丰富的三维数据信息，绘制结果质量不高。

小波是近年的一个研究热点，它是傅里叶变换的扩展和延伸。由于小波具有多分辨率无损压缩的特性，其在体绘制大规模数据压缩、远程传输以及逐步完善绘制结果的应用中具有无法比拟的优势。在应用中，数据进行小波压缩后用于存储和传输，但是在绘制的时候仍然用的是解压缩后的空域数据，浪费了大量的处理时间，这使得研究小波域的绘制算法（Gross，1997）非常有意义。

6. 体元投射算法

体元投射算法由 Wilhelms 等人（Wilhelms，1991）在 1991 年提出，是一种物序体绘制算法,和足迹表法类似,但是主要应用于非规则网格数据。与足迹表法不同的是,体元投射算法的绘制基本单位不是体素,而是体数据经过分解后产生的多面体,这些多面体按照从前到后或者从后到前的顺序映射到图像平面上进行融合,得到结果图像。

体元投射算法不完全是基于点的绘制,它包含了更多的三维信息,但计算费时,一般用于较大规模非规则网格数据场且数据的空间一致性较好的可视化应用中。

2.4 动画与仿真技术

计算机动画是计算机图形学和艺术相结合的产物,它是伴随着计算机硬件和图形算法高速发展起来的一门高新技术,它综合利用计算机科学、艺术、数学、物理学和其他相关学科的知识在计算机上生成绚丽多彩的连续的虚拟真实画面,给人们提供了一个充分展示个人想象力和艺术才能的新天地。计算机动画已经日益渗透到人们的生活。在过去几十年里,计算机动画一直是人们研究的热点。目前,计算机动画已形成一个巨大的产业,并有进一步壮大的趋势。

2.4.1 基于物理的动画仿真技术

基于物理的动画仿真技术是20世纪80年代后期发展起来的一种新的计算机动画技术。经过近几年的发展,它已在图形学中成为一种具有潜在优势的三维造型和运动模拟技术。基于物理的动画仿真技术通常计算复杂度较高。与基于几何的传统动画生成技术相比,它能更逼真地模拟各种自然物理现象。它考虑了质量、转动惯矩、弹性、摩擦力等真实世界中物体的属性,并通过动力学原理来计算自动产生物体的运动。当物体受到外力作用时,利用牛顿力学中的标准力学方程来计算物体在各时刻的位置、方向及形状。动画师不必关心动画过程的细节,只需确定物体的物理属性及一些约束关系,如质量、外力等即可。

1986年,Weil首次将基于物理模型的柔性物体引入计算机动画中(Weil,1986)。Miller用质点-弹簧系统模拟了蛇和虫子这类无腿动物的蠕动动画(Miller,1988)。Tu等人提出了一种模拟鱼的行为的动画(Tu,1994),动画师能以尽少干涉的情况下生成真实的个体和群体运动。Terzopoulos等采用连续弹性理论来模拟物体的形状和运动(Terzopoulos,1987)。通过考虑物体的分布式物理属性,如质量、弹性等,他们成功地模拟了柔性物体对外力的动力学响应。为了生成逼真的运动,Platt等人提出了柔性物体的两种约束方法(Platt,1988)。在仿真具有柔性物体的复杂系统时,若把其几何和动力学分开讨论,则问题将会简化。在自然景物的动画模拟中,随机方法是非常有效的。Shinya基于随机过程和物理学原理提出一个自然景物在风影响下的随机运动模型(Shinya,1992)。玻璃和陶瓷类物体的破裂模拟是动画中一个复杂问题,Norton 等人提出一个基于三维质点表示的破裂动画模拟方法(Norton,1991),Kass 基于流体动力学模拟了水流(Kass,1990)。Sera 通过提出一种肌肉模型来模拟人嘴部的运动(Sera,1996)。Albrecht 提出了一种生成逼真的与语音同步的脸部动画的方法(Albrecht,2003)。Lafleur 提出了一种附着在刚性物体(如人体)表面的易弯曲物体碰撞检测的算法(Lafleur,1991)。Bridson 提出了一种有效地处理布料碰撞、接触和摩擦的算法(Robert,2002)。

尽管基于物理模型的动画技术可生成非常自然、逼真的动画,但目前的模型和算法大部分针对特殊场景而设计的,缺乏普遍性。物体运动过程由模型自动控制产生,用户只能通过间接地设置一个抽象参数来调节,缺乏直观性。在物理模拟的过程中采用了数值计算方法,因而计算量很大。

2.4.2　角色动画

三维角色动画是计算机动画技术中最具有挑战性的课题之一,涉及建模、运动控制和绘制等多个方面的内容。为了便于运动控制和实时绘制,三维角色动画中普遍采用二层的骨架皮肤模型来制作角色动画。在这种模型中,一个角色由按照一定层次组织起来的骨骼和作为皮肤的单一网格模型组成。其中骨架按照角色的特点组成一个层次结构。相邻的骨骼通过关节相连,并且可以做相对的运动。皮肤网格按照一定的规则与骨架绑定,组成皮肤网格上的每个顶点都会受到一段或者多段骨骼的影响。通过计算影响该顶点的不同骨骼对它影响的加权和就可以得到该顶点在世界坐标系中的正确位置,从而使得作为皮肤的网格随着底层骨架同步运动,这样就实现了在骨架驱动下的单一皮肤网格变形动画,即骨架蒙皮动画。关于人体骨架的逼真运动生成方法目前主要有以下几类:① 关键帧方法(keyframe);② 运动学方法(kinematics);③ 动力学方法(dynamics);④ 过程方法(procedure);⑤ 运动捕获方法(motion capture)。

1. 关键帧方法

传统的关键帧方法依靠动画师手工调节确定虚拟角色在关键帧时刻的姿态,即位置和方向,然后利用各种插值的方法计算中间帧。插值的方法有多种,如线性插值、球面三次插值、样条插值等。该方法可以较方便地控制角色的运动方式,但是动画师的工作量很大,需要通过手工调整角色的姿态来修改动画,工作极其繁琐,而且确定关键帧的时刻也很困难。该方法产生的动画效果与动画师的经验密切相关。此外,关键帧插值的另一个问题是节点间的插值相对独立。如肩膀节点与肘节点的插值之间通常没有直接联系,而肩膀与肘之间的距离应该是固定的,用关键帧插值时,这个约束无法保证。运动学方法是一个可供选择的替代方案。

2. 运动学方法

运动学方法是不考虑质量和外力作用的运动研究,可分为正向运动学方法(forward kinematics)和逆向运动学方法(inverse kinematics)。正向运动学方法是在给定了一个虚拟角色及其每个关节的旋转角度后计算出各个骨骼在全局坐标系的方位。逆向运动学方法则是在给定了角色达到想要的姿态的情况下,反向计算出每一组关节需要旋转的角度。正向运动学方法需要用户指定每个关节的角度,而逆向运动学方法只要用户指定端点情况,系统自动计算关节间的角度,因此更为直观、方便,易于控制角色行为。

3. 动力学方法

关键帧方法与运动学方法的逼真性与制作人员的经验有着密切关系,其物理逼真性难以验证。动力学方法则是根据角色所受的力与力矩计算出角色各关节的加速度、速度,最后确定角色运动过程中的各种姿态。与前两种方法相比,其物理逼真性是显然的。但在制作动画的过程中,给定角色受到的力与力矩是比较困难的,且很不直观。为此,常需要使用逆向动力学方法或基于约束的方法。

4. 过程方法

对于一些周期性的运动,如行走、跑步,Boulic 等人根据实验数据,建立相应的经验公式,以此生成运动。该方法可以根据角色特征(如身高、腿长)及运动特征(如速度),确定具体的动作。因为这种方法具有很好的逼真性,而且易于控制,但适用范围有限。

5. 运动捕获方法

运动捕获方法利用传感器以三维的形式记录人类主体的动作,然后计算机根据所记录的数据驱动屏幕上的虚拟人。运动捕获方法克服了传统的由人工给定各个骨骼端的位移、选择角度的动画制作所具有的工作量大、效果不够逼真等缺点,能够捕捉到人类真实运动的数据,不但获取数据快速、形象逼真并能生成许多复杂的运动。运动捕获的数据描述了骨架的结构以及在各个时间点的参数。最常用的格式是 BVH 文件格式。该格式的文件由两部分组成,即文件头和数据,用来描述运动捕获得到的关节运动数据。其中,文件头部分描述了关节之间的连接关系和偏移值,数据部分描述了单个关节在每个采样点的移动。

2.4.3 群体动画

群体动画是群体行为动画的简称,是使用计算机模拟一个物种集群的群体行为,并将其拍摄下来作为动画的技术。因为利用计算机模拟群体行为来制作群体动画,使动画师的工作量大大降低,所以工作的重心转到了如何设计群体行为上。在合适的行为控制约束下,群体将会自主地按照我们熟悉或者习惯的规律运动和交互,从而得到想要的动画效果。

目前对群体动画的研究主要分为两个方向,即模拟集群和行为控制。模拟集群在许多领域都得到应用,包括人工生命、计算机群体动画、游戏、人工交互绘图、虚拟现实、机器人、宇宙航空、教育、生物、物理等。行为控制包括普通行为控制、模拟行人和交通、模拟人群的突发事件、自主学习和进化、游戏中的行为控制以及寻找路径等,主要是作为模拟集群的规则和算法而存在。实际上模拟集群和行为控制是密不可分的。

群体具有自组织性,它表现出来的复杂行为是通过多个简单个体的相互作用涌现形成。个体的行为由其自身对周围环境的感知和系统指定的行为控制规则决定,所以虚拟的生存环境、个体的感知机制、行为控制机制是群体动画的3个关键模块。个体行为依赖于对周围环境的感知,每个场景的详细数据可以通过询问虚拟环境模型获得。行为控制机制是一组约束关系,个体必须按照制定的行为规则来决策行为,行为机制与感知机制协同工作,使个体具有自主行为能力。

1. 群体智能的特点

群体动画必须建立在对群体特征的一定认识之上,因此,了解群体智能领域的知识对行为控制机制的设计有很大的帮助。群体智能具有如下特点。

(1) 控制是分布式的,不存在中心控制,因而它更能够适应当前网络环境下的工作状态,并且具有较强的鲁棒性,即不会由于某一个或几个个体出现故障而影响群体对整个问题的求解。

(2) 群体中的每个个体都能够改变环境,这是个体之间间接通信的一种方式,这种方式被称为“激发工作”(stigmergy)。由于群体智能可以通过非直接通信的方式进行信息的传输与合作,因而随着个体数目的增加,通信开销的增幅较小,因此,群体智能具有较好的可扩充性。

(3) 群体中每个个体的能力或遵循的行为规则非常简单,因而群体智能的实现比较方便,具有简单性的特点。

(4) 群体表现出来的复杂行为是通过简单个体的交互过程突现出来的智能(emergent intelligence),因此,群体具有自组织性。

2. 群体行为建模技术

群体行为建模的主要目的是追求行为表现上的逼真性。由于群体动画应用广泛,近10年来有不少研究者调查研究了群体行为的建模方法,但是由于群体的行为依赖于群体本身所处的环境,因此对群体行为的建模具有很大的局限性。下面介绍几种较为成熟的建模技术。

1) 基于人工生命的群体行为建模技术

基于人工生命的方法,通过群体中的个体、个体之间及个体与环境的交互进行建模，研究群体的自组织过程和行为的涌现性。这种方法基于生物学理论的群体行为建模技术，它主要研究具有自繁衍、进化、协同、竞争和自组织等自然生命系统的特征，如 Reynolds 集群系统（Reynolds，1987），这个系统采用条件反射行为用于模拟鸟群、兽群和鱼群等简单生物。

2）基于粒子系统的建模技术

粒子系统是 Reeves W. T. 于 1983 年提出的（Reeves，1983），用于处理计算机图形学中的一些特定的模糊现象的模拟，如爆炸、飘扬的旗帜、流星等。它的出现对计算机图形学的发展起到了极大的促进作用。1997 年 Eric Bouvier 在粒子系统原型的基础上建立了人群行为模拟系统模型（Bouvier，1997）。该模型假定每个人都是一个“粒子”，人群就是一个粒子系统，通过运用牛顿力学机制和随机事件模拟仿真出粒子的位置、速度、加速度等属性，从而实现人群运动的模拟，该系统适用于模拟运动方式简单的人群行为，如火车站的人流等。但对于包含复杂情感因素、需要较多知识来进行决策的人群行为，粒子系统仿真模拟就不容易实现了。

3）基于动力学系统的建模技术

基于动力学系统的建模技术假设群中的每个个体都想移动到一个特定的位置，通过计算群的速度，判断当前可见障碍物和相邻个体得到这个位置。Drick Helbing 以粒子系统为基础，分析了系统内部的受力情况，建立了人群紧急疏散仿真模型（Helbing，2000）。该模型模拟了恐慌状态下人群撤离的行为特征，分析和研究了个体的受力状况，从而计算出个体的移动速度，并结合人群通过出口的速度，由此推断出可能的伤亡人数。基于动力学系统的模型技术也存在很多的局限性，如动力学方程的求解问题，通常我们无法得到动力学方程的封闭解，只能采用数值求解问题。目前，在数值计算领域，找到适当的求解微分方程的数值计算方法仍是个难题。

4）ViCrowd 人群运动模型

著名的虚拟现实实验室 Virtual Reality Laboratory 多年来一直从事虚拟现实领域的前沿研究工作，由 Thalmann 领导的小组提出了行为模型 ViCrowd（Musse，1997），该模型划分并定义了人群的行为层次、控制层次和属性。其中，人群的行为层次由实时仿真群（crowd）、团队（group）和个体（agent）构成，在同一组内的个体有相同的路径规划；控制层次由 3 个自由度层次的行为控制构成，即引导的行为、规划的行为和自治的行为；属性由人群的信念、知识和意图 3 个方面构成。ViCrowd 模型系统地抽象了人群行为，提出了比较通用的人群运动建模方法，不受人群行为模式、情节和场景的限制，但是目前，ViCrowd 模型的研究开发工作尚未结束，框架中的每一层都需要不断完善。

2.5 三维模型内容检索技术

1. 三维模型检索

随着三维模型技术的发展以及三维模型数据的普及,越来越多的研究机构开始研究三维模型检索。目前三维模型检索研究的重点是基于内容的三维模型检索技术。已有多家研究机构开发了基于内容的三维模型检索系统,主要检索手段依靠三维模型示例、二维或三维草图示例的方式进行。

普林斯顿大学形状检索与分析实验室作为最早研究三维模型检索的机构之一,已经成功开发了基于 Web 的三维模型搜索引擎,该搜索引擎提供了 3 种检索方式,即文本关键字检索、三维草图检索和二维草图检索(Jeehyung,2008),收集和整理 30 000 多个通用模型以 OFF 格式组成三维模型数据库。普林斯顿大学最初研究基于傅里叶描述子和球面调和特征向量的三维模型内容提取方法。

我国台湾大学通信与多媒体实验室开发了三维模型检索系统,该系统利用三维模型在二维平面上的投影图像,采集三维模型内容特征描述符(Shen,2003),实现三维模型内容特征检索。近年来我国台湾大学还开始研究面向分子生物领域的三维模型检索技术。

日本国立多媒体教育研究所开发了 Ogden IV 系统,该系统早期的检索应用于远程教学中且主要处理多边形模型,利用旋转不变的形状描述符实现三维模型内容特征的提取。近年来,此系统主要偏重于三维模型部分的检索和匹配。

德国莱比锡大学计算机图形图像处理实验室开发了基于 VRML 模型库的在线三维模型检索系统,该系统同样提取三维模型内容特征实现三维模型的检索。

美国卡耐基 - 梅隆大学 AMP 实验室开发了三维模型检索系统,在该系统中,每一个网格三维模型被看成是一个实心的二进制区域,通过提取模型的体表面积率、不变矩等 10 个信息组成一组新的模型内容特征。近年来,该实验室在基于三维模型部件的检索方面也做了一些工作。

其他基于三维模型内容特征检索的系统还有加拿大国立研究院的 Ephesus 搜索引擎、荷兰乌德勒兹大学的三维检索引擎、希腊 ITI 学院信息处理实验室开发的基于 VRML 模型数据库的三维模型检索系统、美国布朗大学 LEMS 实验室开发的三维模型检索系统。它们都以二维图像为输入方式,在三维模型库中检索出相似的三维物体模型。

2. 特征提取技术

目前主流的三维模型特征提取技术大致可以分为空间直方图统计方法、拓扑图方法、投影降维方法、基于数学变换方法以及基于几何学方法。另外,也有研究者将各种特征进行融合提取三维模型新特征，Vranic 在其文章中提到利用三维模型的复合特征进行检索，其复合特征向量由深度图像、投影轮廓以及多边形网格的射线扩展特征组成。这种方法检索的执行效果会比同类算法好，但由于多特征融合需要对三维模型进行多次特征提取运算，从而花费了大量时间，降低了检索的效率（Vranic，2005）。

3. 空间直方图统计方法

基于空间直方图统计分布提取特征是最常用的获取三维模型特征的方法，目前研究中主要使用了如下统计特征：模型的附加信息，如颜色、纹理等；模型顶点间的几何关系，如距离、角度、法线方向关系等；模型顶点的曲率分布特征等。Paquet 提出采用法线向量直方图统计三维模型特征描述，而法线向量直方图统计特征对于三维模型表面的凹凸特性不敏感，从而出现大量不同模型具有相同特征的情况（Paquet，1998）。Osada（Robert，2002）根据不同几何形体表面顶点间的相互关系呈现出不同的分布特征，试图将一个任意的、可能退化的三维模型中复杂的特征提取转换成相对简单的形状概率分布问题，从而计算特征分布的相似度。

Zhang 将模型的一些几何参数（如面积、体积以及构造一些特殊的矢量）作为特征向量，此特征向量由 10 个模型信息组成，模型特征提取过程无需作空间影射操作，直接在网格模型基础上进行计算（Zhang，2001）。该方法十分简单，且执行效率高，缺点是不能处理模型的局部差异特性。Epaquet 将三维模型顶点与模型的某些特征轴间的关系作为特征描述，提出了一种基于连线的方法（Epaquet，1997）。该方法首先用主元分析方法（principle component analysis，PCA）对模型进行规范化得到模型的 3 个主轴，连线则由模型的质心与模型顶点的连线定义。模型的特征描述由三部分组成，即连续与模型的第一主轴之间的角的分布直方图、连线与模型的第二主轴之间的角的分布直方图和连线的长度分布直方图。显然，该方法的计算量比较大，但对模型描述的信息更丰富。Zaharia 方法的主要思想是根据物体表面的一些局部几何属性（如某点的曲率）提供物体内在的形状索引描述，并将此特征用直方图表示。该方法对几何转换和比例缩放具有不变性，对一些易见的、显著的、有突起的特征描述准确（Zaharia，2001），但对模型的拓扑很敏感，对任意网格描述之前需进行规范化的预处理，预处理的过程较复杂且涉及很多方面（如拓扑表示的不唯一性、网格的不规则采样、非定向网格、退化网格等均需经过预处理），因此，该方法并不通用。Ankerst 围绕三维模型的质心，将模型空间划分为一系列的轮廓和扇区，以此为基础统计出三维形状直方图（Ankerst，1999）。如果分割扇区过多会形成较高的特征维数，而扇区过少则不能体现三维模型的局部特征。

4. 拓扑图方法

基于拓扑图的三维模型特征提取方法是用图的方式表现三维模型不同部分之间的关联，力图提取出三维模型的几何拓扑表示。基于拓扑图的特征方法分为 Reeb 图和骨架图两种。

Reeb 图的定义可以追溯至 1946 年（Reeb，1946），近年来 Reeb 图被引入计算机图形学中作为形状描述符分析三维模型的形状特征，分析结果被应用于各种应用系统中（Biasotti，2008）。基于 Reeb 图的三维形状特征描述符的主要思想是利用(S,f)对表示三维模型形状，其中，S 代表三维模型空间表示，f 是定义在 S 上的实值映射函数，用来确定三维模型中的关键点。扩展 Reeb 图可用于处理网格三维模型数据（Biasotti，2003a），而其中 f 函数的选择决定了 Reeb 图提取的最终结果，Biasotti（Biasotti，2003b）在其文章中比较了使用不同 f 函数得到 Reeb 图并进行三维模型匹配的结果，如图 2-15 所示。

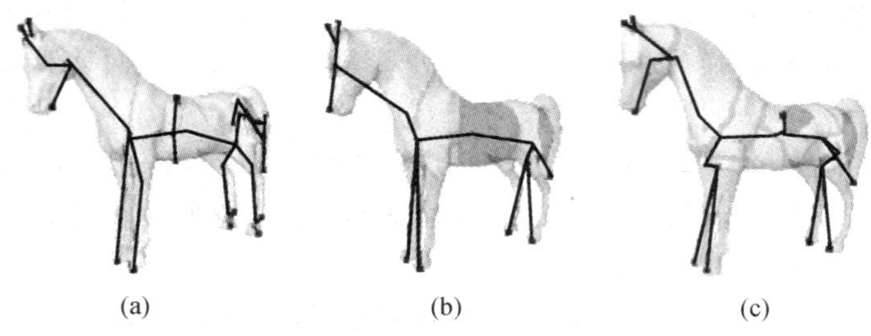

图 2-15 3 种 Reeb 图的提取结果

图 2-15（a）为按照质心点到模型点之间欧氏距离作为 f 函数（Biasotti，2003b）提取扩展 Reeb 图的计算结果，这种方法计算简单，由于其对于所有顶点线性相关，因此，对于小的扰动具有一定的稳定性，但提取的 Reeb 图细节信息较多。图 2-15（b）为利用测地距积分作为 f 函数提取扩展 Reeb 图（Hilaga，2001）的计算结果，网格上每一个顶点的 f 函数定义为$f(v) = \sum_i g(v,b_i) \cdot \text{area}(b_i)$，其中，$g(v,b_i)$代表顶点 v 和 b_i 之间的测地距，$\{b_i\}_i$ 为狄杰斯特拉算法计算出的基准点，$\text{area}(b_i)$为 b_i 周围的面积。图 2-15（c）为利用曲率极值的测地距作为 f 函数提取扩展 Reeb 图（Mortara，2003）的计算结果，对于输入网格的每一个高曲率区域，选择一个种子顶点。利用多个种子顶点进行并行扩充，在不同区域进行交叠和合并过程中确定不同区域的分支点。利用测地距计算 Reeb 图的方法适合拥有较多关节的三维物体，但是这种方法对于模型拓扑的改变比较敏感，不能适用于任意的网格模型，例如，某些部分表面信息的丢失也会引起拓扑信息的改变，从而影响计算结果。由于 Reeb 图的构造是基于连续标量函数进行的，因此，当模型存在两个分离的部分时（如模型中包括两个分离的球），该方法无法正确识别，并且对边界敏感。不同类型的模型必须采用适合的 f 函

数才能得到正确的 Reeb 图。

三维模型骨架作为拓扑关系结构的一种表示方法，是对模型主要特征的一种直观描述，它符合人类的视觉特征。Sundar 利用一个骨架图作为形状描述符来表现三维模型的几何和拓扑信息，该算法采用基于参数控制的瘦化算法对模型进行骨架提取，适合任何以体素描述的三维模型（Sundar，2004），首先计算出模型的骨架节点，然后通过各节点构造出相应的骨架图形，即一个有向的非循环图，以此作为模型的特征描述。该算法中骨架节点为模型局部的中心点，通过瘦化参数控制节点的密度，因此，参数直接影响了模型骨架的提取质量。瘦化算法对噪声异常敏感，小的扰动会导致错误的骨架提取。同时，由于需要对每个体素的距离转换值进行递归计算和比较，因此，这种算法的计算量很大。而关于如何选择瘦化参数文献中没有给出理论的描述，这也是该算法的一个缺陷。基于骨架的模型特征提取算法要求模型的封闭性好，进行骨架提取时对原始模型的信息要求比较严格，模型需为封闭的多边形网格或严格的体素描述，而对一个由松散的多边形组成的模型进行骨架提取是无意义的，对一些退化的模型进行骨架提取则可能会导致不正确的结果；同时，由于骨架提取方法的不同，有时对模型的一些噪声会异常敏感。Iyer（Iyer，2004），对模型中的体素点采用迭代腐蚀的策略将其瘦化至一个像素宽度，从而得到三维模型的骨架图表示，并利用决策树方法比较两个图的同构性。此方法在数据库中以决策树的形式存储了所有图的索引，因此，算法的时间复杂度和空间复杂度随着图中结点的增加呈指数级增长，也因此算法只适合于较小的模型。Iyer 还提出利用多尺度层次的骨架图表示方法，此方法只存储局部形状信息，如归一化的实体长度和曲率分布，因此，算法的空间复杂度大大降低，算法同时利用基于启发式的遗传方法寻找两个骨架图的同构性（Iyer，2005）。这种方法尽管最大限度地改善了以上算法的复杂度，但由于存储图形信息量的减少，损失了骨架的精确表示程度，从而影响了骨架对于细节信息的表达。

另外，还有一种基于模型图的方法，这种方法大多数应用于 CAD 模型的特征提取。该方法最具代表性的算法为边界表示法（B-rep）和实体作图结合学方法（CSG）。B-rep 描述了模型的顶点、边和面（El-Mehalawi，2003）。CSG 利用一个应用于诸如立方体、圆柱体的基本几何实体的布尔操作集合来描述模型（Cicirello，2001）。基于模型图的方法能够有效地应用于 CAD/CAM 模型，但是却很难应用于普通模型，如人体模型或动物模型。

5. 投影降维方法

基于投影降维的特征提取方法是从人类视觉的角度出发比较两个三维模型的相似度，如果两个三维模型相似，那么从不同的角度去看它们仍然是相似的（Daras，2004）。所以一个很直观的提取三维模型特征的想法就是从可视化的角度出发将三维模型在特定的平面上进行投影,利用投影的二维轮廓图像提取三维模型的相应的特征表示。

Löffler 利用二维图像作为检索条件寻找三维模型库中投影相似的模型(Loffler,2000)。Satoshi 利用手绘的14张草图作为检索条件对三维模型的投影进行检索(Satoshi,2008)。Yuehong(Wang,2008)提取三维模型6个二维投影图像的特征作为三维模型特征,并对两个模型分别计算出6组特征,对两对特征进行交叉比较,计算特征差别,从而得到相似度距离。Funkhouser 也利用二维草图作为检索条件,在预处理阶段将用于描述三维模型轮廓的13个投影图像作为模型描述符,用13个二维图像来表征三维模型并不能很好地反映三维模型内部局部特征变化(Funkhouser,2003)。Vranic 利用三维模型在 z、y 和 z 这3个坐标轴轴方向上的6个投影图,获得不同的二维轮廓信息,然后计算 FFT 能量谱系数作为形状特征向量(Vranic,2004)。这种方法与 Funkhouser 的方法相比,由于提取的二维图像更少,因此,需要额外的模型旋转纠正处理过程。Ohbuchi 提出利用42个不同观察点得到的深度图像作为形状描述符,每一个图像用一个旋转不变的傅里叶描述符表示,而模型的形状描述符由这42个特征向量组成,比较两个模型的相似性通过计算422个可能的距离值得到,因此,这种方法实现的时间复杂度较高(Ohbuchi,2003)。

用于特征提取的三维模型投影图像越多,匹配效果越好。陈鼎匀从模型可视化的角度出发均匀获取三维模型的100幅投影,计算这些投影的 Zernike 力矩并进行傅里叶变换,提取傅里叶变换系数作为模型的特征(Chen,2003)。从三维模型在多平面上的投影轮廓提取出的三维模型特征已经比较接近人类观察物体的视觉感,但此种特征并不能很好地反映出三维模型中的空间结构信息,不能反映三维模型的凹凸性,因此,特征匹配准确率并不高。

6. 基于数学变换的方法

利用三维模型的频率系数作为三维模型特征是三维模型特征描述的另外一个重要的方法。

Vranic 提出利用三维模型的球面调和函数提取三维模型特征,并利用 KL 变换的方法进行姿态纠正(Vranic,2001)。该方法首先对三维模型进行规范化处理,然后对体单元进行离散傅里叶变换。Vranic 首次将球面调和分析引入三维模型特征提取领域,该方法虽然有一定的检索效果,但计算速度较慢。Yu 提出的方法与球面调和函数非常相似,此方法计算从起点引出的所有射线与模型的交点,并计算这些交点的傅里叶变换系数,最后计算两个模型之间系数的欧氏距离确定模型的相似度(Yu,2003)。这种方法首先需要进行模型的姿态纠正。Kazhdan 改进此方法,提出一种与模型旋转无关的球面调和变换方法,利用此调和变换进行特征提取(Kazhdan,2003)。

Novotni 提出使用三维 Zernike 矩作为三维模型的描述符,Zernike 矩是球面调和函数的一种自然扩展,它在径向方向获取物体之间的一致关系(Novotni,2003)。Zernike 矩和球面调和函数对于三维模型内容检索的效果差别不大,但 Zernike 矩能够更好地理解模型内部之间的关系,但这种方法仍然存在计算复杂的问题。

Ricard 介绍了一种基于三维径向角度变换的形状描述符,此方法来源于二维图像的径向角度变换特征(Ricard,2004)。球面坐标系中表示三维形状的径向角度变换由一个沿着角度方向的径向变换函数基和两个沿着径向方向的函数基组成,形状描述符由这些基的径向角度变换系数组成。

基于数学变换的模型特征提取方法通常能够得到较好的检索效果,但是这种方法通常不是空间相关的,因此,提取的特征不能够表现模型的空间关联性,从而不能很好地支持空间结构匹配,从而不能用于合理的检索结果反馈,不能判断检索结果为什么相似或者为什么不相似。

7. 几何学方法

几何特征是三维模型最重要的特征,投影降维方法也属于几何学方法的一种,由于其特殊性将其单独分类。基于几何学的方法还有很多,Novotni 提出利用模型体积测定误差和一系列空洞的偏移表示物体之间的相似性(Novotni,2001)。这种方法的弊端是两个模型之间的相似性不具备对称性。Sanchez-Cruz 对两个模型进行形状拟合,计算两个模型拟合时各个像素之间的平移距离,这种方法实现的时间复杂特别高(Sanchez-Cruz,2003)。

8. 对称特征提取过程

对称性是三维物体的一个重要几何特征,不管是自然的立体世界中的物体还是人造的物体均表现出很强的对称性。近年来,对于三维模型对称性的研究越来越多,遍及三维模型分割、识别、匹配及其他三维模型分析领域,三维几何模型的对称性和规则结构受到越来越多的重视(Mitra,2006)(Li,2008),这些研究结果也为基于对称特性的三维模型检索的进一步研究提供了条件。Kazhdan 提出利用三维模型的反射对称描述符表示三维模型特征,从而将对称性利用到三维模型特征提取中(Kazhdan,2004)。其操作如下:首先对三维模型进行体素化表示,然后得到三维模型在不同平面上的反射对称距离值,最后根据得到的距离值组成反射对称描述符形成三维模型的特征表示。

参考文献

Adamson A, Alexa M. Ray tracing Point set surfaces. Proceedings of the Shape Modeling International 2003:272 - 279.

Albrecht I, Haber J, Seidel H P. Speech Synchronization for Physics-based Facial Animation. Proceedings of the 10th International Conferences in Central Europe on Computer Graphics, Visualization and Computer Vision 2002: 9 - 16.

AlexaM, Behr J, Cohen D, et al. Computing and rendering Point set surfaces. IEEE Transactions on Visualization and Computer Graphics 9(1): 3 - 15.

Amenta N, Bern M, Kamvysselis M. A new Voronoi-based surface reconstruction algorithm. SIGGRAPH'98, 1998:415 - 421.

Andrew Edie Johnson, Sing Bing Kang. Registration and Integration of Textured 3D Data. Image and Vision Computing, 1999, 17: 135 - 147.

Ankerst M, Kastenmuller G, Kriegel H, et al. 3D shape histograms for similarity search and lassification in spatial database. In: Proceedings of Symposium on Large Spatial Databases, Hong Kong, China, 1999: 207 - 226.

Bao P, Zhang L. Noise reduction for magnetic resonance images via adaptive multiscale products thresholding. IEEE Transactions on Medium Imaging, 2003, 22(9): 89 - 99.

Berg J. Building an Advanced Particle System. Game Developer, March 2000.

Bergevin R, Soucy M, Gagnon H et al. Towards a general multi-view registration technique. IEEE Transactions on Pattern Analysis and Machine Intelligence, 1996, 18(5): 540 - 547.

Besl P J, McKay N D. A method for registration of 3D shapes. IEEE Transactions on Pattern Analysis and Machine Intelligence, Feb. 1992, 14(2): 239 - 256.

Biasotti S, Giorgi D, Spagnuolo M, Falcidieno B. Reeb graphs for shape analysis and applications. Computational Algebraic Geometry and Applications. 2008, 392(1 - 3): 5 - 22.

Biasotti S, Marini S, Mortara M, et al. 3D Shape Matching through Topological Structures. Discrete Geometry for Computer Imagery, 2003: 194 - 203.

Biasotti S, Marini S, Mortara M, et al. An overview on properties and efficacy of topological skeletons in shape modeling. Shape Modeling International, 2003: 245 - 254.

Bouvier E, Cohen E, Najman L. From crowd simulation to airbag deployment Particle systems, a new paradigm of simulation. Journal of Electronic Imaging, 1997, 6(1): 94 - 107.

Bradley C. Rapid Protyoping models generated from machine vision data Computers in Industry, 2002, 41: 159 - 173.

BuadesA, Coll B, Morel J M. A review of image denoising algorithms, with a new one. Multiscale Modeling & Simulation, 2005, 4(2): 490 - 530.

Catmull E, Clark J. Recursively generated B-spline surfaces on arbitrary topological meshed. Computer-Aided Design, 1978, 10(6): 350 - 355.

Chen D Y, Tian X P, Shen Y T, et al. On Visual Similarity Based 3D Model Retrieval. Computer Graphics Forum (Eurographics 2003 Conference Proceedings), 2003, 22(3): 223 - 232.

Chen Y, Medioni G. Object Modeling by Registration of Multiple Range Images. Image and Vision Computing, 1992, 10: 145 - 155.

Cicirello V, RegliWC . Machining feature-based comparisons of mechanical parts. In: Proc. solid modeling 2001, 2001: 176 - 185.

Coupe P, Yger P, Barillot C. Fast non local means denoising for 3D MR images. Lecture Notes in Computer Science, 2006, 4191L: 33 - 40.

Daras P, Zarpalas D, Tzovaras D, et al. 3D model search and retrieval based on the spherical trace transform. 2004 IEEE 6th Workshop on Multimedia Signal Processing, 2004: 335 - 338.

Dey T K, Goswami S, Sun. Smoothing noisy point clouds with Delaunay preprocessing and MLS. Tech-report OSU-CISRC - 3/04 - TR17, 2004.

Doo D, Sabin M. Behavior of recursive division surface near extraordinary points. Computer Aided Design, 1998:177 - 181.

Drone S, Real-Time Particle Systems on the GPU in Dynamic Environments, Advanced Real-Time Rendering in 3D Graphics and Games Course, Siggraph, 2007.

El-Mehalawi M, Miller R A. A database system of mechanical components based on geometric and topological similarity. Part Ⅰ: representation. J Comput-Aided Des, 2003, 35(1): 83 - 94.

Epaquet, Rioux M. A query by content system for three-dimensional model and image databases management. In: Proceedings of IEEE on Image and Vision Computing, Ottawa, 1997: 345 - 352.

Funkhouser T, Min P, Kazhdan M, et al, A search engine for 3D models. ACM Trans Graph, 2003, 22(1): 83 - 105.

Gross M H, Lippert L, Dittrich R and Hring S. Two methods for wavelet-based volume rendering. Computers & Graphics Volume 21, Issue 2, March-April 1997, 2(21): 237 - 252

Gu Xianfeng. Global Conformal Surface Parameterization. ACM International Conference Proceeding Series, 2003.

Helbing D, Farkas I, Vicse T, Simulating dynamical features of escape panic. Nature, 2000, 407 (28): 487 - 490.

Henning Müller, Nicolas Michoux et al. A review of content-based image retrieval systems in medical applications: clinical benefits and future directions. International Journal of Medical Informatics Volume 73, Issue 1, February 2004, 1(73): 1 - 23.

Hilaga M, Shinagawa Y, Komura T, et al. Topology Matching for Fully Automatic Similarity Estimation of 3D Shapes. ACM Computer Graphics, (Proceeding of SIGGRAPH 2001), 2001: 203 - 212.

Hoppe H, Derose T, Duchamp T, MeDonald T, et al, Surface reconstruction from unorganized Points, Computer Graphics, 1992, 26(2): 71 - 76.

Hsu W, Hughes J, et al. Direct Manipulations of Free-form Deformations. Computer Graphics, 1992, 26(2): 177 - 184.

Iyer N, Janyanti S, Lou K, et al. A multi-scale hierarchical 3D shape representation for similar shape retrieval. In: Proc. fifth international symposium on tools and methods of competitive engineering, 2004.

Iyer N, Lou K, Janyanti S, et al. Three dimensional shape searching: state-of-the-art review and future trends. Comput Aided Des, 2005, 37(5): 509 - 530.

Jane Wilhelms, Allen Van Gelder: A coherent projection approach for direct volume rendering.

SIGGRAPH 1991: 275 - 284.

Jeehyung Lee, Thomas Funkhouser. Sketch-Based Search and Composition of 3D Models. EUROGRAPHICS Workshop on Sketch-Based Interfaces and Modeling, June 2008.

Jonathan C Carr et al. Reconstruction and representation of 3D objects with radial basis functions. In Computer Graphics, Proceedings of the SIGGRAPH 2001: 67 - 76.

KassM, Miller G. Rapid, stable fluid dynamics for computer graphics. Computer Graphics, 1990, 24 (4): 49 - 57.

Kazhdan M, Chazelle B, Dobkin D, et al. A reflective symmetry descriptor for 3D models. Algorithmica, 2004, 38(1): 201 - 225.

Kazhdan M, Funkhouser T, Rusinkiewicz S. Rotation invariant spherical harmonic representation of 3D shape descriptors. In: Proc. Symposium on geometry processing, 2003: 167 - 175.

Lafleur, Magnenat N. Thalmann, Thalmann D. Cloth animation with self-collision detection. In Proceeding of the Conf. on Modeling in Comp. Graphics, Springer, 1991: 179 - 187.

Levin D. Mesh-independent surface interpolation. In "Geometric Modeling for Scientific Visualization", Springer-Verlag, 2003: 37 - 49.

Levin D. The approximation power of moving least-squares. Math. Comp, 1998, 224(67): 1517 - 1531.

Levy B, Petitjean S, Ray N, et al. Least squares conformal maps for automatic texture atlasgeneration, SIGGRAPH, 2002, 21(3).

Li M, Langbein F C, Martin R. Detecting approximate symmetries of discrete point subsets. Computer Aided Design. 2008, 40(1): 76 - 93.

Loffler J. Content-based retrieval of 3D models in distributed web databases by visual shape information. Proceedings of the international conference on information visualization, 2000: 82 - 87.

Loop C. Smooth subdivision surfaces based on triangles. University of Utah, Dept. of Mathematics, 1987.

Lucasfilm, Return of the Jedi (film), May 1983.

M. Kazhdan, M. Bolitho, and H. Hoppe, Poisson surface reconstruction, in Symposium on Geometry Processing 2006: 61 - 70.

M. Mortara, G. Patanè, M. Spagnuolo, et al. Blowing bubbles for multi-scale analysis and decomposition of triangle meshes. Algorithmica, Special Issue on Shape Algorithmics, Springer-Verlag. 2003, 38(1): 0178 - 4617

Marc Levoy. Display of Surfaces from Volume Data, IEEE Computer Graphics and Applications, May, 1988, 3(8): 29 - 37.

Miller G. The motion dynamics of snakes and worm s. Computer Graphics, 1988, 22 (4): 169 - 173.

Mitra N J, Guibas L J, Pauly M. Partial and approximate symmetry detection for 3D geometry. ACM Transactions on Graphics (Proceedings of ACM SIGGRAPH 2006), 2006, 25(3): 560 - 568.

Mitra N J, GuibasL J, Pauly M. Symmetrization. ACM Transactions on Graphics. 2007, 26

(3): 63.

Moenning, Carsten. A new point cloud simplification algorithm. Image Processing Vip, 2003 : 8 – 10.

Mortara M, Patanè G, Spagnuolo M, et al. Blowing bubbles for multi-scale analysis and decomposition of triangle meshes. Algorithmica, Special Issue on Shape Algorithmics, Springer-Verlag, 2003, 38(1): 0178 – 4617.

Musse S R, Thalmann D. A Model of Human Crowd Behavior: Group Inter-Relationship and Collision Detection Analysis . Proc. Workshop of Computer Animation and Simulation of Eurographics 97, Sept. 1997: 39 – 51.

Natasha Gelfand, Leslie Ikemoto, SzymonRusinkiewicz, et al. Geometrically Stable Sampling for the ICP Algorithm. Proceedings of Fourth International Conference on 3 – D Digital Imaging and Modeling, 2003: 260 – 267.

Norton A, Turk G, Bacon, B. Animation of fracture by physical modeling. The Visual Computer, 1991, 7(4): 210 – 219.

Novotni M, Klein R . 3D zernike descriptors for content based shape retrieval. In: Proceeding of solid modeling, 2003: 216 – 225.

Novotni M, Klein R. A geometric approach to 3D object comparison. In: Proceeding of shape modeling international 2001: 154 – 166.

Ohbuchi R, Akazawa M, Takei T. Retrieving 3D models shapes based on their appearance. In: Proceedings of the 5th ACM SIGMM International Workshop on Multimedia Information retrieval, Berkeley, California, USA, 2003: 39 – 45.

Ohtake Y, Belyaev A, Alexa M, et al. Multilevel partition of unity implicits. ACM Transactions on Computer Graphics, SIGGRAPH 2003 Proceedings, 2003, 22 (3) : 463 – 470.

Osada R, Funkhouser T, Chazelle B, et al. Shape distributions. ACM Transactions Graphics, October, 2002, 21(4): 807 – 832.

Paquet E, Rioux M. A content-based search engine for VRML database. In: Proceedings of IEEE Computer Society Conference on Computer Vision and Pattern Recognition, Santa Barbara, California, USA, 1998, 541 – 546.

Paramount Pictures, StarTrek Ⅱ : The Wrath of Khan (film). United States: Sallin R, June 1982.

Park S Y, Subbarao M. An accurate and fast point-to-plane registration technique. Pattern Recognition Letters, 2003, 24 (16): 2967 – 2976.

Pauly M, Gross M, Kobbelt L. Efficient simplification of point-sampled surfaces// Proceedings of the IEEE Visualization 2002. Boston, USA, 2002: 163 – 170.

Pauly M, Keiser R, Kobbelt P L, et al. Shape modeling with point-sampled geometry. ACM Transtions on Graphics, 2003, 22(3) : 641 – 650.

Platt J C, BarrA H. Constraint method for flexible models. Computer Graphics, 1988, 22 (4) : 279 – 288.

Reeb G. Sur les Points Singuliers dǔne Forme de Pfaff Complément Intégrable ou dúne Fonction Numérique. Comptes Rendus de L'Académie des Sciences, Paris. 1946: 847 – 849.

Reeves W T. Particle Systems: A Technique for Modeling a Class of Fuzzy Objects. ACM Transactions On Graphics, 1983, 2(2).

Reynolds C W. Flocks, Herds, and Schools: A distributed behavioral model. Computer Graphics, 1987, 21(4): 25-34.

Ricard J, Couerjolly D, Baskurt A. Generalizations of angular radial transform for 2D and 3D shape retrieval. report of laboratoire LIRIS. Lyon: Claude Bernard University, 2004.

Rusinkiewicz S, Levoy M. Efficient Variants of the ICP Algorithm. Third International Conference on 3D Digital Imaging and Modeling (3DIM), June 2001.

Sanchez-Cruz H, Bribiesca E. A method of optimum transformation of 3D objects used as a measure of shape dissimilarity. Image and Vision Computing, 2003, 21(12): 1027-1036.

Satoshi K. Content-based 3D mesh model retrieval from hand-written sketch. Int J Interact Des Manuf, 2008, 2: 87-98.

Sera H, Morishma S, Terzopoulos D. Physics-based muscle model for moth shape control, IEEE International Workshop on Robot and Human Communication, 1996: 207-212.

Shen Y T, Chen D Y, Tian X P, et al. 3D model search engine based on lightfield descriptors. In: Proc. EUROGRAPHICS, Granada, Spain, 2003.

Shinya M. Alain fournire stochastic motion-motion under the influence of wind. Computer Graphics Forum, 1992, 11 (3): 119-128.

Sundar H, Silver D, Gagvani N, et al. Skeleton based shape matching and retrieval. In: Proc shape modeling international, 2004: 130-139.

Terzopoulos D, Platt J, Barr A. Elastically deformable models. Computer Graphics, 1987, 21(4): 205-214.

Totsuka T, Levoy M. Frequency domain volumen rendering. Computer Graphics, Annual Conference Series, 1993: 271-278.

Tu X, Terzopoulos D. Artificial fishes: physics, locomotion, perception, behaviour. Computer Graphics, 1994, 29 (4): 43-50.

Vranic D V, Saupe D, Richter J. Tools for 3D-object retrieval: karhunen-loeve transform and spherical harmonics. Multimedia Signal Processing, IEEE Fourth Workshop on 3-5 Oct, 2001: 293-298.

Vranic D V. 3D model retrieval. PhD thesis, University of Leipzig, 2004.

Vranic D V. DESIRE: a composite 3D-shape descriptor. In: Proceedings of the IEEE International Conference on Multimedia and Expo, ICME 2005, Amsterdam, The Netherlands, 2005: 4-11.

Wang Y, Liu R, Takayuki B, et al. An Images-Based 3D Model Retrieval Approach. Advances in Multimedia Modeling, 2008: 90-100.

Weil J. The synthesis of cloth objects. Computer Graphics, 1986, 20 (3): 49-54.

Wiche R, Gubesch M, et al. Molecular basis of pollen-related food allergy: identification of a second cross-reactive IgE epitope on Pru av 1, the major cherry (Prunus avium) allergen. Biochem J, 2005, 385(1): 319-327.

Wiche R, Gubesch, Konig M, et al. Molecular basis of pollen-related food allergy: identification of a second cross-reactive IgE epitope on Pru av 1, the major cherry (Prunus avium) allergen. The Biochemical Journal. 2005, 385(1): 319-327.

Witkin A P, Heckbert P S. Using Particles to Sample and Control Implicit Surfaces. Computer Graphics, 1994, 28(3): 269-277.

Witkin A P. An Introduction to Physically Based Modeling: Particle System Dynamics. Course Notes, Siggraph 94, 1994.

Wu J, Kobbelt L. OPtimized sub-samPling of Point sets for surface Splatting. In: Proc of EurograPhics04, 2004.

Xiao Chunxia. Multisolution Shape Editing of Point-Sampled Geometry. Journal of Software, 9(18): 2336-2345.

Yu M, Atmosukarto I, Leow WK, et al. 3D model retrieval with morphingbased geometric and topological feature maps. In: Proc IEEE conf on computer vision and pattern recognition, 2003: 656-661.

Zaharia T, Preteux F. 3D shape-based retrieval within the MPEG-7 framework. In: Proceedins of SPIE Conference On Nonlinear Image Processing and Pattern Analysis Ⅻ, SanJose, 2001, 43(04): 133-145.

Zaroubi S, Goelman G. Complex denoising of MRdata via wavelet analysis: Application for functional MRI, Magn, Reson, Imag, 2000: 59-68.

Zhang C, Chen T. Efficient Feature Extraction for 2D/3D Objects in Mesh Representation. ICIP 2001.

Zorin D, Sehroder P, De R T, et al. Subdivision for Modeling and Animation. SIGGRAPH'99 Course notes, 1999.

Zwicker, Matthias. Pointshop 3D: an interactive system for point-based surface editing. ACM Transactions on Graphics, 2002, 21(3): 322-329.

第3章　数字化管理基础

数字化管理涉及信息可视化与虚拟分析、空间地理信息系统、数据挖掘与知识发现、非浸入式虚拟现实等前沿技术，研究的主要目标在于更好地实现文化遗产的保护、研究和弘扬。在保护方面，文化遗产的数字化模型蕴含丰富的空间、纹理和语义信息，可作为文化遗产的数字化副本永久、无损地保存，在其基础之上能更好地遵循“修旧如旧”的原则重现古遗址原貌；在研究方面，在遗址空间信息平台的支撑下，研究者可快捷、准确地检索相关的文献信息、二维图像和三维模型，并通过人工智能与空间可视化分析技术模拟遗址的自然演变过程；在弘扬方面，运用虚拟现实技术绘制的三维遗址场景，将为游客提供在现场难以看到的古代艺术实景，还可借助计算机辅助制造系统创作能体现文化遗产风格的艺术作品和旅游纪念品。

本章主要讨论文化遗产保护的数字化管理在数字化辅助调查、数字化环境考古、动态环境监测等方面的应用，给出了遗址空间信息系统应用实例，以期为文化遗产的数字化信息服务提供借鉴。

3.1　数字化辅助调查

考古发掘是文化遗产研究的基础，也是保护古代文化遗存的重要手段。借助数字化辅助调查系统，可实现探方剖面图、底面图的自动获取与数据处理，进而通过线图等资料构建发掘现场的原始三维场景，模拟和再现人类古环境。

考古发掘过程中会产生大量具有空间分布特性的考古遗址信息，一个考古遗址的位置和范围可以通过空间坐标来标记，遗址内的各种遗迹和器物也都可以准确标定在探方特定位置上，这些信息是考古工作者进一步研究的基础，如图3-1所示。而传统的考古信息系统由于其平面化的表达方式和基于文本的查询手段，已不能适应考古队针对考古遗址信息进行空间查询和可视化分析的实际需求。一方面，这些系统能够提供的文本、图片和视频信息都以二维方式组织，无法提供基于内容检索和三维虚拟呈现等功能；另一方面，考古团队期望能对发掘现场海量的多维度信息进行智能化管理和可视化分析，文化旅游爱好者也期望能以三维可视化方式虚拟游览发掘现场。

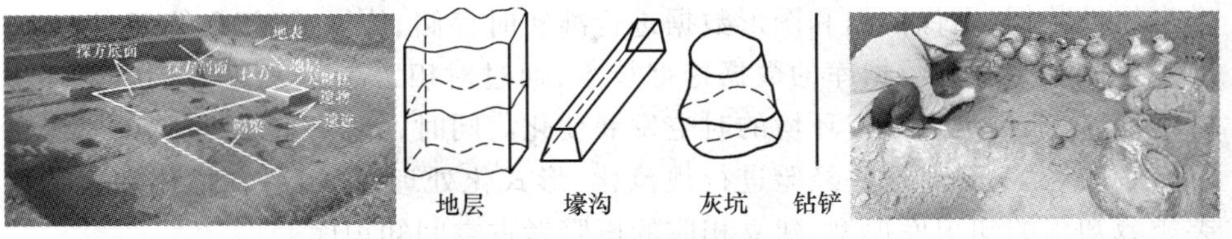

图 3-1 田野考古发掘现场的空间形态

当前,我国田野考古发掘与研究还存在以下问题。

(1) 考古发掘工程是一定意义上的文物破坏,一个古遗址一旦被发掘,便破坏了其原始环境。而目前数据采集与记录手段均不完善,仍停留在手工测量数据、手工绘制线图阶段,不仅工作效率极低,而且数据精度、绘图质量因人而异。

(2) 绝大多数发掘项目都处在一种封闭状态下,其发掘质量与进度因发掘领队和队员业务水准不同而有较大差别,对层位和遗迹现象容易误判,无法实现对发掘现场的远程监控、专家会诊和资料共享。

田野考古发掘过程中存在的上述问题严重制约了考古发掘质量的提高,影响了考古学本身的发展和深入研究。

3.1.1 数字化辅助调查的研究内容

从实际应用的角度,数字化辅助调查的重点应放在管理和整合田野考古发掘的动态数据上,将各种文字记录、线图和影像资料进行整合,实现考古发掘资料的完整、系统记录,以及对考古发掘对象原始环境的三维再现,进而支持对田野考古发掘项目的协同管理、对发掘物的远程会诊、对古代人类环境的模拟与再现等辅助决策和空间分析等功能,其主要研究内容可包括以下 5 个层面。

(1) 田野考古探方剖面图、底面图线图的自动获取与文字信息的采集、管理和处理。田野考古探方剖面图、底面图线图的自动获取问题涉及图像的采集、管理、处理与线图的自动生成,包括图形图像数据库的构建研究,数据采集系统中对剖面图的影像校正、图像镶嵌、矢量线图提取,以及对底平面的三维表面模型的构建与遗迹现象开口线的提取等数据处理功能的设计与实现;文字信息的采集、管理和处理问题涉及各种发掘物的数据采集、分类、入库管理、查询、统计、制表输出,包括田野考古发掘数据库的设计及各种数据采集与处理标准规范的制定等。

(2) 通过考古线图与影像等资料构建发掘现场的原始三维场景,再现每个文化层所处时代的人类古环境,该问题涉及各种文化层与各类考古发掘对象(如房屋、墓葬、灰坑等)的三维空间模型的构建、融合与处理。

(3) 采用数字近景摄影测量技术,为田野考古静态场景的构建提供快速、有效的数据获取解决方案，以及基于无线网络对偏远地区发掘现场的各种静态与动态属性数据、图像数据和图形数据进行准实时存储、传输、更新和管理。

(4) 基于时空数据库的数据挖掘技术，通过对田野考古发掘对象原始环境的研究，模拟再现人类古环境的时空发展变化。同时，分析、综合、提炼田野考古工作者的经验，并对这些经验进行规范化、形式化处理，采用适宜描述和表达这类领域知识的知识库模型，建立相应的田野考古空间知识库。

(5) 综合 Web GIS、三维 GIS 等技术的已有研究成果和分布式交互技术国际标准，以数据服务应用为框架，建立基于有线网络和无线网络的虚拟考古地理环境，使不同地区的田野考古工作者能就某个田野考古发掘问题展开探讨，为专家远程诊断与决策提供一个新的支撑环境。

综上所述，数字化辅助调查是通过有线和无线网络两种方式将田野考古现场与有关文物保护机构、职能部门、科学研究单位等连接成一个互动的整体，通过保存发掘的遗存信息和专家知识，制定和调整重大发掘方案，从而解决田野发掘现场问题，其目标是提高田野发掘的质量与水平。

3.1.2 数字化辅助调查的功能

获取全面、准确、可视化的遗址地理信息和遗存信息是考古发掘工作顺利开展的前提，这就要求数字化辅助调查平台能同时为考古学家提供发掘现场的二维信息（包括工程数据、文物图片、发掘视频等）和三维信息（包括点云模型、实体模型、表面模型等）的发布、管理、检索和展示等功能。

1. 数据管理功能

需要采集重大考古发掘现场不同阶段的信息，包括发掘现场的工程数据，出土文物的位置、几何形状、空间分布和色彩纹理等信息。这些信息包括发掘日志、工程图纸、场景和文物的三维点云模型、发掘过程的视频记录等，不仅数据量大、形态多样，而且存在复杂的时间和空间关联。因此，在建立数据库时应仔细研究数据之间的关系，合理分类，组成一个分层的可视化数据库，进而实现包括时间轴、三维空间轴、文物归属轴等多维度的发掘现场信息管理。

2. 非线性编辑功能

采用动态影像技术记录考古发掘过程是数字辅助调查的重要组成部分。传统摄像机是将影像记录到录像带上，保存的是影像的模拟信号，在后期的编辑过程中，会造成录像带的磨损，也会造成影像信号的衰减，时间久了录像带会失效，不利于对影像资料的保存，为了进行影像资料的编辑还要通过计算机相关设备将模拟信号转化为数字信号以数字信息来保存。而数字摄像机记录的是影像的数字信号，有利于对摄像资料的非线性编辑，反复使用不会造成影像信号的衰减。

由计算机、数码摄像机、模拟摄像机、光盘刻录存储设备等组成的非线性编辑系统可完成考古发掘摄像资料信息的输入、存储、编辑、制作过程。通过非线性编辑软件,将通过模拟摄像机拍摄的考古资料通过计算机配置的视频采集压缩卡数字化后成为素材,或者直接将通过数码摄像机拍摄的经数字化的考古资料存储到计算机中作为素材,通过非线性编辑系统,将数码摄像机拍摄的彩色照片、语音介绍、背景音乐、字幕等编辑合成制作成考古发掘专题片,或整理成某个考古单元的摄像资料,可刻录成光盘或转录到录像带上保存和播放。

3. 智能检索功能

针对遗址发掘现场出土的文物数量众多,难以通过文本方式精确检索的问题,应该将基于关键词、内容、多视图查询技术和基于形状特征、图像描述的语义查询技术应用于考古发掘项目的信息检索中(周明全,2007)。

4. 考古绘图功能

考古绘图在考古发掘、研究中占有十分重要的地位。绘图的主要对象是考古发掘中所揭露的文物遗迹和遗物。长期以来,考古工作者对于各类遗迹的平剖面图和器物图一直沿用传统的手工坐标法进行绘制,运用透视投影、正投影的原理,利用正面投影、中心剖面等绘图手段将出土遗物三维空间转为直观的二维平面线画图,先用铅笔绘制器物的底图,再用硫酸纸制图,为后期脱离实物进行研究及编辑出版准备资料。这种方法给考古发掘的资料整理,简报、报告的发表以及资料的保管、保存,带来了诸多不便。由于计算机绘图具有出图速度快,精度高,图形文件便于管理、检索、修改等特点,采用计算机绘图软件进行考古辅助绘图成为必要。

5. 预测分析功能

从考古研究的角度来看,考古工作者不仅关注发掘出的器物的文化层等属性信息,还关注发掘出的文物的位置分布等空间信息。近年来,随着遗址扩张模拟、虚拟漫游等考古研究的深入,考古专家更需要提供可视化的、交互式的、基于图元的遗址预测分析工具。针对这一特定需求,应将发掘现场文物的空间信息与属性信息结合起来,提供基于图元的遗址信息空间查询和可视化分析功能,使用户能够以 Web GIS、虚拟现实(VR)GIS 的方式获取考古遗址的相关信息。

6. 虚拟漫游功能

古遗址的虚拟重建需要对考古遗址进行数字化测量,采用的资料信息包括对考古遗址进行科学发掘的真实数据,也可以采用三维扫描设备进行数字化测量,在数字化建模中结合历史文献资料进行研究,如借鉴历史上同一时期或相近时期的古墓葬、古建筑的形制,通过三维建模工具如 Maya、3Ds MAX 等对考古遗址进行虚拟重建(Liu Jun,2010)。

数字化辅助调查平台提供的虚拟遗址发掘场景应具有良好的交互性,使文化旅游爱好者仿佛置身于虚拟环境所显示的情节中,不仅看到三维图像,还可以自由地漫步其中,对感兴趣的对象实时交互,触摸和感觉它们的存在。基于VRML/X3D的虚拟场景描述或基于XML的场景描述语言等,可实现对三维虚拟场景进行统一的标示和描述,从而进行发掘现场的场景虚拟漫游及展示。

发掘场景的三维虚拟展示功能应为文化旅游爱好者提供以下几种虚拟漫游模式:① 自动导游模式,即按照预先精心规划的最佳观察路径与视角,提供发掘现场的三维场景虚拟展示;② 视点选择模式,即提供一组预设的场景相机位置,文化旅游爱好者通过选择特定相机实现对发掘场景中感兴趣的文物的鉴赏;③ 交互漫游模式,即文化旅游爱好者通过鼠标或触摸屏等设备实时控制漫游方向、调整视点,进行自主方式的发掘现场漫游;④ 智能漫游模式,即文化旅游爱好者只需选择出发点和目的点,系统就能自动生成最短游览路径。

3.1.3 关键技术

1. 多维度对象数字化记录

在目前的技术条件下,在考古发掘过程中,采用GPS和全站仪相结合的智能化数字测图系统对遗址的地形空间数据进行采集、输入、编辑、成图、输出和管理,可有效提高考古测绘的精度和效率(陈任,2003)。数字测图系统的数据处理主要包括数据传输、数据预处理、数据转换、数据计算、图形生成、图形编辑、图形信息的管理与应用等。数据预处理包括坐标变换、各种数据资料的匹配、图比例尺的统一、不同结构数据的转换等。经过数据处理以后,可生成与外接设备交换信息的数字地图文件。通过对图层的控制,可以编制和输出各种专题地图(包括平面图、地形图、遗迹分布图等)。

2. 知识推理及无线网络发布

运用GIS空间分析功能,可对遗迹、遗物进行空间统计分析、对比分析、缓冲区分析、遗址空间分布模式分析、可视域分析等,揭示遗迹的区位特征与组合特征,其重点是通过建立田野考古空间知识库,挖掘各个文化层和各类发掘对象的空间关系,并且基于田野考古空间知识库进行知识推理的推理机模型的研究与开发,通过该模型实现对人类古环境中人类活动空间分布等规律的推测与验证。

在此基础上,通过无线组网技术和Web GIS信息发布技术实现田野考古发掘过程中准实时远程监控与专家会诊、遗迹现象全貌推测、层位关系比较和错误预警等系统功能。该研究基于网络发布的虚拟考古三维地理环境,使身处不同地点、在不同时间的田野考古工作者就某个田野考古发掘问题展开共同探讨、发表各自的意见。该部分研究内容包括虚拟考古环境系统与三维体视化技术的集成与互操作研究、田野考古数据仓库构建与时空数据挖掘机制的研究,以及群体决策智能模型构建与协同交互工作机制的研究等(李安波,2004)。

3. 遗址海量数据的组织与管理

文化遗址通常规模宏大，涉及的空间几何数据、地表纹理数据等都是“海量”的，即便是最高端的图形工作站也不能满足实时绘制的需求。因此，必须研究具有通用意义的描述各类文化层构造和考古发掘对象的三维数据模型与数据结构，必须探讨针对古代文化层空间分布特征与各个遗迹现象的属性特征表示问题，构建具有普遍意义的三维多源空间数据融合框架模型（路明月，2008）。

1）数据结构

描述地形的DEM数字高程模型有不同的数据结构，比较实用的有正方形格网（Grid）结构、不规则三角网（TIN）结构、Grid与TIN混合的结构。这3种结构各有自己的优势，但对于大规模场景的地形表达来讲，存储占用的空间与操作复杂性是衡量的关键。由于规则排列的正方形格网除了每个格网点处的高程值以外，只需要记录一个起算点的位置坐标和格网间距，而将每一个格网点与其他点之间的拓扑关系隐含在阵列的行列号当中，因此，存储量很小、结构简单、操作方便，非常适合于大规模的使用和管理。对于三维场景中地物的表达，主要有体绘制和面绘制两套方法。体绘制方法力图对地物进行真三维的表达，数据结构复杂，存储的数据量大。基于实际应用的需要，对大规模场景可视化中地物的表达，适于使用面绘制的方法，数据的结构属于矢量结构。

2）数据分割

大规模三维场景的可视化要求必须对空间数据进行分割的预处理，这主要是由于：一方面，对于大规模场景的可视化而言，机器的内存容量、计算和绘制性能非常有限，不可能将海量的空间数据一次性从外存读入进行处理，必须是分块调度；另一方面，根据人眼在观察事物时的规律，对远近不同的场景可以采用不同的“粒度”进行描述，基于细节层次（LOD）方法，在不影响画面视觉效果的前提下，通过逐次简化景物的表面细节来减少场景的几何复杂性，从而提高绘制算法的效率（Hoppe，1998）。三维场景可视化涉及的数据主要包括描述地形的DEM数据、地物矢量数据、地形和地物的纹理数据、场景的元数据。

（1）DEM数据分割。由于采用Grid结构，DEM数据的分割比较容易处理。Grid结构为典型的栅格结构，实际就是规则间隔的正方形格网点阵列。因此，只需要给出分割的起始点坐标和分割后的尺寸要求（通常以行、列网格数的方式给出），就可将原始的DEM分割成多个等大的“片断”。尽管理论上可以将地形作任意大小的分割，但实际上必须考虑最终应用平台的软硬件条件，如果分片过大，可能仍然超出机器的处理能力，如果分片过小，则可能带来过多的数据调度。另外，如果考虑在绘制阶段运用基于四叉树的简化处理，则DEM片断的行列网格数需限制为$2N$（N为大于2的整数）。同时，注意到Grid结构的特点，可以认为大比例尺DEM（格网粒度较小）中隐含了小比例尺（格网粒度较大）DEM

的信息。因此,在对格网粒度为 N 的 DEM 进行分割时,如果选择每次跳过 m 个格网点,则分割结果得到格网粒度为 $(m+1)\times N$ 的 DEM 数据。

(2) 地物数据分割。地物数据分割的目的是建立地物与 DEM 片断的关联关系,原理是在 xy 平面上判断地物的投影区域与 DEM 片断覆盖区域的相交关系,如果地物的投影区域部分或全部包含于某个 DEM 片断覆盖区域,则该地物与该 DEM 片断相关。地物数据同样可以进行细节层次(LOD)处理,即对于与较粗粒度 DEM 相关的地物进行“粗化”,只表达其重要的空间信息,省略一些细节的描述,从而节省存储空间,降低绘制的复杂性。但从实验效果来看,不同细节层次的地物在切换时常常产生突跳现象。因此,是否采用 LOD 处理需要根据机器性能与应用需求来决定(翟巍,2008)。

(3) 纹理数据管理。利用纹理贴图的方法能够显著增加三维场景的真实感,但也增加了占用的内存和绘制的复杂性,如果不通过有效的优化机制,场景的实时绘制性能将显著降低。通常采用与地形区域相对应的影像数据作为地表的纹理贴图,与地形的分割处理相对应,地形的纹理同样需要进行分割。处理上的难点往往在于如何找到与地形区域确切对应的影像数据范围,目前还主要是通过人工来比对,不可避免会带来误差。在对应关系确定以后,影像图的分割比较容易。另外,为了进一步优化,还可以利用图像加工工具对影像图进行细节层次处理,降低在远距离观察时地形纹理占用的存储空间。

地物的纹理图像始终是与特定地物的某个表面相对应,因此对于场景分割来讲,通常不需要作特别的处理。如果地物的纹理贴图耗费大量机器资源,同样可以考虑对纹理图像进行细节层次处理,不过更好的处理方法是在远距离观察情况下,利用近似的某种颜色来表示,当距离较近时,再采用纹理贴图。

(4) 元数据管理。元数据(metadata)是关于数据的数据,它是实现空间数据共享的重要基础,主要描述数据的内容、质量、状况和其他特征,帮助人们定位和理解数据。对于一个大规模场景来说,通常采用关系型数据库的形式存储元数据,用来说明数据的标志信息、质量信息、数据组织信息、发行信息等。在对场景进行分割处理后,通常所有的子场景共享原来的元数据。如果有特殊的要求,则需要为子场景补充特定的说明信息,如地理覆盖范围、数据精度等。

3) 数据编码

经过空间数据分割,原来的大规模三维场景被不同粒度、不同尺寸的多个子场景替代。尽管每个子场景都可以独立绘制处理,但显然满足不了应用的需要,用户要求对三维场景能够进行由全局到局部、由粗略到详细的观察,并支持全局范围内实时漫游的透视绘制。因此,为了实现多场景的实时调度,必须首先通过对子场景的编码建立起子场景之间的空间关系。

子场景间的空间关系主要有两方面：一是细节层次，体现在一个较粗的子场景与多个较细子场景之间的"父子"关系；二是同一层的位置，表达同一细节层次的子场景之间的空间邻接关系。场景的编码对于最终的绘制效果有着重要的影响，定义数据编码的原则既要充分体现子场景间的空间关系，又要使编码间规律明显，便于定位，避免复杂的查找过程，可采用如下空间数据编码方案：

[LayNum][RowCode][ColCode]

其中，LayNum 代表该子场景所处的细节层次，RowCode 与 ColCode 分别表示在该层内的行、列方向上按照从北到南、从西到东递增的编码。假设视点当前所在的子场景编码为[3][3][5]，则通过对行列编码分别加 1 或减 1，便可以确定同一层上邻接的 8 个子场景的编码([3][2][4]、[3][2][5]、[3][2][6]…)，不同细节层次的子场景间的"父子"关系通过另外的树形索引可以很容易描述，如图 3-2 所示。

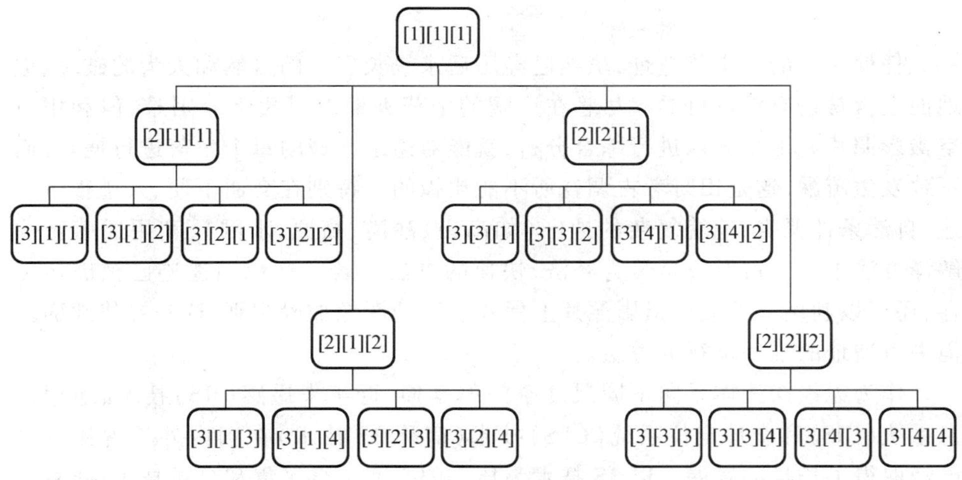

图 3-2 文化遗址场景的编码结构

4）空间数据金字塔

从前面介绍的编码机制可以看出，大规模三维场景的空间数据最终被组织成一个由不同细节层次的多个子场景构成的金字塔型结构。位于塔尖的子场景具有最大的数据粒度，可以称其为全局场景，由上至下粒度逐层减小，细节的描述越来越详尽，体现出场景的逐级放大，即视点的由远及近；同一层子场景之间数据粒度相同，覆盖整个场景的不同区域，且依次邻接，体现视点的平移。基于这样的数据组织方法，给出整个场景的空间数据组织结构，如图 3-3 所示。

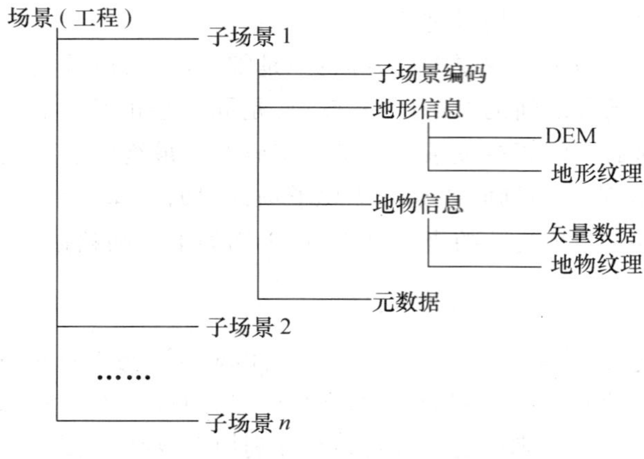

图 3-3 文化遗址的空间数据库结构

3.2 数字化环境考古

任何时代的古文化遗址,虽然已经历后来较长岁月的自然和人为的破坏,但地面上常常还有踪迹可寻。尽管在广阔的茫茫大地上寻找十分困难,但利用航空摄影照片或卫星影像进行综合分析,就能对遗址区域的每个角落进行搜寻,而不致发生疏漏,这是田野考古调查所不能比拟的。特别在交通不便、人迹很难到达、自然条件恶劣、地貌复杂的地区(如高山、沙漠、高原、水网),利用遥感影像解译方法进行考古调查是最为经济、快速的方法。若一些地面遗迹已被破坏无存,还可以利用早期航空摄影照片上保存的遗址影像加以判别,这是寻找地面已消失古遗址的唯一可行的方法。

作为无损探测体系向不同尺度空间的延伸,近年来遥感(RS)技术、地理信息系统(GIS)和全球定位系统(GPS)技术(简称 3S 技术)在国内外考古探测中已经取得了长足的发展。以 3S 技术为核心的空间信息采集和分析技术,能有效提取遗址的空间分布特征和模式,帮助分析文化历史的传承轨迹和古环境演变规律,为理解和发现人类文化遗产的形成和演化过程提供科学的研究手段(张震宇,2005)。实践表明,把现代信息技术、3S 技术及虚拟现实(VR)技术应用于环境考古,将显示出传统方法不可比拟的优势。本节阐述数字环境考古的概念,探讨其技术路线及系统框架,并给出应用分析。

3.2.1 数字化环境考古的概念

从广义上讲,数字化环境考古是指综合利用先进的信息化手段和工具(主要包括遥感、GPS、数字摄影测量、空间数据库、GIS 与虚拟现实等技术),实现从古环境、古遗址到古文物等文化遗产信息的完全数字化,在传统环境考古的基础上,对地理与考古数据进行分析、过滤、计算、重组,并将人工智能引入其中,形成环境考古的知识库、逻辑库、方法库和模型库,构建一个数字空间,拓展古遗址、古环境的时间和空间维度,最终实现环境考古过程的全面信息化。从狭义上讲,数字化环境考古是指以3S与虚拟现实技术为支撑的区域性的环境考古地理信息系统。

概括地讲,数字化环境考古是探讨如何应用现代信息技术来解决环境考古的实际问题,从而在传统环境考古的基础上,建立一个具有文化遗址多源异构信息的收集、处理、管理、分析及应用功能的环境考古地理信息系统。

3.2.2 数字化环境考古的流程

从技术层面看,数字化环境考古是一个实现文化遗址信息的获取、数字化、模型分析、信息提取、知识与规律发现以及辅助决策的过程,其主要技术支撑是遥感、GPS、数字摄影测量、空间数据库、GIS和虚拟现实等现代信息技术。

具体来说,第一步是"数字化",从多种渠道获取的考古数据、地理数据、环境数据,以文本、表格、数字化的图像、图形等方式进入数字化环境考古系统,经过快速传输、几何纠正、海量存储,建成数据库,提供查询、检索服务;第二步是"信息化",通过数理统计分析、图形图像识别、时空转换动态变化研究,从大量数据中提取有效信息;第三步是"知识化",通过各种专业应用模型,从有效的时间数据、属性数据以及图形图像或数据中发现客观规律;第四步是"再现",根据客观规律,参照边界条件,通过虚拟仿真,重建环境考古自然或社会的历史过程,预测未来的发展趋势,对环境变化、文物资源保护等问题提出几种可能的解决方案;第五步是"决策",由决策部门的领导对多种解决方案作出优选或取舍,其技术体系结构如图3-4所示。

3.2.3 典型应用分析

目前,随着信息技术在环境考古研究中的应用,数字化环境考古在国内外正向研究和应用集成化的方向发展。遥感、GPS、GIS、虚拟现实等技术与环境考古学的迅速发展与相互融合,正成为国际环境考古技术发展的前沿。在这种综合应用体系中,遥感技术能够对广阔地域内的古遗址进行有效的普查;GPS技术在考古中,能够做到遗址的准确定位,使点、线、面有机结合,精确测量遗址地表信息数据;GIS技术具有的强大的空间数据管理和分析功能,为考古研究提供了新的工具和发展空间;虚拟现实技术能够直观再现人类生存环境及其演变,对重点考古遗址建立虚拟仿真环境,可以实现大型遗址地域的三维动态可视化显示。

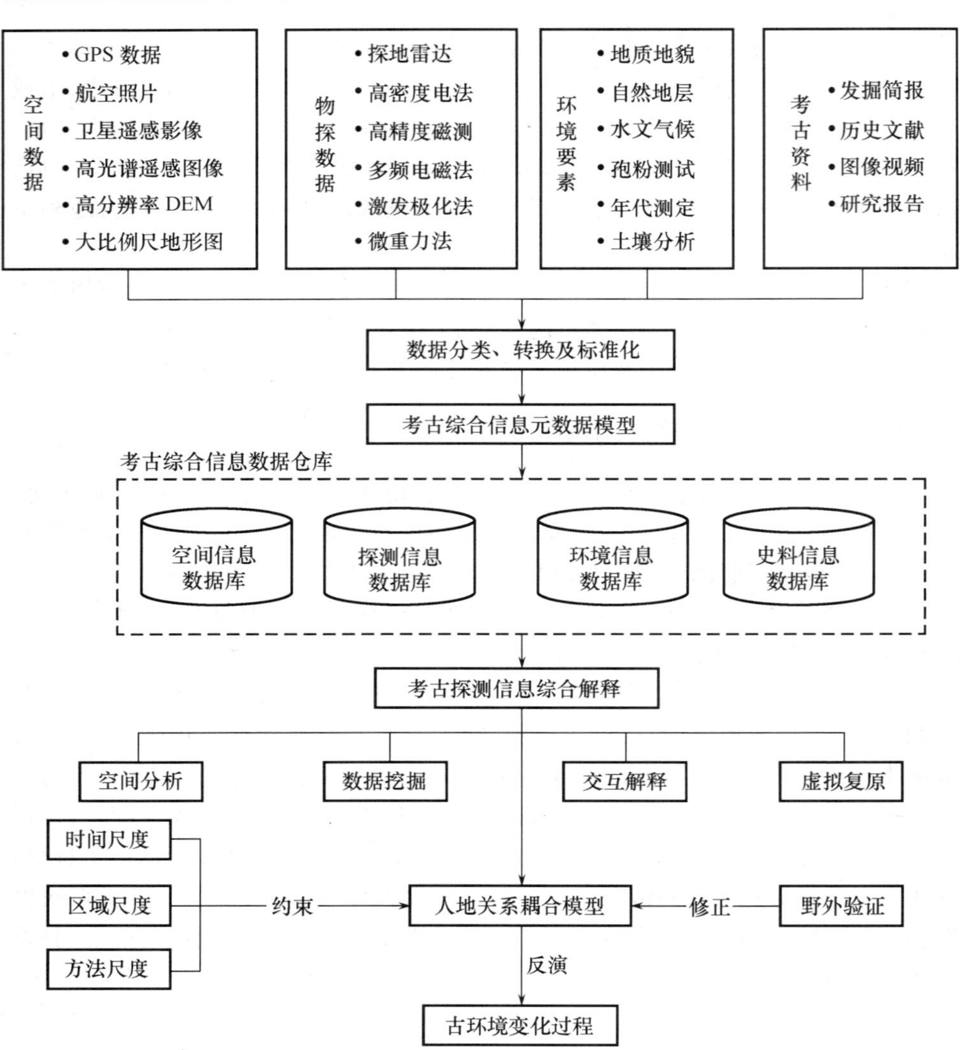

图 3-4 数字化环境考古技术体系结构(阚瑷珂,2008)

在陕西岐山周公庙遗址的大规模考古发掘工作中,首次将 GPS、GIS 和遥感技术应用于考古发掘的过程。在航空遥感的基础上确定遗址位置,建立田间考古调查数据库,在 30 多万平方米的遗址范围内,同步钻探、同步测绘,初步搭起了“数字化考古”数据库的框架(陈述彭,2005),为下一步发掘奠定了基础。

在聚落考古研究中,夏正楷和胡金明分别从文化分布的地貌背景讨论了流域尺度的文化景观与环境要素关系,主要利用了基于 DEM 的高程变化及河谷缓冲区分析。通过 GIS 中的缓冲区分析功能,以古代居民的活动范围为半径,对每一遗址点作出缓冲图,全部缓冲圆的外切线含区域即先民“生活辐射区”。该辐射区的拟合，可以为遗址预测和古代江、湖、海岸线等古环境的变化提供线索。而且对新石器时代不同文化期的遗址分布可以拟合其分布密度等值线，并进一步分析先民集聚中心和边界的区位特征，为聚落考古研究和环境考古研究提供帮助。

此外，考古专家应用探测考古技术实现了对周原地区无损考古调查。所谓探测考古，就是通过电流、电磁波以及磁场等手段，利用 GIS 等数字技术，让沉睡地下的文物映现在显示屏上，它是一种不用挖掘而直接探测地下遗迹、遗物的新考古技术。考古学家一方面对周原地区进行高光谱航拍，通过对异常光谱的分析寻找隐藏在地下的大型墓葬、城址等，另一方面通过红外夜航辨别地下遗址之间的位置关系。此外，根据这两方面的探测情况，考古学家进一步再对“疑似”遗址进行物探。进一步将宏观的自然、社会环境因素和微观的食物结构、农作物品种等因素通过数字模拟“复原”，使人们对古代遗迹有了更全面的认识。

以 2007 年中德科技合作项目成果展为契机，陕西秦始皇兵马俑博物馆与德国达姆斯达特建筑科技大学合作进行“虚拟帝陵开发”，成立了一个秦始皇兵马俑博物馆、陕西省考古研究所联合组成的课题组，利用德方长期进行考古遗址重建的丰富经验以及最新技术，尝试基于数字测量对西安的帝陵进行虚拟重建。课题组以秦始皇陵、兵马俑坑、昭陵等帝王陵的实测数据与考古发掘资料为依据，采用现代图形图像技术，以三维图像建模 Maya 6.5 为开发工具软件，结合多媒体数据库、三维动画、GIS 等多种技术以数字化三维模型构建秦始皇陵地面建筑、地宫结构、兵马俑坑建筑和军阵结构，以三维动画、三维空间图像等主要技术手段再现帝陵的历史风貌。

目前数字环境考古在我国还处起步阶段。随着研究的深入，它的内容将不断丰富，技术方法将得到不断的改善和丰富，真正的数字化环境考古空间将逐步实现。

3.3 动态环境监测

大多数文化遗产保护项目都正面临着自然灾害防治与人文环境改造的双重挑战。借助动态环境监测系统，实现对文化遗产的景观环境、自然环境等信息的实时采集和监测，记录各个时期的变化数据，评估遗址自然环境及遗迹保护工作的成效，并对规划保护区内的建设及旅游服务活动中的违章、违法开发行为进行监测，可为文化遗址的保护管理提供科学依据。

3.3.1 动态环境监测的应用现状

文化遗产是人类古文明的见证。我国已有文物古迹、历史名城和自然景区共31处(除人类口述和非物质)被列入世界遗产名录,就数量而论,仅次于意大利和西班牙,名列世界第三大国。北京故宫博物院、承德避暑山庄和甘肃敦煌等世界遗产保护取得了显著成效。但是,随着经济的高速发展,城市化进程加快,我国正面临着许多国家都曾经历的问题,即如何处理古迹保护和城市发展之间的紧张关系。挑战不仅来自日益增多的游客和边远城镇的快速发展,也来自寒风、沙土、盐分和水等。

联合国教科文组织的《保护世界文化和自然遗产公约》中,将监测预警工作明确列为世界遗产委员会的职责之一,要求世界遗产所在的国家和政府建立相应的监测系统,每6年提交一份报告,预警与濒危遗产的评定已在全球范围内展开。许多成员国政府采取了各种措施,开展对遗产保护成效的跟踪监测、数据积累和评估工作,并投入了大量资金,这些工作取得了明显的保护效果。与发达国家相比,我国文化遗产动态环境监测和预警的技术水平有着很大的差距,甚至落后于一些发展中国家。

目前我国文化遗产动态环境监测工作才刚起步,缺乏统一的标准,国家尚未制定技术规范,各遗产地不同程度地存在各类基础资料和信息没有采取数字化管理,保护缺乏规划;消防、安全防范技术措施落后,预防灭失性灾害风险的能力低;预警技术落后,数据积累及评估标准匮乏等问题。由于科学监控和安全防范系统尚未建立,一些地方对世界文化遗产进行超负荷利用和破坏性开发,存在商业化、人工化和城镇化倾向,使世界文化遗产的真实性、完整性受到损害。纵观保护现状,形势十分严峻,与其他国家相比我国文化遗产资源正面临一场严重的危机。

综上所述,借鉴国际先进经验,充分利用现代科技手段,建立高效的动态环境监测预警机制,实现遗产保护的信息化动态管理,尽快建设“中国世界文化遗产管理动态信息系统和监测预警系统”已刻不容缓。

3.3.2　动态环境监测的目标与流程

《国务院办公厅转发文化部、建设部、文物局、发改委等部门关于加强我国世界文化遗产保护管理工作意见的通知》(国办发[2004]18号)要求利用科学技术加强世界文化遗产的保护,掌握世界文化遗产的各类基础资料和信息,充分发挥高新技术在保护管理工作中的作用,提高世界文化遗产保护管理工作的科技含量;加强档案建设工作,尽快建立我国世界文化遗产管理动态信息系统和监测预警系统,加强对世界文化遗产保护情况的监测。

根据中华人民共和国国家文物局《中国世界文化遗产地管理动态信息系统和监测预警系统(征求意见稿)》的要求,文化遗产动态环境监测系统应实现以下目标。

(1) 建立开放性、分布式的文化遗产各类基础资料和信息资源,实现遗产信息采集、传输、存储、管理和服务的网络化、智能化。

(2) 建立文化遗产动态环境监测中心,开展动态信息管理和监测预警工作相关的标准规范、规章制度建设。

(3) 建立体系完整、指标丰富、内涵科学的世界文化遗产管理监测、预警模型,实现包括自动气象、水质监测、震动监测、机电设备监测、消防监测、安防监测、客流量监测、财务收支监测等监测项目。

(4) 建立高效的防护应急减灾机制,实现远程统一协调管理和联合行动。

(5) 促进对世界文化遗产保护管理工作的规律性研究,建立以预防性为主的保护模式。

这就是所谓"一个平台、三级管理、三库支撑"。一个平台是建立一个区域性的"文化遗产地管理动态信息系统和监测预警系统";三级管理指与国家、省有关部门链接,实现国家、省、遗产地三级互连的动态信息监测和预警工作管理;三库指建设用以支撑系统运行的实时库、历史库、集成库。

1. 技术手段的选择

(1) 监测手段,建立固定监测站点采集和巡护采集。

(2) 监测方式,自动化测控,人工报告,遥感、遥测和网络信息共享。

(3) 监测数据类型,自动化测控数据、文物档案基础数据、文物管理业务数据。

(4) 监测信息来源,使用相关部门的专业数据,自建监测站点和园林管理单位工作产生的监测信息。

2. 监测信息的加工处理

相关部门的专业数据中的遥感、遥测数据和国家级重点文物档案信息,由国家中心统一组织直接导入历史档案库;自建监测站点和遗迹管理单位工作产生的数据以及从本地相关部门获取的专业数据,从遗产地管理监测中心自动生成或经人工加工标引进入实时数据库。

3. 监测范围的设定

(1) 正常情况下的一般监测范围包括自然环境、景观资源、环境污染、保护区规划、古建筑古遗址、陈设布置、游客量和遗产地日常业务管理等的监测。

(2) 正常情况下的重点监测范围包括防火、防盗、防止各类事故,可移动文物、档案资料等文物单位重点管理保护工作的监测。

(3) 特殊情况下的重点防范范围包括在风雨雪灾、不同气候和旅游人流淡旺季节的安防、消防、游客安全和国家级文物保存环境的监测。

4. 信息采集数据格式的规定

应该遵循《中国世界文化遗产动态数据 XML 描述语言规范》。

5. 监测中心的软/硬件基础设施

监测中心计算机网络系统以高性能以太网交换机为中心,采用星形拓扑结构,下分若干个物理子网,主干交换机与各个分支交换机之间应具有线路冗余的连接,实现干线子系统宽带传输,在物理上与国家中心、省中心构建一个完整的网络系统。

3.3.3 典型应用分析

环境遥感监测与管理信息系统应用于文化遗产保护的范围是非常广泛的,案例不胜枚举,大至“九鼎”传说,小至二里屯古城车辙。通过建立分布式的格网数据库实现信息共享,既能把文化遗址保护提高到信息化、现代化的国际水平,又能为考古发掘、旅游服务提供信息共享的数字平台。

已有1 600年历史的敦煌莫高窟是中国现存规模最大、连续营造时间最长、内容最丰富的石窟长廊和佛教艺术殿堂。在不断的自然侵蚀和人为影响下,敦煌遗产出现了衰老迹象。经过多年努力,世界文化遗产敦煌莫高窟如今已经建立了“四位一体”的监测体系,包括敦煌莫高窟大环境监测、敦煌莫高窟洞窟文物本体监测、敦煌莫高窟安全防范监测、敦煌莫高窟游客调查与监测(潘云鹤,2003)。敦煌莫高窟大环境监测从20世纪60年代就已经起步,当时敦煌研究院首次在莫高窟顶建立了气象观测站,监测窟区的气温、相对湿度、降雨量、日照、风速、风向和沙尘暴等。20世纪80年代以后,监测工作延伸到了洞窟内小环境,并通过国内外合作,不断引入先进技术和手段。敦煌莫高窟洞窟文物本体监测是其保护监测的一项重要内容,目前已经开展的有洞窟内壁画的年度检查、壁画病害监测、壁画盐分分析与监测等,这些监测工作的开展,为壁画的病害研究、修复保护等提供了科学依据。敦煌莫高窟洞窟数量多、保护范围大,文物安全工作非常重要,在20世纪80年代之前,文物安全主要靠人工监测看守,80年代以后,开始着手建立预警监测设施,目前通过技术和人工防范相结合,已经建立了较为完善的安全防范监测体系。

1 200岁高龄的世界第一佛四川乐山大佛是中国自然与文化双遗产之一,由于风化严重,岁月的沧桑使其身体受到了严重的损坏,专家利用超声波、地质勘测、电阻率法探测以及微测探等众多现代科技手段为大佛检查病因,并对大佛实行危岩加固,采用108块岩体试验小方块进行材料对比,选用其中最合适的岩体材料为大佛美容。目前,中国针对大佛的主要“病症”,着力研究造像岩体防风化技术、生物侵害与生物风化技术及旅游资源开发管理信息系统。这套系统的科学研究将揭示侏罗白垩系地层的物理、化学和生物风化机理,不仅能有效保护大佛,还将使中国文物科学研究水准走上一个新的台阶。

在秦始皇陵文物的保护与修复中,应用航空摄影测量技术,精确测绘了秦陵的现状图、影像图、俑坑军阵位置图等,用近景摄影测量测定各类兵马俑、兵器的立面图、等值线图,用航空遥感技术探测和发现地下文物的分布,了解地质现象对地下文物的影响。

在兵马俑考古发掘遗址的环境监测保护中，运用了计算机技术分析处理空气、土壤的有关数据，采用了微生物学的显微分析法了解霉菌对文物遗址的危害。在秦始皇兵马俑坑的发掘中，研究人员运用现代科技手段进行多学科研究，挖掘遗址包含的信息，如结合地质学的科学测试，对俑坑自然地层剖面进行生物化石和磁化率记录的研究，全面探讨古时特别是春秋、战国、秦汉时期的气候状况；利用科学检测手段测定秦始皇兵马俑坑出土青铜兵器的成分，研究秦代青铜冶炼、铸造和防锈技术，验证了史书记载的青铜器冶炼中铜、铅、锡等元素的成分配比等。据了解，目前国内还有很多世界遗产都加入到了科技保护的行列之中，如九寨沟、故宫等地都配备了大气环境监测器，专家可以随时了解景区空气的质量情况，全方位保护珍贵的世界遗产。

3.4 遗址空间信息系统应用实例

遗址空间信息系统（archeological site spatial information system，ASIS）的设计目标是开发一个能将考古遗址的地理信息与文化遗存信息有机结合，能为行业用户提供考古遗址空间信息的网络化发布、智能化检索和可视化分析，能为文化旅游爱好者提供遗址发掘的三维虚拟可视化访问，能在 Internet/Intranet 环境下快速部署、稳定运行和灵活管理的一个实用性平台。

3.4.1 需求分析

近年来，随着 Internet 技术的发展和普及，考古工作者和文化旅游爱好者已经可以很便捷地访问考古相关的网站，从而获取感兴趣的著名文化遗址和重大考古发掘工程的相关信息。同时，随着国家不断投入巨资进行重点文化遗址的保护和复原工作，使得三维激光扫描、虚拟现实、基于内容检索和计算机辅助文物复原等高端技术在考古项目中得到了大量的应用，国内也已经成功部署了几个著名的文化遗址虚拟展示项目，如“敦煌艺术数字保护与虚拟旅游”、“故宫三维虚拟展示”、“清北京再现”等。因此，将 GIS 技术和虚拟现实技术应用于考古发掘的信息管理和分析领域，以考古发掘信息的数字化、可视化为出发点，全面、准确、快速地分析考古发掘情况，进而为考古研究人员提供直观、形象的信息支持，无疑是一项拥有广阔应用前景的研究工作（耿国华，2009）。

基于以上分析，设计和开发构建在 Internet 基础服务之上，既能为考古团队提供考古发掘海量信息的管理、检索和分析手段，又能为文化旅游爱好者提供遗址发掘的三维虚拟可视化访问的考古发掘多维数据支撑平台，该系统应具有以下特性。

(1) 在信息表达方式上,除支持文本、图像、视频等平面信息形式外,应该引入矢量地图、三维模型等空间信息表达形式,从而构建一个多维度的信息表达模式。

(2) 在信息管理方式上,应该基于成熟的关系数据库技术,通过引入空间对象管理技术,实现对遗址发掘现场三维模型等特殊对象信息的存储、组织和管理。

(3) 在信息服务方式上,应该在文本检索方式之外,提供基于内容的检索手段,查询结果应该以文本、图像、地图和模型对象等更生动、更直观的方式呈现给用户。

(4) 在系统体系结构上,应该基于 B/S 的三层架构,将发掘现场的信息存储在按信息类别划分的多个数据库服务器中,用户基于扩展的浏览器软件实现对一组按服务类型划分的 Web 服务器的交互式访问。

(5) 在信息管理模式上,应该基于开放式、分布式的模式,即发掘现场不同类别信息的收集、整理和发布由承担相应任务的工作小组或人员分别完成,系统通过用户角色权限控制等方法实现信息的"隐性集中管理"。

(6) 在开发技术的选择上,应该基于主流的 Internet 基础服务、地理信息基础服务和数据库服务平台,采用通用的脚本语言(如 Java、C#),并借助第三方插件(如 VRML、VRP)简化三维模型处理的复杂度,使系统具有平台无关的特性,从而使系统易于部署和实现,同时也能大大降低开发的风险。

(7) 在开发团队的组织上,应该基于领域专家小组模式,在系统需求分析阶段以考古专家为主,在三维扫描建模阶段以计算机专家为主,在模型真实感处理阶段以数字媒体处理专家为主。

3.4.2 框架结构

考古发掘多维数据支撑平台被设计为既服务于文物研究、保护性质的考古行业用户,又能为公众提供非密级的遗址发掘信息查询服务和遗址发掘场景虚拟展示服务。因此,一个具有可伸缩特性、易于部署和实施的瘦客户端 B/S 架构,应该是首选方案,如图 3-5 所示。

开发平台采用 .NET 框架环境,能有效降低系统对客户端性能的要求,避免在客户端上分发应用程序与版本控制的困难。通过在浏览器中安装第三方插件使其具有三维模型对象的解析和表达能力,减少了客户端与服务器的信息交换,可大大提高系统的响应能力。

通过与陕西省考古研究院、西北大学文博学院等研究机构的合作,在对众多考古发掘项目考查和调研的基础上,我们提出了面向考古发掘项目的数字化辅助调查系统的数据流图,如图 3-6 所示,并据此将系统划分为数据管理、地图管理、遗址标注、空间分析和系统管理等功能模块。

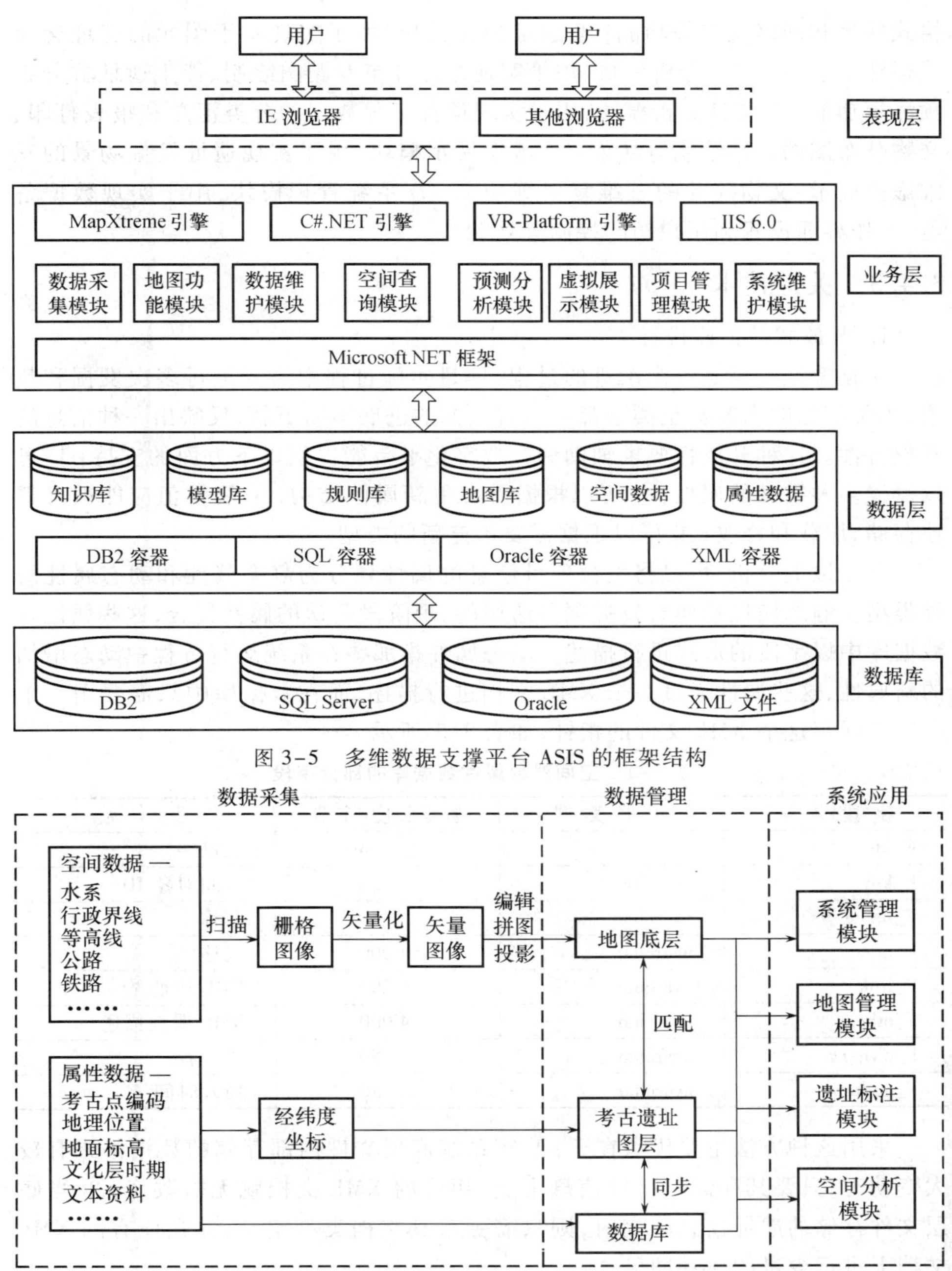

图 3-5 多维数据支撑平台 ASIS 的框架结构

图 3-6 系统数据流图

各主要功能模块简要描述如下：① 数据管理模块，用于实现遗址属性信息的采集、发布、修改和查询等功能；② 地图管理模块，用于实现遗址地图的采集、格式转换和网络发布等功能;③ 遗址标注模块,用于实现基于图元的遗址交互式标注功能;④ 空间分析模块,用于实现遗址分布专题图绘制、伴生遗址群分布预测等功能;⑤ 统计分析模块,用于实现项目工程数据的分类汇总和报表打印、文物分布图的自动绘制等功能;⑥ 虚拟展示模块,用于实现遗址发掘场景的三维虚拟展示、文物碎片的三维复原等功能;⑦ 系统管理模块,用于实现数据备份、工作界面设置和用户访问控制等功能。

3.4.3 关键技术

1. 开放式数据库设计

文化遗址发掘是一个渐进的过程,项目实施过程中需要进行多次发掘和整理,相关信息的内容甚至类型都会随着发掘的进展不断更新,反映出一种信息的开放特性。这种开放性要求辅助调查数字化平台能提供以下方面的支持:① 可以设置多种类型的属性;② 可以根据需要更新属性结构;③ 属性值应能被可靠地存储、加载和修改;④ 可以根据需要扩充新的类型。

基于以上分析,可以将发掘项目信息的属性划分为静态属性和动态属性两种类型。静态属性指所有发掘项目通用的、现阶段公认的属性集合,这些属性在数据库中以字段的形式进行描述。动态属性指那些在系统运行过程中动态增加的新属性,这些属性通过一个 XML 文档进行描述,而在数据库中只需要用一个字段来保存这个 XML 文件的指针,如表 3-1 所示。

表 3-1 空间对象属性数据库的部分字段

字段名称	数据类型	数据长度/字节	备注
F_id	int	4	关键字
F_key	nvarchar	50	空间对象 ID
F_name	nvarchar	50	名称
F_memo	nvarchar	4 000	描述
F_link	nvarchar	200	URL 地址
F_other	nvarchar	4 000	XML 属性描述
F_owner	nvarchar	50	所有者
F_addtime	nvarchar	50	加入时间

采用这种方法主要优点在于:① 当系统底层文件内部存储的数据格式有较大变动时,只要其存储的遗址信息不变,相应的 XML 文档就无需改变;② 当底层文件存储的遗址信息改变时,则只需更改其文档类型定义,并在原有的 XML 文档上进行少量的改动即可。

2. 基于 XML 的开放式属性管理

1) 开放式属性类型的定义

可将考古遗址分布图的图元集合视为一组模板,采用 XML 模板实现属性类型的定义。用户根据需要首先写出一个 XML 文档，接着将这个文档保存为一个模板，然后将该模板文件单独存放在数据库中的一个模板表中。具体实现方法为：将每个自定义属性定义为 XML 的一个元素，并为每个元素指定若干属性（attributes）。

（1）AttrType，指属性的类型。当前已经定义了 3 种，即单行文本、下拉列表选择、多行文本。

（2）AttrName，指属性的名称。如果要将属性显示在页面中，该项表现为相应控件前面的标签。

（3）AttrValue，指属性的默认值。当用户输入或者选择新值时，该项用来保存新值。

根据需要，还可以为元素增加子元素，保存额外的信息。用户自定义类型和页面上已经实例化了的控件的对应关系如图 3-7 所示。

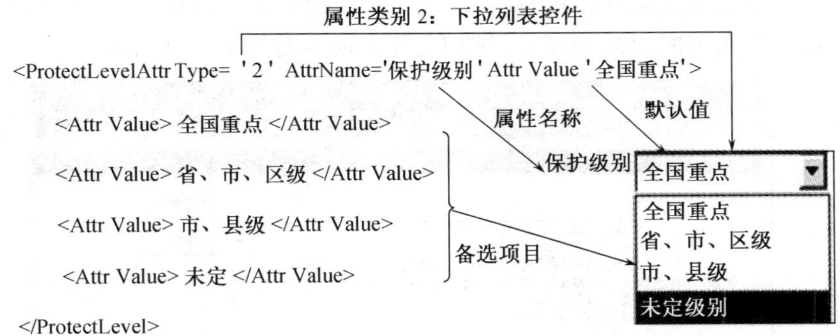

图 3-7 XML 与页面控件的关系

2）开放式属性的修改

基于 XML 的遗址开放式属性的修改过程如图 3-8 所示。

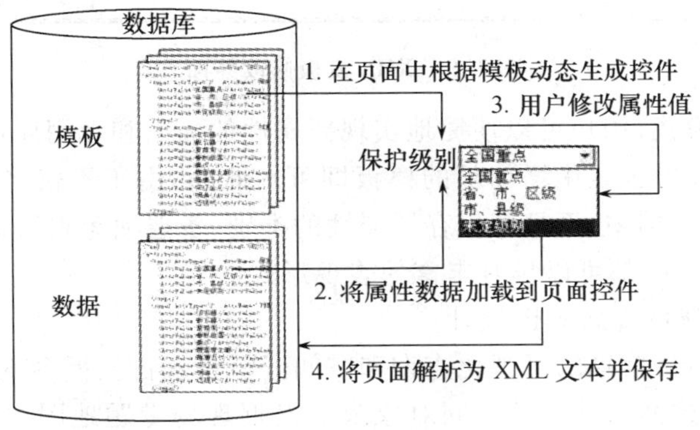

图 3-8 开放式属性的修改过程

(1) 根据模板动态生成控件。模板数据表中保存了所有类型模板的 XML 文本。当页面需要加载某个类别数据的属性时,系统首先找到这个类别的模板,然后根据模板的描述将所有相关属性在页面上动态生成。

(2) 将属性数据加载到页面控件。从属性数据表中读出要显示的属性,其形式为一个 XML 文本。通过对此 XML 文本进行解析,将相应的属性数据写入页面的动态控件。

(3) 用户修改属性值。用户可以通过对页面的操作修改控件中的取值。

(4) 将页面解析为 XML 文本并保存。当用户需要保存修改的结果时,先将页面中控件的取值分别填入模板 XML 文本相应的属性位置,再将这个 XML 文本保存在属性数据表中即可。

3) 开放式属性结构的修改

上述方案中,一种类别的图元对应一个相应的开放式属性模板。因此,当用户需要修改自定义属性结构时,只需修改相应的模板文件即可,系统会自动将最新的属性结构即时更新到原有属性上,其实现界面如图 3-9 所示。

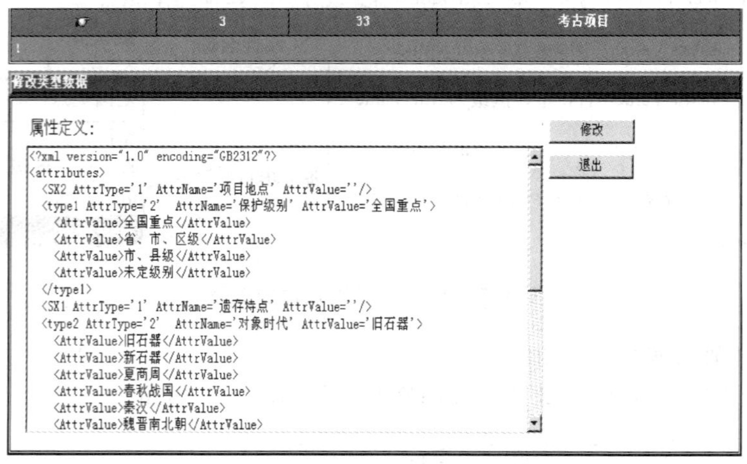

图 3-9　XML 模板修改界面

应用这种模式,用户可以便捷地实现新属性的加入和无用属性的删除,扩充新类型也只需在模板表中增加新的模板即可。此外,由于不仅将每个属性的取值保存在 XML 文档中,而且还保存了属性的类别、备选项等附属信息,使得每个属性在 Web 页面中都可以具有丰富的表现形式。

3. 发掘现场的专题地图设计

考古发掘项目信息的可视化查询和空间分析是考古发掘多维数据支撑平台的核心功能,而这两项功能的访问对象都是发掘现场专题地图中标注的文物空间对象。针对考古发掘项不同阶段的现场,可在三维激光扫描数据基础上绘制出相应的发掘现场矢量图层，在图层上标记与发掘出的文物一一对应的空间对象，并以时间轴为标记形成发掘现场的专题地图，具体的设计方案如下所述。

将考古发掘现场的地图划分为地图底层和文物分布两类图层。地图底层用来描述考古遗址的地理环境信息，由山脉、水系、交通、行政界线等若干基本图层组成。地图底层可以根据需要灵活地扩充，如增加卫星遥感、航空摄影、古环境演化等新图层。文物分布图层用来描述遗址发掘现场文物分布的空间信息，在地图上表现为一系列按空间分布的文物标注点。每个文物标注点都对应一个唯一的遗址空间对象，该空间对象包含三维坐标信息，并借助该空间对象的标志实现与存储在数据库中的遗址属性信息（如保护级别、文化归属、历史年代等）相互关联。这样，从时空分布、文化归属等多个交叉角度对遗址的分析，就可以转换为对数据库中相应属性字段值的一组关系运算。

4. 基于 GIS 的遗址标注工具

空间性是考古遗址研究的关键特性，而图元是遗址空间属性的载体，可通过图元实现遗址空间信息与属性信息的关联（高原，2007），如图 3-10 所示。

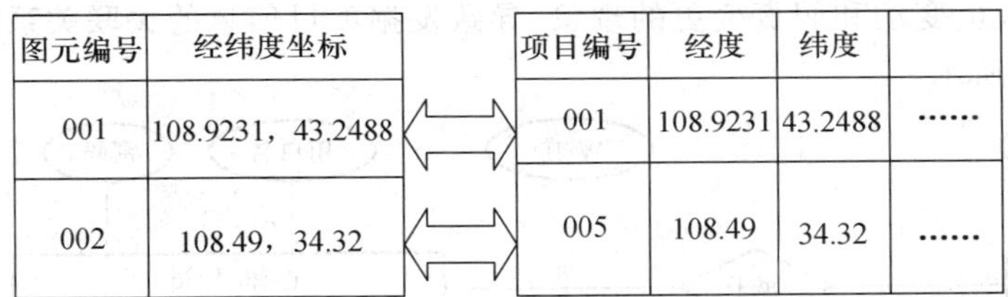

图元编号	经纬度坐标
001	108.9231，43.2488
002	108.49，34.32

(a) 通过文件管理空间数据库

项目编号	经度	纬度	
001	108.9231	43.2488	……
005	108.49	34.32	……

(b) 通过关系数据库管理属性数据

图 3-10 空间数据与属性数据的关联

由于 MapXtreme 没有提供默认的工具，因此必须自定义一个交互式标注工具，其创建过程如下所示。

首先，从 MapInfo. Web. UI. WebControls. MapTool 继承自定义工具类 JetPointMapTool，在该类中指定 ClientCodeSource、ClientStartMethod、ClientStopMethod、CursorUrl 等属性，并加入事件 PointFound 和事件处理器 PointFoundHandler[6]。

其次，在系统的 Web 页面中使用这个自定义工具对象：

```
JetPointMapTool ca = new JetPointMapTool ( );
MapControl1. MapTools. Add ( ca);
//当单击工具时，传出坐标，在自定义的事件处理函数 PointFoundHandler 中处理
ca. PointFound += new JetPointMapTool. PointFoundHandler ( PointFoundHandler);
MapControl1. MapTools. CurrentTool = JetPointMapTool. Toolname;
```

当用户使用交互式标注工具在 Web 页面中完成标注并单击后，将激发

PointFound 事件,从而在 PointFoundHandler 函数中进行处理。应该注意,对于自定义标注工具类而言,注意必须要覆盖 Execute 方法,并在该方法中触发事件。

```
public override void Execute(string dataString,System. Collections. ArrayList arrayList,
  MapInfo. Mapping. Map map)
  {MapInfo. Geometry. DPoint Point = new DPoint (0,0);
  System. Drawing. Point[ ]points;
  points = ExtractPoints(dataString);
  System. Drawing. Point pt0 = points[0];
  map. DisplayTransform. FromDisplay(pt0,out Point);
  PointFoundEventArgs e = new PointFoundEventArgs(map,Point);
  If(PointFound!  = null)PointFound(this,e);  }
```

5. 基于角色的用户权限管理

文化遗址的空间和属性信息分布在数十个数据表格中,其收集、更新和维护通常由负责该遗址发掘、管理和研究的相关工作人员负责。但是,由于经常会出现项目组人员变动和职责变更的现象,导致发掘项目信息的关联关系比较复杂,如图 3-11 所示。

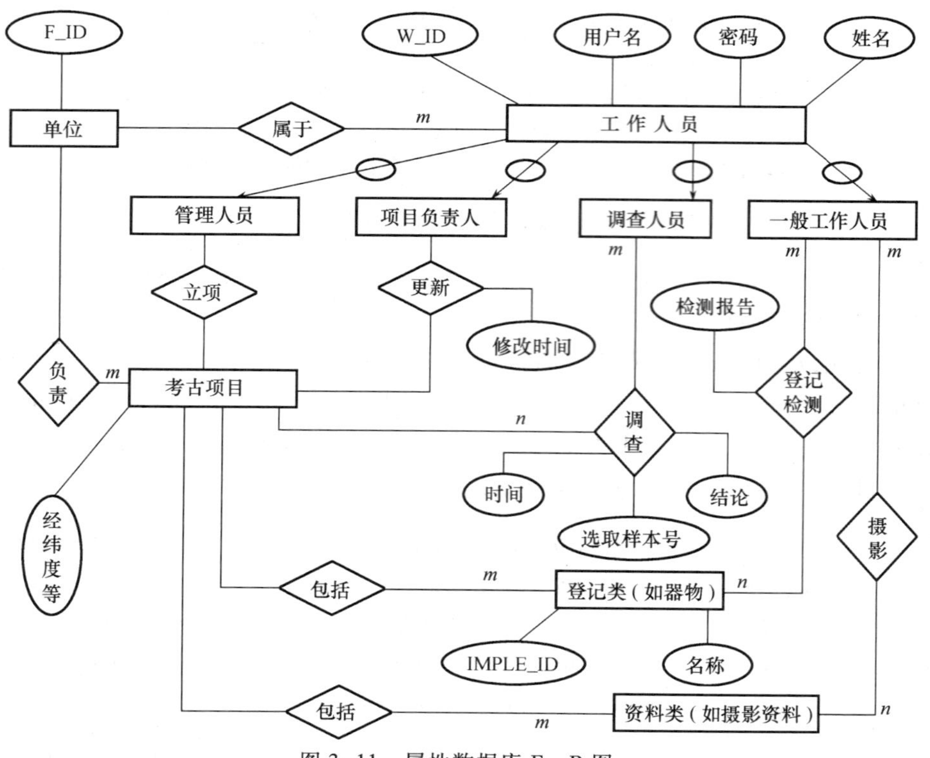

图 3-11 属性数据库 E-R 图

西北大学可视化技术研究所设计了一种基于角色权限的用户资源访问控制机制,并应用于设计开发的 ASIS 系统中。在 ASIS 系统中,系统管理员通过定义诸如项目负责人、子项目负责人、项目资料员等不同角色,实现对系统用户基本访问权限的设定。在遗址项目研究工作的进展过程中,项目负责人可根据研究工作的需要,随时调整和设定项目成员与项目表格之间的访问规则,详细规定项目成员的访问行为,从而实现一种粒度可调的项目资料的访问控制。

3.4.4 系统功能

针对考古发掘项目工作的实际需求,ASIS 系统被设计为一个能将文化遗址的地理信息与遗存信息有机结合,能提供包括发掘现场的工程数据、文物图片、发掘视频等二维信息和点云模型、实体模型、表面模型等三维信息的发布、管理、检索和展示服务的平台。

1. 系统工作模式

为了使用户能更直观、更便捷地访问系统,ASIS 系统提供了两种 GIS 风格的工作模式,即矢量地图模式和卫星地图模式,用户可以通过模式选项卡设定适合自己的工作模式,如图 3-12 所示。通过工作区左上角的鹰眼功能,用户可以实现关注区域的粗略选择,然后再通过基于 MapInfo 技术的搜索引擎实现遗址的精确定位。

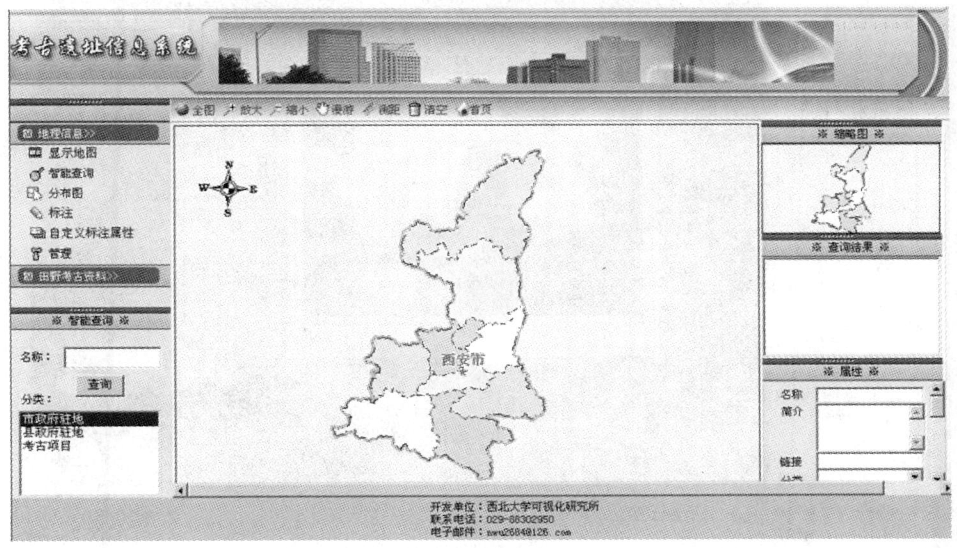

(a) 系统主界面

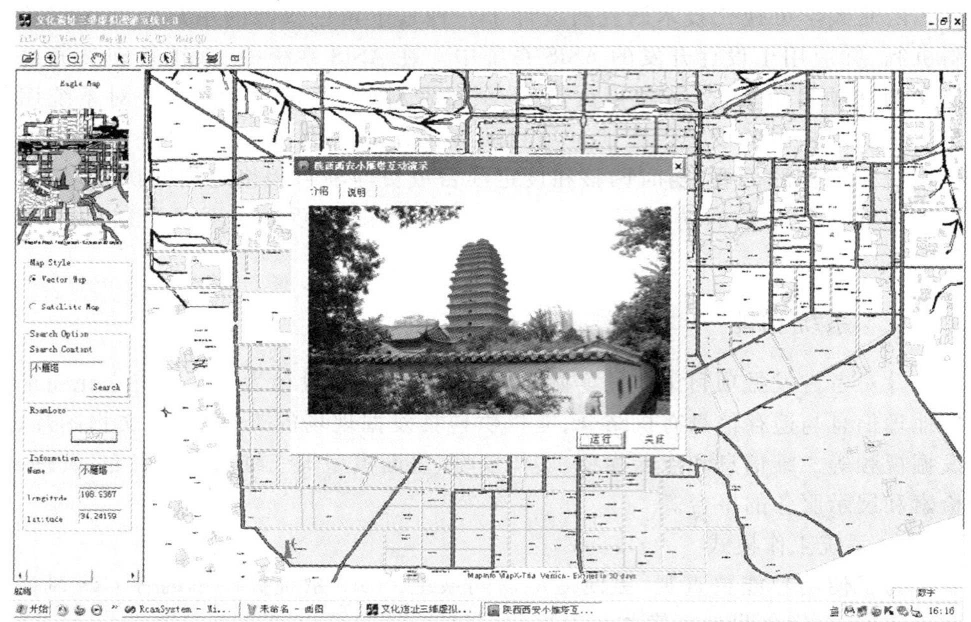

(b) 矢量地图模式

(c) 卫星地图模式

图3-12　ASIS系统的工作模式

2. 多维数据管理功能

重大考古发掘不同阶段的信息都需要采集、整理、存储和管理。这些信息包括发掘日志、工程图纸、遗址场景和文物的三维点云模型、发掘过程的视频记录等，不仅数据量大、形态多样，而且存在复杂的时间和空间关联。因此，应仔细研究各种数据之间的关系，建立完整、准确的分类体系，将其组织成一个多维的时空数据库，进而实现从时间轴、空间轴、文物归属轴等多维度对发掘现场信息进行管理，并进一步从中提取挖掘出考古研究者感兴趣的知识。

为了高效地管理遗址的空间数据，适应网络上多用户的并发访问，同时保证数据的安全性，ASIS 系统采用了一种角色服务器的方案：① 基于二维地图的 MapInfo 空间数据服务器和属性信息 SQL Server 数据服务器，利用 ADO. NET 完成对数据库的访问，并使用 XML 作为一般的数据传输格式，因此，只要接收数据方使用一个 XML 解析器便可以解析出数据，具有更优越的互操作性；② 基于三维可视化的元数据库服务器和空间数据库服务器，元数据库是三维可视化系统空间数据访问的向导，应用服务器处理客户端的每一个请求时，都要先访问元数据库，确定请求所需数据是否存在，是否符合要求，访问抽取数据的格式、性质、应用方式、应用示例等内容，使应用服务器准确、快捷地定位地理数据库，获取所需的三维可视化数据。

3. 预测分析功能

从考古研究的角度，考古学家不仅关注遗址的文化层时代等属性信息，还关注遗址的位置分布等空间信息。通过系统建立的虚拟古遗址环境模型，可以帮助考古学家研究遗址群落的分布规律，并作出科学的判断与评价，用以指导后续的挖掘和现场保护工作。针对这一特定需求，ASIS 系统利用地理特征 ID 码机制，将遗址的空间信息与属性信息结合，提供基于图元的遗址信息空间查询和可视化分析功能。

在具体实现方法上，ASIS 系统采用了基于 GeoVRML 的节点查询和聚类分析技术。在 GeoVRML 中为了支持空间查询新增加了 Geo TouchSensor 节点，该节点扩展了 VRML 标准节点 TouchSensor，当用户单击虚拟古遗址环境中的空间节点时，该节点能传回其地理坐标位置，利用捕获的坐标传送到二维视图后，通过二维视图访问数据库服务器的 ASP. NET 连接实现遗址属性信息的查询。用户通过系统提供的空间对象选择工具（、、、分别对应点选、圈选、框选、不规则选择），选择一个或多个遗址空间对象，然后单击查询按钮，就能获得遗址的空间信息和属性信息，如图 3-13 所示。进一步，根据遗址之间的 GIS 距离向量值和文化层属性相似度进行聚类分析，并以可视化方式绘制出遗址群落的关联轨迹。

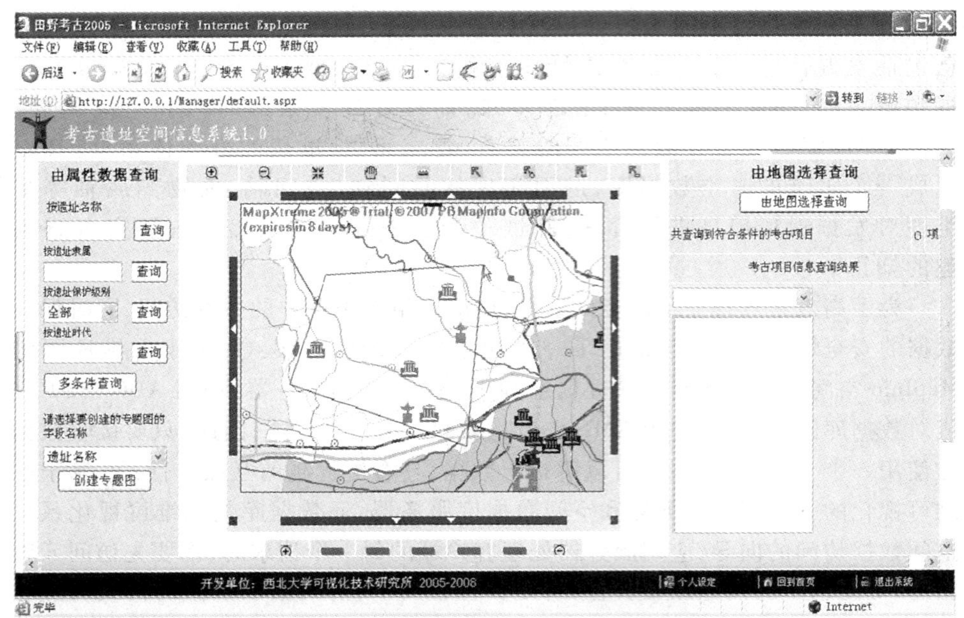

(a) 选择要分析的空间区域

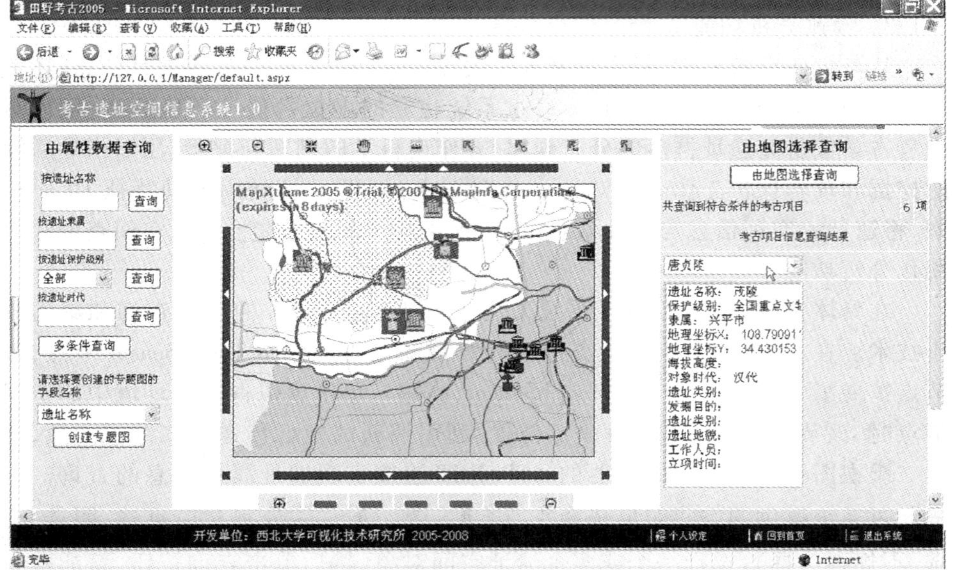

(b) 获得遗址属性信息集合

图3-13　遗址分布空间查询的实现界面

4. 三维虚拟漫游功能

基于中视典平台 VR-Platform 8.0,通过设置场景的光照、相机和漫游路径,进行渲染和烘焙以增强场景的真实感,并利用 VR-Platform 8.0 的外部创作接口(external authoring interface,EAI),通过编写脚本代码实现遗址三维虚拟场景与外部环境(客户端)的交互式漫游,ASIS 系统设计并实现了发掘场景的三维虚拟展示功能,并为文化旅游爱好者提供了自动导游、视点选择、交互漫游、智能漫游等几种模式,如图 3-14 所示。

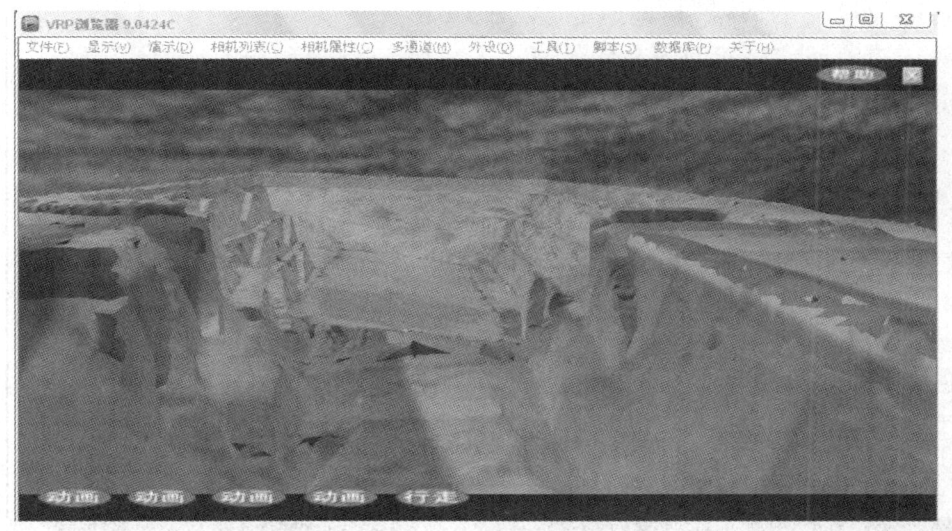

图 3-14 西汉张安世主墓遗址的三维虚拟展示

在具体实现方法上,ASIS 系统利用了 GeoVRML 的 GeoViewpoint 和 GeoPositionInterpolator 节点。① GeoViewpoint 节点扩展了 VRML 标准节点 Viewpoint(空间视点),该节点中的 set_bind 事件输入接口、isBound 和 bindTime 事件输出接口含义与标准节点 Viewpoint 相同,用于空间视点相互切换的操作。通过将 NavitionInfo(导航信息)节点的域 headlight、navType 和 speed 引入该节点,可更好地实现地形模拟飞行和漫游。② GeoPositionInterpolator 节点扩展了 VRML 标准节点 PositionInterpolator(空间位置动画),其 eventOut (事件输出接口) geovalue_changed 域输出在 geoSystem 域中指定的地理空间坐标系下的动画内插空间点坐标,该 eventOut 可作为 GeoViewpoint 或 GeoLocation 节点的 evenIn (事件输入接口)来模拟地形飞行和漫游。通过将动画内插在指定的地理空间坐标系,而非 VRML 世界坐标系中进行,可使场景变换更平滑。

5. 用户权限管理功能

在考古发掘项目中,遗址的空间和属性信息分布在数十个数据表格中,其收集、更新和维护通常由负责该遗址发掘、管理和研究的相关工作人员负责，经常会出现项目组人员变动和职责变更的现象。因此，考古发掘多维数据支撑平台被设计为一种开放式的系统，所采用的瘦客户端的 B/S 架构，一方面便于系统快速地部署和实施，另一方面又使系统面临较大的安全风险。因此，我们对用户登录采用“用户名 + 密码 + 数字验证码”的强认证方案，使该平台的登录安全性得到一定的保障，其运行界面如图 3-15 所示。

图 3-15 用户登录界面

同时，为了提供一种可靠、高效、灵活的访问模式，ASIS 系统采用了一种基于角色权限的用户资源访问控制方案：系统管理员通过定义诸如项目负责人、子项目负责人、项目资料员等不同角色，实现对系统用户基本访问权限的设定。项目负责人可根据工作需要，随时调整和设定项目成员与项目表格之间的访问规则，规定项目成员的访问行为，从而实现了一种粒度可调的遗址信息访问控制，其界面如图 3-16 所示。

6. 系统开发环境

（1）服务器操作系统为 Windows 2000 Server，Web 服务器为 IIS 6.0。

（2）开发环境为 Visual Studio 2005（SP1），脚本语言采用 C#。

（3）数据库平台采用 SQL Server 2005，支持多服务器、数据分布、共享存储、SQL 访问、权限管理、开放式的用户界面开发工具等。

（4）地理信息平台采用 MapXtreme 2005，将遗址信息与图元对象相联系，提供考古遗址信息的可视化分析。

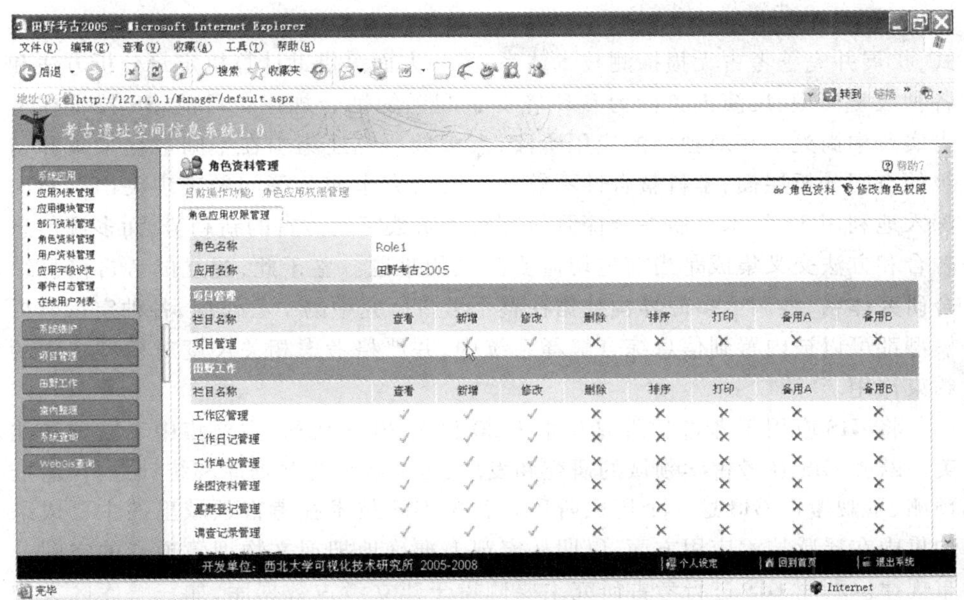

图 3-16 用户权限设定界面

（5）三维建模工具采用 3Ds MAX 9.0，实现对遗址仿古建筑群的基于三维激光扫描数据的快速建模。

（6）虚拟展示平台采用中视典 VR-Platform 8.0，用于以第三方插件的形式支持发掘项目场景的虚拟漫游功能。

（7）客户端通过 IE 等浏览器访问。

针对考古发掘项目的实际需求，ASIS 系统提供包括发掘现场的工程数据、文物图片、发掘视频等二维信息和点云模型、实体模型、表面模型等多维信息的发布、管理、检索和展示服务。该系统采用的瘦客户端 B/S 架构，使其具有跨平台、低成本、易于部署和实施等优点，其基于图元的遗址信息交互式标注和空间查询功能，为考古专家提供了一种可视化的遗址信息管理和分析手段；其基于中间件技术的遗址发掘场景虚拟展示功能，为文化旅游爱好者提供了具有一定真实感的虚拟漫游环境。可以预见，随着研究工作的深入，该系统中必将增加遗址虚拟复原、扩张模拟等智能化功能。

3.5 总结与展望

可以预见，文化遗产保护的数字化、信息化、网格化、智能化建设，必将沿着以 3S、GIS、虚拟现实等技术综合集成的方向发展。

3S技术的综合应用,一方面可以探索考古多源信息在空间上的趋势或模式,扩展并完善考古无损探测技术体系;另一方面可借助计算机定量分析方法和各种数学模型,反演人类行为和环境要素配置的耦合规律。目前,3S技术在考古实践中尚处于相对独立的应用阶段,大多数研究还集中在空间数据采集和初级的空间分析层面,学科整合性不够和综合研究不充分等问题表现突出。全面深入地利用3S技术开展综合探测研究是未来数字化考古的新趋势,而多源信息融合和方法交叉集成是当前迫切需要解决的难题。鉴于此,建立的考古信息综合研究体系,强调了多源异构数据在整个考古研究中的中心作用,各种定量分析模型都可以被内置到信息综合解释系统中,并严格考虑相关尺度对模型建立的约束作用。

将GIS应用于考古学研究开始于20世纪80年代初,主要集中于欧洲和北美。欧美GIS在考古学领域的研究和发展,可大致分为数据库和统计分析、遗址预测、景观考古GIS这3个历史阶段。我国GIS技术在考古领域里的主要成果均集中在遥感技术应用方面,以期从宏观上准确地把握文物埋藏地点的空间分布规律。利用GIS进行考古研究主要侧重于建立考古数据库,如三峡库区文物分布的“电子地图”、中国社会科学院建立的中国考古数据库、山西省文物考古研究所建立的文物普查资料GIS等。上述考古GIS的侧重点放在文物与考古资料的管理方面。国内外考古应用GIS技术主要有3个发展趋势:一是把虚拟现实、可视域分析等技术应用于考古研究,解决如何快速获取研究区域的大量三维空间数据问题;二是将三维可视化技术应用于考古研究,根据已有的散乱的、片面的、局部的三维空间数据构建出研究区域的三维空间模型,恢复古人类活动的古地形和古环境;三是将遥感与GIS相结合应用于考古研究,用遥感技术解决大范围的、宏观的考古学问题。

环境遥感考古是非常有前景的考古研究方法,目前在环境考古中主要应用的是航空遥感考古。航空遥感考古可以以多种形式、从不同角度、在不同时间从空中进行观察和摄影,利用地貌形态、地物阴影、洪水、霜雪、土壤湿度和植被等种种标志解译出地面或地下遗址的某些特征。在有利条件下,地下某些遗址的信息也能通过对地面信息的干扰而显现出来。由于航空遥感勘察视野的扩大,很容易将在地面上看起来杂乱无章的某些遗址、遗迹通过隐约显露的“解译标志”加以识别,这种方法在国外应用非常普遍,也非常成功,如德国在巴伐利亚州通过航空遥感进行考古调查,使古遗址数目增加了1/3。

参考文献

Hoppe H. Smooth View-dependent Level-of-detail Control and Its Application to Terrain Rendering. IEEE Visualization 1998, 10: 35 - 42.

Liu J, Geng G H. Research on 3D Reality- based modeling and Virtual Exhibition for Cultural Sites. Computer Engineering, 2010, 36(20): 286 - 290.

Lindstrom P, Koller D. Real-time Continuous Level of Detail Rendering of Height Fields. Computer Graphics(SIGGRAPH'96 Proceedings),1996:109 - 118

陈述彭. 文化遗产保护与环境遥感监测. 科学中国人, 2005, (2): 34 - 36.

陈述彭. 文化遗产保护与开发的思考. 地理研究, 2005, 24(4).

陈任, 鲁东明, 潘云鹤. 多维度对象数字化信息记录技术研究. 测绘学报, 2003, 32(4): 339 - 343.

高原, 耿国华. 基于关系数据库的空间对象处理技术研究. 计算机应用与软件, 2007, 24(6).

耿国华, 刘军. 基于.NET的考古遗址空间信息系统的设计与实现. 计算机工程与设计, 2009, 30(23): 5404 - 5407.

阚瑗珂,王绪本."3S"技术支持下的考古探测方法研究述评. 国土资源遥感, 2008.

路明月, 何永健. 三维海量点云数据的组织与索引方法. 地球信息科学, 2008, 10(2): 190 - 193.

鲁东明, 潘云鹤, 陈任. 敦煌石窟虚拟重现与壁画修复模拟. 测绘学报, 2002, 31(1).

鲁明, 顾国强. 基于地理实体特征的地址空间分类方法研究. 计算机应用与软件, 2010, 27(10).

李安波, 毕硕本, 裴安平,等. 田野考古地理信息系统研究与建设. 地理与地理信息科学, 2004, 20(1): 39 - 42.

刘军,耿国华. 文化遗址的三维虚拟展示技术研究. 计算机工程, 2010, 36(20)

潘云鹤, 鲁东明. 古代敦煌壁画的数字化保护与修复. 系统仿真学报, 2003, 15(3): 310 - 314.

杨林, 闾国年, 毕硕本,等. 基于GIS数据库的田野考古地层剖面空间数据挖掘. 地理与地理信息系统,2005,21(2)

翟巍, 迟忠先, 方芳,等. 大规模三维场景可视化的数据组织方法研究. 计算机工程, 2003, 29(20): 26 - 27.

张震宇, 邬恺夫, 郝利民,等. 数字环境考古学若干问题研究. 河南社会科学, 2005, 13(3): 101 - 103.

周明全, 耿国华, 韦娜. 基于内容图像检索. 北京:清华大学出版社, 2007.

第4章　刚体文物的虚拟复原技术

我国是一个文物大国，众多的宝贵文物都以陶器、瓷器、铜器、陶俑的形式出现，经历了千百年的风化侵蚀、战火和历史变迁，文物中的相当一部分已残缺或成为碎片，采用传统手工方法将这些破碎文物修复，残缺文物复原速度慢、复原周期长、成本高。与此同时，传统的数据采集方法主要是通过文字和影像资料等手段记录文物的信息，文物自身三维形状信息及发掘出土的三维位置信息并不能被记录，存储这些数据的介质（如胶片、纸）也不易保存。信息技术具有大容量存储、高速度计算、多媒体显示、远程传输等特点，因此，运用现代科学技术是保护文化遗产必要的有效手段。利用计算机图形学、图像处理、虚拟现实等信息领域最新技术，结合传统的文物保护与修复工作，将破损文物按原始形状复原出来再现其原貌，是计算机工作者义不容辞的任务，也是时代赋予他们的历史使命。

4.1　文物数字化

三维模型的数字化重建一直是计算机图形学、计算机视觉、虚拟现实领域研究的热点问题。随着采集设备的快速发展，各种扫描设备已被广泛应用于建模。激光扫描仪是最常用的非接触式数据测量设备，可以采集到三维模型的几何信息。然而由于激光扫描仪采集数据的范围有限，因此，仅通过单次扫描很难实现模型的重建。为了克服该问题，常采用如下3种方法解决：① 使用多个扫描仪在不同视角同时采集三维数据；② 跟踪扫描仪的运动轨迹，通过移动扫描设备实现不同视角数据的采集；③ 固定扫描仪，通过移动三维模型来实现不同视角数据的采集。获取文物模型不同视角的深度数据后，就要将从不同视角采集得到的数据进行配准和融合，从而实现三维模型的建模。配准的精度直接决定了模型重建的质量，较差的配准结果将导致模型细节变得模糊，错误的配准结果将直接导致建模失败，因此，多视数据的配准和融合方法具有重要的研究价值。

数据配准一直是国内外学者研究的热点问题，目前主要包括如下4个方面的研究：① 两个数据间的配准；② 多个数据间的配准；③ 刚性配准，根据初始位置是否已知又分为粗配准和精确配准两个问题；④ 非刚性配准。刚性配准中的粗配准方法包括 Spin Image，基于几何特征，主曲率（Joaquim，2007）及主成分分析法（戴静兰，2007）的方法等。目前精确配准主要是采用最近点迭代（iterative closest point，ICP）（Paul，1992）算法，该方法利用两个深度图像的特征点集间的对应关系，通过不断迭代，计算使定义的距离函数最小的旋转和平移变换，然而该方法并不能得到全局最优解，容易陷入局部最优，因此，该方法需要设置较好的初始位置。非刚性配准主要有薄板样条函数（thin-plate spline）（Bookstein，1989），该函数最早应用于医学图像的配准，随后扩展到三维数据的配准。Sharp（Sharp，2004）通过将每个深度图像看成单个结点，数据间的重叠区域作为边，从而构建出无向图，通过多次迭代实现多个数据的全局配准。Pottmann（Pottmann，2006）将点的运动看成是螺旋运动，将运动轨迹表示为$(c,\bar{c})$，通过牛顿迭代法计算$6\times(n-1)$个$(c_i,\overline{c_i})$，从而实现具有较好局部和全局收敛的配准算法。B. J. Brown（Brown，2008）将破碎文物放置在可控制转动角度的转台上实现多视数据的采集和粗配准，并提出了 multi-way ICP 算法实现多个数据的同时配准，提高了配准的速度和准确性。Huang（Huang，2006）提出基于图的全局配准算法，有效地消除了两两数据配准过程中的累积误差。Kari Pulli（Kari，1999）提出基于两两配准的结果约束全局配准的方法，使得误差平均分配在邻居数据间。Fausto Bernardini（Fausto，2002）设计了一套数字化采集方案，他通过手工标定的方法实现了数据的半自动配准，同时引入基于图像的配准方法提高了 ICP 算法的精度，并将该方法应用于米开朗基罗 pieta 雕像的数字化建模。杨棽（杨棽，2010）通过生成纹理图像，将寻找三维数据对应的问题转换为寻找图像上对应点的问题，随后通过 ICP 算法实现配准，同时给出了多视数据构建模型图的方法。

ICP 算法是目前最主要的进行精确配准的方法，设$P=\{p_i\}(i=1,\cdots,n)$、$Q=\{q_i\}(i=1,\cdots,n)$是两个三维数据点集，且p_i和q_i一一对应，则通过迭代的方法计算旋转和平移变换，使得定义的度量函数最小。最常见的度量函数定义为如下两种形式。

（1）点到平面的距离为

$$E=\sum_{i=0}^{n}[(\boldsymbol{R}\cdot p_i+\boldsymbol{T}-q_i)\cdot n_i]^2 \tag{4.1}$$

其中，E表示距离度量，$\boldsymbol{R}$表示旋转矩阵，$\boldsymbol{T}$表示平移矩阵，n_i表示当前点的法线。

（2）点到点间的距离为

$$E=\sum_{i=0}^{n}[(\boldsymbol{R}\cdot p_i+\boldsymbol{T}-q_i)]^2 \tag{4.2}$$

薄板样条函数是一种应用广泛的基于特征点对应关系的非刚性配准算法，

该方法是一种全局配准算法,能够保证配准后的数据光滑。

设 $X=\{x_i\}(i=1,\cdots,n)$、$Y=\{y_i\}(i=1,\cdots,n)$ 分别是两个扫描数据中的特征点,x_i 和 y_i 存在一一对应的关系。薄板样条函数通过定义函数 f 使得

$$E_{全局}=\min\frac{1}{n}\sum_{i=1}^{n-1}|y_i-f(x_i)|^2 \tag{4.3}$$

并且满足弯曲能量最小,实现数据光滑的配准。因此薄板样条函数的具体形式为

$$y=\pi(x)+\omega\phi(x) \tag{4.4}$$

其中,$\pi(x)=\pi_0+\sum_{j=1}^{k}\pi_j x_i^{(j)}$ 为仿射变换。$\phi(\|x_i-x_j\|)$ 为基函数,$\|x_i-x_j\|$ 为欧式距离,因此引入 $W\boldsymbol{X}^T=0$ 作为约束,通过求解线性方程组可以计算系数 π 和 ω,线性方程组为

$$\begin{pmatrix}\phi(\|x_i-x_j\|) & \boldsymbol{X}\\ \boldsymbol{X}^T & 0\end{pmatrix}\begin{pmatrix}\omega\\ \pi\end{pmatrix}=\begin{pmatrix}Y\\ 0\end{pmatrix} \tag{4.5}$$

4.2 文物碎片分类技术

古瓷器是古代人类生活的“活化石”,具有极为珍贵的考古信息,反映了当时的社会生活和文化生活。文物的发掘过程中往往伴随有大量古瓷器文物的发现,而数量众多、不同类别的碎瓷片往往混在一起,对后续的古瓷文物修复、档案管理等工作造成不便。利用信息技术进行文物的辅助修复、管理是文化遗产数字化保护的一项重要工作。显然,从大量混合在一起的碎片中根据几何特征、颜色、纹饰等信息对瓷碎片进行分类是要首先进行的关键步骤。在对古瓷碎片类文物进行档案管理时,显然也必须对所发掘的混杂的瓷碎片进行分类,将具有相同或相似特征的瓷片划分为同一类别,标定相关特征,建立类别特征数据,实现数字化管理。

瓷器的外观特征表现在质地、色泽、刀法、线条、构图、布局、装饰、造型等方面(冯先铭,2001),基于人的视觉感知,各种可见的上述特征在人的视觉映像中体现出的都是一幅图像,不同特征表现为图像中像素亮度或颜色的某种变化规律,或者说是体现为图像像素在局部区域内亮度或者颜色的整体变化的一种相关关系。我们将这些表现在视觉上的瓷片特征,通过提取瓷片数字图像的色彩、纹理等特征方法进行表示。对不同类别的瓷片,所提取的特征值不尽相同,依此可以作为瓷片类别划分和鉴别的依据。

应用数字图像处理技术,采用图像颜色、纹理分析方法,提取瓷片数据的显著颜色、纹理特征信息,以瓷片的特征参数为输入,瓷片分类判决结果为输出,建

立瓷片分类器,实现对散乱瓷片的自动分类,如图 4-1 所示。自动分类可以有效缓解由于文物保护技术人员不足造成的文物修复缓慢问题,为计算机辅助文物修复、拼接和复原做准备。

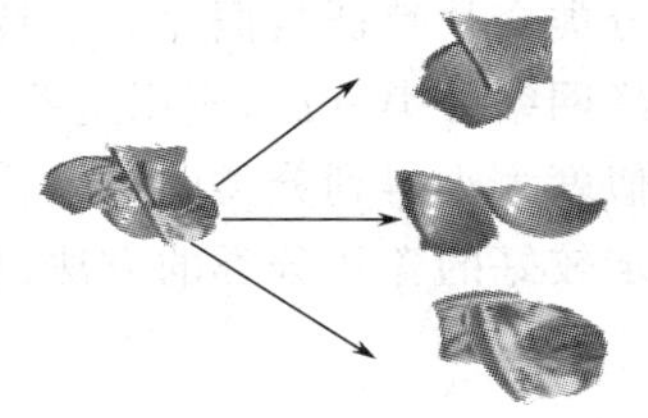

图 4-1 分类示意

瓷片图像的分类原理是依据不同瓷片(见图 4-2)在图像的色彩空间表现出的不同特征。相近色彩的瓷片在此特征上有一定的规律可循,为此,可以将瓷片图像的颜色特征信息作为依据进行分类。另外,图像中视觉可见的像素亮度或颜色的某种变化规律可通过提取纹理相关特征作为其特征的表示;不同类别的瓷片,所提取的纹理特征值不尽相同,故也可以将纹理特征作为瓷片类别划分的依据。古瓷片纹理分类的任务是将混杂在一起的碎瓷片中具有相似纹理的瓷片归为一类。根据碎瓷片纹理特征获得碎瓷片的类别划分结果,同一类碎瓷片的具有相似的纹理。

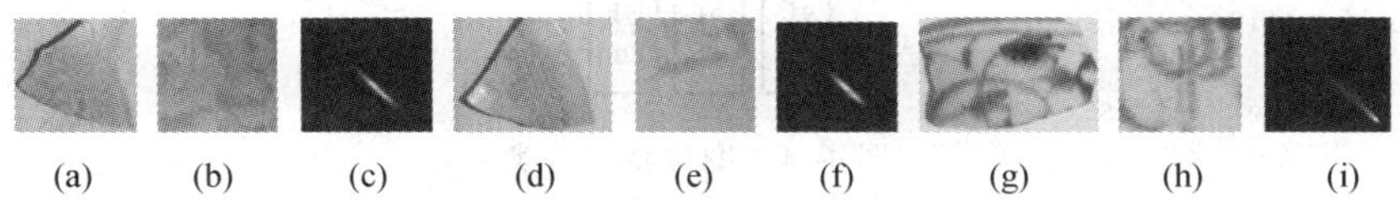

图 4-2 碎瓷片图像色彩、纹理特征的差异

瓷片分类大致分为如下两个阶段。

第一阶段:特征提取。以已知分类瓷片样本集为基础,先使用颜色特征进行预分类,再对同一颜色类的瓷片样本采用不同的纹理特征提取方法,建立瓷片图像纹理特征矩阵,利用 k - 近邻法进行比较和分析,计算特征矩阵中不同瓷片图像的相似性,找出较好的方法,使得提取的纹理特征具有特征距离类内最小,类间最大的性质,为有效性分类做准备,如图 4-3 所示。

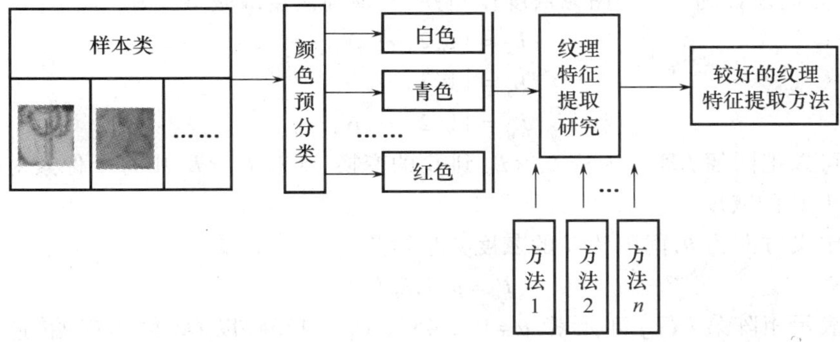

图 4-3 图像特征提取

第二阶段:分类算法研究。运用第一阶段选取的特征提取方法,建立标准的分类瓷片特征数据库。以特征数据库的信息为依据,完成贝叶斯、模糊聚类、神经网络分类方法,应用这些方法计算待分类瓷片与各分类依据的相似度,依据相似度大小得到分类的结果,根据不同分类算法的准确率、误诊率及分类效率,确定较好的瓷片分类的方法,如图 4-4 所示。

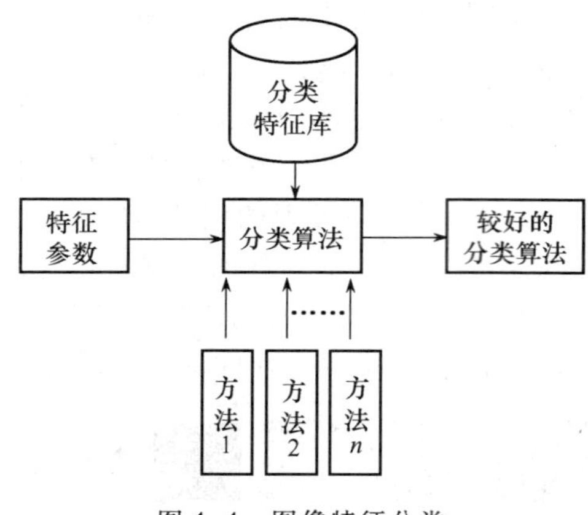

图 4-4　图像特征分类

4.2.1　基于灰度共生矩阵的方法

对基于灰度共生矩阵的方法而言,其特征提取方法具体化为灰度共生矩阵。

灰度共生矩阵的描述方法是基于在纹理中某一灰度级结构重复出现的情况。这个结构在精细纹理中随着距离而快速地变化,在粗糙纹理中则缓慢地变化。

图 4-5 中设 o 为图像像素的坐标平面,灰度坐标为 Z 轴,X 方向像素总数为 N_x,Y 方向总数为 N_y,将图像灰度作归并,其最高灰度级是 N_g,则

$$L_x = \{1,2,\cdots,N_x\}$$

$$L_y = \{1,2,\cdots,N_y\}$$

$$L_g = \{1,2,\cdots,N_g\}$$

可以把图像 f 理解为从 $L_x \times L_y$ 到 G 的变换,即对 $L_x \times L_y$ 中每个像素对应一个属于 G 的灰度。

定义方向为 θ,间隔为 d 的灰度共生矩阵为:

$$P_c = p(i,j,d,\theta)$$

表示矩阵第 i 行 j 列元素,$\theta = 0°, 45°, 90°, 135°$,以 OX 轴为起始,逆时针方向计算,对不同的 θ,矩阵元素定义为:

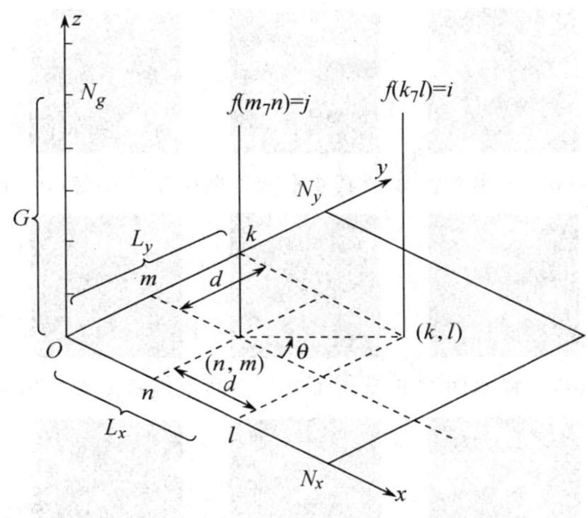

图 4-5 灰度共生矩阵的定义

$$p(i,j,d,0°)=\#\{(k,l),(m,n)\in(L_y\times L_x)\times(L_y\times L_x)\mid k-m=0,|l-n|=d;\ f(k,l)=i,f(m,n)=j\}$$

$$p(i,j,d,45°)=\#\{(k,l),(m,n)\in(L_y\times L_x)\times(L_y\times L_x)\mid(k-m=d,l-n=d)\ \text{或}(k-m=-d,l-n=-d);f(k,l)=i,f(m,n)=j)\}$$

$$p(i,j,d,90°)=\#\{(k,l),(m,n)\in(L_y\times L_x)\times(L_y\times L_x)\,\|\,k-m|=d,l-n=0;\ f(k,l)=i,f(m,n)=j\}$$

$$p(i,j,d,135°)=\#\{(k,l),(m,n)\in(L_y\times L_x)\times(L_y\times L_x)\mid(k-m=d,l-n=-d)\ \text{或}(k-m=-d,l-n=d);f(k,l)=i,f(m,n)=j\}$$

其中，$\#\{x\}$ 表示集合 X 的元素数矩阵的第 i 行 j 列元素表示所有 θ 方向，相邻间隔为 d 的像素中有一个取 i 值，另一个取 j 值的相邻对点数，k、l、m、n 为变量。

图 4-5 中灰度共生矩阵的定义是在 1973 年由 Haralick 提出的，它描述了在角度 θ 方向上相距 s 的两个像素，其灰度分别为 i 和 j 的频率相关矩阵 $p_{ij}(s,\theta)$（Robert，1973）。θ 的选择为 4 个离散的方向：0°，45°，90°，135°（Liew，1995）、（Dutra，1999）、（Leen Kiat，1999）。如果选择所有的值，则巨大的计算量造成了纹理分析的困难，通常不同的研究者对 θ 和 s 有不同的选取方式，比较常见的 s 选为 $s=\{0,4,8,\cdots,32\}$ 或者只选择 $s=1$。薄华等人（薄华，2006）应用马尔可夫链的性质，从理论上证明了图像灰度共生矩阵计算结果当像素距离足够大的时候趋于一致性，这样只需较少的参数值就可以完整地描述图像的纹理特征。

图 4-6 ~ 图 4-8 是分属于 3 个类别的样本图像 A、B、C 生成的灰度共生矩阵的可视化结果，从中可以看到该 3 类图像在灰度共生矩阵结果上有较为显著的区别。

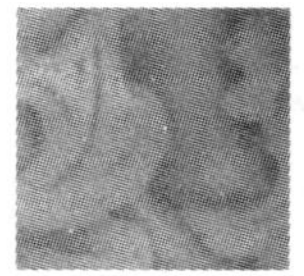    

图 4-6 样本图像 A 及其 4 个灰度共生矩阵图像($d=1$)

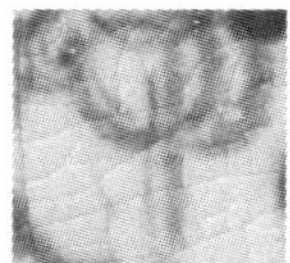 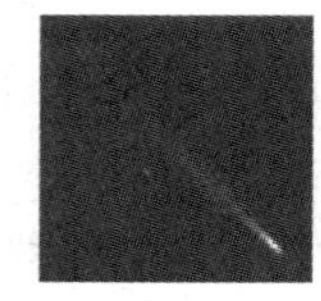   

图 4-7 样本图像 B 及其 4 个灰度共生矩阵图像($d=1$)

图 4-8 样本图像 C 及其 4 个灰度共生矩阵图像($d=1$)

基于瓷片图像的灰度共生矩阵一般会提取角二阶矩、对比度、相关、方差、逆差矩、和平均、和方差、和熵、熵等 12 个数据作为图像纹理的特征表示。(薄华,2006)中得到了 3 个不相关且分辨能力最好的参数——对比度、相关性、熵,因此,在对瓷片图像采用灰度共生矩阵进行纹理描述时,我们采用了参数 $\theta=0°$,$s=1$ 的灰度共生矩阵的对比度、熵、和相关性作为纹理特征。对比度、相关性、熵的定义如下。

对比度为

$$f_2 \triangleq \sum_{n=0}^{N_g-1} n^2 \left\{ \sum_{i=1}^{N_g} \sum_{j=1}^{N_g} p(i,j) \right\}, \quad |i-j| = n \tag{4.6}$$

相关性为

$$f_3 \triangleq \left\{ \sum_{i=1}^{N_g} \sum_{j=1}^{N_g} i \cdot j \cdot p(i,j) - \mu_x \mu_y \right\} / \sigma_x \sigma_y \tag{4.7}$$

其中,μ_x、σ_x 分别是 $\{p_x(i)\ (i=1,2,\cdots,N_g)\}$ 的均值和均方差,μ_y、σ_y 分别是 $\{p_y(j)\ (j=1,2,\cdots,N_g)\}$ 的均值和均方差。

熵为

$$f_9 \triangleq -\sum_{i=1}^{N_g} \sum_{j=1}^{N_g} p(i,j) \lg[p(i,j)] \tag{4.8}$$

4.2.2 基于 Gabor 变换的方法

对基于 Gabor 变换的分类方法而言,其特征提取方法具体化为 Gabor 变换。

Gabor 小波变换是方向和尺度均可变化的边缘和直线检测器,它较好地描述了生物视觉神经元的感受问题,可以实现对纹理特征的精细分析和提取,该方法已广泛应用于纹理分析、图像识别等领域。在空间域,Gabor 滤波器可以看成是一个被高斯函数调制的正弦平面波(Lee,1996),二维 Gabor 函数的一般形式为

$$g_{uv}(x,y)=\frac{k^2}{\sigma^2}\exp\left[-\frac{k^2(x^2+y^2)}{2\sigma^2}\right]\left[\exp\left(i\cdot k\cdot\begin{bmatrix}x\\y\end{bmatrix}\right)-\exp\left(-\frac{\sigma^2}{2}\right)\right]$$

其中:

$$k=\begin{pmatrix}k_x\\k_y\end{pmatrix}=\begin{pmatrix}k_v\cos\varphi_u\\k_v\sin\varphi_u\end{pmatrix},k_v=2^{-\frac{v+2}{2}}\pi,v=0,1,2,\cdots,\varphi_u=u\frac{\pi}{K}(K\text{ 为总的方向数}),$$

$$u=0,1,2,\cdots,K$$

Marcelja(Marcelja,1980)采用 Gabor 滤波器对视觉细胞的接收场进行模拟,指出了其对信号空间频率的局部分析能力。Daugman(Daugman,1985)对信号在空间、空间频率和方向上的不确定联系进行了进一步分析,证明 Gabor 滤波器是唯一达到时频测量不准关系下界的函数。

二维 Gabor 滤波器在空间域和频率域均有较好的分辨能力,具有良好的方向选择性和频率选择性。构造 Gabor 滤波器的主要参数是频率 k_v 和旋转角度 φ_u,Gabor 滤波器在频率上的变化可以处理图像中不同频率段的信息,在方向上的变化可以处理图像中不同方向的信息。

参数 σ 决定滤波器的带宽,两者的相互关系为

$$\sigma=\sqrt{2\ln2}\left(\frac{2^{\phi}+1}{2^{\phi}-1}\right)$$

其中,ϕ 为半峰带宽,当 ϕ 为 0.5 倍频程时,$\sigma\approx2\pi$。

Gabor 滤波器的波长 λ_v 可以用中心频率表示为

$$\lambda_v=\frac{2\pi}{k_v}$$

例如,当滤波器的方向参数 $\varphi_0=0$,中心频率 $k_{0,1,2,3,4}=\frac{\pi}{2},\frac{\sqrt{2}}{4}\pi,\frac{\pi}{4},\frac{\sqrt{2}}{8}\pi,\frac{\pi}{8}$ 时,对应的滤波器波长分别为 $\lambda_{0,1,2,3,4}=4,4\sqrt{2},8,8\sqrt{2},16$。

Gabor 滤波器的有效半径可以近似表示为

$$r_v=\frac{2\sqrt{2}}{k_v}\sigma$$

当滤波器的带宽为 0.5 倍频程时,滤波器的最大中心频率为$\frac{\pi}{2}$,实验表明达到最好的滤波处理效果(Lades,1993),此时参数 $\sigma\approx2\pi$,滤波器的窗口半径为 $r_v=2\sqrt{2}\lambda_v$,每个窗口中包含有 4 个完整的波长,已足够描述图像局部区域的频

率特征。

Gabor 滤波器中的方向参数的取值范围是$[0,2\pi]$,但 Gabor 滤波器本身具备对称性特征,因此,方向参数只需要取$[0,\pi]$即可。

将瓷片图像与各个滤波器进行卷积运算,记滤波后的图像为 $I_{u,v}(x,y)$,计算

$$\mu_{u,v}=\frac{\sum_{x=1}^{M}\sum_{y=1}^{N}|I_{u,v}(x,y)|}{M\times N}$$

$$\sigma_{u,v}=\frac{\sqrt{\sum_{x=1}^{M}\sum_{y=1}^{N}(|I_{u,v}(x,y)|-\mu_{u,v})^2}}{M\times N}$$

作为瓷片图像的纹理特征数据(韦娜,2005)。图 4-9 为样本图和与方向参数为 2,频率参数为 0 的 Gabor 滤波器进行卷积后的结果。

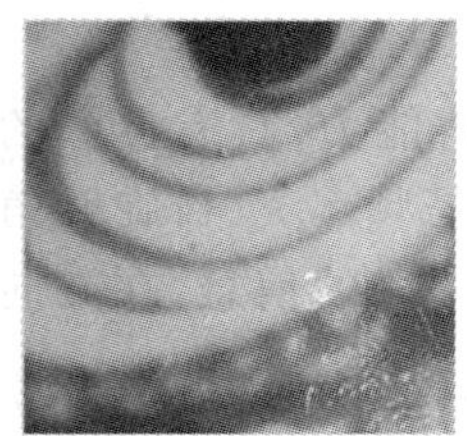

(a) 样本图

(b) Gabor 滤波器实部波形

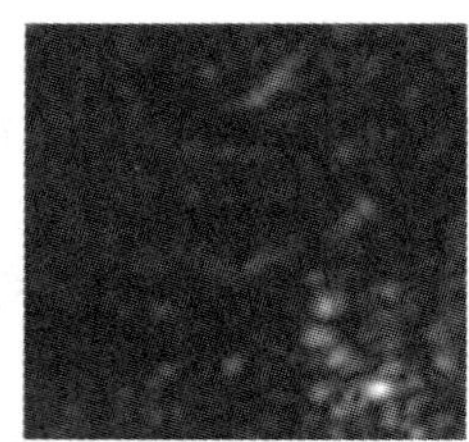

(c) 变换结果

图 4-9 Gabor 滤波器方向参数 u 为 2,频率参数 v 为 0 的结果

4.2.3 基于瓷片图像特征的分类方法

1. 支持向量机理论(邓乃扬,2003)

支持向量机(Support Vector Machines, SVM)是根据结构风险最小化准则,在使训练样本分类误差极小化的前提下,尽量提高分类器的泛化推广能力,核心思想等价于求解一个线性约束的二次规划问题,从而构造一个超平面作为决策平面,使得特征空间中两类模式之间的距离最大,而且它能保证得到的解为全局最优解。描述如下:已知样本训练集 $T=\{(x_1,y_1),\cdots,(x_l,y_l)\}\in(x\times y)^l$,其中,$x_i\in x=R^n$,$y_i\in y=\{1,-1\}$,$i=1,2,\cdots,l$;构造并求解最优化问题,即

$$\min_{\alpha}\frac{1}{2}\sum_{i=1}^{l}\sum_{j=1}^{l}y_iy_j\alpha_i\alpha_jK(x_i,x_j)-\sum_{j=1}^{l}\alpha_j$$

$$\text{s. t.}\sum_{i=1}^{l}y_i\alpha_i=0,0\leqslant\alpha_i\leqslant C,i=1,\cdots,l$$

其中,$K(x,x')$为核函数,C 为惩罚参数。该问题的最优解为 $\boldsymbol{\alpha}^*=$

$(\alpha_1^*,\alpha_2^*,\cdots,\alpha_l^*)^T$，计算 $w^* = \sum_{i=1}^{l} y_i\alpha_i^* K(x_i,x)$，并选择 $0<\alpha_j^* \in \boldsymbol{\alpha}^*$，计算 $b^* = y_j - \sum_{i=1}^{l} y_i\alpha_i^* K(x_i,x_j)$，构造分划超平面 $(w^* \cdot x)+b^*=0$，根据该超平面得到二分类的决策函数：$f(x)=\mathrm{sgn}((w^*\cdot x)+b^*)$。

我们采用成对分类的方式，根据 M 类瓷片样本构造了 $M(M-1)/2$ 个决策函数 $f_{i,j}(x)$，$i\geqslant 1$，$j\leqslant l$，$i\neq j$，采用投票机制决定样本的所属类别。

2. 无监督的聚类方法

聚类方法将一组未知样本划分成多个类别，C-均值聚类方法根据误差平方和准则，利用随机选择的初始聚类中心，对样本进行某种距离度量，采用迭代算法找出使准则函数最小时的最好聚类结果。在 C-均值聚类方法中，准则函数的不可微特性会导致算法训练没有一个终止准则，并且聚类结果严重依赖于初始聚类中心的选取。

模糊聚类方法（FCM）（Bezdek，1984）是由 C-均值聚类方法推广而来，其目标函数为

$$J_m(U,v)=\sum_{i=1}^{c}\sum_{k=1}^{n}u_{ik}^m \| x_k - v_i \|^2$$

其中，$U=\{u_{ik}\}$ 为隶属度矩阵，$v=\{v_1,v_2,\cdots,v_c\}$ 为聚类中心，约束条件为

$$\sum_{i=1}^{c}u_{ik}=1 \quad (k=1,2,\cdots,n)$$

根据支持向量机理论中核的思想（Freeman，1961），通过非线性映射 $\Phi:\chi\to F(\chi\in R^p\to\Phi(x)\in R^q, q>p)$，将低维特征空间 χ 变换到高维特征空间 F。则聚类中心的样本线性组合方式可用对偶形式表示为

$$v_i=\sum_{k=1}^{n}\beta_{ik}\Phi(x_k) \quad (i=1,2,\cdots,c)$$

则高维特征空间中的核模糊聚类的目标函数可表示为

$$\begin{aligned}J_m(U,v)&=J_m(U,\beta_1,\beta_2,\cdots,\beta_c)\\&=\sum_{i=1}^{c}\sum_{k=1}^{n}u_{ik}^m \left\| \boldsymbol{\Phi}(x_k)-\sum_{l=1}^{n}\beta_{il}\boldsymbol{\Phi}(x_l)\right\|^2\end{aligned}$$

其中，$\boldsymbol{\beta}_i=(\beta_{i1},\beta_{i2},\cdots,\beta_{in})^T(i=1,2,\cdots,c)$。

上式展开后是高维空间 F 中元素的内积形式，即可以定义 F 中的一个核函数 $K(x,y)=\boldsymbol{\Phi}(x)^T\boldsymbol{\Phi}(y)$，使得聚类目标函数的约束优化为

$$u_{ik}=\frac{(1/(K_{kk}-2\boldsymbol{\beta}_i^T K_k+\boldsymbol{\beta}_i^T K\boldsymbol{\beta}_i))^{1/(m-1)}}{\sum_{i=1}^{c}(1/(K_{kk}-2\boldsymbol{\beta}_i^T K_k+\boldsymbol{\beta}_i^T K\boldsymbol{\beta}_i))^{1/(m-1)}} \quad (i=1,2,\cdots,c;k=1,2,\cdots,n)$$

$$\boldsymbol{\beta}_i = \frac{\sum_{k=1}^{n} u_{ik}^m K^{-1} K_k}{\sum_{k=1}^{n} u_{ik}^m}$$

4.3 空间轮廓曲线的表示

4.3.1 链码

链码是一种非常常见的形状表示方式，它不能简化形状，但是能有效地表示形状。用链码表示形状是 Freeman（Freeman，1961）在 1961 年引入的，并且推广了原来的定义获得了广义链码（Freeman，1978）。Freeman（Freeman，1974）还利用链码来抽取关键点从而生成一种相对于平移、旋转、尺度不变的旋转表示方法，并总结了链码的各种方法与算法。

如图 4-10 所示，围绕节点 A 的所有节点都是由里向外按着顺时针的方式排列的。连接 a_i 是一个直线段，一个链是表中按顺序排列的 $A = a_1 a_2 a_3 \cdots a_n$。Freeman 使用链码来描述边界，找出关键点来形成对边界的描述，具有对平移、旋转、缩放不变性。他还给出了另一个关于形状重心轮廓的链码方法，重心轮廓是质心到边界点距离的结构。

	33	32	31	30	29	28	27	
	34	14	13	12	11	10	26	
	35	15	3	2	1	9	25	
	36	16	4	A	0	8	24	
	37	17	5	6	7	23	47	
	38	18	19	20	21	22	46	
	39	40	41	42	43	44	45	

图 4-10 一般链码表示

Parui（Parui，1983）等使用一个改进的链码来进行对称分析，形状边界由一个层次结构来表示，多边形的顶点用来表示最高点，对称轴是从最高点到最低点的连线。

4.3.2 样条

样条在函数插值和曲线逼近方面是非常流行的，Ikebe 和 Miyamoto 在文献(Ikebe,1982)中详尽地描述了样条在形状设计、表示和恢复上的应用。关于样条的数学描述可以参考文献(Del,1978)、(施法中,1994)，样条有最小化曲率的优点，也就是用最小平均曲率的曲线逼近给定的函数曲线(Mortenson,1985)，图 4-11 是准均匀三次 B 样条曲线。样条函数在插值问题上的缺点是局部函数值的修改会影响整个样条表示。B 样条的提出就是为了不将局部函数值的改变传播到其他区间中去。B 样条也可以用作由参数方程确定的平面曲线间的插值，这样每一条参数方程都可以独立插值，Cohen(Cohen,1995)等人提出了一种基于 B 样条的曲线表示和匹配方法。

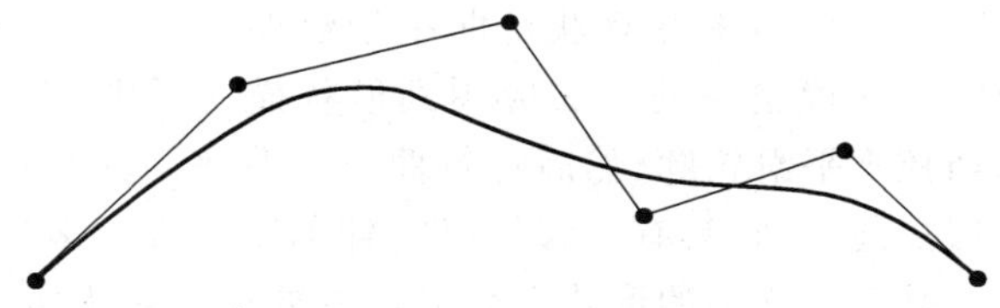

图 4-11 准均匀三次 B 样条曲线

4.3.3 多边形逼近

多边形逼近是用多边形线段来近似形状边缘，即以最小误差、最小多边形周长、最小多边形内部面积，或最小多边形外部面积作为近似准则。这些误差度量中最常用的是最大误差和平方积分误差。这类方法中最常用的是 Pavlidis(Pavlidis,1982)提出的分裂和合并法。在这个方法中，曲线分裂为由几个线段来表示直到误差达到可以接受的水平。同时分裂的线段又有可能融合，如果融合后的线段同原始曲线的误差在允许的最大误差范围内，线段即融合。Pavlidis(Pavlidis,1997)使用平方和误差函数的偏导数来引导牛顿迭代法搜索最佳断点。Wu 和 Leou(Wu,1993)提出了另一种不同的准则来获取多边形逼近，他们使用的多边形逼近准则是最大内部面积、最小外部面积、最小面积偏差。Bengtsson 和 Eklundh(Bengtsson,1991)提出了一种层次化的多边形逼近方法。分裂合并方法经常用于多边形逼近，尺度空间的方法则常常用于跟踪曲线上的特征点，不随尺度变化的特征才是稳定的形状特征。Withkin 使用多项式近似来估计边缘点上的切线方向，从而生成了曲线的多尺度表示。Chung(Chung,1994)等人开发了一种基于 Hopfield 神经网络的形状多边形逼近方法，这种方法是将多边形逼近定义为对神经网络能量函数的最小化问题，就是最小化曲线和多边形的弧与弦之间的偏差。

4.3.4　基于尺度空间的特征点提取技术

基于尺度空间的特征点提取方法是一种流行的形状简化方法,最常用的尺度空间主要有高斯尺度空间、小波尺度空间和形态尺度空间。Witkin(Witkin,1983)提出的基于高斯尺度空间表示突出目标特征的方法,通过跟踪不同尺度下特征点的位置而给出形状的简化形式,依然存在于简化表示形式中的特征点被认为是目标显著的特征。Babaud(Babaud,1986)等人证明了高斯核是唯一的线性核,具有非常好的保留本征特征点的特性,当尺度增加时,即滤波器带宽增加时,那些本征特征点依然存在。高斯滤波器是唯一具有这一特性的滤波器。Asada 和 Brady(Asada,1986)基于 Marr 提出的想法提出了一种称为曲率指纹图的新方法,轮廓经过不同带宽的高斯滤波器滤波从而获得形状边缘的多尺度表示,然后在不同尺度计算曲率并且获得曲率指纹图。Mokhtarian 和 Mackworth(Mokhtarian,1986)将尺度空间的方法应用到形状描述子中,沿着形状的轮廓,用不同带宽的高斯核来平滑轮廓,然后计算曲率。曲率函数在尺度空间中的图像被用作形状多层描述子,它具有平移、旋转、伸缩不变性。多尺度的概念在形态学中也提出过。基于形态学的形状简化方法主要分为两大类,一类是形态分解,另一类是形态细化。Chen 和 Yan(Chen,1991)使用可变尺寸的结构基元对图像进行各种形态操作。Anelli(Anelli,1998)等人运用了遗传算法,并且试图解决结构基元的选择问题。Laganiere(Laganiere,1998)则成功地使用形态分解提取了角点。Moisan(Moisan,1998)提出的仿射形态尺度空间,并且用仿射腐蚀来简化形状。Reinhardt(Reinhardt,1996)等人比较了形态分解和形态细化之间的差别。相对于4种不同的代价函数,形态分解的效率比形态细化的效率高4倍。基于小波尺度空间的形状简化方法和高斯尺度空间的原理一样,对曲线进行不同尺度的滤波,其不同之处在于小波尺度空间不是线性尺度空间,因此它无法保证因果性,所以经常会出现奇异的角点,因而得不到广泛的应用。

4.3.5　基于各种不变量的空间曲线表示

1. Fourier 描述子

Fourier 描述子是经典的形状描述方法,文献(Zhan,1972)给出 Fourier 描述子的详细定义,后来 Persoon(Persoon,1977)作了改进。该方法先用角累加函数表示形状边界,然后对角累加函数进行 Fourier 变换,用得到的系数来描述形状,就是 Fourier 描述子。在一定条件下,归一化 Fourier 描述子具有位移、旋转、尺度不变性质。Zahn 采用切线角、弧长的形状边界表示法,边界以顺时针的方向旋转从而产生一个相对于起始点的角度。当进行傅里叶变换以后,形状的局部信息都被分配到了所有的系数当中,已经不存在于频域当中了。但是切线角与弧长的方法会受到噪声的干扰,因为它很难确定切线角的噪声范围。对边界函数进行傅里叶变换,变换结果的系数用来描述形状。由于对弧长进行了标准化,所以形状的描述对于比例的变化具有不变性。形状描述对于位置的变化也具有不变性。物体形状的旋转只能引起傅里叶变换中相位的变化,然而傅里叶变换系数的数量级可以保证这种方法的旋转不变性。用 Fourier 描述子可以对 2D 曲线进行编码、重建或者分类的主要优点是易于实现,并且建立在 Fourier 分析的成熟理论之上;缺点是 Fourier 变换不提供局部形状信息,角累加函数的表示对噪声很敏感。

2. 小波描述子

在很多计算机视觉应用中,为了改善准确率和提高对噪声的鲁棒性经常采用多分辨率分析方法。形状的小波表示方式在粗尺度给出形状的全局信息,在细尺度上给出形状的局部信息。由于小波变换提供了多分辨率表示,因此,匹配或识别可以根据输入图像或者目标而灵活调整。小波变换的最大缺点就是依赖于目标曲线的起始点,也就是说,同一目标的两条不同采样曲线的小波表示可能因为起始点的不同而有很大差异。在模式识别应用中,尽管起始点可能会引起严重的问题,但是在任何文献中都没有完全阐述过这个问题。Chuang 和 Kuo(Chuang,1996)假定输入图像已经经过校正,Li 和 Kuo(Li,1996)通过简单的最小化曲线幅值函数的质心来获得起始点。Tieng 和 Boles(Tieng,1997)使用小波系数的零交叉点来匹配模型和未知目标,他们使用冗余小波变换,即非十进小波变换来克服对起始点的依赖。由于非十进小波表示方法需要的计算量很大,系数的数目也非常大,所以用非十进小波进行形状匹配非常慢。在文献(Chen,1999)中将形状先转换到极坐标中,作 Fourier 变换抽取 Fourier 系数,然后对 Fourier 系数的幅值抽取小波系数作为特征来分类。文献(Yang,1998)介绍了一种判断起始点的方法,从而保证了小波变换不受起点的约束。

空间曲线论的基本定理:设在闭区间 $I=[s_0,s_1]$ 上已给连续函数 $\kappa(s)>0$ 和 $\tau(s)$,$s\in I$,设 P_0 为空间任意点,$\alpha_0,\beta_0,\gamma_0$ 为任意 3 个右旋的彼此垂直的单位矢,则有唯一的一条空间曲线 $\boldsymbol{r}:I\to R^3$,s 是弧长,$\kappa(s)$ 是曲率,$\tau(s)$ 是 $\boldsymbol{r}$ 的挠率,而且它的始点是

$$P_0[r(s_0)=r_0]$$

在 P_0 点,它的 Ferent 标架为

$$\alpha(s_0)=\alpha_0,\beta(s_0)=\beta_0,\gamma(s_0)=\gamma_0$$

该定理说明对于空间曲线的曲率和挠率的存在性和对于参数化点的唯一性(刘晓宁,2006)。

3. 曲率与挠率

在微分几何学中,平面曲线在一点的曲率定义为切线方向对于弧长的导数 $\frac{\mathrm{d}\theta}{\mathrm{d}s}$,设 $\Delta\theta$ 为切矢 $t(s)$ 和 $t(s+\Delta s)$ 间的夹角,由曲线曲率 $\kappa = |\boldsymbol{r}''|$,则

$$\kappa = |t'| = \left|\frac{\mathrm{d}t}{\mathrm{d}s}\right| = \lim_{\Delta s\to 0}\left|\frac{\Delta t}{\Delta s}\right| = \lim_{\Delta s\to 0}\left|\frac{\Delta t}{\Delta\theta}\right|\left|\frac{\Delta\theta}{\Delta s}\right|$$

当曲线以弧长为参数时,其切矢为单位切矢,故 $|t(s)| = |t(s+\Delta s)| = 1$,弦长 $|\Delta t|$ 与夹角 $\Delta\theta$ 之比的极限为 1,由此得到

$$k = \lim_{\Delta s\to 0}\left|\frac{\Delta\theta}{\Delta s}\right| = \frac{\mathrm{d}\theta}{\mathrm{d}s}$$

亦即曲率 k 的定义和平面曲线曲率的定义一致。但此处 k 为空间曲线的曲率,平面曲线仅是其特例。对于空间中一条轮廓曲线,其曲率主要有以下两种形式。

(1) 一般参数曲线的曲率公式。设曲线为 $r = r(t)$,则曲率计算公式为

$$k = \frac{|r' \times r''|}{|r'|^3}$$

将其展开,用 r' 和 r'' 的分量表示,则曲率 k 为

$$k = \frac{\left[\begin{vmatrix} y'(t) & z'(t) \\ y''(t) & z''(t) \end{vmatrix}^2 + \begin{vmatrix} z'(t) & x'(t) \\ z''(t) & x''(t) \end{vmatrix}^2 + \begin{vmatrix} x'(t) & y'(t) \\ x''(t) & y''(t) \end{vmatrix}^2\right]^{\frac{1}{2}}}{\left[(x'(t))^2 + (y'(t))^2 + (z'(t))^2\right]^{\frac{3}{2}}}$$

(2) 以弧长为参数的曲率公式。设曲线为 $r = r(s)$,得到

$$k = |t'(s)| = |r''(s)| = \sqrt{[x''(s)]^2 + [y''(s)]^2 + [z''(s)]^2}$$

当 $r = r(s)$ 为平面曲线时,曲率 k 可计算为

$$k = y''(s)x'(s) - y'(s)x''(s)$$

挠率定义如下:

$$\tau = \frac{1}{\kappa^2}[\boldsymbol{r}'\boldsymbol{r}''\boldsymbol{r}''']$$

$[\cdots]$ 表示如下:

$$[\boldsymbol{ABC}] \equiv \begin{vmatrix} A_x & A_y & A_z \\ B_x & B_y & B_z \\ C_x & C_y & C_z \end{vmatrix}$$

曲线的一阶导数为

$$\boldsymbol{r}' = \frac{\mathrm{d}\boldsymbol{r}}{\mathrm{d}s}$$

s 可以作为一个连续的函数定义为

$$s(t) = \int_0^t \mathrm{d}s = \int_0^t \sqrt{\mathrm{d}\boldsymbol{r} \cdot \mathrm{d}\boldsymbol{r}} = \int_0^t \sqrt{\mathrm{d}x^2 + \mathrm{d}y^2 + \mathrm{d}z^2}$$

其中，t 是曲线的参数，是一个曲线点映射在 R 中一个区间上的每个实数值，$r(t)=[x(t),y(t),z(t)]\in R^3$，$x(t)$、$y(t)$、$z(t)$ 在某种方面来讲是不同的。

从几何意义上讲，曲线上一个点的曲率 k 是曲线在该点的单位切矢对于弧长的转动率。k 恒为正，故又称为绝对曲率。

过曲线上一点处切矢的平面都是曲面在该点的切平面。其中有一个平面与曲线最贴近，称为密切面(osculating plane)，如图 4-12 所示。

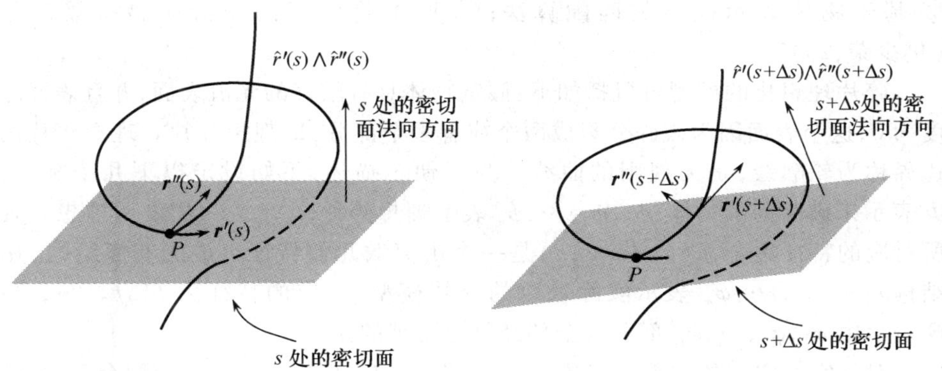

图 4-12 挠率的几何意义

针对每个在曲线上的点，平面公式包括了这个点上的向量 $\boldsymbol{r}'$ 和 $\boldsymbol{r}''$。这个平面是指该点的密切面。直观地讲，曲线上一个点的挠率 τ 的绝对值等于密切面对于弧长的转动率。挠率 τ 可正可负，$\tau>0$、$\tau=0$、$\tau<0$ 分别表示曲线为右旋空间曲线、平面曲面和左旋空间曲线。

曲线的弧长 s、曲率 k、挠率 τ 是曲线的几何不变量，具有旋转、平移不变性。

在离散的情况下，假设 r_i、r_{i+1} 之间不包含任何一个 r_k。那么，下标 i 就成了曲线的一个参数。两点间的差异可以表示为

$$\Delta x_i = x_i - x_{i-1}, \Delta y_i = y_i - y_{i-1}, \Delta z_i = z_i - z_{i-1}$$

$$\Delta s_i = \sqrt{\Delta x_i^2 + \Delta y_i^2 + \Delta z_i^2}$$

那么可以得到弧长，即

$$s_i = \sum_{k=1}^{i} \Delta s_i$$

从基本理论可以看到，两个根据弧长参数化的不同曲线，如果产生一样的曲率和挠率值，那么认为这两个曲线是相同的，通过旋转、平移变化会重合一致。

4.4 基于断裂线拼接的修复方法

4.4.1 破碎文物复原的基本原理

在实际应用中,大量的文物碎片厚度是不一致的,该问题进一步抽象为一个刚性物体破碎后对随机形成的复杂曲线、曲面的配对和拼接问题,包括 3 个方面:① 基于特征(轮廓线、交线、曲率、挠率、长度、角度、方向)的物体形状表示;② 基于物体表示模型的匹配算法;③ 匹配物体间的光滑完整拼接问题(樊少荣,2005)。

碎片理想化的模型可概括如下:假定物体具有较好的光滑表面,并且表面厚度为 0,这个表面因为破碎分裂成两个或者多个部分,即理想碎片。理想碎片的边界称为轮廓线,是无规则的曲线。为了便于描述,不妨设定以下几个标记:$\boldsymbol{\Phi}$ 表示未破碎前的物体;$\phi_1,\phi_2,\cdots,\phi_n$ 表示理想碎片;$f_1,f_2,\cdots,f_n$ 表示理想碎片所对应的特征集合,$f_i(i=1,\cdots,n)$ 是一个由离散几何特征组成的有序结构(串结构);$\varphi_1,\varphi_2,\cdots,\varphi_m$ 表示实际获取的碎片模型,对应的特征为 $f'_1,f'_2,\cdots,f'_n$;$\boldsymbol{\Theta}$ 表示由 $\varphi_1,\varphi_2,\cdots,\varphi_m$ 部分或全部经复原得到的模型。

对于它们之间的关系可表述如下:如果 ϕ_i,ϕ_j 在 $\boldsymbol{\Phi}$ 上是相邻的两个碎片,则它们一定互补匹配,或者说 f_i,f_j 部分匹配;如果 f'_i,f'_j 部分匹配,则 φ_i,φ_j 不一定互补匹配,还有可能是非互补匹配。可见,要完全实现自动化的破碎物体复原有必要引入其他的约束机制。

判定两个碎片是否匹配可以定义为

$$M(\varphi_i,\varphi_j)=\begin{cases}m(f'_i,f'_j,T)=\text{TRUE}\\ m(f'_i,f'_j,T)=\text{FALSE}\end{cases}$$

$M(\varphi_i,\varphi_j)$ 为真表示 φ_i,φ_j 互补匹配,否则为不匹配,$m(f'_i,f'_j,T)$ 为真表示串部分或全部匹配,T 为辅助的约束机制。

匹配成功之后,就需要对 φ_i,φ_j 进行拼接,一次或多次匹配拼接之后,就可得到复原后的模型 $\boldsymbol{\Theta}$。

在实际的虚拟复原过程中,仅仅进行了匹配与拼接,不足以完成对模型的修复,以上所阐述的复原过程是在以下的假设下进行的。

(1) 两个碎片 ϕ_i,ϕ_j 来源于 $\boldsymbol{\Phi}$ 破碎后形成。

(2) f_i,f_j 是从 ϕ_i,ϕ_j 提取而来,并且无噪声干扰。

(3) ϕ_i,ϕ_j 边界部分无变形或缺损。

计算机辅助复原的实现包括以下几个过程:① 数据采集;② 三维物体建模及特征提取;③ 互补形状匹配;④ 物体拼接;⑤ 模型修补,如图 4-13 所示。

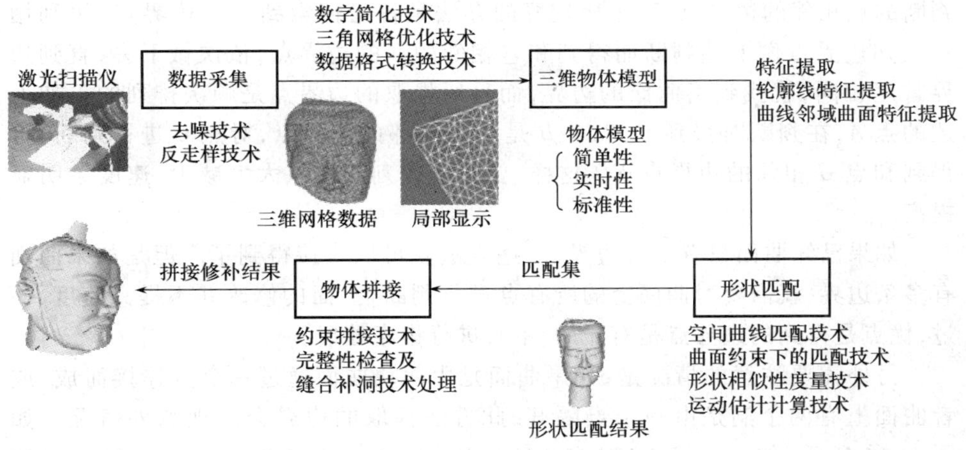

图 4-13 破碎物体的虚拟复原过程

4.4.2 文物碎片断裂线的提取

1. 基于三角面片的边界提取方法

对于曲面上任意一点 P、三角面片 T，定义关于 P 的三角面片集合 $U_P=\{T \mid P\in T\}$，定义 P 的邻接顶点集合 $V_P=\{Q \mid \exists T, P\in T \&\& Q\in T\}$。容易得到 U_P 和 V_P 中的元素有如下关系。

(1) 如果 $Q\in T$，而且 $Q\in V_P$，则有 $T\in U_P$。

(2) 对于 V_P 中的点，或者属于 U_P 中的一个元素，或者属于 U_P 中的两个元素，只有这两种情况。

根据关系(2)，V_P 会有两种情况：① V_P 中所有元素都属于 U_P 中的两个元素，② V_P 中至少有一个元素只属于 U_P 中的一个元素。这两种情况正好对应了点 P 在曲面上的两种情况：内点和边界点。如图 4-14 所示，$U_A=\{\Delta AGH, \Delta AHI, \Delta AIB\}$，$V_A=\{G, H, I, B\}$，由于点 G 和 B 分别只属于 U_A 中的一个元素 ΔAGH 和 ΔAIB，所以 A 是边界点。$U_H=\{\Delta AGH, \Delta FGH, \Delta EFH, \Delta EJH, \Delta IJH, \Delta HIA\}$，$V_H=\{A, G, F, E, J, I\}$，而 V_H 中的点都属于 U_H 中的两个元素，所以 H 是内点。

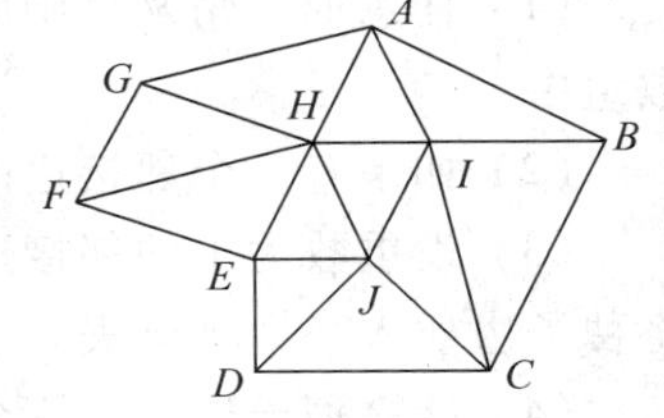

图 4-14 内点与边界点

对曲面上所有的点做上述的判断，即可搜索到曲面的边界点集合。但实际中，边界点在曲面的所有点中一般比例较小，可以不必对所有的点进行判断。我们还有下面的事实：如果 P 是边界点，则 V_P 中只属于 U_P 中的一个元素的点也是边界点，而且是和点 P 相邻的边界点。实际上，在判断的同时也可找到和当前判断的点相邻的边界点，于是比较好的办法是首先搜索到一个边界点，再利用对已知边界点做上述判断而得到和它相邻的新的边界点，依次做下去，直到边界首尾相同，就找到了曲面的边界，而且所提取的边界点是顺次排列的。如上述的点 A，在判断时得到 G、B、G、B 是和 A 相邻的边界点，对点 G 进行判断，可得到和点 G 相邻的边界点 F。这样，要做上述判断的点大大减少，速度会明显提高。

如果已知曲面只有一条边界，上述方法就可以直接得到了。但是如果曲面有多条边界，就需要对曲面上的所有点进行判断，上面的修改并不提高速度，不过，优点是得到的边界点是有序的，不必进行排序处理。

另外需要注意的情况是，如果曲面是由两块曲面通过一个点连接而成，或者曲面上有两个洞是由一个点隔开，此方法提取的边界会出现意外情况。如图 4-14 所示，如果去掉 ΔAHI 和 ΔIJC，提取的边界除了最外边的边界外，可能会得到边界 $AHICJIA$，而不是 $AHIA$ 和 $IJCI$，此种情况需要做特殊处理。

2. 基于边重数的轮廓线提取方法

定义 4.1 点的邻接点与邻接点集：对 P 中的任意一个元素 p_i，如果在 B 中存在(p_i, p_j)，则称 p_j 为 p_i 的邻接点。P 中的任意一个元素 p_i 的所有邻接点组成的集合 V_{p_i} 称为 p_i 的邻接点集。

定义 4.2 边的重数：B 中的任一元素 b_k，若 b_k 包含于 T 中的 N 个元素，则称 N 为 b_k 的重数。一般而言，N 的取值为 1,2,3,…。

定义 4.3 内边与外边：对 B 中的一个元素 $b_k=(p_i, p_j)$，如果 b_k 的重数为 1，则称 b_k 为外边，如果重数为 2 且与该边相邻的两个三角形不重叠，则称其为内边。

边界边仅被一个三角形共享，而内部边会被多个三角形共享，因此，根据边的重数提取物体提轮廓线，该算法提取物体模型的边界线仅需计算一次，并且不需要对外边进行重新排序，算法如下。

(1) 任意取三角网格中的一点 P_i，计算该点的邻接边的重数并记录在一个数组中。

(2) 如果有一个邻接边的重数为 1，则进行下一步，否则，返回步骤(1)。

(3) 设重数为 1 的邻接边为 P_iP_j，将此边作为种子边，将点 P_j 记为种子点；将种子边插入一个单链表。

(4) 计算种子边的另一个顶点 p_j 的邻接边的重数，此时 p_j 的邻接边中一定存在重数为 1 的边，不妨设为 P_jP_k，将此边作为种子边，将点 P_k 记为种子点，若 P_k 与种子点相同，返回单链表所组成的边转，否则继续重复进行。

3. 带厚度的轮廓线提取技术

上述两种方法主要考虑的是文物的厚度很小，提取每个模型的轮廓线并基于轮廓曲线进行匹配，对轮廓线匹配成功的模型进行拼接以达到虚拟修复的目的(见图4-15)。但是实际有很多物体是带有厚度的,当用三维输入设备得到的表示带有厚度的三维物体形状的离散几何数据时,就有可能扫描到断裂面数据,此时就需进行处理,否则会遗漏特征线。

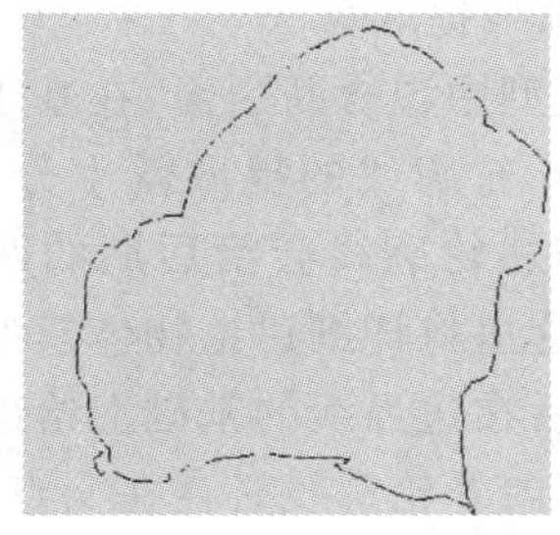

图4-15 轮廓线提取结果

在实际操作中,有些断裂面会被采集到,有些则不会。因此,对一个特定的模型就会出现这样的情况:若断裂面未被扫描到,则物体模型的外边组成曲线即为轮廓线,称为外轮廓线;若断裂面被扫描到,则轮廓线就有两种情况,一种是由外边组成的外轮廓线,另一种就是由物体模型的内边所组成的特征曲线,我们将此曲线称为内轮廓线,该曲线在其法向上有较大的曲率变化。

如果在数据采集中遇到这种情况,就不能简单地提取三角网格曲面边界(不妨称其为外轮廓线)作为模型的特征轮廓线进行匹配。本节的研究对象是采集到的物体表面模型上存在部分或全部断裂面,目的是要正确提取三角网格曲面模型的特征轮廓线(既可能是模型的内轮廓线,又可能是外轮廓线,还可能部分是内轮廓线、部分是外轮廓线),如图4-16所示。

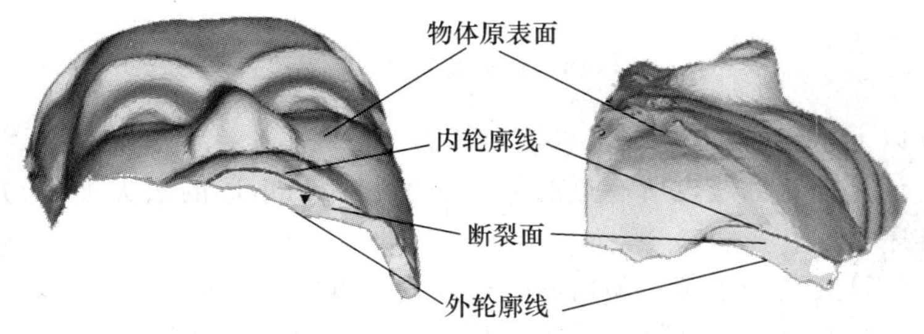

图4-16 轮廓线提取中的不同情况

本节采用边与面相结合的方法,利用网格点上的法向量的分布,构造一个函数来实现破碎刚性物体特征轮廓线(内轮廓线)的正确提取。

4. 法矢夹角的计算

图4-17是要计算的边与相邻三角形的关系。

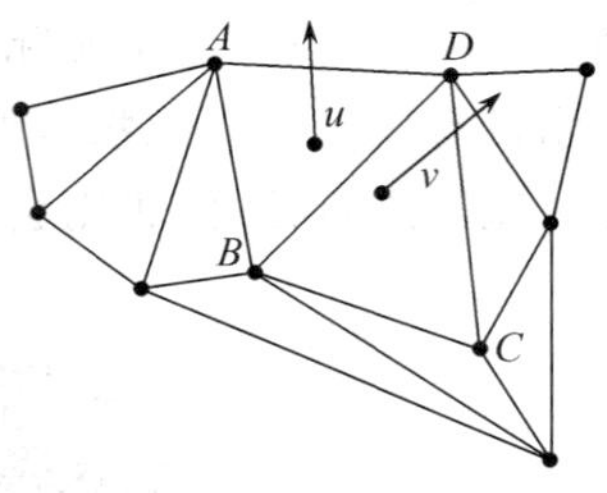

图4-17　两个相邻三角面片的法矢夹角

$\triangle ABD$ 的法矢 $\boldsymbol{n}_1=\boldsymbol{AB}\times\boldsymbol{BD}$，$\triangle BCD$ 的法矢 $\boldsymbol{n}_2=\boldsymbol{DB}\times\boldsymbol{BC}$，由向量内积公式可得

$$\boldsymbol{n}_1\cdot\boldsymbol{n}_2=|\boldsymbol{n}_1||\boldsymbol{n}_2|\cos<\boldsymbol{n}_1,\boldsymbol{n}_2>$$

5. 内轮廓线提取算法

若物体模型中包含断裂面，在基于轮廓线匹配的复原研究中，轮廓线的提取就十分重要，仅仅用外边界线来描述轮廓线会给后期的匹配拼接带来困难。因此，这里将详细讨论物体模型轮廓线的形成及性质，然后在边界线的基础上给出模型轮廓线的提取方法。若断裂面存在，则物体模型的内外轮廓线必存在交点，该交点可以看成是计算内轮廓线的种子点。图4-18中，*ABCDEA* 为外轮廓线，*AFGCDEA* 为物体特征线（内轮廓线），在 *CDEA* 段内外轮廓线重合。*ABCGFA* 所围成的曲面为断裂面，*AFGCDEA* 所围成的曲面为物体表面，在曲线段 *AFGC* 上，曲线上与其相邻的三角面片的法矢夹角一般会大于相邻两个曲面上其他相邻三角形的法矢夹角。

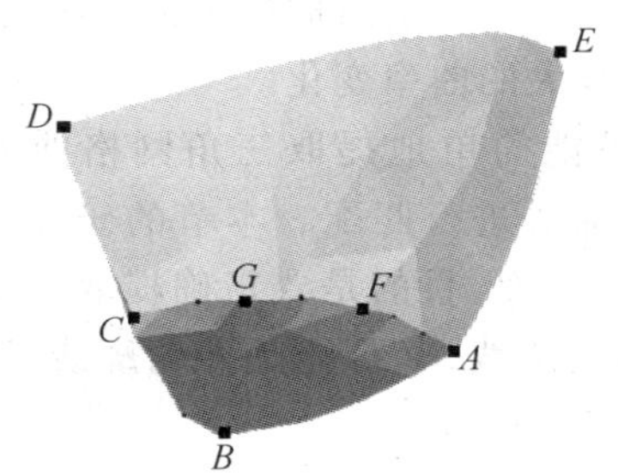

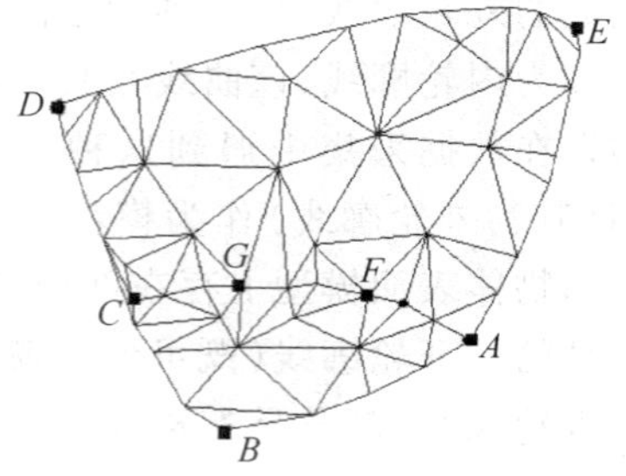

图4-18　断裂面的内外轮廓线

基于以上思想，下面是种子点搜索算法。

（1）计算外轮廓线上所有点的邻接边的相邻三角形的法矢夹角，并从大到小进行排序。

（2）计算夹角大于某一阈值的外边点的二重邻接点集。

（3）在每个点集中计算每条边的相邻三角形的法矢夹角。

（4）夹角大于某一阈值的边作为候选种子边。

（5）在候选种子边中若存在共点的边，将该公共点作为种子点。

应用该算法计算得到的种子点可能是多个，因此，这个条件可以作为特征曲线提取算法运行的终止条件。在三角网格模型中，相交面之间有明显的特征线，其三角片的边与特征线的方向一致。此时，特征线上边的相邻三角形法矢夹角比平坦处相邻三角形法矢夹角要大，与两个三角片夹角互为补角。当法矢夹角大于某一用户设定的值时,可认定为边的两顶点为特征点,该边为特征线。据此,特征曲线提取算法描述如下。

(1) 将种子点作为当前点。

(2) 计算当前点的邻接点集,计算各邻接边的相邻三角形的法矢夹角。

(3) 若夹角大于某一阈值,将该边添加到特征线链表中。

(4) 将当前点的该邻接点作为当前点。

(5) 若当前点为种子点或边界点则跳出,否则转回步骤(2)。

这样,如果物体模型中存在内边组成的轮廓线(内轮廓线),就可通过该方法提取出来。

首先计算出物体模型的外轮廓线,如图 4-19 所示,然后在此基础上,计算出内轮廓线的种子点,再使用基于法矢夹角的内轮廓线提取算法提取存在断裂面的内轮廓线。

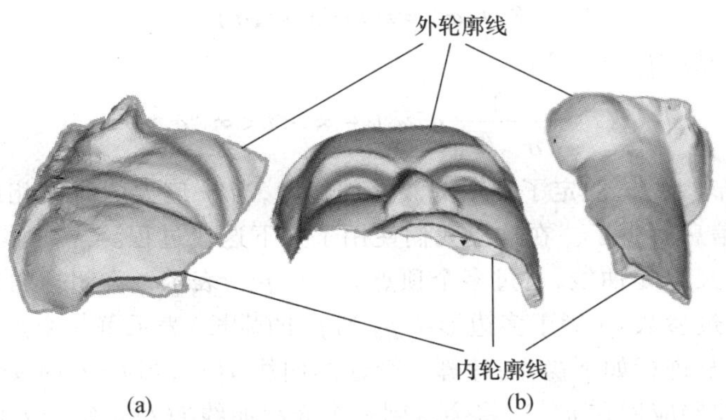

图 4-19 带有断裂面的碎片物体的内外轮廓线提取结果

4.4.3 特征轮廓线的去噪

滤波阶段主要是对观察提取的轮廓曲线进行处理,得到更加光顺的曲线。滤波提供了两个目的,首先,过滤掉曲线中一些没有意义、不规则的信息,这些都是由于文物的挖掘、数字化过程中失误,或者是文物碎片的长年的物质侵蚀、风化而造成的,为了这个目的,必须过滤掉那些曲线中的高频部分,因为它们是被这些不利因素影响最大的,如图 4-20 所示;其次,曲线滤波被用来减少曲线的复杂度,使得可以更快地进行匹配,识别各曲线中的

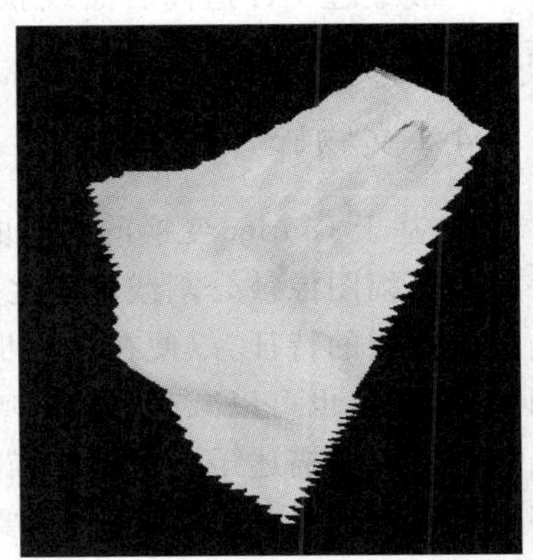

图 4-20 数字曲面的边缘

相似段。曲线可以认为是简单的一维信号,曲线的突变较大的部分就是信号的高频部分。因此,需要一个可以降低高频成分的滤波器来减少曲线中的误差部分。

高斯函数能构成一个在时域和频域都具有平滑性能的低通滤波器(Helena,1998),对三维曲线的各个方向向量作卷积,并产生一个离散的高斯函数,构建了一个基于高斯函数的低通滤波器。

滤波后的轮廓曲线表示为 $L'(t,\sigma)$,原始的轮廓曲线表示为 $L[x(n),y(n),z(n)]$,那么

$$L'(t,\sigma)=L[x(t),y(t),z(t)]\otimes g(t,\sigma)=[X(t,\sigma),Y(t,\sigma),z(t,\sigma)]$$

其中,$\otimes$是卷积运算,即

$$X(t,\sigma)=x(t)\otimes g(t,\sigma)$$
$$Y(t,\sigma)=y(t)\otimes g(t,\sigma)$$
$$Z(t,\sigma)=z(t)\otimes g(t,\sigma)$$

其冲激响应为

$$g(t)=\frac{1}{\sigma\sqrt{2\pi}}e^{-\frac{t^2}{2\sigma^2}}(-\infty<t<\infty,\sigma>0)$$

高斯分布参数 σ 决定了高斯滤波器的宽度,当 σ 值大的时候相应地需要过滤掉的高频信息就少了。在这里我们使用了如下迭代过程。

首先,定义 P 是曲线,通过多个顶点 $p_0,\cdots,p_{n-1}$ 表示一个闭合的多边形。初始化数据,通过参数 t_i(等于多边形中 p_0 到 p_i 的弧长)表示每一个点 p_i。

其次,反复进行如下操作:计算一个连续曲线 $u(t)$,当 $t=t_i$ 时 $u(t)=p_i$。将高斯低通滤波器应用在 $u(t)$,将会得到一个光滑曲线 $v(t)$。每个 t_i 将会重新定义为 $v(t)$ 上从 $t=t_0$ 到 $t=t_i$ 的弧长。在下一次的迭代中,曲线 $u(t)$ 将会被重新计算,利用原始点 p_i 和修正过的参数 t_i,如此这般。

一般经过少许迭代后曲线就会趋于一致的,图 4-21 是作了两次迭代后的结果。

4.4.4 文物碎片的匹配

1. 基于 Fourier 变换的空间曲线快速匹配技术

当一幅图像被分割或确定之后,通常希望用一系列符号或某种规则来具体描述该图像的特征,以便在进一步地识别、分析或分类中有利于区分不同性质的图像。同时,也可以减少图像区域中的原始数据量。一般把表征图像特征的一系列符号叫做描述子。对这些描述子的基本要求是它们对图像的尺度、旋转、平移等变化不敏感。也就是说,只要图像内容不变,仅仅产生几何变化,描述图像的描述子将是唯一的。

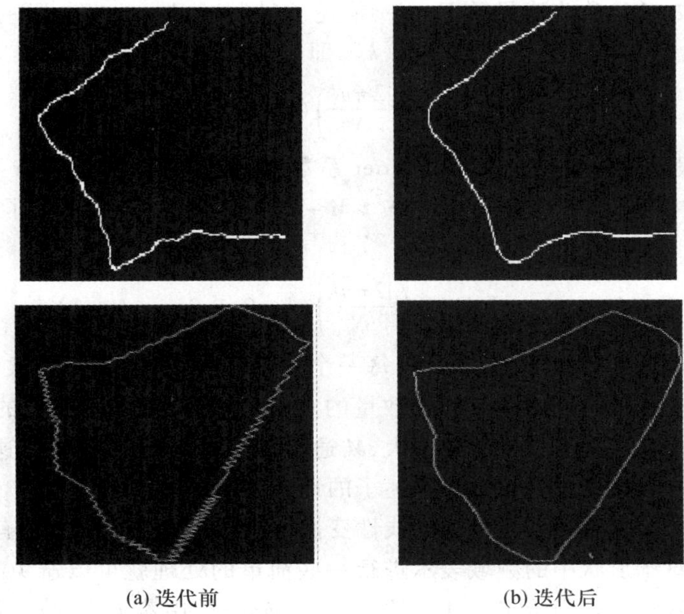

(a) 迭代前　(b) 迭代后

图 4-21　轮廓曲线滤波

当轮廓曲线被提取出来之后,一个区域边界上的点已被确定时,可以从这些点中提取信息,这些信息可以用来鉴别不同区域的形状。假如一个边界轮廓上有 M 个点可利用,可以把这个区域看成是在复平面内,纵坐标为虚轴,横坐标为实轴。

设 xy 平面上有一条由 N 点组成的数字化边界,其中每一个边界点用其坐标 (x_k,y_k) 表示。从任一点 (x_0,y_0) 开始,沿逆时针方向遍历整个边界,则依次经过坐标对 $(x_0,y_0),(x_1,y_1),\cdots,(x_{N-1},y_{N-1})$。

这些坐标可仍用 $x(k)=x_k,y(k)=y_k$ 的形式来表达。利用这一概念,边界本身可以表达为 $S(k)=[x(k),y(k)](k=0,1,2,\cdots,N-1)$。而且每一个坐标对可以当成一个复数来处理,即

$$s(k)=x(k)+\mathrm{j}y(k)(k=0,1,2,\cdots,N-1)$$

也就是说分别将 x 轴和 y 轴看成是复数序列的实轴和虚轴。虽然我们对坐标序列作出了新的解释,但是边界本身的特性并没有发生改变。

当然这种解释有一个最大的优点——把一个二维问题退化成一个一维问题。

$s(k)$ 的离散 Fourier 变换为

$$a(u)=\frac{1}{N}\sum_{k=0}^{N-1}s(k)\exp\left(-\frac{\mathrm{j}2\pi uk}{N}\right)(u=0,1,2,\cdots,N-1)$$

其中,复系数 $a(u)$ 称为边界的 Fourier 描述子(fourier descripters, FDs),对 $a(u)$ 进行 Fourier 逆变换,我们可以重建 $s(k)$,即

$$s(k)=\sum_{u=0}^{N-1}a(u)\exp\left(\frac{j2\pi uk}{N}\right)(k=0,1,2,\cdots,N-1)$$

然而,假设我们只用前 M 个 Fourier 系数,而不用所有的 Fourier 系数,这等价于在上式中,Fourier 系数 $a(u)$ 在 $u>M-1$ 时等于 0。由此得到了对 $s(k)$ 的近似,即

$$\hat{s}(k)=\sum_{u=0}^{M-1}a(u)\exp\left(\frac{j2\pi uk}{N}\right)(k=0,1,2,\cdots,N-1)$$

虽然只用了 M 项来获得 $\hat{s}(k)$ 的每一个分量,但是 k 的取值仍然为 $0\sim N-1$,也就是说在近似边界中含有同样数量的点,但是并没有使用所有的项来重建每一个点。如果边界上点的数量很大,M 通常选择为 2 的整数次幂,这样可以利用快速傅里叶变换来加快该边界描述子的计算速度。

因为离散傅里叶变换是可逆的线性变换,因此,在这个过程中没有信息的增益或损失。对于形状中的频域表示进行一些简单的处理就可以避免对位置、大小及方向的依赖性。当给定了任意的 Fourier 描述子,用若干步骤可以使之归一化,从而不必考虑其原始形状的大小、位置以及方向。

关于归一化问题可直接从离散傅里叶变换的性质中得出结论。例如,要改变轮廓的大小,只要把 Fourier 描述子分量乘一个常数就行了。由于 Fourier 变换是线性的,它的逆变换也会乘以同样的常数。又如,把轮廓旋转一个角度,只要把每一个坐标乘以 $\exp(j\theta)$ 就可以使其旋转 $\theta°$ 角。由于离散傅里叶变换的性质,在空域旋转了 $\theta°$ 角,那么在频域中也会旋转 $\theta°$ 角。关于轮廓起始点的移动,由离散傅里叶变换的周期性可以看到,在空域中有限的数字序列实际上代表周期函数的一个周期。离散傅里叶变换的系数就是这个周期函数的 Fourier 表示式的系数。当轮廓的起点在空域中移动时,就相当于在频域中把第 k 次频率系数乘以 $\exp(jkT)$,这里是周期的一部分,这部分为起始点移动的部分。实际上这就是 Fourier 变换的平移性质所导致地结果。当 T 从 $0\sim2\pi$ 变化时,则起点将把整个轮廓点经历一次。

给定一任意轮廓的 Fourier 描述子后,归一化就可以执行一系列步骤,使轮廓有一个标准的大小、方向和起点。

在实际执行中还要考虑到如下问题:首先,如果采样不均匀将会给问题带来困难,因此,在理论上采用均匀间隔取样;其次,快速傅里叶变换的算法要求阵列长度为 2 的整数次幂,这样在采用快速傅里叶变换之前,应调整表达式的长度。为做到这一点,首先计算出轮廓的周长,再用所希望的长度(当然应是 2 的整数次幂)去除,然后从一个点去追踪,所希望的 2 的幂次可以是大于序列长度的最

小的 2 的幂次。

实际上,输入到形状分析运算中的将是从取样图片中取出的轮廓。这个轮廓的周长近似等于轮廓的实际周长。如果原始数据的取样密度足够高的话,那么序列将是轮廓的高精度的近似。

我们认为一条轮廓线是由一个点序列组成的,空间的轮廓线表示为 $P=(p_1,p_2,\cdots,p_n)$,其中,p_i 表示轮廓线上第 i 个点与该轮廓线的质心所构成的向量。

RMS 距是根据一种最小二乘适应算法计算出来的,我们用 $P=(p_1,p_2,\cdots,p_n)$,$Q=(q_1,q_2,\cdots,q_n)$来表示两条空间的轮廓线,假设 P 经过平移之后,使其质心 $\left(\frac{1}{n}\sum_{i=1}^{n}p_i\right)$ 与原点重合;对 Q 也做同样的平移。我们定义 $d(P,Q,\boldsymbol{R},\boldsymbol{a})$为

$$d(P,Q,\boldsymbol{R},\boldsymbol{a})=\sqrt{\frac{1}{n}\sum_{i=1}^{n}\|\boldsymbol{R}p_i+\boldsymbol{a}-q_i\|^2}$$

其中,$\boldsymbol{R}$ 为旋转矩阵,$\boldsymbol{a}$ 为平移向量,$\|x\|$ 表示向量 x 的长度。那么 P 和 Q 之间的 RMS 距 $d_{rms}(P,Q)$就定义为

$$d_{rms}(P,Q)=\min_{\boldsymbol{R},\boldsymbol{a}}d(P,Q,\boldsymbol{R},\boldsymbol{a}).$$

我们用如下方式定义轮廓线的搜索问题。

输入:一条模板轮廓线 $P=(p_1,p_2,\cdots,p_m)$,一个实数 $\delta>0$,一组轮廓线 $QS=\{Q^1,Q^2,\cdots,Q^N\}$。

输出:所有的这些 Q^j,对每一个 Q^j,至少包含一个子段,使得 $d_{rms}(P,Q^j_{i,i+m-1})\leqslant\delta$。其中,$Q_{i,j}$ 表示轮廓线 $Q=(q_1,q_2,\cdots,q_n)$中的一个子段$(q_i,q_{i+1},\cdots,q_j)$。

子段的搜索可以用原始的方法来计算所有 $Q^j_{i,i+m-1}$的 RMS 距,但是,它的时间复杂度为 $O(Nmn)$,其中 n 为轮廓线 Q^j 的长度。

1)哈希向量的条件

在传统的哈希方法里,一个整数对应一个物体。但是,对于轮廓线,我们要用一个实数向量来对应一个固定长度的子段。对每一个子段长度为 H 的子段 $P=(p_1,\cdots,p_H)$,有一个哈希向量 hs(P)与之对应。hs(P)应该满足下面两个条件:①hs(P)对 P 来说应该是旋转、平移不变;②如果 $d_{rms}(P,Q)$很小,那么 hs(P)应该接近 hs(Q)。注意到一旦一个向量给定,只有当 hs(P)应该接近 hs(Q)时,才需要计算 $d_{rms}(P,Q)$。最小二乘哈希方法只满足条件①,而不满足条件②。我们给出一个新的哈希向量,用 hs(A)来表示,即

$$\text{hs}(A):\text{hs}(P)=(c_1(P),s_1(P),\cdots,c_d(P),s_d(P))$$

其中:

$$c_k(P)=a\sum_{i=1}^{H}\|p_i-c\|\left(\beta+\cos\frac{2\pi k(i-1)}{H}\right),$$

$$s_k(P)=a\sum_{i=1}^{H}\|p_i-c\|\left(\beta+\sin\frac{2\pi k(i-1)}{H}\right)$$

其中,c 是轮廓线 P 的质心 $\left(\frac{1}{H}\sum_{i=1}^{H}p_i\right)$，$\|p_i-c\|$ 表示第 i 个点到质心的距离，$a(a>0)$,$\beta(\beta\geqslant 0)$是固定的实数,d 是固定的整数,这在后面给出。

hs(P)对应与点到质心的傅里叶变换的低频部分,可以证明 hs(P)满足条件①和条件②。图 4-22 是轮廓曲线的哈希矢量描述图。

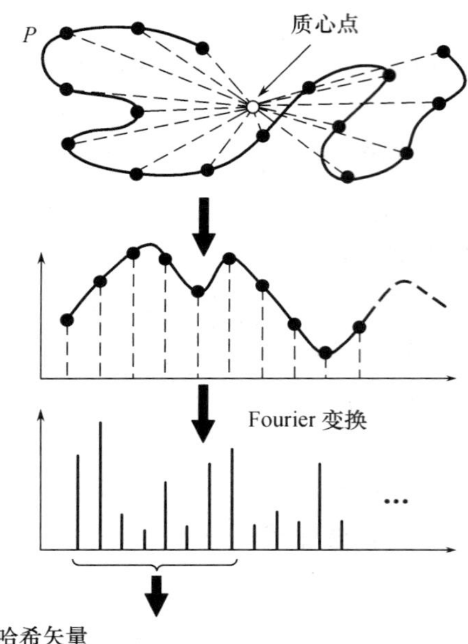

图 4-22　轮廓曲线的哈希矢量描述

2）利用哈希矢量对子段的查询

我们利用 hs(P)对匹配子段的查询是十分快捷的,查询主要可以分两个阶段进行:预处理阶段和查询阶段。

第一,预处理阶段。对于任意的测试轮廓线 Q^j,假设由 n 个点构成,那么对于它的哈希矢量的计算如下。

(1) for $i=1$ to $n-H+1$, repeat (2)。

(2) 计算 hs($Q^j_{i,i+H-1}$)。

其中 H 为一个常量,可以进行选定。

第二,查询阶段。对于给定的基轮廓线 P,假设由 m 个点构成,其中要求 $m \geqslant H$,那么对于基轮廓线上其中一个子段的匹配查询可以通过下面的途径:首先,计算 $\mathrm{hs}(P_{1,H})$ 对于所有的子段 $Q^j_{i,i+H-1}$,比较 $\mathrm{hs}(P_{1,H})$ 和 $\mathrm{hs}(Q^j_{i,i+H-1})$。如果条件 $\mathrm{COND}(P_{1,H}, Q^j_{i,i+H-1}, \gamma)$ 满足,计算 $d_{rms}(P, Q^j_{i,i+m-1})$ 并判断。否则,$d_{rms}(P, Q^j_{i,i+m-1})$ 不再计算,进而测试下一轮廓线段。下面归纳查询阶段的过程,用 $|Q^j|$ 表示轮廓线 Q^j 的点个数,假设共有 N 段测试曲线。

(1) 计算 $\mathrm{hs}(P_{1,H})$。

(2) for $j=1$ to N, repeat (3) ~ (5)。

(3) for $i=1$ to $|Q^j|-m+1$, repeat (4)(5)。

(4) if $\mathrm{COND}(P_{1,H}, Q^j_{i,i+H-1}, \gamma)$ 成立
then do (5)

(5) if $d_{rms}(P, Q^j_{i,i+m-1}) \leqslant \delta$,
then output Q^j
$j=j+1$

对于上面的过程来说,它的运算时间中,由于(1)的时间很小,对于(5)的判断最多可以执行 i 次。因此我们只考虑(2) ~ (5),对于每一条轮廓线 Q^j 来说时间最多为 $O(n)$。因此,对于 N 条测试轮廓线来说,运算时间最多为 $O(Nn)$。

利用上面的算法给出曲面片通过运算匹配后的结果,如图 4-23 所示,研究中,我们证明了两条曲线的距离越小,所得到的哈希矢量的距离值也越小,在对离散轮廓线顶点作 Fourier 变换的基础上,采用新的哈希技术来查找曲线段之间的匹配段,不仅在理论上证明了算法的科学性,从实验中也证明了所采用方法运行高效、快速、稳定。

2. 基于连接点的 3D 多角弧匹配

多角弧的匹配问题是计算机视觉、图像分析、模式识别中的基本问题。该问题可表述为:对于给定的两个多角弧的匹配就是找它们共同的最大的子多角弧,即定位它们具有共同形状的部分。

3D 多角弧表示和匹配的方法是在分析多角弧几何形状的基础上,引入连接点的概念,同时,通过在连接点处建立局部直角坐标系,来得到每一连接点处的球面坐标,并用连接点的球面坐标集表示多角弧。因为这一表示在旋转和平移变换下是不变的,所以可取该球面坐标集作为多角弧匹配的特征集,特征集保持了多角弧的几何属性和拓扑结构。3D 多角弧匹配就降为 1D 数值串匹配,从而匹配变得简单、快速。其测量函数为对应连接点间的均方差,实验结果表明该匹配算法效果良好,并且对于数值污染具有鲁棒性。

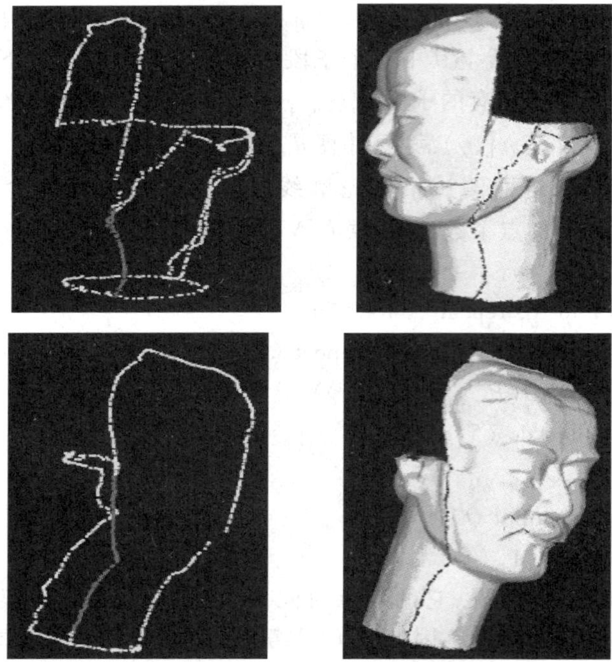

图 4-23　物体轮廓匹配

对于给定的两个多角弧 C 和 D,若已建立了每一个连接点处的局部直角坐标系,并计算了其本质参数,则 C 和 D 分别用以下特征集表示:

$$\Gamma_C=\{S_0,S_1,\cdots,S_n\},\Gamma_D=\{T_0,T_1,\cdots,T_m\}$$

其中,$S_0,S_1,\cdots,S_n;T_0,T_1,\cdots,T_m$ 分别为两个多角弧的连接点。

进行匹配时,就要比较Γ_C, Γ_D 中连接点 S_i 与 T_j 的对应各分量的值,只有对应各分量的值完全相等时,对应的两个连接点才能匹配上,因此,对于 S_i 与 T_j 只要有一个对应分量的值不相等,则匹配失败。由此可见,只要比较一个分量的值就足以确定匹配失败的情形,但是对于匹配成功的情形,就必须比较对应的3个分量。完全相等仅是一个理想状态,而实际的数值往往有污染,因此,应给出容许差,并修改匹配算法以使得算法更鲁棒。为了进行匹配失败和匹配成功两种情形的判断,用下面两个均方差作为测量函数。

$$\mathrm{MSE}_1(S_i,T_j)=[S_{i+k}^{(\lambda)}-T_{j+k}^{(\lambda)}]^2$$

$$\mathrm{MSE}_2(S_i,T_j)=\frac{1}{l+1}\sum_{k=0}^{l}\sum_{\lambda=1}^{3}[S_{i+k}^{(\lambda)}-T_{j+k}^{(\lambda)}]^2$$

其中,$S_i^{(\lambda)}$ 为 S_i 的第 λ 个分量,$T_j^{(\lambda)}$ 为 T_j 的第 λ 个分量,$\lambda=1,2,3$,$l=\min\{m,n\}$。

当 $\mathrm{MSE}_1(S_i,T_j)$ 大于给定的阈值时,表示比较的两个对应的多角弧 S_{i+k}、$T_{j+k}(k=0,1,\cdots,l)$ 匹配失败;当 $\mathrm{MSE}_2(S_i,T_j)$ 小于给定的阈值时,表示比较的两

个对应的多角弧 S_{i+k}、$T_{j+k}(k=0,1,\cdots,l)$匹配成功。

由于多角弧的匹配是按照连接点的顺序进行的,因此,连接点选取的顺序不同其匹配的结果不同。对于二维情形,可以通过按照逆时针或顺时针方向选取,以保证匹配的一致性。对于三维情形,则可以将其中一个多角弧的特征集和另一个多角弧的特征集按照逆序和顺序进行两次匹配。

对于给定的两个多角弧匹配时,则计算局部直角坐标系的时间复杂度为 $O(n)$,计算连接点的球面坐标的时间复杂度为 $O(n)$,设 n 为多角弧的连接点数,如果两个多角弧的连接点数皆为 n,则匹配的时间复杂度为 $O(n^2)$,如果一个多角弧的连接点数为 n,另一个多角弧的连接点数为 m,则匹配的时间复杂度为 $O(n\times m)$,但是,如果 S_i 匹配到 T_j,则 S 与 T 的匹配只需检查 S_{i+k} 与 $T_{j+k}(k=0,1,\cdots,l)$是否匹配,即

$$[i+k=(i+k)\bmod(n+1),j+k=(j+k)\bmod(m+1)]$$

在这种情形下,匹配时间复杂度可在线性时间进行。

该算法的步骤如下。

输入:给定的两个多角弧。

输出:匹配的对应连接点和旋转、平移变换结果。

(1) 对每一个多角弧上的每一个连接点建立局部直角坐标系。

(2) 对每一个连接点,求其在对应局部直角坐标系中的球面坐标,求连接点在对应局部直角坐标系中的直角坐标。把直角坐标转化成球面坐标。

(3) 计算匹配均方差 $\mathrm{MSE}_1(S_i,T_j)$ 和 $\mathrm{MSE}_2(S_i,T_j)$,然后判断其匹配与否。如果匹配,则再计算旋转和平移变换。

对于边界线有部分匹配成功的碎片,接着要进行相应的空间变换,假定连接点上有 l 个匹配成功,并且变换完成后要满足两个曲面 G^1 连续,即对应点的跨界切矢同向,则该问题可转化为一个双目标规划,即

$$\begin{cases}\text{Min}: \sum_{i=1}^{l} |v_{1i}-v_{2i}| \\ \text{Min}: \sum_{i=1}^{l} (p_{1i}-p_{2i})^2 \\ \text{s. t}\begin{cases}\boldsymbol{M}_1\boldsymbol{A}=\boldsymbol{M}_2 \\ \boldsymbol{V}_1\boldsymbol{A}=\boldsymbol{V}_2 \\ \boldsymbol{A}=\boldsymbol{A}_T\boldsymbol{A}_R\end{cases}\end{cases}$$

其中,$\boldsymbol{A}$ 即为文物碎片 1 变换到文物碎片 2 相应位置的变换矩阵,$\boldsymbol{A}_T$ 表示平移矩阵,$\boldsymbol{A}_R$ 表示旋转矩阵,M_1、M_2 表示边界上匹配成功的对应点,V_1、V_2 表示边界上匹配成功的对应边的跨界切矢序列,在变换过程需要注意的就是跨界切矢的方向问题,若文物碎片 1 的跨界切矢指向边界外部,则另外一个指向其内部,这

样经变换后对应边跨界切矢才能同向或相差不远。

利用三维扫描仪获取碎片物体的表面数据后，生成其对应的三角网格曲面模型，经数据预处理、多边形弧串匹配、空间变换后，图4-24是多边形弧串匹配成功后模型空间变换后的结果[图(a)、(c)是文物碎片的边界表示，图(b)、(d)是文物碎片成功匹配的结果)。

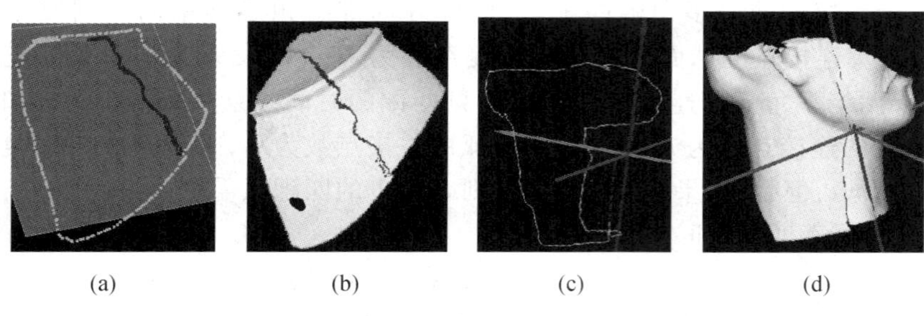

(a)　(b)　(c)　(d)

图4-24　互补形状匹配结果

4.4.5　文物碎片的拼接

通常，在手工复原物体碎片的时候，每当找到两个可以拼合的碎片时，就会将两个碎片试拼，如果拼配成功，把它们作为一个新的碎片来对待，然后继续寻找下一个可以拼合的物体。同样，当我们从众多的碎片轮廓曲线中找到两个最为匹配的轮廓曲线后，需要将这两个轮廓曲线对应表征的碎片曲面拼合为一个碎片。然后将该碎片作为一个新的碎片代替原来的两个碎片继续复原。

由于已经得到了这两个轮廓曲线中的匹配部分曲线段，那么可以根据匹配曲线段的统一化，就可以将曲面拼合，简单地讲，就是将两个曲面做刚体运动(如旋转、平移)，最终使得其匹配曲线段趋于重合。

1. 建立局部坐标系

为了找到两个碎片曲面之间的关系，首先，需要定义一个新的坐标系统，称为局部坐标系。该坐标系是根据匹配曲线段来定义的，由于匹配曲线段是两个曲面都有，所以分别可以构造每个曲面的局部坐标系，然后计算得到两个局部坐标系之间的旋转矩阵和平移向量，这个矩阵和向量就可以作为在世界坐标系中两个曲面之间的匹配曲线段合一的旋转矩阵和平移向量。

以匹配曲线段 p_ip_j 为例。取曲线段的两个端点 p_i、p_j，并有一条直线 $\overline{p_ip_j}$ 连接两点。找出曲线段的中点，标为 p_k，那么，曲线段 p_ip_k、p_kp_j 的弧长相等。很显然，p_k 是唯一存在的(我们假定 p_k 不会在直线 $\overline{p_ip_j}$ 上)。接着，在 $\overline{p_ip_j}$ 上找到一个点 o'，使 $o'p_k$ 垂直于 $o'p_j$，当然，o' 也是唯一的。o' 点将作为局部坐标系的原点。局部坐标系的3个垂直基向量分别定义为

$$e_1' = \frac{p_j - o'}{\| p_j - o' \|}$$

$$e_2' = \frac{p_k - o'}{\| p_k - o' \|}$$

$$e_3' = e_1' \times e_2'$$

这里的 $\| \cdot \|$ 和 $\times$ 分别指的是 Euclidean 范数和叉积。这 3 个向量在世界坐标系里是单位长度的，并且相对于三维曲线段 p_ip_j 是旋转和平移不变的。以上 3 个向量的定义是建立在 p_k 不在$\overline{p_ip_j}$上这一前提基础上的。

这 3 个向量在旧坐标系里是单位长度的，并且相对于三维曲线段$\overline{p_ip_j}$而言是旋转和平移不变的，定义

$$l^o = \| p_i - p_j \|$$

为 p_i 和 p_j 之间的欧几里得距。将旧坐标系中的距 l^o 规格化为新坐标系中单位的长度来获取缩放不变性，我们简单地选取

$$e_1 = l^o e_1^o, e_2 = l^o e_2^o, e_3 = l^o e_3^o$$

现在用$\{o, e_1, e_2, e_3\}$来形成新的坐标系。在该坐标系里，点 p 可以表示为

$$p = o + u_1 e_1 + u_2 e_2 + u_3 e_3$$

其中，$u = (u_1, u_2, u_3)$是点 p 在新坐标系里的坐标。

2. 空间坐标转换

分别描述全局、局部坐标系为

$$\text{I}: \{o, e_1, e_2, e_3\}, \text{II}: \{e_1', e_2', e_3'\}$$

其中，e_j'的 I 坐标是$(x_j, y_j, z_j)(j = 1,2,3)$。因为 II 是直角坐标系，所以$|e_j'| = 1(j = 1,2,3)$；$e_j' \perp e_i'$(当 $i \neq j$ 时)。又因为 I 是直角坐标系，所以上述条件可用坐标写为

$$x_j^2 + y_j^2 + z_j^2 = 1(j = 1,2,3)$$

$$x_i x_j + y_i y_j + z_i z_j = 0(i \neq j)$$

那么从 I 到 II 的过渡矩阵

$$\boldsymbol{A} = \begin{pmatrix} x_1 & x_2 & x_3 \\ y_1 & y_2 & y_3 \\ z_1 & z_2 & z_3 \end{pmatrix}$$

是正交矩阵；从 II 到 I 的过渡矩阵是 $\boldsymbol{A}^{-1} = \boldsymbol{A}'$。

设 o'在 I 的坐标是(x_0, y_0, z_0)，则点的坐标变换公式为

$$\begin{pmatrix} x \\ y \\ z \end{pmatrix} = \boldsymbol{A} \begin{pmatrix} x' \\ y' \\ z' \end{pmatrix} + \begin{pmatrix} x_0 \\ y_0 \\ z_0 \end{pmatrix}$$

3. 曲面的拼合显示

当我们找到两个匹配的曲线段后，即可得到两个轮廓曲线对应的碎片曲面，将会面对一个问题——如何将两个曲面拼合为一个新曲面呢？解决该问题可以有两个方法：第一，两个碎片曲面合并，将连接处严密拼合，然后对该碎片曲面重新提取新的轮廓曲线；第二，将碎片曲面和轮廓曲线分别处理，再将两个碎片合并、两个轮廓曲线合并，将合并曲线作为合并碎片对应的轮廓曲线。这样处理有个好处，就是轮廓曲线的提取只是在最初的时候做一次，而且碎片曲面的拼合只是为了显示观测，所以就不需要很好的处理了，只需简单地黏合在一起即可。

实际工作中，我们采取了第二种方法，因为针对于两个曲面的紧密合并，是比较麻烦的问题，而且合并后提取轮廓线虽然说较为合理、准确，但是对于整个工作中的效率来说还是费时间的，而对于轮廓曲线的合并，则比较易于计算，也许会增加些误差，但这些误差是可以预料的。在曲面拼合时，仅仅需要简单地将两个曲面的匹配曲线段合并即可，通过对坐标点的坐标变换是可以做到这一点的，从而将问题指向了如何得到这个坐标变换的旋转矩阵和位移向量。

针对不同的 p_i、p_j，它的局部坐标系是不一致的。当两个曲面的轮廓曲线中有一段曲线段匹配，那么这两个曲面将被拼合成为一个曲面。由于匹配曲线段近似认为是碎片的碎裂曲线，属于共享边界，所以会将两个碎片曲面都转换到局部坐标系中。我们根据每一个 p_i、p_j 来确定一个局部坐标系统。计算可以得到两个局部坐标系的变换公式，而在理论上匹配曲线段应该在一个局部坐标系中是一致的，所以实际上这个坐标变换公式中的旋转矩阵、位移向量就是我们所要得到的。

为了实现两个曲面、曲线的拼合，我们将世界坐标系中的某一个碎片曲面图形通过坐标旋转、平移变换使得两个曲面粘在一块，两个曲面中的轮廓曲线中的匹配曲线段重合。

假设有两个曲面 S_A、S_B，那么它们的局部坐标系分别表示为

$$\mathrm{I}_A:\ \{(o'_A, e'_{A1}, e'_{A2}, e'_{A3})\}$$

$$\mathrm{I}_B:\ \{(o'_B, e'_{B1}, e'_{B2}, e'_{B3})\}$$

则根据局部坐标系和世界坐标系的点坐标变换公式有

$$\boldsymbol{A}_A\begin{pmatrix} x'_A \\ y'_A \\ z'_A \end{pmatrix}+\begin{pmatrix} x_{A0} \\ y_{A0} \\ z_{A0} \end{pmatrix}=\boldsymbol{A}_B\begin{pmatrix} x'_B \\ y'_B \\ z'_B \end{pmatrix}+\begin{pmatrix} x_{B0} \\ y_{B0} \\ z_{B0} \end{pmatrix}$$

$\boldsymbol{A}_A$、$\boldsymbol{A}_B$ 分别是 I_A、I_B 坐标向世界坐标系的过渡矩阵。从上式可以得到 I_A、I_B 中的点的坐标变换关系，即

$$\begin{pmatrix} x'_A \\ y'_A \\ z'_A \end{pmatrix} = \boldsymbol{A}_A^{-1}\boldsymbol{A}_B \begin{pmatrix} x'_B \\ y'_B \\ z'_B \end{pmatrix} + \boldsymbol{A}_A^{-1} \begin{pmatrix} x_{B0} - x_{A0} \\ y_{B0} - y_{A0} \\ z_{B0} - z_{A0} \end{pmatrix}$$

设定旋转矩阵 $\boldsymbol{R}$ 和平移向量 $\boldsymbol{\beta}$,即

$$\boldsymbol{R} = \boldsymbol{A}_A^{-1}\boldsymbol{A}_B, \boldsymbol{\beta} = \boldsymbol{A}_A^{-1} \begin{pmatrix} x_{B0} - x_{A0} \\ y_{B0} - y_{A0} \\ z_{B0} - z_{A0} \end{pmatrix}$$

那么:

$$\begin{pmatrix} x'_A \\ y'_A \\ z'_A \\ 1 \end{pmatrix} = \begin{pmatrix} r_{11} & r_{12} & r_{13} & \beta_1 \\ r_{21} & r_{22} & r_{23} & \beta_2 \\ r_{31} & r_{32} & r_{33} & \beta_3 \\ 0 & 0 & 0 & 1 \end{pmatrix} \begin{pmatrix} x'_B \\ y'_B \\ z' \\ 1 \end{pmatrix}$$

这里的 $r_{ij}(i,j=1,2,3)$ 是 $\boldsymbol{R}$ 中的元素,$\beta_i(i=1,2,3)$ 是 $\boldsymbol{\beta}$ 中第 i 个分量。

在实际工作中,我们在进行曲面 S_A、S_B 的拼合时,计算出旋转矩阵 $\boldsymbol{R}$ 和平移向量 $\boldsymbol{\beta}$,然后对曲面 S_B 加以旋转、平移,使得两个曲面的轮廓曲线匹配段合一,从而实现了两个曲面的拼合、曲线的拼接,如图 4-25 所示。

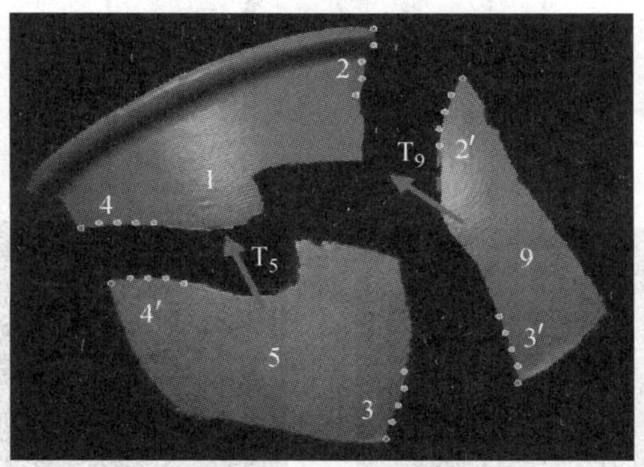

图 4-25 曲面的拼合显示

对于曲面的拼合来说,仅仅为了显示、观测,是足够了,但是对于曲线的拼接来说,由于轮廓曲线将会作为一个新的轮廓曲线继续进行匹配,所以两个轮廓曲线之间的拼接必须是严密的、没有任何间隙的拼合。

为了实现曲线的最优拼接,主要还要看匹配曲线中的决策。考虑到碎片边缘轮廓可能有所遗失,所以选择的最长的匹配曲线段可能由几个小的曲线段组成,也可能就只是一条轮廓曲线。

首先,通过空间坐标转换,将两个轮廓曲线粘贴在一起(见图 4-26),使得匹

配曲线段的匹配点对重合在一起，即使有些误差，也是在允许范围内的。

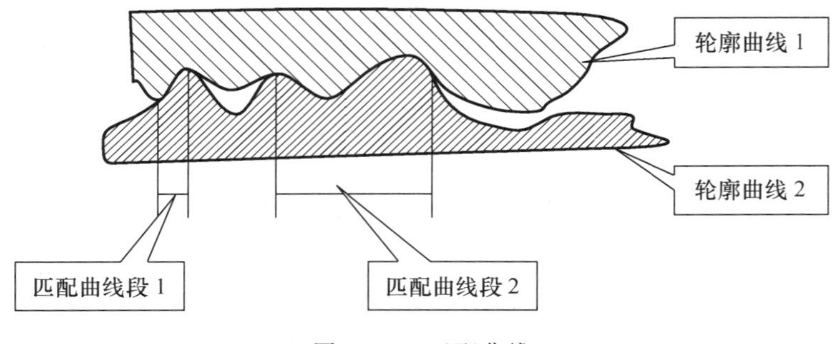

图 4-26　匹配曲线

其次，合并后的新的轮廓曲线是将轮廓曲线 1 的非匹配曲线段和轮廓曲线 2 的非匹配曲线段合并，而匹配曲线段将被认为是碎片曲面的共享碎裂线，曲面合并后应该是没有的。从图 4-27 中可以看出，轮廓曲线 1 和轮廓曲线 2 的合并，最终会得到两个轮廓曲线，一个外轮廓曲线和一个内轮廓曲线。

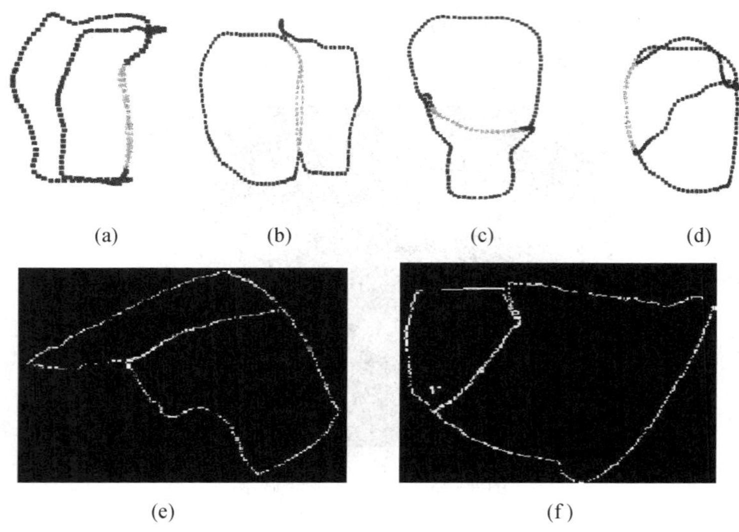

图 4-27　轮廓曲线的合并

新的轮廓曲线其实是在假设匹配曲线段的匹配点的误差值很小的情况下得到的。这个误差范围值正是我们在曲线匹配时候作限制的误差范围值 ε，如果匹配点的误差大于 ε，则该点绝对不会成为匹配曲线段中的一点。所以，这里的假设是成立的，也就是最后匹配曲线段中匹配点的误差是绝对小于误差范围 ε 的。

曲面拼合后,新的曲面将代替旧有的两个碎片曲面,同时,原来两个曲面的所有轮廓曲线将会取得并集,通过曲线的拼接得到的新轮廓曲线将会代替原有的轮廓曲线,作为新的曲面的轮廓曲线。

4.4.6 曲面裂缝的修补

曲面裂缝修补的方法思路是:给定两个欲合并的三角网格模型,先除去其冗余三角面片,使得它们的边界三角片重叠,然后再删除边界三角片,由得到的孤立点生成一条缝合线,以该缝合线为骨架连接这两个网格的缝合面。

1. 删除冗余三角面

冗余三角面是指完全被另一个网格覆盖的三角面。利用待合并网格的平均视点作为投影视点将它们投影到一个二维平面上,并在此平面上确定网格三角面的覆盖、相交、重叠关系。删除策略是由外向内交替删除两个网格中的冗余三角面直到无冗余三角面为止。

2. 删除相交的边界三角形

边界三角形即外环三角形,删除相交的边界三角形后将产生孤立顶点和新边界。

3. 生成缝合线

缝合线由前面提到的孤立顶点得到。首先计算孤立顶点两两之间的距离,将距离小于某一阈值的顶点合并成一个顶点,然后用最近点扩展法连接所有顶点得到一条单一的缝合线。上述阈值与网格的平均边长成正比。

最近点扩展法是:初始所有顶点都未连接,首先找到距离最近的顶点对并连接起来,然后查找离已连接顶点最近的未连接顶点。如果离该顶点最近的已连接顶点位于内部,则删除它,否则连接它。重复以上操作直到所有顶点都被连接或删除。

4. 生成缝合面

在新边界和缝合线之间构造缝合面将两个网格缝合起来。对于每个网格,都从其新边界的一段出发,依次为每条新边界构造缝合面。设缝合线的顶点依次为 $p_0, p_1, \cdots, p_n$,网格的新边界顶点为 $q_0, q_1, \cdots, q_m$,p_{prev}表示上条新边界的最佳缝合点,p_{now}表示当前新边界的最佳缝合点。

4.5 模型孔洞的修补

在文物数字化过程中,不能获取完整的几何信息会产生孔洞,这可归纳为两方面的原因: ① 时间的流逝、土壤的腐蚀和人类活动的影响,使得文物不断遭到破坏,造成自身的损坏;② 在数字化采集过程中,现有的设备受工作原理和采集环境的限制，导致获取的三维数据不完整。这些孔洞的产生不仅影响视觉效果，而且对今后三维数据的应用都有重要的影响。孔洞修补可以分为3个步骤：① 识别文物模型的孔洞；② 插入离散点并进行剖分修补孔洞；③ 网格优化。Carr（Carr，2001）采用径向基函数实现基于散乱点云数据的曲面重构和孔洞修补。Wang（Wang，2007）提出一种孔洞自动识别的方法，并通过最小移动二乘法实现了孔洞的修补；Verdera（Verdera，2003）提出通过偏微分方程（Partial differential equations，PDE）实现孔洞的修补；Pernot（Pernot，2006）采用最小曲率流的方法插入新的网格，实现孔洞的修补。李根（李根，2007）采用基于边扩展的方法，将孔洞边界投影到最小二乘面，然后进行剖分。成欣（成欣，2006）通过移动最小二乘法实现孔洞修补。张洁（张洁，2007）实现基于各向异性孔洞修补算法，通过先剖分再网格细分的方法实现孔洞修补。王洪涛（王洪涛，2005）先将孔洞分类，再通过径向基函数实现孔洞修补。

4.5.1　孔洞边界投影及内部点的插入

对于孔洞边界轮廓顶点集 $\text{Boundary}=\{V_i=(x_i,y_i,z_i)\mid i=0,1,2,\cdots,n-1\}$，为了确定孔洞的范围，需要用这些边界顶点拟合最小二乘平面，并将孔洞边界投影到该平面，得到投影多边形。最小二乘面记为 $s(O,\text{normal})$，其中，O 为边界中心，normal 为法线。$O=\frac{1}{n}\sum_{i=0}^{n-1}V_i$，计算边界顶点的协方差矩阵 $\boldsymbol{C}=\sum_{i=0}^{n-1}(V_i-O)(V_i-O)^T$ 的特征值 $\lambda_1,\lambda_2,\lambda_3$，可知 normal 为最小特征值对应的特征向量，然后将组成孔洞边界的顶点投影到该平面，即可计算孔洞的范围。

破洞边界上的一系列点 $p=\{p_1,p_2,\cdots,p_n\}$，以这些点为边界得到一个多边形，点集 q 存储插入的离散点。下面给出在该多边形内部插入离散点的步骤（成欣，2006）。

（1）清空临时目标点集 q，对于当前边界轮廓点 p_i，其邻接点为 p_{i-1}、p_{i+1}，求出该点两邻接边的平均长度 $L=(\overline{p_{i-1}p_i}+\overline{p_ip_{i+1}})/2$。

（2）求出当前轮廓点 p_i 两邻接边的内夹角 α，为避免出现畸形三角形，使最终网格化的三角形近似等边三角形，令 $n=\lfloor\alpha/60\rfloor$，若 n 为0，则转到步骤（3）。再求 $\beta=\alpha/(n+1)$，将夹角 α 平分成 $n+1$ 个 β，在角分线上以长度 L 截取点，得到一个候选的插入点 r，该插入点的坐标计算公式为

$$r=\frac{p_{i+1}-p_i}{|p_{i+1}-p_i|}\cdot\begin{pmatrix}\cos n\beta & \sin n\beta\\ -\sin n\beta & \cos n\beta\end{pmatrix}\cdot l+p_i$$

（3）遍历目标点集 q 中的每一个点 q_i，计算点 q_i 与当前候选插入点 r 的距离 $d_i=\overline{q_ir}$，若 $d_i\leqslant$ 阈值，则合并 q_i 与 r，令 $q_i=(q_i+r)/2$，否则将候选点 r 加入目

标点集 q 中。

(4) 若目标点集 q 内的点数大于 3,则以目标点集 q 作为新的边界轮廓点集,再从步骤开始向内求出新的插入点,重复上面的过程直到最后求得的目标点集 q 内的点数小于等于 3。

图 4-28 为本算法生成的离散点集。

图 4-28 孔洞边界插入的离散点集

4.5.2 基于 RBF 的孔洞修补技术

孔洞边界顶点及其 k 阶邻域顶点集为 HolePoint,其对应的值为 $\{h_0, h_1, \cdots, h_{n-1}\}$,通过径向基函数可以建立函数 f,使得 $\forall q_i$ 有 $f(q_i)=h_i$,即可以构造出散乱点的隐式曲面方程。

半范数被用来度量曲面的能量和光滑程度,半范数定义为

$$\|f\|^2=\int_{R^3}\frac{\partial f(x)}{\partial x^2}+\int_{R^3}\frac{\partial f(x)}{\partial y^2}+\int_{R^3}\frac{\partial f(x)}{\partial z^2}+2\left(\frac{\partial^2 f(x)}{\partial x\partial y}\right)^2+2\left(\frac{\partial^2 f(x)}{\partial x\partial z}\right)^2+2\left(\frac{\partial^2 f(x)}{\partial y\partial z}\right)^2\mathrm{d}x$$

半范数越小则曲面越光滑,Duchon 指出最光滑的插值的简单表示形式是

$$f^*(x)=p(x)+\sum_{i=1}^{N}\lambda_i|x-x_i|$$

径向基函数的定义为

$$f(q)=\sum_{i=1}^{k}\overline{\omega}_i\phi(\|q,q_i\|)+\pi(q)$$

其中 $\|q,q_i\|$ 表示两点之间的欧式距离,$\overline{\omega}_i$ 表示权重,ϕ 表示基函数,π 为多项式函数 $\pi(q_i)=\pi_0+\sum_{j=0}^{k-1}\pi_i q_i^{(j)}$,它分为常数项和向量的线性组合两个部分,$q_i^{(j)}$ 为向量 q_i 的第 j 个分量。常用的基函数有如下几种形式。

$$\phi(r)=r$$

$$\phi(r)=r^3$$

$$\phi(r)=r^2\lg(r)$$

$$\phi(r)=\exp(-cr^2)$$

由隐式曲面的定义可知,若 $f(q_i)=0$,则 q_i 在曲面上,若 $f(q_i)\neq 0$,则 q_i 不在曲面上,进一步分析可知 $f(q_i)>0$,q_i 在曲面外部;$f(q_i)<0$,q_i 在曲面内部,由此可知顶点集 HolePoint 中的顶点满足 $f(p_i)=0$。

为了避免径向基函数有平凡解,需要引入 $f(q_i)\neq 0$ 的点,可将沿顶点集 HolePoint 中每个顶点法线方向距离为 d_i 的点引入。因此,可将径向基函数的输入分为两部分:

$$f(q_i)=0(i=0,1,\cdots,n-1)\text{ 和 }f(q_i)=d_i(i=n,\cdots,N)。$$

引入正交约束条件,即

$$\sum_i \omega_i = \sum_i \omega_i \pi_1 = \cdots \sum_i \omega_i \pi_n = 0$$

可以得到线性方程组,$\boldsymbol{Ax}=\boldsymbol{b}$,其中,$\boldsymbol{A}=\begin{bmatrix} \boldsymbol{\phi}_{ij} & \boldsymbol{P}^T \\ \boldsymbol{P} & 0 \end{bmatrix}$,$\boldsymbol{\phi}$ 是 n 阶方阵,$\boldsymbol{\phi}_{ij}=\boldsymbol{\phi}(\| p_i,p_j \|)$,$\boldsymbol{x}=[\overline{\omega}_1,\overline{\omega}_2,\cdots,\overline{\omega}_1,\pi_1,\pi_2,\cdots\pi_n,\pi_0]^T$,$\boldsymbol{b}=[h_1,h_2,\cdots,h_k,0,0,\cdots,0]^T$。方程组的具体形式为

$$\begin{bmatrix} \varphi_{11} & \cdots & \varphi_{1N} & 1 & x_1 & y_1 & z_1 \\ \vdots & \ddots & \vdots & \vdots & \vdots & \vdots & \vdots \\ \varphi_{N1} & \cdots & \varphi_{NN} & 1 & x_N & y_N & z_N \\ 1 & \cdots & 1 & 0 & 0 & 0 & 0 \\ x_1 & \cdots & x_N & 0 & 0 & 0 & 0 \\ y_1 & \cdots & y_N & 0 & 0 & 0 & 0 \\ z_1 & \cdots & z_N & 0 & 0 & 0 & 0 \end{bmatrix} \begin{bmatrix} \overline{\omega}_1 \\ \vdots \\ \overline{\omega}_N \\ \pi_1 \\ \pi_2 \\ \pi_3 \\ \pi_0 \end{bmatrix} = \begin{bmatrix} h_1 \\ \vdots \\ h_n \\ 0 \\ 0 \\ 0 \\ 0 \end{bmatrix}$$

孔洞修补的具体步骤如下。

(1) 由边界点集及其 k 阶邻接点集 HolePoint,以及沿上述这些点法线方向距离为 d_i 的点集作为径向基函数的输入,计算孔洞区域的径向基函数隐式方程。

(2) 利用径向基函数,使用梯度下降法将步骤(1)中新插入的顶点调整到新构造的隐式曲面上,并保持插入顶点的拓扑关系不变,实验结果如图 4-29 所示。

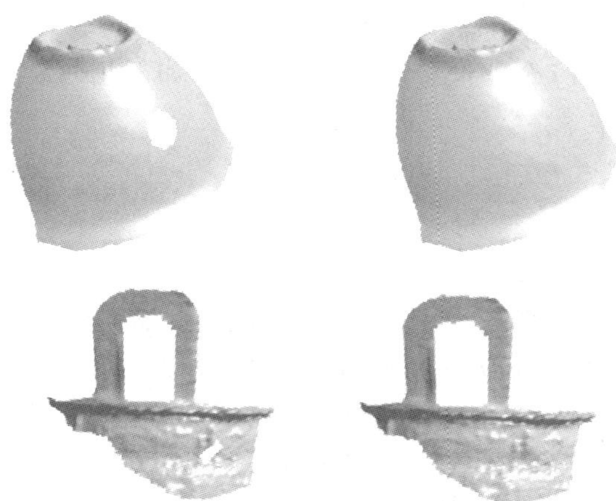

图 4-29　文物修复结果

4.5.3 基于移动最小二乘法的孔洞修补技术

移动最小二乘法是在 20 世纪 80 年代初由 Lancaster 等人提出,并将其用于曲线、曲面的拟合,它的优点在于通过局部近似来完成全局的近似,已在许多领域取得了很好的成效。移动最小二乘法与传统的最小二乘法相比,有如下两个比较大的改进(Lancaster,1986)。

(1) 拟合函数的建立不同。这种方法建立拟合函数不是采用传统的多项式或其他函数,而是由一个系数向量 $a(x)$ 和基函数 $p(x)$ 构成,这里 $a(x)$ 不是常数,而是坐标 x 的函数。

(2) 引入紧支(compact support)概念,认为点 x 处的值 y 只受 x 附近子域内节点影响,这个子域称为点 x 的影响区域,影响区域外的节点对 x 的取值没有影响。在影响区域上定义一个权函数 $w(x)$,如果权函数在整个区域取为常数,就得到传统的最小二乘法。

这些改进能够带来许多优点,减缓或解决传统曲线、曲面拟合过程中存在的困难。可以取不同阶的基函数以获得不同的精度,取不同的权函数以改变拟合曲线(曲面)的光滑度,这是其他拟合方法无法做到的。在本书中可由破洞附近的数据点及内部生成的离散点拟合一个光滑的曲面。

设待求函数 $u(x)$ 在求解域 Ω 内的 n 个节点 $x_i(i=1,2,\cdots,n)$ 处的函数值已知,即 $u_i=u(x_i)$。在求解域 Ω 内待求函数 $u(x)$ 可以近似为

$$u(x)\approx u^h(x)=\sum_{i=1}^{m}p_i(x)a_i(x)=p^T(x)a(x)(1)B=P^TW(x)$$

其中,$a(x)=[a_1(x),a_2(x),\cdots,a_m(x)]^T$,$a_i(x)$ 是待定系数。$p^T(x)=[p_1(x),p_2(x),\cdots,p_m(x)]$,$p_i(x)$ 是基函数,m 是基函数的个数。通常可选取单项式作为基函数,二维空间中单项式一次和二次基函数分别为

$$P^T(x)=[1,x,y](m=3)$$

$$P^T(x)=[1,x,y,x^2,xy,y^2](m=6)$$

待定系数 $a_i(x)$ 是坐标 $x=[x,y]^T$ 的函数。在移动最小二乘近似中,系数 $a_i(x)$ 是通过令近似函数 $u^h(x)$ 在点 x 的邻域 Ωx 内各节点的误差的加权平方和来确定,即

$$J=\sum_{t=1}^{m}w_t(x)[u^k(x)-u(x_t)]^2=\sum_{t=1}^{m}w_t(x)\left[\sum_{i=1}^{m}p_i(x_t)a_i(x)-u_t\right]^2$$

其中:$u^k(x)$ 是函数在结点 x 处的值;$w_t(x)$ 是节点 x 对应的权函数,并且它是以 x_t 为中心的紧支函数。由于 J 取极小,所以

$$\frac{\partial J}{\partial a_j(x)}=2\sum_{t=1}^{m}w_t(x)\left[\sum_{i=1}^{m}p_i(x_t)a_i(x)-u_t\right]p_j(x_t)=0(j=1,2,\cdots,m)$$

根据上式即可求得系数 $a_i(x)$，给出曲面拟和公式，即

$$s(u,v)=a_0+a_1u+a_2v+a_3u^2+a_4v^2+a_5uv$$

其中：

$$a(x)=\boldsymbol{A}^{-1}(x)\boldsymbol{B}(x)u$$
$$\boldsymbol{A}=\boldsymbol{P}^TW(x)\boldsymbol{P}$$
$$\boldsymbol{B}=\boldsymbol{P}^TW(x)$$

求得 s 后，将 (u,v,s) 坐标转换到 (x,y,z) 坐标，就得到了最终的插入点，效果如图 4-30 所示。

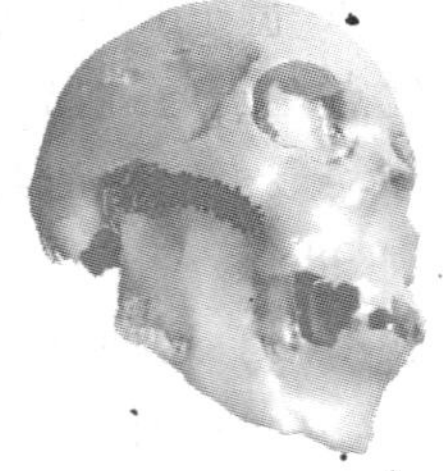
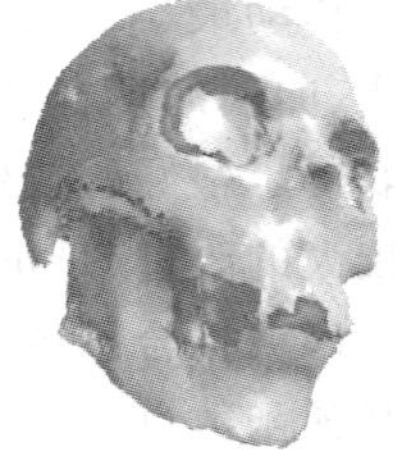

图 4-30 颅骨孔洞修复结果

4.6 旋转体的复原

大量出土的形状特殊的轴对称罐状文物如图 4-31 所示。这类文物是古人在陶车上制造出来，形状近似对称，器皿的内外表面都近似为旋转面。对于这类文物碎片的修复，传统办法不外乎先记录其形状、颜色、纹理和质地测量值等，然后分别比较各个碎片，以便能分成多组原先为同一器皿上的碎片集合，之后根据经验对这些集合分别进行拼合，可以看出，这个过程是一个反复试验的过程，而且要求能拼合的所有碎片都已发掘。可是由于战争、地震、水火自然灾害等许多原因，使得发掘出来的绝大多数这类文物碎片很可能不能找全，导致发掘出土的文物大都已不能通过碎片拼接的方法进行恢复。与此同时文物工作者在修复活动中也可能对文物造成二次破坏，使具有很高价值的文物碎片又遭到毁灭性破坏。由此，如何既避免对文物碎片的破坏，又能将无法拼合的这些碎片重新复原起来，是一个值得研究和解决的问题。伴随着实体数字化手段的不断进步，计算机图形图像、机器视觉、反向工程等技术的发展，本节介绍轴对称文物碎片数字化及其数字化模型形状信息（轴、母线）的计算方法，并在计算机中利用这类文

(a)

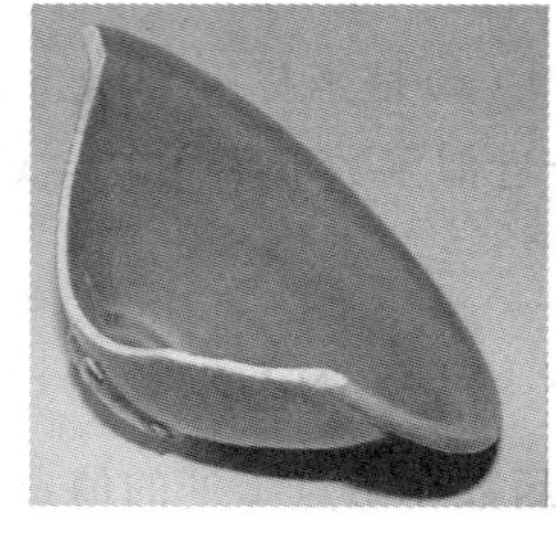

(b)

图 4-31 罐状文物

物的部分碎片虚拟复原出该文物的原始面貌,这不仅为进一步虚拟还原逼真的文物艺术面貌提供了支持,也使在线鉴赏这些虚拟复原文物成为可能(李春龙,2006)。

美国布朗大学的SHAPE实验室在文化遗产的数字化保护领域做了大量细致的工作。其STITCH项目主要研究罐状文物的虚拟拼接和复原问题。该项目的研究对象与本书的研究对象很相似,同样都是破碎的轴对称罐状文物。但是,该项目研究内容则是如何自动、有效地虚拟拼接这些陶器碎片。STITCH(Andrews,2002)项目对其复原系统的体系框架在文献中做了简要介绍。该框架具有很强的扩展性,其基本落脚点是对碎片进行两两比较,反复对两两碎片进行尝试(proposal)比较和评估(evaluation)比较过程后,计算得到每对碎片之间的相似度,作为下一步拼接(assembly)模块贪婪选择方法的输入。文献(Willis,2002)、(Willis,2001)提出了基于陶罐碎片断裂曲线、对称轴和母线信息的复原方法,该方法主要基于贝叶斯概率模型,对每一个碎片之间的可能关系都定义了随机变量,最后将问题归结为最大似然估计或最大后验概率问题。该项目在计算陶罐碎片的对称轴和母线时需要计算曲线曲率。

维也纳技术大学的模式识别与图像处理小组也在陶罐复原方面做了很多工作(Mara,2003)、(Kampel,2003)。这些项目的着眼点是如何有效地帮助考古工作者对轴对称的陶罐碎片进行快速分类,该小组利用结构光实体捕捉方法获得陶罐碎片的三维实体信息,使用三维霍夫算法估计出陶罐的对称轴信息,然后计算出碎片的母线信息,接着再对母线的每一特征部分进行自动分割,计算特征曲线段,以期能对整个碎片进行分类。该自动分类过程实际上模仿了考古工作者的手工分类过程。另外,该小组在文献(Martin,2004)中还提出了一种轴对称罐状文物碎片的自动匹配方法,由于这些碎片被认为是旋转面的一部分,因此,匹配算法得到了简化,即当两个待匹配的碎片对齐对称轴后,匹配搜索空间只剩两个自由度,即轴方向上的平移和绕轴方向的旋转。该匹配方法用在文献作者构建的理想模型上,取得了满意的效果,但并没有应用于实际的考古过程中。

Radim(Radim,1997)等人提出了估计轴对称罐状文物碎片母线的方法,该方法也需要计算曲线曲率,效率不高。对于点云数据如何重建旋转面的问题,也有不少文献进行了详述,最早见于文献(Elsasser,1996),该文采用NURBS曲面定义旋转面,对两种情形(对称轴已知和对称轴未知)下的重建进行了讨论。Calio(Calio,2003)在确定旋转面的对称轴时,需要将被测物体手工调整为正态姿式。Pottman(Pottman,1998)使用直线几何(line geometry)的方法来解决旋转面的重建问题。

4.6.1 工作流程

从一片文物碎片开始，数字化该文物碎片的内外表面，然后反求出文物碎片的内外表面几何信息，再复原其丢失部分，贴上纹理信息，这就是整个罐状文物碎片的复原过程，一般的步骤为：① 碎片数字化，得到碎片的数字数据，还包括转化为一定的数据格式，并按一定的方式存储；② 碎片数据预处理，由于反求算法的要求，模型数据需要进行化简或者降噪等预处理；③ 内外表面几何信息提取，对碎片进行几何信息的提取，包括对称轴和母线信息的计算；④ 计算复原模型，根据几何信息，修补或者重建文物原始模型；⑤ 纹理贴图，对复原模型进行纹理贴图；⑥ 输出复原结果，对复原的结果输出至指定格式。具体如图 4-32 所示。

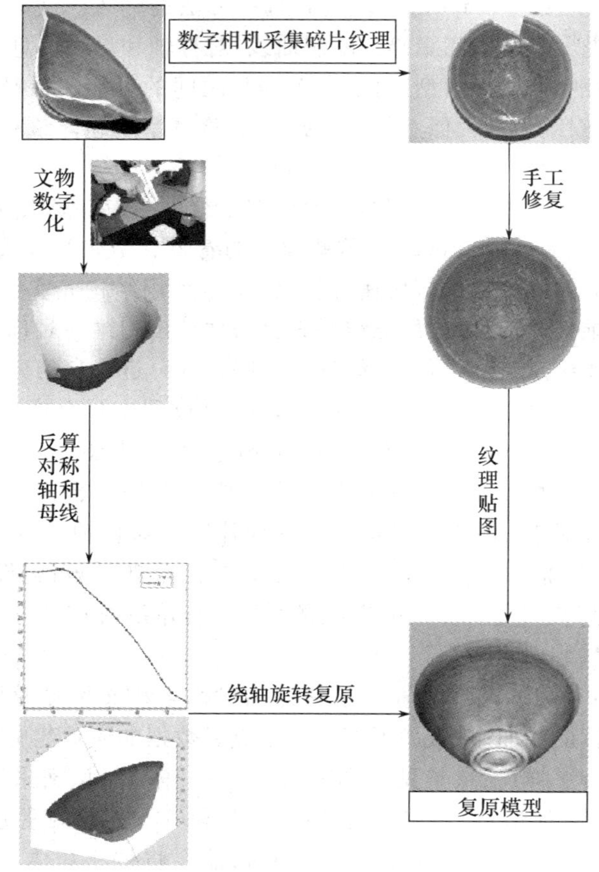

图 4-32　技术路线

4.6.2 基于旋转对称性的碎片复原

1. 转轴文物对称轴的计算

对称轴是旋转面的基本几何信息，从三维点云数据反算出对称轴是本书讨论的复原方法的核心步骤。目前，研究的方法大致分为三类：曲率法，需要计算截面簇与模型表面之间交线的平均曲率；霍夫空间算法，需要将模型表面采样点的法矢转换到霍夫空间后寻找对称轴；计算线几何法，该方法将问题归结为矩阵的广义特征值和特征向量问题。本书根据实际需要，给出了另一种可行的优化对称轴的方法。

1）基于曲率的算法

这类方法的核心思想来源于旋转面的特殊性，即以旋转面对称轴为法矢的平面与旋转面相交，如果能得到曲线的话，则该曲线是一段圆弧，如图 4-33 所示，$\boldsymbol{m}$ 为平行于对称轴的单位矢量，以 $\boldsymbol{m}$ 为法矢的平面 A 与旋转面交成的曲线是一段圆弧。要计算出旋转面对称轴准确的方向，我们的目标就是要寻找能使上述相交曲线为圆弧或者尽量为圆弧的那个法矢。

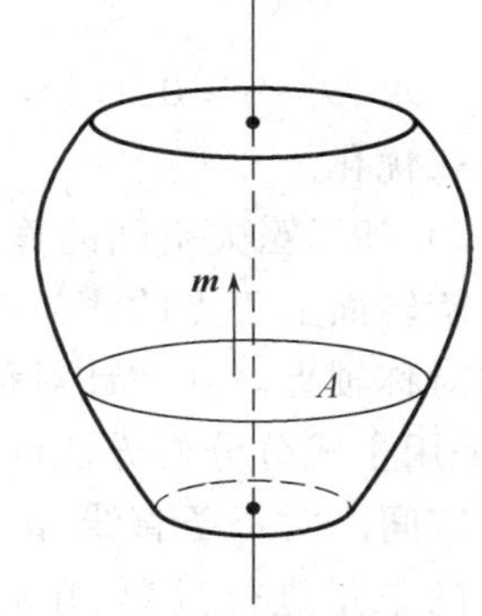

图 4-33 平面与旋转面交线

文献（Qian，2004）给出了一种解决方案，这也是人们最易想到的方法。该方法首先对扫描后的点云数据进行插值，重建分段线性曲面，然后在以坐标原点为球心的单位球上均匀选出一系列矢量 $\boldsymbol{N}_i$，对每一个矢量 $\boldsymbol{N}_i$，建立以 $\boldsymbol{N}_i$ 为法矢的平面簇 $\prod_i(j)\ (j=1,2,\cdots,s)$。再用这组平面与曲面相交得到一组分段线性曲线簇 $C_i(j)\ (j=1,2,\cdots,s)$，设 k_j 表示曲线 $C_i(j)$ 的平均曲率，则式 $\bar{k}_i=\sum\limits_{j=1}^{s}k_j$ 表示曲线簇 $C_i(j)\ (j=1,2,\cdots,s)$ 的平均曲率导数。$\bar{k}_i$ 越小说明曲线簇 C_i 的形状越接近于圆弧，也就是说矢量 $\boldsymbol{N}_i$ 越接近于对称轴的方向。

该方法实际上效率是非常低的，假设输入数据规模为 n，求交算法和计算曲线曲率的时间渐近复杂度都为 $O(n)$，则该算法的时间渐近复杂度为 $O(n^4)$。而且求得的结果与选取均匀法矢的密度有关，选取越密，求解越准确，且在求解过程中进行了大量不必要的运算，更要求解导数，对算法的精度产生了影响。

STITCH 项目（Yan，2002）给出另外一种基于曲率计算的求解方案。该算法利用旋转面的特殊性避免了求解导数来计算曲线的曲率值。已知旋转面上有 m 个采样点，定义 p_i 和 $\boldsymbol{n}_i$ 为采样点相应的向径与法矢。假设对称轴为 L 由点 p_0 和方向单位矢量 $\boldsymbol{v}$ 确定。限制 $p_0\cdot\boldsymbol{v}=0$，则对称轴变为 4 个自由度，如图 4-34 所

示。则 p 点的曲率半径等于 $|bp|$。因此，曲率 k 由下式决定：

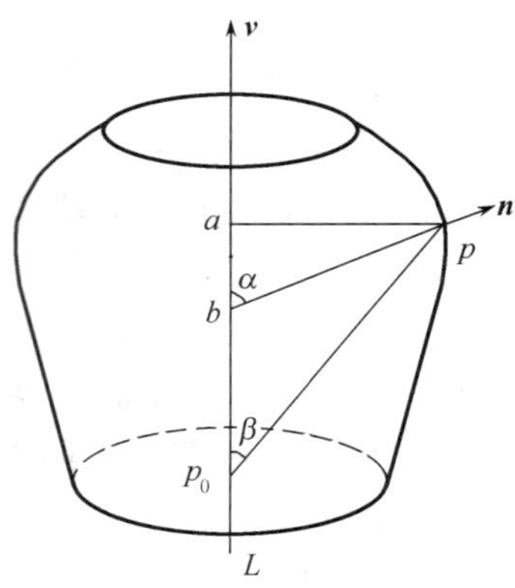

图 4-34　旋转面求轴

$$|bp| = \frac{|ap|}{\sin\alpha} = \frac{|(p-p_0)\times\boldsymbol{v}|}{|\boldsymbol{n}\times\boldsymbol{v}|}, k = \frac{1}{|\boldsymbol{bp}|}$$

圆心可表示为 $c_i = p_i - \boldsymbol{n}_i \cdot \frac{1}{k}$。由于每个采样点密切圆心都应在对称轴上，因此最小化下式便可得到对称轴：

$$f(p_0,\boldsymbol{v}) = \sum_{i=1}^{m} |(c_i - p_0)\times\boldsymbol{v}|^2$$
$$= \sum_{i=1}^{m} \left|(p_i - p_0)\times\boldsymbol{v} - \frac{|(p_i - p_0)\times\boldsymbol{v}|}{|\boldsymbol{n}_i\times\boldsymbol{v}|}(\boldsymbol{n}_i\times\boldsymbol{v})\right|$$

并且要求，$p_0\cdot\boldsymbol{v}=0, |\boldsymbol{v}|=1$。为了增强算法的鲁棒性，文献（Yan，2002）还提出了加权优化。

2）基于霍夫空间的算法

旋转面上每点的法矢都应与旋转面的对称轴相交，即所有交点都应在旋转面的对称轴上。在估计对称轴之前，需要计算旋转面上点的法矢值，为了计算稳定，采用主成分分析方法计算其法矢 $\boldsymbol{n}_i$，然后将所有直线$(p_i,\boldsymbol{n}_i)$都聚集在三维霍夫空间。对每条直线$(p_i,\boldsymbol{n}_i)$上的所有点，依据该点在此三维霍夫空间中直线上的数量进行投票，在此空间中投票值最大的点集组成旋转面对称轴的候选轴，然后再经过一次搜索优化，找到一个较优解。图 4-35 为使用霍夫空间算法计算得到对称轴的示意。

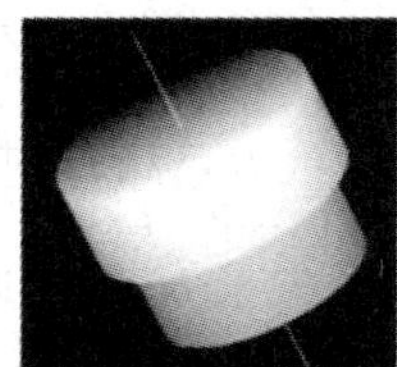 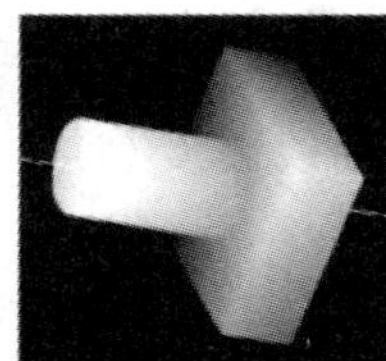 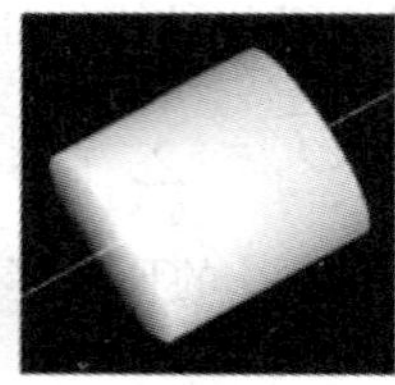 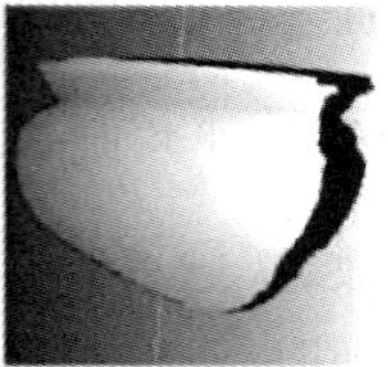

图 4-35　霍夫空间算法计算出的对称轴

3）基于计算线几何的算法

首先，该方法将空间中曲面上的点看成是做两种运动，一个是绕轴旋转，如图 4-36 所示，另一个是沿轴方向上平移运动。对于轴为 Z 轴的螺旋曲面上的点，其运动参数方程表示为

$$\boldsymbol{x}(t) = \begin{cases} x_0\cos t - y_0\sin t \\ x_0\sin t + y_0\cos t \\ z_0 + pt \end{cases}$$

其中，(x_0,y_0,z_0)为起始点，p为沿轴方向上的平移速度。假设设点 m 的运动矢量为(x,y,z)，则其速度矢量为 $\boldsymbol{v}(-y,x,p)$，所有垂直于此速度矢量的方向构成该点的路径法矢（path normal）簇 $\boldsymbol{v}(m)$，如图 4-37 所示。

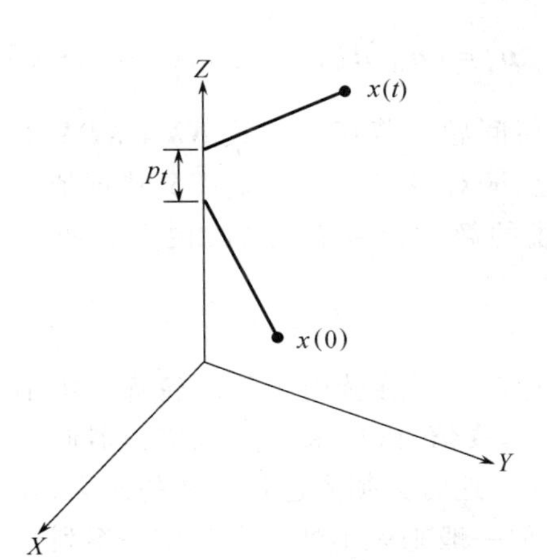

图 4-36 点 x 做螺旋运动

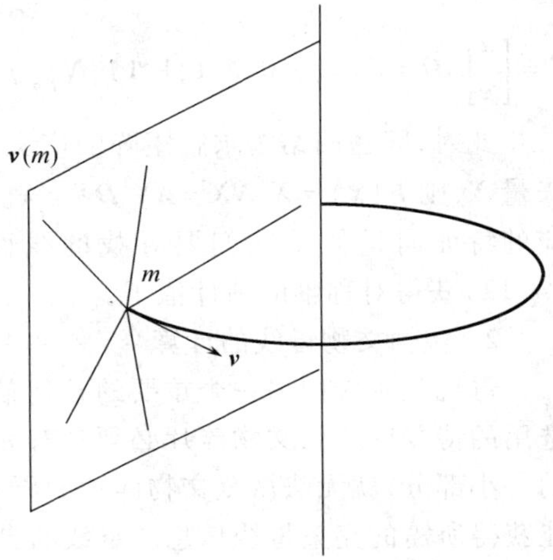

图 4-37 路径法矢簇

设 $\boldsymbol{L}(l,\bar{l})$ 为 $\boldsymbol{v}(m)$ 中任意一条法矢，则 $\boldsymbol{L}$ 需满足

$$l\cdot\boldsymbol{v}=0 \tag{4.9}$$

另外，由 Plucker 坐标的性质有

$$\bar{l}=p\times l \tag{4.10}$$

由式(4.9)和式(4.10)可得

$$\bar{c}l+c\bar{l}=0 \tag{4.11}$$

$\boldsymbol{C}(\bar{c},c)$为常矢量，注意，$\lambda\cdot\boldsymbol{C}$ 都可使式(4.11)成立。因此，可以用 $\boldsymbol{C}(\bar{c},c)$ 表示某一螺旋运动的法矢簇。文献（Pottmann，1998）给出了利用 $\boldsymbol{C}(\bar{c},c)$ 计算该螺旋运动的旋转轴$(a,\bar{a})$和平移运动速度 p 的公式，即

$$a=\frac{c}{\|c\|},\bar{a}=\frac{\bar{c}-pc}{\|c\|},p=\frac{c\cdot\bar{c}}{c^2} \tag{4.12}$$

若 $p=0$，则该螺旋运动表示的是旋转面上的点。也就是说，如果我们能通过 $\boldsymbol{L}(l,\bar{l})$ 找到 $\boldsymbol{C}(\bar{c},c)$ 的话，就可以计算出对称轴了。定义 $\boldsymbol{L}(l,\bar{l})$ 与某一线性线簇 $\boldsymbol{C}(\bar{c},c)$ 的偏差为

$$m(\boldsymbol{L},\boldsymbol{C})=\frac{|\bar{c}l+c\bar{l}|}{\|c\|}$$

假设旋转面上 k 个采样点的法矢为 $\boldsymbol{N}_i(n_i,\bar{n}_i)(i=1,2,\cdots,k)$，则求解对称

轴的过程变为最小化下式的过程：

$$F(x)=\sum_{i=1}^{k}(\bar{x}n_i+x\,\bar{n}_i)^2=X^TNX,\ \|X\|=X^TDX=1$$

其中：

$$X=\begin{bmatrix}\bar{x}\\x\end{bmatrix},D=\mathrm{diag}(0,0,0,1,1,1),N_{ij}=\boldsymbol{\mu}_i\cdot\boldsymbol{\mu}_j,\boldsymbol{\mu}_i=(\boldsymbol{n}_{1i},\boldsymbol{n}_{2i},\cdots,\boldsymbol{n}_{ki}),(1\leqslant i,j\leqslant 6)$$

此时，问题归结为求解矩阵的广义特征值问题。若存在使式 $\boldsymbol{NX}=\lambda\boldsymbol{DX}$ 的矢量 $\boldsymbol{X}$，则 $\boldsymbol{F}(\boldsymbol{x})=\boldsymbol{X}^{\mathrm{T}}\boldsymbol{NX}=\lambda\boldsymbol{X}^{\mathrm{T}}\boldsymbol{DX}=\lambda$。因此，$\boldsymbol{N}$ 对 $\boldsymbol{D}$ 的最小非负广义特征值对应的特征向量便是我们要寻找的线性线簇的解。得到解之后，便可根据式(4.12)获得对称轴的估计值了。

2. 转轴文物母线的计算

母线是旋转面另一个重要的几何信息，它定义了旋转面的外形轮廓。本书选用的待复原罐状文物碎片必须具有完整的母线信息，如果是罐状文物器皿上的一小部分，就无法恢复文物碎片的原始面貌。这时必须先进行必要的匹配，才能获得所需的完整母线信息。母线的自动求取一般来说不外乎是利用一系列过对称轴的平面去截碎片模型，从而获得一系列交线，称为候选母线。然后进行组合，选取较好的候选母线作为最优母线信息。现有的方法采用迭代法计算旋转面最长的母线，变换旋转面使对称轴与坐标系 Z 轴重合，设一系列轴平面组成截平面簇 e_i，如图 4-38 所示，与旋转面相交成一系列交线。

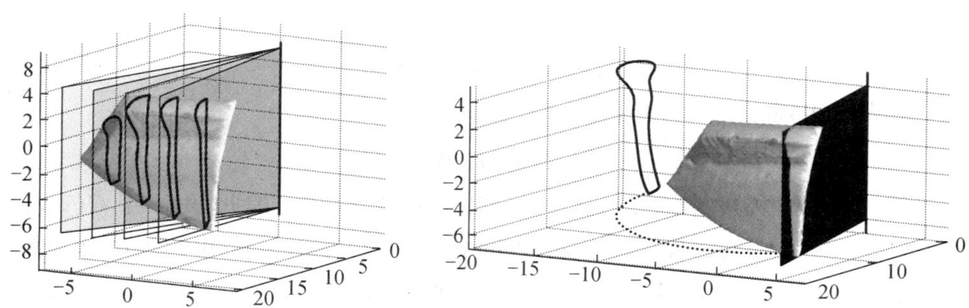

图 4-38　Kampel(Kampel,2003)给出的方法

由于每条交线所在平面与对称轴平行，则可以计算出每条交线在对称轴(Z 轴)上的投影，定义交线的高度 h_i 为对应投影沿正方向上的长度，然后计算出 h_i 值最大的交线，将其视为最终的母线。在实际应用中，文献(Mara,2003)避免了截平面与所有三角面片的求交，而是先将可能与截平面相交的三角面片过滤出来，然后再求出交线。但是该方法并没有考虑碎片有洞的情形，这种情况下，计算出来的母线信息不全。

如图 4–39 所示，如果选择截得最长的交线为母线的话，只能求出一条残缺的母线，无法求出完整母线。

本书根据文物复原的具体需求，改进了文献（Mara，2003）中的算法，加入了对交线的拟合过程，适用于碎片表面有洞的情形。

定义碎片的包围盒中心在对称轴上的投影点为 O，对称轴定义为 $l(O,d)$。下面介绍一下截平面的选择方法，首先求出碎片边界轮廓线 $S(s_1,s_2,\cdots,s_r)$，该轮廓线假设已经过均匀采样，如图 4–40 所示。

图 4–39　碎片有洞的情况

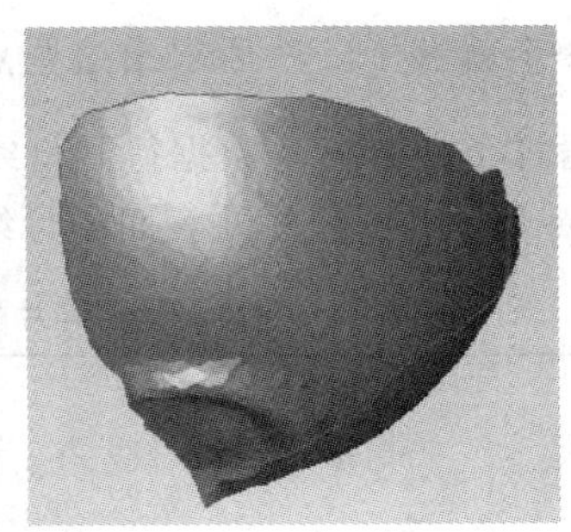

图 4–40　轮廓线

然后从某一边界线上点 s_b 开始沿某一方向 ψ_1 开始建立截平面 $\pi_t(O,n_t)$，如图 4–41 所示。这里 $n_t=\mathrm{norm}(d\times s_t)$，当每次建立新的截平面时，计算 n_t 与 n_{t-1} 之间的方向变化，如果方向朝 ψ_1 反方向前进，则停止产生新的截平面，开始在 s_b 按照 ψ_1 的反方向 ψ_2 建立截平面，直到无法建立新的截平面为止。如图 4–42 所示，如果 n_t 与 n_{t-1} 之间的方向变化朝 ψ_1 反方向前进，则表示该方向不用再创建截平面了。

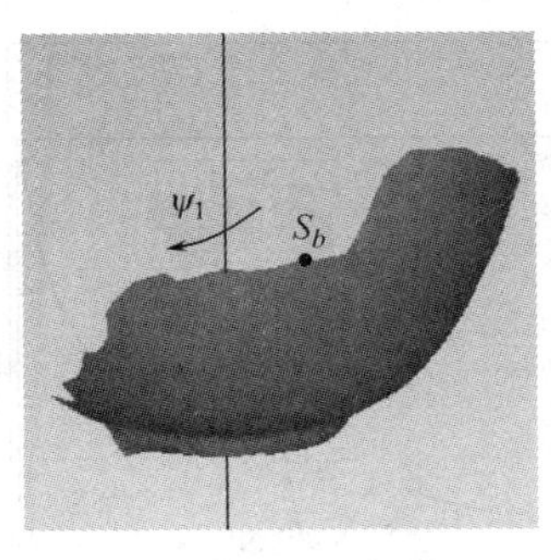

图 4–41　计算母线

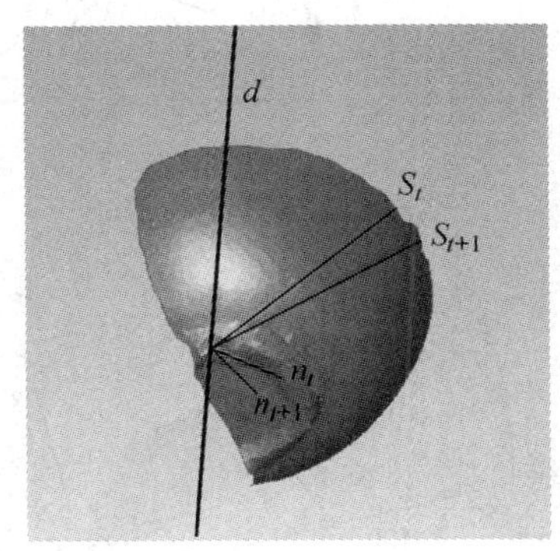

图 4–42　截平面求交

每当在 s_t 建立一个截平面 $\pi_t(O,n_t)$ 后，就可以进行求交运算了。首先，建

立局部坐标系 $\chi_t(O,I_t,J_t,K_t)$，我们令 J 的方向与对称轴相同，则 $J=d$。令 K 的方向与 $d\times(s_t-O)$ 的方向相同，即 $K=\text{norm}[d\times(s_t-O)]$，从而 $I=J\times K$。其次，计算新旧坐标变换矩阵，设坐标系 $\chi_t(O,I_t,J_t,K_t)$ 到原始坐标系的变换矩阵为 $\boldsymbol{Tr}_t$，$\boldsymbol{Tr}_t=[I_t,J_t,K_t]$，从原始坐标系到 $\chi_t(O,I_t,J_t,K_t)$ 的变换矩阵则为 $\boldsymbol{Tr}'_t=\text{Inv}(\boldsymbol{Tr}_t)$，Inv 表示矩阵的逆。获得了截平面簇后，与碎片模型进行求交运算，对每一个截平面 $\pi_t(O,n_t)$ 求交后产生交点集 U_t，将交点集 U_t 中的点按 $\chi_t(O,I_t,J_t,K_t)$ 坐标系 x 坐标排序，删除 x 坐标小于 0 的点，这是因为母线信息只需要对称的那一半就够了。然后求出这些点集的并集 $U=\bigcup_{i=1}^{k}U_t$ 进行曲线拟合。本书使用光滑样条拟合这些数据得到母线 Profile，光滑度 $p=0.2$。

表 4-1 给出了碎片外表面的母线计算在 Matlab 7.0 中的实验结果。

表 4-1 碎片模型母线拟合实验结果

模型编号	三维模型	母线	拟合好坏程度
1	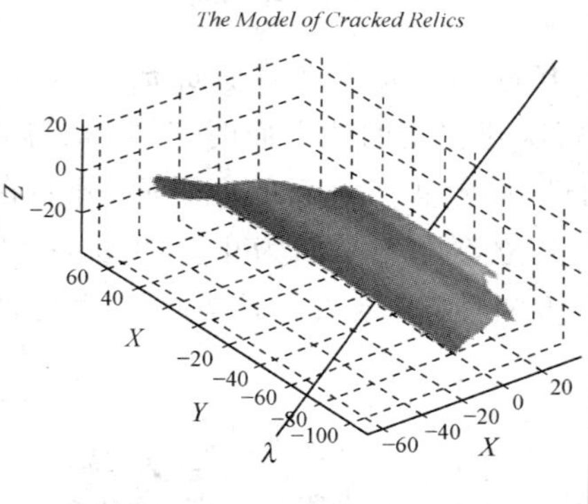	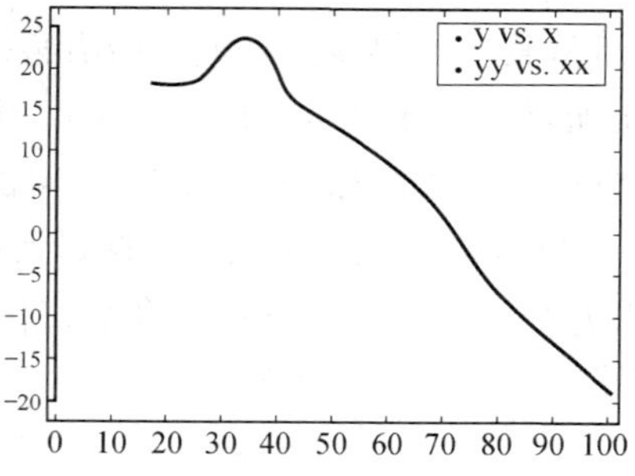	4.851
2	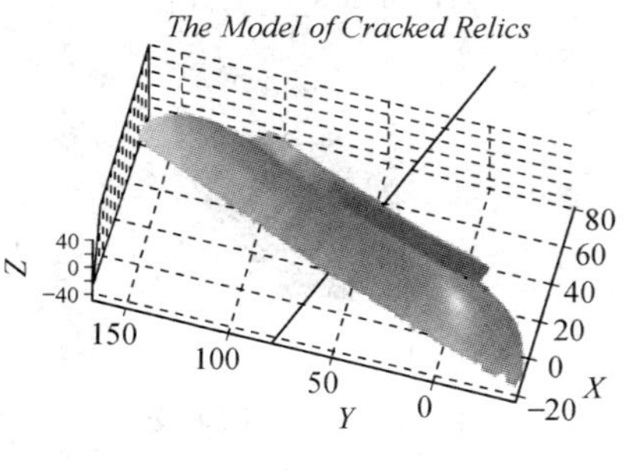	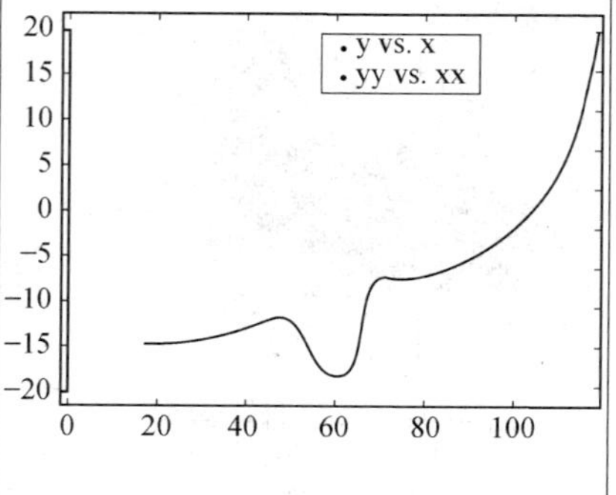	3.273

续表

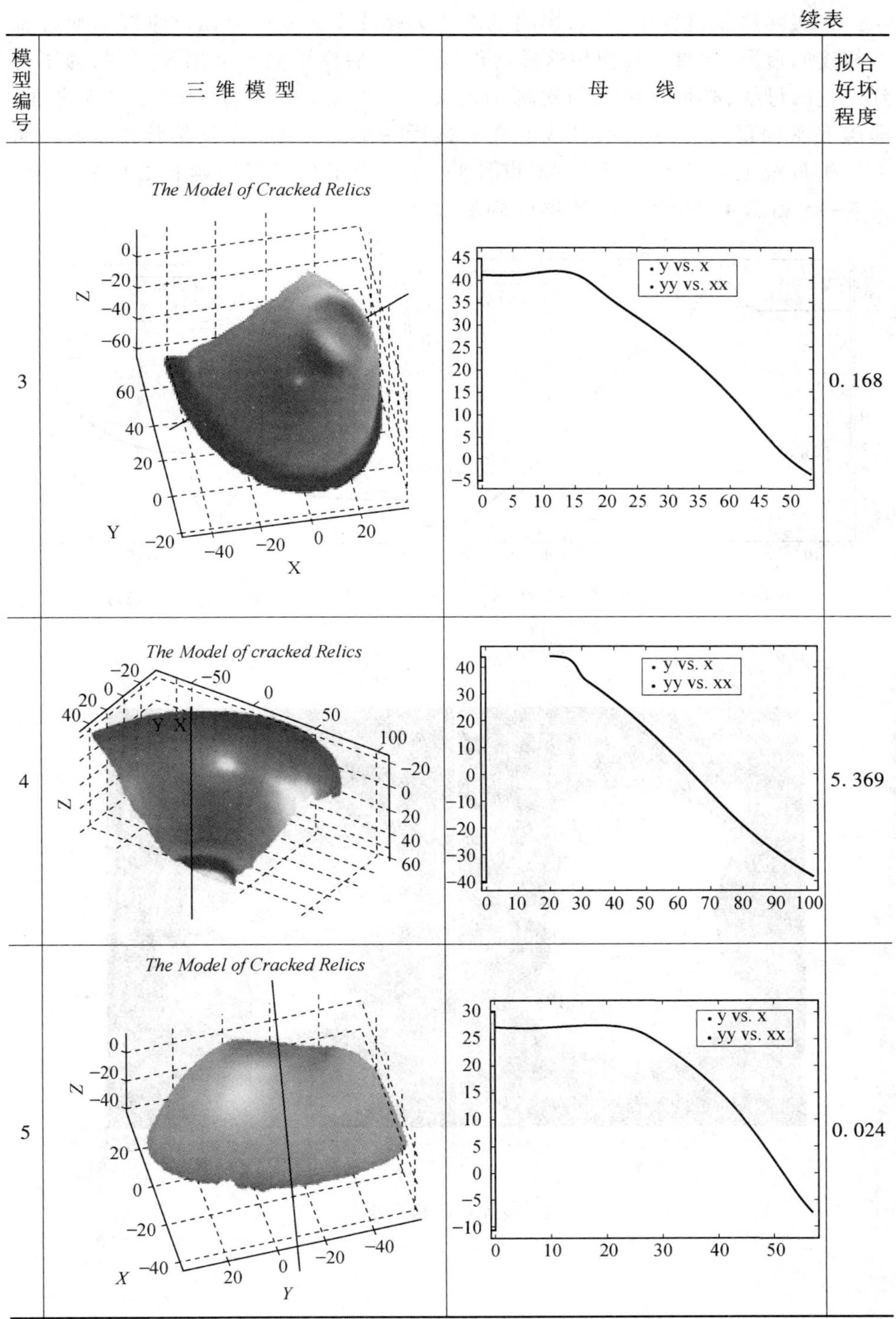

模型编号	三维模型	母线	拟合好坏程度
3			0.168
4			5.369
5			0.024

在实际修复过程中，经常会遇到表 4.1 碎片 1、2、4 计算出的母线与对称轴不相连的情况，如果直接使用这样的母线，复原后模型底部会出现空洞，为了得到完整的母线，必须将母线与对称轴连接上。本书将母线缺少部分视为平面，即碗底平面部分，因此，从母线上底部最后一个点开始，沿垂直于对称轴方向上产生母线上新的点。图 4-43 和图 4-44 画出了母线经过延长之后的效果。图 4-45 和图 4-46 为破碎瓷器的修复效果。

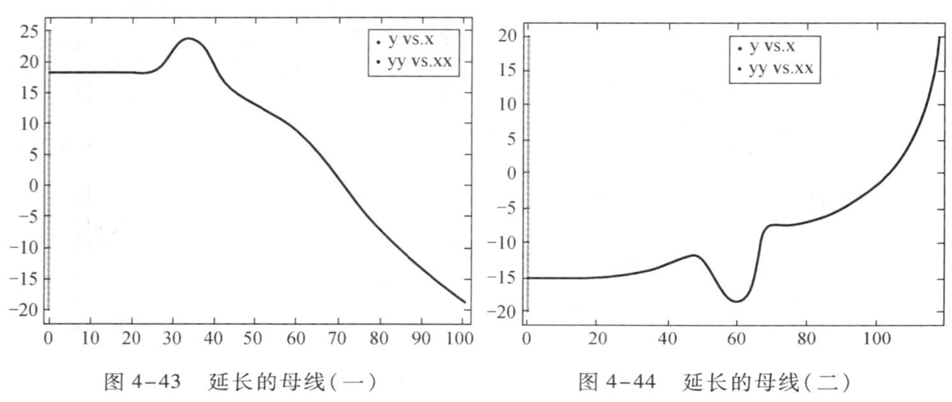

图 4-43 延长的母线(一)　　图 4-44 延长的母线(二)

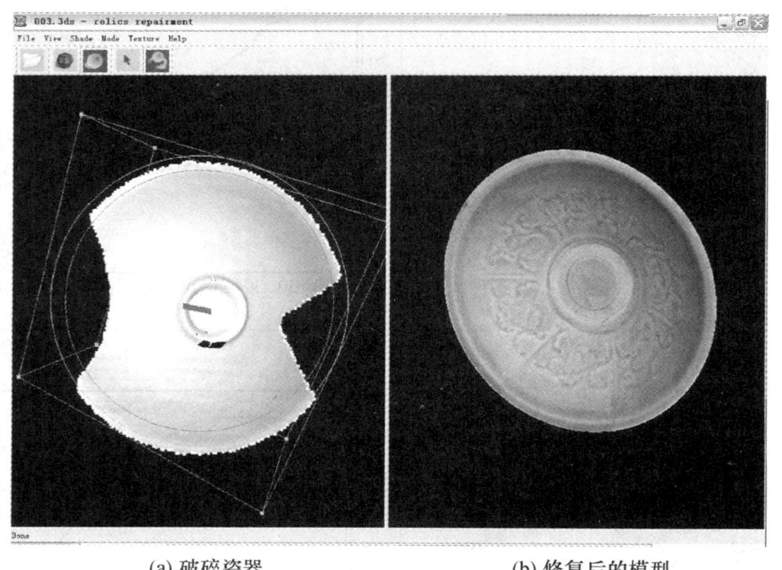

(a) 破碎瓷器　　(b) 修复后的模型

图 4-45 破碎瓷器修复效果(一)

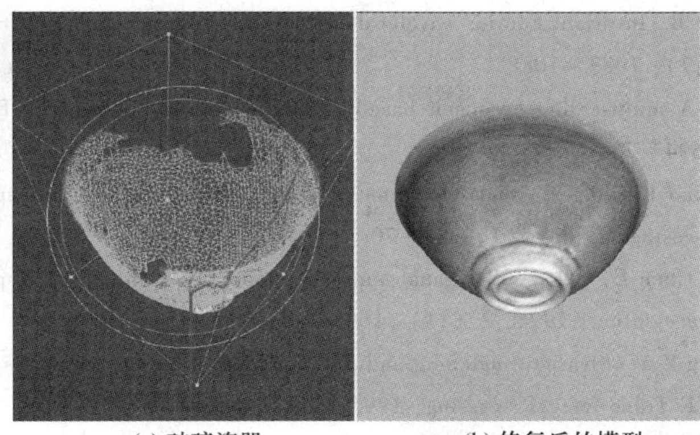

(a) 破碎瓷器 (b) 修复后的模型

图 4-46 破碎瓷器修复效果(二)

参考文献

Anelli G, Broggi A, Destri G. Decomposition of arbitrarily shaped binary morphological structuring elements using genetic algorithm. IEEE Trans PAMI, 1998, 20(2): 217 -224

Andrews S, Laidlaw D H. Toward a framework for assembling broken pottery vessels. Proceedings of Eighteenth national conference on Artificial intelligence. Canada: Edmonton, Alberta, 2002: 945 -946

Asada H, Brady M. The curvature primal sketch. IEEE Trans PAMI, 1986, 8(1): 2 -14

Babaud J, Witkin A, Baudin M, duda R. Uniqueness of Gaussian kernel for scale space filtering. IEEE Trans PAMI, 1986, 8(1): 26 -33

Bengtsson A, Eklundh J. Shape representation by multiscale contour approximation. IEEE Trans PAMI, 1991, 13(1): 85 -94

Bezdek J C, Ehrlich R, Full W, FCM: fuzzy c-means algorithm. Computers and Geosciences, 1984, 10(2 -3): 191 -203

Bookstein, F. L. Principal Warps: Thin-Plate Splines and the Decomposition of Deformation. IEEE Transactions on PAMI, 1989, 11(6): 567 -579

Brown, A System for High-Volume Acquisition and Matching of Fresco Fragments: Reassembling Theran Wall Paintings. ACM SIGGRAPH 2008, 27(3)

Calio F, Moroni G, Rasella M. A particular class of spline in reconstruction of revolution surfaces from 3D data measured by CMM. Robotics and Computer Integrated Manufacturing , 2003, 19(1 -2): 219 -224

Carr J C, Beatson R K, Cherrie J B, etc. Reconstruction and representation of 3D objects with radial basis functions. Proceedings of the 28th Annual Conference on Computer Graphics and Interactive Techniques, 2001, 67 -76

Chen G Y, Tien D B. Invariant Fourier wavelet descriptor for pattern recognition. Pattern Recognition, 1999, 32(7): 1083 - 1088

Chen M, Yan P. A multiscaling approach based on morphological filtering. IEEE Trans PAMI, 1991, 11(7): 694 - 700

Chuang G C H, Kuo C C J. Wavelet descriptor of planar curves: theory and application. IEEE Trans ImageProcessing, 1996, 5(1): 56 - 70

Chung P, Tsai C, Chen E, Sun Y. Polygonal approximation using competitive Hopfield neural network. Pattern Recognition, 1994, 27(11): 1505 - 1512

Cohen F S, Zhuang Z Y. Invariant matching and identification of curves using B-splines curve representation. IEEE Trans ImageProcessing, 1995, 4(1): 1 - 10

Daugman J G. Uncertainty relation for resolution in space, spatial frequency, and orientation optimized by two-dimensional visual cortical filters. Journal of the Optical Society of America (A), 1985, 2(7): 1160 - 1169

De Boor C. A Practical Guide to Splines. Springer, Berlin, 1978

Dutra LV, Huber R. Feature extraction and selection for ERS2-12 InSAR classification. International Journal of Remote Sensing, 1999, 20(5): 993 - 1016

Elsasser B, Hoschek J. Approximation of digitized points by surfaces of revolution. Computers & Graphics, 1996, 20(1): 85 - 94

Fausto B, Holly R, et al. Building a Digital Model of Michelangelo's Florentine Pietà. Computer Graphic, 2002, 12(1): 59 - 67

Freeman H. Comparative analysis of line drawing modeling schemes. Computer Graphices Image Process, 1980, 12(3): 203 - 223

Freeman H. Computer processing of line drawing images. ACM Computing Surveys, 1974, 6(1): 57 - 97

Freeman H. On the encoding of arbitrary geometric configurations. IRE Trans, 1961, 10(2): 260 - 268

Freeman H. Shape description via the use of critical points. Pattern Recognition, 1978, 10(3): 159 - 166

Haralick, Robert M, Shanmugam, K, Dinstein, Its'Hak. Texture features for image lassification. IEEE Trans on Systems, 1973, 3(6): 610 - 621

Helena C. A Multi-scale Method for the Re-Assembly of Fragmented Objects. Technical report IC - 98 - 06, Institute of computing, Univ of Campinas, 1998

Huang Q X, Flry S, Gelfand N, et al. Reassembling Fractured Objects by Geometric Matching. ACM Transactions on Graphics, 2006, 25(3): 569 - 578.

Ikebe Y, Miyamoto S. Shape design, representaiton, and restoration with splines. Picture Engineering, K S Fuand, TKuniiEds. SpringerBerlin, 1982, 75 - 95

Joaquim S, Matabosch, etc. A review of recent range image registration methods with accuracy evaluation. Image and Vision Computing, 2007, 25(5): 578 - 596

Kari P. Multiview Registration for Large Data Sets. Second International Conference on 3-D Imaging and Modeling, 1999, 160 - 168

Lades M, Vorbruggen J C, Buhmann J, et. Distortion invariant object recognition in the dynamic link architecture. IEEE Transactions on Computers, 1993, 42(3): 300 - 311

Laganiere R. A morphological operator for corner detection. Pattern Recognition, 1998, 31(11): 1643 - 1652

Lancaster P, Salkauskas K. Curve and Surface Fitting. Academic Press, 1965, 1(2): 164 - 183

Lee T S. Image representation using 2D Gabor wavelets. IEEE Transactions on Pattern Analysis and Machine Inteligence, 1996, 18(10): 959 - 971

LeenKiat S, Costas T. Segmentation of satellite imagery of natural scenes using data mining. IEEE Transactions on Geoscience and Remote Sensing, 1999, 37(2): 1086 - 1099

Li J, Jay Kuo C C. Automatic target shape recognition via deformable wavelet templates. SPIE's International Symposiumon Aerospace/Defense Sensingand Controls, 1996, 8 - 12

Liew S C, Im H L, Kwoh L K, Tay G K. Texture analysis of SAR images. IEEE 1995 International Geoscience and Remote Sensing Symposium Proceedings, 1995, 2: 1412 - 1414

M. K, Robert S. Profile-based Pottery Reconstruction. Proceeding of IEEE/CVPR Workshop on Applications of Computer Vision in Archaeology, 2003, 4 - 4

Mara H, Kampel M. Automated Profile Extraction of Archaeological Fragments for Classification. Proceedings of the Computer Vision Winter Workshop, 2003, 67 - 72

Marcelja S. Mathematical description of the response of simple cortical cells. Journal of the Optical Society of America, 1980, 70(11): 1297 - 1300

Martin K, Robert S, 3D puzzling of archaeological fragments. Proceeding of the 9th Computer Vision Winter Workshop, 2004: 31 - 40

Moisan L. Affine plane curve evolution: A fully consistent scheme. IEEE Trans Image Processing, 1998, 7(3): 411 - 420

Mokhtarian F, Mackworth A. Scale-based description and recognition of planar curve sand two dimensional shapes. IEEE Trans PAMI, 1986, 8: 34 - 43

Ohbuchi R, Akazawa M, Takei T. Retrieving 3D models shapes based on their appearance. In: Proceedings of the 5th ACM SIGMM International Workshop on Multimedia Information retrieval, Berkeley, California, USA, 2003: 39 - 45.

Ohtake Y, Belyaev A, Alexa M, et al. Multilevel partition of unity implicits. ACM Transactions on Computer Graphics, SIGGRAPH 2003 Proceedings, 2003, 22 (3) : 463 - 470.

Osada R, Funkhouser T, Chazelle B, et al. Shape distributions. ACM Transactions Graphics, October, 2002, 21(4): 807 - 832.

Paquet E, Rioux M. A content-based search engine for VRML database. In: Proceedings of IEEE Computer Society Conference on Computer Vision and Pattern Recognition, Santa Barbara, California, USA, 1998, 541 - 546.

Paramount Pictures, StarTrek II: The Wrath of Khan (film). United States: Sallin R, June 1982.

Park S Y, Subbarao M. An accurate and fast point-to-plane registration technique. Pattern Recognition Letters, 2003, 24 (16): 2967 – 2976.

Parui S, Majumder D. Symmetry analysis by computer. Patern Recognition, 1983, 16(1): 63 – 37

Paul J. Besl, Mckay. A method for Registration of 3 – D Shapes. IEEE Transactions on Pattern Analysis and Machine Intelligence, 1992, 14(2): 236 – 239

Pauly M, Gross M, Kobbelt L. Efficient simplification of point-sampled surfaces// Proceedings of the IEEE Visualization 2002. Boston, USA, 2002: 163 – 170.

Pauly M, Keiser R, Kobbelt P L, et al. Shape modeling with point-sampled geometry. ACM Transtions on Graphics, 2003, 22(3): 641 – 650.

Pavlidis T. Algorithms for Graphics and Image Processing. Springer, 1982

Pavlidis T. Polygonal approximations by Newton's method. IEEE Trans Computer, 1977, 26(8): 800 – 807

Pernot J P, Moraru G F, Veron P. Filling holes in meshes using a mechanical model to simulate the curvature variation minimization. Computers & Graphics, 2006, 30(6): 892 – 902.

Persoon E, Fu K S. Shape discrimination using Fourier descriptors. IEEE Trans System, 1977, 7 (3): 170 – 179

Platt J C, BarrA H. Constraint method for flexible models. Computer Graphics, 1988, 22 (4): 279 – 288.

Pottmann H, Huang, Q X, et al. Geometry and Convergence analysis of algorithms for registration of 3D shapes. International Journal of Computer Vision, 2006, 30(6): 277 – 296

Pottmann H, Randrup T. Rotational and helical surface approximation for reverse engineering. Computing, 1998, 60(4): 307 – 322

Radim H, Jan F. Estimation of profiles of sherds of archaeological pottery. Proceeding of the Czech Pattern Recognition Workshop, 1997: 126 – 130

Reeb G. Sur les Points Singuliers dúne Forme de Pfaff Complément Intégrable ou dúne Fonction Numérique. Comptes Rendus de L'Académie des Sciences, Paris. 1946: 847 – 849.

Reeves W T. Particle Systems-A Technique for Modeling a Class of Fuzzy Objects. ACM Transactions On Graphics, 1983, 2(2).

Reinhardt J M, Higgins W E. Comparis on between the morphological skeleton and morphological shaped ecomposition. IEEE Trans PAMI, 1996, 18(9): 951 – 957

Reynolds C W. Flocks, Herds, and Schools: A distributed behavioral model. Computer Graphics, 1987, 21(4): 25 – 34.

Ricard J, Couerjolly D, Baskurt A. Generalizations of angular radial transform for 2D and 3D shape retrieval. report of laboratoire LIRIS. Lyon: Claude Bernard University, 2004.

Rusinkiewicz S, Levoy M. Efficient Variants of the ICP Algorithm. Third International Conference on 3D Digital Imaging and Modeling (3DIM), June 2001.

Sanchez-Cruz H, Bribiesca E. A method of optimum transformation of 3D objects used as a measure of shape dissimilarity. Image and Vision Computing , 2003, 21(12): 1027 – 1036.

Satoshi K. Content-based 3D mesh model retrieval from hand-written sketch. Int J Interact Des Manuf, 2008, 2: 87 -98.

Sera H, Morishma S, Terzopoulos D. Physics-based muscle model for moth shape control, IEEE International Workshop on Robot and Human Communication, 1996: 207 - 212.

Sharp G, LEE S, Wehe D. Multiview Registration of 3D scenes by Minimizing error between coordinate frames. IEEE Trans PAMI, 2004, 26(8): 587 -597

Shen Y T, Chen D Y, Tian X P, et al. 3D model search engine based on lightfield descriptors. In: Proc. EUROGRAPHICS, Granada, Spain, 2003.

Shinya M. Alain fournire stochastic motion-motion under the influence of wind. Computer Graphics Forum, 1992, 11 (3): 119 - 128.

Sundar H, Silver D, Gagvani N, et al. Skeleton based shape matching and retrieval. In: Proc shape modeling international, 2004: 130 - 139.

Terzopoulos D, Platt J, Barr A. Elastically deformable models. Computer Graphics, 1987, 21(4): 205 - 214.

Tieng Q M, Boles W W. Recognition of 2D object contours using the wavelet transform zero-crossing representation, IEEE Trans PAMI, 1997, 19(8): 910 -916

Totsuka T, Levoy M. Frequency domain volumen rendering. Computer Graphics, Annual Conference Series, 1993: 271 -278.

Tu X, Terzopoulos D. Artificial fishes: physics, locomotion, perception, behaviour. Computer Graphics, 1994, 29 (4): 43 -50.

Verdera J, Caselles V, Bertalmio M, etc. Inpainting surface holes, Proceedings of the ICIP'03, 2003, 3: 903 -906

Vranic D V, Saupe D, Richter J. Tools for 3D-object retrieval: karhunen-loeve transform and spherical harmonics. Multimedia Signal Processing, IEEE Fourth Workshop , 3 - 5 Oct 2001: 293 -298.

Vranic D V. 3D model retrieval. PhD thesis, University of Leipzig, 2004.

Vranic D V. DESIRE: a composite 3D-shape descriptor. In: Proceedings of the IEEE International Conference on Multimedia and Expo, ICME 2005, Amsterdam, The Netherlands, 2005: 4 - 11.

Wang J, Oliveira M. Filling holes on locally smooth surfaces reconstructed from point clouds. Image and Vision Computing, 2007, 25(1): 103 - 113

Wang Y, Liu R, Takayuki B, et al. An Images-Based 3D Model Retrieval Approach. Advances in Multimedia Modeling, 2008: 90 - 100.

Weil J. The synthesis of cloth objects. Computer Graphics, 1986, 20 (3): 49 -54.

Wiche R, Gubesch M, et al. Molecular basis of pollen-related food allergy: identification of a second cross-reactive IgE epitope on Pru av 1, the major cherry (Prunus avium) allergen. Biochem J, 2005, 385(1): 319 -327.

Wiche R, Gubesch, Konig M, et al. Molecular basis of pollen-related food allergy: identification of a second cross-reactive IgE epitope on Pru av 1, the major cherry (Prunus avium) allergen. The

Biochemical Journal. 2005, 385(1): 319 - 327.

Willis A, Cooper D B, et. al. Assembling Virtual Pots from 3D Measurements of their Fragments. Proceedings of International Symposium on Virtual Reality Archaeology and Cultural Heritage, 2001: 241 - 252

Willis A, Cooper, D B, et. al. Bayesian Pot-Assembly from Fragments as Problems in Perceptual-Grouping and Geometric-Learning. Proceedings of International Conference on Pattern Recognition, 2002, 3: 297 - 303

Witkin A P, Heckbert P S. Using Particles to Sample and Control Implicit Surfaces. Computer Graphics, 1994, 28(3): 269 - 277.

Witkin A P. An Introduction to Physically Based Modeling: Particle System Dynamics. Course Notes, Siggraph 94, 1994.

Witkin A P. Scale space filtering. In Proc IJCAI, 1983, 1019 - 1022

Wu J, Leou J. New pplygonal approximation schemes for object shape represebtation. Pattern Recognition, 1993, 26: 471 - 484

Wu J, Kobbelt L. OPtimized sub-samPling of Point sets for surface Splatting. In: Proc of EurograPhics04, 2004.

Xiao Chunxia. Multisolution Shape Editing of Point-Sampled Geometry. Journal of Software, 9 (18): 2336 - 2345.

Yan C, David M. Geometric Structure Estimation of Axially Symmetric Pots from Small Fragments. Proceedings of International Conference on Signal Processing, Pattern Recognition and Application, 2002: 92 - 97

Yang H S, Lee S. Recognition of 2D object contours using starting point independent wavelet coefficient matching. J. Visual Communication and Image Representation, 1998, 9(2): 171 - 181

Yu M, Atmosukarto I, Leow WK, et al. 3D model retrieval with morphingbased geometric and topological feature maps. In: Proc IEEE conf on computer vision and pattern recognition, 2003: 656 - 661.

Zaharia T, Preteux F. 3D shape-based retrieval within the MPEG-7 framework. In: Proceedins of SPIE Conference On Nonlinear Image Processing and Pattern Analysis XII, SanJose, 2001, 43 (04): 133 - 145.

Zaroubi S, Goelman G. Complex denoising of MRdata via wavelet analysis: Application for functional MRI, Magn, Reson, Imag, 2000: 59 - 68

Zhan C T, Roskies R Z. Fourier descriptors for plane closed curves. IEEE Trans Computer, 1972, 21(3): 269 - 281

Zhang C, Chen T. Efficient Feature Extraction for 2D/3D Objects in Mesh Representation. ICIP 2001.

Zorin D, Sehroder P, De R T, et al. Subdivision for Modeling and Animation. SIGGRAPH '99 Course notes, 1999.

Zwicker, Matthias. Pointshop 3D: an interactive system for point-based surface editing. ACM

Transactions on Graphics, 2002, 21(3): 322 - 329.

薄华，马缚龙，焦李成．图像纹理的灰度共生矩阵计算问题的分析．电子学报，2006，34(1)：155 - 158

成欣，周明全，耿国华，李春龙．空间三角网格曲面的补洞方法．计算机应用研究，2006：158 - 159

戴静兰，陈志杨，叶修梓．ICP算法在点云配准中的应用．中国图像图形学报，2006，12(3)：517 - 521

邓乃扬，田英杰，数据挖掘中的新方法：支持向量机．科学出版社，北京

樊少荣．破碎刚体互补形状匹配与拼接方法研究，西安，西北大学硕士论文．

冯先铭．中国陶瓷．上海古籍出版社，上海

李春龙．轴对称破碎文物虚拟复原研究，西北大学硕士论文

李春龙．轴对称破碎文物虚拟复原研究西安，西北大学硕士论文，2006

李根，陈志杨，张三元，叶修梓．网格曲面中复杂孔洞的自动修补算法．浙江大学学报(工学版)，2007，41(3)：407 - 411

刘晓宁．基于三维模型的人脸识别技术研究，西安:西北大学博士论文，2004

吕科．基于物体轮廓的曲线匹配技术研究，西安，西北大学博士学位论文

施法中．计算机辅助几何设计与非均匀有理B样条．北京航空航天大学出版社，北京

王宏涛，杜佶，刘胜兰，张丽艳．基于径向基函数的多种类型孔洞修补算法研究．机械科学与技术，24(6)：744 - 747

韦娜，耿国华，周明全．利用Gabor滤波器的基于内容的图像检索．计算机工程，2005，31(8)：10 - 11

杨琴，齐越，沈旭昆，赵沁平．一种快速的三维扫描数据自动配准方法．软件学报．2010，21(6)，1438 - 1450

张洁，岳玮宁，王楠，汪国平．三角网格模型的各向异性孔洞修补算法．计算机辅助设计与图形学报，2007，19(7)：892 - 897

第5章　字画虚拟复原技术

5.1　字画修复的问题

古旧字画会出现自然老化、破损、掉色、污渍、发霉等现象，需要重新修复恢复作品的原貌，传统的手工修复方法需要通过清洗画芯、修补用绢与托纸、补洞、全补颜色等步骤实现修复（靳凤枝，2008），其修复工序复杂、修复工作难度大，一旦修复不当就可能出现破坏，甚至造成不可挽回的损失。随着计算机技术特别是数字图像处理技术的快速发展，通过图像处理技术可以实现书画的虚拟修复，即便修复失败，还可以重新修复直到满意为止，该技术对于古字画本身并没有造成损害，同时也降低了文物专家的工作强度。

图像修复技术起源于对古代珍贵的艺术品进行修补，修补工作是由具有高超技艺的手工工匠手工修补。但由于直接对真品进行修补，且修补过程具有不可逆性，因此，对待修补的艺术品和修补工匠的技艺要求都非常高。随着科技的发展，修补工作可以借助计算机来完成，使修补的成本大大降低，同时不需要人工修补的经验，而且相对于人工修补在效率上有很大的提高。

《遵生八笺》中写道："古画年远，纸绢已脆，不时卷舒，略少局促，即便折损破碎无数，此失传之一。童仆不识收卷有法，即以两手甲抓画卷起，不顾边齐，以轴杆着力紧收，内中绢素碎裂，此失传之二。或遭屋漏水湿、鼠齿猫溺、梅雨霉白，不善揩抹，即以粗布擦摩，逐片脱落，此失传之三。或出示俗人，不知看法，即便手托画背，起眼就观，绢素随折；或挂画忽慢，以致坠地折裂，再莫可补，虽贴补何益，此失传之四。或遭兵火水溺，岁苦流移，此失传之五。"从中不难发现字画保存出现的问题。

1. 字画中存在的问题

现有字画中的存在的问题包括折痕、污脏、颜色扩散、破损等诸多情况，影响字画本身的质量，这些问题都可以通过图像处理技术实现虚拟修复。

1）折痕

由于字画一般尺寸、面积比较大，在存放及观赏字画时很容易出现折叠。另外,如果装裱字画不当,也容易产生折痕。

2）背景污损

字画中的污损与自然图像或者照片的污损有很大的区别。自然图像或者照片的污损一般是小污点、细小污痕等,传统字画中的污损往往是背景的大面积污损,是因为墨迹等因为受年代久远及空气潮湿等的影响而慢慢扩散造成。

3）画心污脏

画心污脏指由于年代久远,字画的画心颜色变暗导致画面内容不容易辨识,或者由于烟、油、霉斑、人为因素等原因造成画面伴随有附着物。

4）画心残缺破损

画心残缺破损指由于保存不当或者年代较长,造成画面本身残缺不全,是较严重的字画修复中存在的问题。

5）前人修复不当

前人修复不当指由于修复技术水平的制约和对于字画本身理解的不同,造成字画修复过程本身可能造成对原有字画的破坏。

具体如图 5-1 所示。

(a) 缺损

(b) 污脏

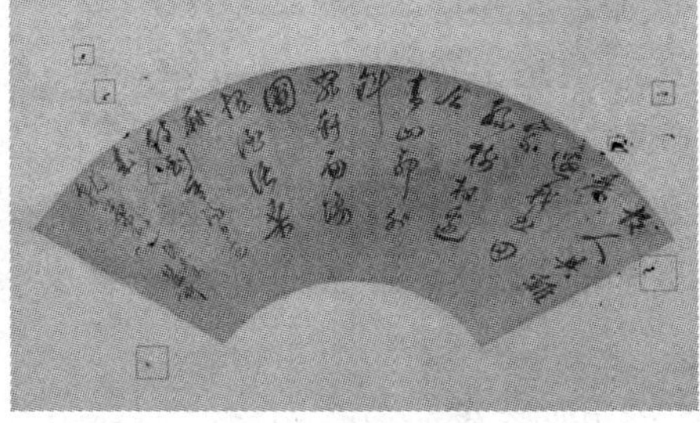

(c) 缺损

图 5-1 不同类型的污损字画

2. 传统的字画修复技术

字画修复的目的有两个,即延长字画的保存时间和恢复字画的原貌。传统的字画的修复有重新装裱、修整(包括洗心、揭旧、托补、全色等)等手段。范胜利介绍了传统字画修复的方法(范胜利,2008)。

1)洗心

如果画心因烟熏尘染,质地变黄、变黑,可以先去掉画面上附着的浮尘,然后拆裁旧镶料,拆裁时要注意画心的印章等。如果画面有易于晕化褪色的颜色,应用胶矾水加固;如果画面颜色稳固,则将画心放入清水内浸泡,隔时换水进行污迹清除。如果污迹较重,可用热水浸泡,或缓缓浇淋开水。如果画面颜色受潮返铅,可用双氧水涂抹消除。清洗的难点在清霉、去污、治铅(由于保存不善而受潮,常出现铅粉氧化变黑的情况),常用的方法包括淋洗法、刷洗法及浸泡法。

2)揭旧

揭前在画心正面用排笔蘸清水或温水将之刷湿,并覆盖新纸一张,反置案上待揭。古旧字画多有断裂,如在揭心之前,不附加垫纸,揭托之后,不易起案。画心局部颜色不稳定的,应稍施淡胶矾水,干后再行闷水。有些残破糟朽的画心,当日揭不完时,应在已揭过的部位均匀地放置些湿纸团,然后覆盖一层塑料薄膜,以防画心干裂错位。揭画心上的旧纸,一般应根据字画的薄厚、残状、颜色以及质地的具体情况制定揭旧方案。

3)托补

已揭好的画心如完整可调兑稀糊,托一层比纸绢稍浅的旧色纸。如有残缺,可用手将画心残处边际揉出薄口,选好补纸,端正纹理补上,并在补口边际搓出薄边,使接缝处厚度适宜。若补缀残缺的绢本字画,一种方法是揭毕待干,用刀将残处刮成薄口,上糊补绢,浆口干后再修刮补绢边际,使补口相合;另一种方法是托上一层与原命绢质地、丝纹相近的薄绢。正面如有残缺,可用素纸补在托绢的背面,使画心薄厚统一,干后再用刀修磨画面残缺处的边际。托旧绢画心时,要用干纸吸去正面的溢糊,以免留有浆迹,影响古旧作品的“褒光”。

4)全色

画心有缺笔的,补全时需先审视画心气韵及用笔特点,然后轻勾轮廓调兑颜色,力求使补全的一笔一点、一墨一皴均与原画浑然一体。对于一些具有重要学术研究价值的经卷、书籍、契证等文物,经过洗污补托,如有残缺,不必求其复原,只把残缺处的色调全补得与通幅基本一致即可。

5.2 污损字画图像的修复

传统字画修复技术工艺复杂、每个环节都至关重要、不容有失,否则会造成由于修复过程中的错误导致字画出现损坏的情况。而且,字画修复技术的传承还多以师承制代代口传身授为主,很少有文字的总结和记载,因此,具有丰富修复经验的字画修复专家少之又少。

随着高分辨率、大尺寸图像采集设备的出现和计算机图像处理技术的快速发展,利用计算机技术实现污损字画的修复已经成为可能。针对字画存在霉斑、变暗等问题,可采用图像滤波技术实现霉变字画的修复,采用图形对比度扩展、图像增强技术恢复字画原先鲜亮的色彩。

5.2.1 图像去噪

图像去噪在字画图像处理中的目的包括两个方面:①消除图像数字化过程中产生的随机噪声;②消除字画本身存在的霉斑。滤波过程既不能损坏图像的轮廓及边缘等重要信息,又要使得使图像清晰视觉效果好。图像的滤波方法有很多,主要可以分为频率域法和空间域法两大类。频率域滤波方法是将图像从空间或时间域转换到频率域,再利用变换系数反映某些图像特征的性质进行图像滤波的方法。空间域滤波方法是一类直接的滤波方法,它在处理图像时直接对图像灰度进行运算。

图像平滑一般用于消除图像噪声,但是也容易引起边缘的模糊,常用算法有均值滤波、中值滤波。

中值滤波是一种非线性信号处理方法,与其对应的中值滤波器当然也就是非线性滤波器,它在一定条件下可以克服线性滤波器,如最小均方滤波、平均值滤波等带来的图像细节模糊问题,而且对滤除脉冲干扰及图像扫描噪声最为有效。

中值滤波的原理非常简单:用一个滑动窗口 W 在图像上进行扫描,把窗口内包含的像素按灰度级升(或降)序排列起来,取灰度值居中的像素灰度为窗口中心像素的灰度(若窗口中有偶数个像素,则取两个中间值的平均),用公式表示为

$$g(m,n) = \text{Median}\{f(m-k,n-l),(k,l)\in W\} \tag{5.1}$$

通俗地讲,中值滤波就是用一个活动窗口沿图像移动,窗口中心位置的像素值用窗口内部所有像素灰度的中值来代替。

考虑到一般图像在两个方向上均具有相关性,因此,活动窗口一般选为二维窗口。一般来说,二维中值滤波器比一维中值滤波器更能抑制噪声。二维中值滤波器用于图像处理可按以下方式进行:设置一个滤波窗口,将其移遍图像(序列)上的点。窗口形状有多种,常用的有线状、方形、十字形、圆形、菱形等(见图 5-2)。不同形状的窗口对滤波器的效果影响很大,使用中必须根据图像的不同内容和不同要求加以选择。从以往的经验来看,方

形或圆形窗口适宜于外轮廓较长的物体图像，而十字形窗口更适合有尖顶角物体的图像。

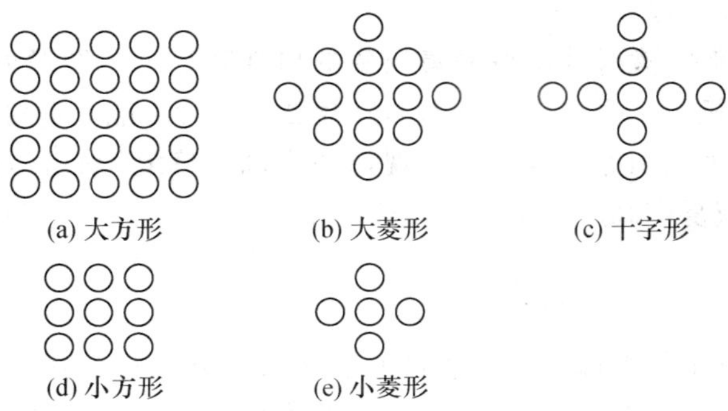

图 5-2 几种中值滤波窗口

在频率域，因为低频主要对应图像的平滑区域，噪声频谱多在高频段，因此，可以采用各种形式的滤波方法衰减图像频谱中的高频部分从而实现减少噪声，采用的方法要尽可能平滑掉图像中的噪声的同时又尽可能保持图像的细节。

5.2.2 图像增强

图像增强的目的是改善图像的视觉效果，突出字画所要表达的意义，消除由于年代及环境造成的画面变暗的问题，有目的地强调图像的整体或局部特性，扩大图像中不同物体特征之间的差别。其方法是通过一定手段对原图像附加一些信息或变换数据，有选择地突出图像中感兴趣的特征或者抑制图像中某些不需要的特征，使图像与视觉响应特性相匹配。

图像增强技术按所用方法可分成频率域增强和空间域增强。前者把图像看成是一种二维信号，对其进行基于二维傅里叶变换的信号增强。包括采用低通滤波法（即只让低频信号通过），可去掉图中的噪声；采用高通滤波法，则可增强边缘等高频信号，使模糊的图片变得清晰。

基于空域的算法分为点运算算法和邻域去噪算法。点运算算法即灰度级校正、灰度变换和直方图修正等，目的是使图像成像均匀，或扩大图像动态范围、扩展对比度。图像锐化的目的在于突出物体的边缘轮廓，常用算法有梯度法、算子、高通滤波、掩模匹配法、统计差值法等。

1. 基于灰度直方图的图像增强

灰度直方图处理技术（Dash，1991）可以将原始图像密集的灰度分布变得比较疏散，从而拉大图像的对比度并在视觉上达到明显增强的效果，最终使一些原本不易观察到的细节能变得清晰可辨（Kim，1986）。

图像的灰度直方图处理是通过改变原始图像各像素在各灰度级上的概率分

布来实现的。通过对图像的灰度值进行统计可以得到一个一维离散的图像灰度统计直方图函数,即:

$$p(s_k)=n_k/n(k=0,1,\cdots,L-1)$$

该式表示在第 k 个灰度级上的像素个数 n_k 占全部像素总数 n 的比例,$p(s_k)$ 则给出了对 s_k 出现概率的一个估计。因此,该直方图函数实际上是图像的各灰度级的分布情况的反映,换句话说,就是给出了该幅图像所有灰度值的整体描述。通过该函数可以清楚地了解到图像对应的动态范围情况,可以了解到图像灰度的主要集中范围。因此,可以通过图像增强程序的干预来改变直方图的灰度分布状况,使灰度均匀地或是按预期目标分布于整个灰度范围空间,从而达到增强图像对比度的效果。这种方法是基于数理统计和概率论的,比直接在空间域对原始图像采取对比度增强效果要好得多。在实际应用中,直方图的变换主要有均衡变换和规定变换两种,而后者又可根据灰度级映射规则的不同分为单映射规则和组映射规则两种。

使用直方图均衡化处理技术对图像进行增强处理。直方图均衡化处理的中心思想是把原始图像的灰度直方图从比较集中的某个灰度区间变成在全部灰度范围内的均匀分布。对图像空间域点的增强过程是通过式 5.2 的增强函数来完成的。

$$t=\mathrm{EH}(s) \tag{5.2}$$

其中,t、s 分别为目标图像和原始图像上的像素点(x,y),在进行均衡化处理时,增强函数 EH 需要满足两个条件:增强函数 $\mathrm{EH}(s)$ 在 $0\leqslant s\leqslant L-1$ 的范围内是一个单调递增函数,这个条件保证了在增强处理时没有打乱原始图像的灰度排列次序;另一个需要满足的条件是对于 $0\leqslant s\leqslant L-1$ 应当有 $0\leqslant \mathrm{EH}(s)\leqslant L-1$,它保证了变换过程中灰度值的动态范围的一致性。累计分布函数(accumulative distribution function,CDF)就是满足上述条件的一种,通过该函数可以完成 s 到 t 的均匀分布转换。此时的增强转换方程为

$$th=\mathrm{EH}(sk)=\sum(ni/n)=\sum ps(si)\quad(k=0,1,\cdots,L-1)$$

上述求和区间为 0 到 k,根据该方程可以由原图像的各像素灰度值直接得到直方图均衡化后各像素的灰度值。在实际处理变换时,一般先对原始图像的灰度情况进行统计分析,并计算出原始直方图分布,然后根据计算出的累计直方图分布 tk,按式 $tk=[(N-1)\times tk+0.5]$ 对其取整并得出源灰度 sk 到 tk 的灰度映射关系,其中,N 为灰度的级数。重复上述步骤,得到所有的原图像各灰度级到目标图像各灰度级的映射关系,再按照新的映射关系对原图像各点像素进行灰度转换,即可完成对原图的直方图均衡化。

2. 对比度扩展

对比度扩展就是把感兴趣的灰度范围拉开,使该范围内的像素,亮的部分越

亮，暗的部分越暗，从而达到增强对比度的目的。对比度扩展的处理过程主要是通过增强函数对像素的灰度级进行运算，并将运算结果作为该像素的新灰度值。通过改变增强函数的解析表达式就可以得到不同的处理效果。

增强函数可以取成线性函数 $G_{new}=f(G_{old})=aG_{old}+b$，其中，$G_{old}$ 为输入点的灰度值，G_{new} 为输出点的灰度值。如果 $a>1, b=0$，此时输出图像的对比度将增强，而亮度不变；如果 $a<1, b=0$，则对比度减小；如果 $a=1, b\neq 0$，则图像的所有像素的灰度值会上移或下移，从而使整幅图像变得更亮或更暗。增强函数也可以取成一些非线性函数，如 $G_{new}=f(G_{old})=G_{old}+C\times G_{old}\times(D_m-G_{old})$，其中，$D_m$ 为灰度级的最大值，参数 C 定义了中间灰度范围内灰度增加（$C>0$）或减少（$C<0$）的程度。

3. 图像锐化

锐化是增强图像细节的一种图像处理技术。用这种方法可以去掉引起图像质量劣化的原因之一——模糊，并把图像变得轮廓分明。锐化处理在增强图像边缘效果的同时增加了图像的噪声，因而在锐化处理之前先进行滤波操作来去掉噪声。拉普拉斯算子是实现上述目的的有效算法之一。

拉普拉斯算子从数学上讲是图像 $f(x,y)$ 在 x、y 方向上二次偏微分，即

$$\nabla^2 f=\frac{\partial^2 f}{\partial x^2}+\frac{\partial^2 f}{\partial y^2} \tag{5.3}$$

对二维 $f(x,y)$ 的锐化表达式为

$$g(x,y)=f(x,y)-\alpha\nabla^2 f(x,y) \tag{5.4}$$

其中，α 为锐化程度的调节因子。

对于离散数字图像，锐化表达式为

$$g(i,j)=f(i,j)-\alpha[f(i+1,j)+f(i-1,j)+f(i,j+1)+f(i,j-1)-4f(i,j)] \tag{5.5}$$

上述表达式是采用了四邻域的模板 $\begin{bmatrix}0 & -\alpha & 0\\ -\alpha & 5 & -\alpha\\ 0 & -\alpha & 0\end{bmatrix}$，其中，$\alpha>0$，通常让 α 取 1。除了上述的模板之外，还可以采用一些其他的模板，如 $\begin{bmatrix}-1 & -1 & -1\\ -1 & 9 & -1\\ -1 & -1 & -1\end{bmatrix}$、$\begin{bmatrix}1 & -2 & 1\\ -2 & 5 & -2\\ 1 & -2 & 1\end{bmatrix}$。可以看到经过锐化后，图像的边缘比原始图像的清楚，而且锐化后图像的直方图更直观、更易确定阈值。

4. 图像的频域变换

图像增强的频率域法就是在图像的某种变换域中对图像的变换值进行某种运算处理，然后变换回空间域。本书主要是先对图像进行傅里叶变换，再对图像

的频谱进行某种修正，最后再将修正后的图像进行傅里叶反变换回空间域，从而增强该图像。它是一种间接处理方法，其处理过程如图 5-3 所示。

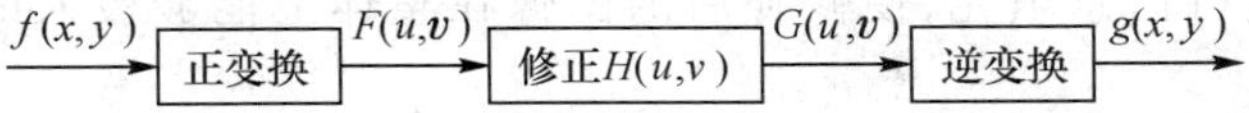

$f(x,y)$ → 正变换 → $F(u,v)$ → 修正$H(u,v)$ → $G(u,v)$ → 逆变换 → $g(x,y)$

图 5-3 频域变换处理过程

设函数$f(x,y)$与线性位不变算子 $h(x,y)$的卷积结果是 $g(x,y)$，即 $g(x,y)=h(x,y)\cdot f(x,y)$，那么根据卷积定理，在频域有

$$G(u,v)=H(u,v)F(u,v) \tag{5.6}$$

其中，$G(u,v)$、$H(u,v)$、$F(u,v)$分别是 $g(x,y)$、$h(x,y)$、$f(x,y)$的傅里叶变换。在系统中$f(x,y)$是给定的，所以 $F(u,v)$可利用变换得到，需要确定的是 $H(u,v)$，那么系统中有很明显特征的图像 $g(x,y)$就可以由上式得到

$$g(x,y)=F^{-1}[H(u,v)F(u,v)] \tag{5.7}$$

根据以上讨论，在频域中进行增强的主要分如下 3 步。

(1) 计算需增强图的傅里叶变换。

(2) 将其与 $H(u,v)$相乘。

(3) 将结果用傅里叶反变换得到所要的图像。

1) 低通滤波

图像中的边缘和噪声都对应图像傅里叶变换中的高频部分，所以如要在频域中削弱其影响就要设法减弱这部分频率的分量。根据以上讨论我们需要选择一个合适的 $H(u,v)$以得到消弱 $F(u,v)$高频分量的 $G(u,v)$。本书中讨论了对$F(u,v)$的实部和虚部影响完全相同的滤波转移函数，即理想低通滤波器，它的转移函数为当点(u,v)到频率平面原点的距离小于一个给定的非负整数的时候取 1，相反大于一个给定的非负整数的时候取 0。这个给定的频率也叫截断频率。除了理想低通滤波器外，常用的低通滤波器还有矩形脉冲、三角脉冲和高斯函数等。

2) 高通滤波

因为图像中的边缘对应高频分量，所以要锐化图像可用高通滤波器，它的定义和低通滤波恰恰相反，它把大于截断频率的频率完全不受影响地通过滤波器，而小于截断频率的频率则完全通不过。

5.3 破损字画图像的复原

数字图像修补技术是图像处理领域的一个重要分支，在污损图像修补、广告和视频图像传输等方面得到广泛应用。目前数字图像修补技术在数字化文物保护、计算机视觉和电影制作业等领域均有重要的理论和现实研究意义。目前,众多的图像修补研究工作的进行过程均是围绕利用待修补图像中的已知图像信息对缺损信息进行信息填充,使修补后的图像在整体上能够被人的视觉心理所接受。

5.3.1 破损区域识别

1. 图像分割

图像分割是一种重要的图像技术,在理论研究和实际应用中都得到了人们的广泛重视。图像分割的方法和种类有很多,有些分割运算可直接应用于任何图像,而另一些只能适用于特殊类别的图像。有些算法需要先对图像进行粗分割,再利用提取出的信息进行精确分割。

图像分割把图像分解为一些特定的性质相似的部分(区域或对象),并用这些部分对图像进行分析和描述。一幅图像往往包含许多不同类型的区域,如物体、环境和背景等。在对图像的研究和应用中,人们往往仅对图像中的某些部分感兴趣,这些部分常称为目标或前景(其他部分成为背景),它们一般对应图像中特定的具有独特性质的区域。为了辨识和分析目标,需要将这些有关区域分割出来,在此基础上才有可能对目标进一步利用,如进行特征提取和测量。图像分割就是指把图像分成各具特性的区域并提取感兴趣目标的技术和过程。这里的特性可以是灰度、颜色、纹理等,目标可以对应单个区域,也可以对应多个区域。

常用的分割方法有灰度等级阈值法、区域生长法、边缘检测法和基于特定理论的分割。

(1) 灰度等级阈值法。在图像只有两种组成部分的情况下,图像灰度的直方图常常呈现两个峰值。用两个峰值之间的谷值所对应的灰度作为阈值,把所有像素灰度大于或等于阈值的作为一类,小于阈值的作为另一类是一种最基本的两类分割方法。实际应用时为了改善分类的可靠性,可以利用某些附加的信息(如已知两类区域的面积之比)使阈值的选择更加合理。

(2) 区域生长法。这是一种从图像中提取区域或实体的序贯分割法。根据灰度、纹理的均匀性、同背景的对比度以及区域、形状、尺寸等准则,把性质大致相同的邻近像素组合在一起以形成分割区域。

(3) 边缘检测法。用于获取图像内物体轮廓的分割方法。基本思想是先检测图像中的边缘点,再按一定策略连接成轮廓,从而构成分割区域。一般采用曲线拟合、轮廓跟踪或边缘点连接等技术求出物体的边界。

(4) 基于特定理论的分割。图像分割理论通过借鉴其他学科,如小波变换、分形理论、形态学、遗传算法、人工智能等领域的研究成果,产生了不少新的分割算法。

2. 轮廓边缘检测

边缘(何斌,2001)是指周围像素灰度有阶跃变化或屋顶变化的那些像素的集合,是图像分割所依赖的重要特征,如图 5-4 所示,常见的边缘种类有阶梯状、脉冲状和屋顶状。

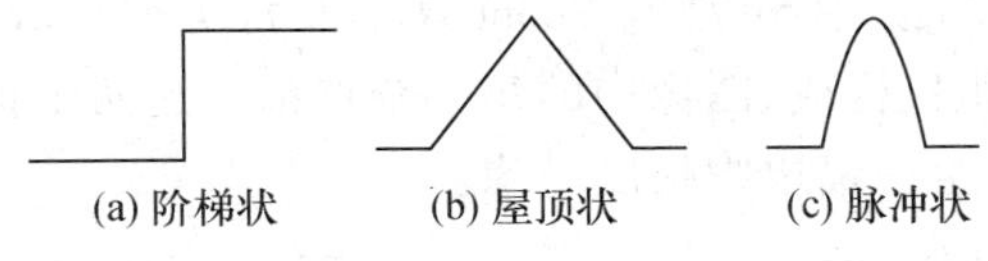

图 5-4 几种边缘示意

边缘检测将突出图像的边缘,边缘以外的图像区域通常被削弱甚至被完全去掉,它是一种使轮廓更加突出的图像处理方法。经典的边缘提取方法是考察图像的每个像素在某个邻域内灰度的变化,根据边缘邻近一阶或二阶方向导数的变化规律,用简洁的方法来检测出边缘。边缘检测常借助微分算子,通过使用基于方向导数掩模卷积的方法来完成。实际上数字图像中求导数是利用差分近似算子来进行的。

图像的边缘是由灰度不连续性来反映的。对于图像边缘上的一个像素,其邻域是一个灰度级变化的带。我们用该像素处灰度的梯度向量的模和方向来表示变化率和方向。显然,当一个像素处的梯度向量的模大于一定范围时,该点就是一个边界上的点,而梯度向量的方向将有助于我们将边界点连接成点序列。经典的边缘提取算法是考察图像的每一个像素在某个领域内灰度的变化,利用边缘邻近一阶或二阶方向导数变化规律,用简单的方法检测边缘,这种方法称为边缘检测局部算子法。

1) Roberts 边缘检测算子

Roberts 边缘检测算子是一种利用局部差分算子寻找边缘的算子,它由以下式子给定:

$$g(x,y)=\left\{\left[\sqrt{f(x,y)}-\sqrt{f(x+1,y+1)}\right]^2+\left[\sqrt{f(x+1,y)}-\sqrt{f(x,y+1)}\right]^2\right\}^{\frac{1}{2}} \tag{5.8}$$

其中,$f(x,y)$是具有整数像素坐标的输入图像,平方根运算使该处理类似于在人类视觉系统中发生的过程。Roberts 算子边缘定位比较准确,对具有陡峭的低噪声图像响应最好。其模板如图 5-5 所示。

0	1
-1	0

1	0
0	-1

图 5-5 Roberts 算子卷积核

2) Sobel 边缘算子

Sobel 边缘算子(见图 5-6)由两个卷积核构成,其中 h_x 用来计算垂直方向的灰度变化率，h_y 用来计算水平方向的灰度变化率。通过这两个卷积核的计算，可以得到每一个像素上梯度的 x、y 分量 g_x 和 g_y，从而计算梯度向量（Davis，1975）。如果将梯度的模作为该点的输出值，得到的结果将是一幅边缘强度图。对这幅图像进行阈值化处理就可以得到相应的边界。

3）Prewitt 边缘算子

Prewitt 边缘算子（见图 5-7）与 Sobel 算子非常类似（Kirsch，1971）。Prewitt 算子同样由两个卷积核构成，图像中的每一个点都用这两个核进行卷积，取最大值作为输出，它将产生一幅边缘幅度图像。

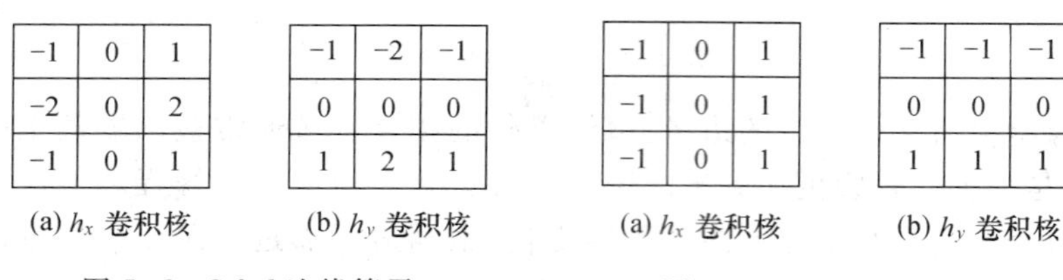

-1	0	1
-2	0	2
-1	0	1

(a) h_x 卷积核

-1	-2	-1
0	0	0
1	2	1

(b) h_y 卷积核

图 5-6 Sobel 边缘算子

-1	0	1
-1	0	1
-1	0	1

(a) h_x 卷积核

-1	-1	-1
0	0	0
1	1	1

(b) h_y 卷积核

图 5-7 Prewitt 边缘算子

4）Kirsch 边缘算子

典型的 Kirsch 边缘算子可以由 4 个或 8 个卷积核构成，分别用来计算 4 个或 8 个方向上的灰度变化率。图 5-8 为一个由 4 个卷积核构成的 Kirsch 边缘算子。

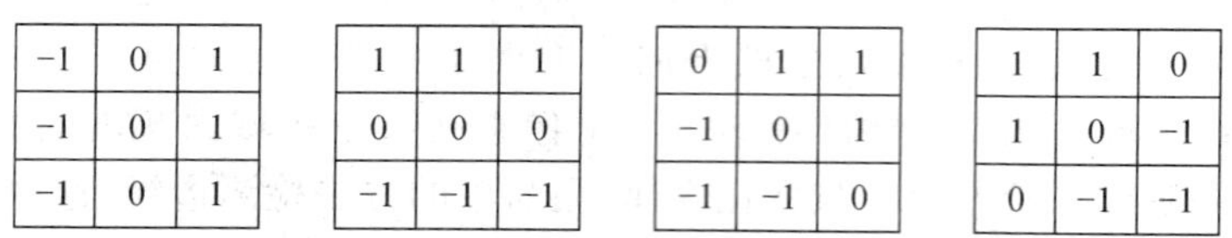

-1	0	1
-1	0	1
-1	0	1

1	1	1
0	0	0
-1	-1	-1

0	1	1
-1	0	1
-1	-1	0

1	1	0
1	0	-1
0	-1	-1

图 5-8 Prewitt 边缘算子的 4 个卷积核

图像中的每一个点都用 8 个掩模进行卷积，每个掩模都对某个特定边缘方向做出最大响应，所有 4 个方向中的最大值边缘幅度图像的输出。最大响应掩模的序号构成了边缘方向的编码。

上面所描述的 3 种边缘检测算子 Sobel、Prewitt、Krisch 可以得到非常相似的边缘图像。它们对灰度渐变核噪声较多的图像处理效果较好。但是边界图像的边缘往往是非单一像素的，而且是不连续的。此时 3×3 的卷积核不能很好地避免高频噪声的影响。这种情况下基于梯度的边缘检测算子往往不能获得最理想的边缘。

5.3.2 破损区域复原

图像修复分为基于变分偏微分方程的修补方法、基于纹理合成的图像修复技术、快速图像修复技术、图像分解的修复技术等。

基于结构的修补方法,适用于修补小尺度信息缺损的数字图像。主要包括两种方法:一种是基于偏微分方程(partial differential equation,PDE)的方法,其主要思想是利用物理学中的热扩散方程将待修补区域周围的信息传播到修补区域中,传播的方式由该扩散方程决定,反过来讲,也可以根据需要的传播方式建立适当的扩散方程。比较典型的方法有 BSCB 模型(Bertalmio,2000),用三阶 PDE 来模拟平滑传输过程,基于曲率驱动的扩散(curvature driven diffusions,CDD)模型(Chan,2001a)。还有一种基于最佳猜测原理(best guess)(Geman,1984)的变分修补技术,该算法参考艺术家进行图像修补时的基本原则,认为修补一幅缺损图片主要依赖于两个因素,即怎样利用图像现存部分的信息(数据模型)和原始的图像属于哪类图像(图像的先验模型),即通过建立图像的先验模型和数据模型,将修补问题转化为一个泛函求极值的变分问题。这类算法主要包括全变分(total variation,TV)模型(Rudin,1992)(Chan,2001b)、欧拉弹性(Euler's elastica)模型(Chan,2002)、Mumford-Shah 模型(Tsai,2001)、Mumford-Shah-Euler 模型(Esedoglu,2002)等。借助于变分原理,偏微分方程与变分法可以相互等价推出,因此,也可将两者合称为基于变分 PDE 的图像修补算法(张红英,2007)。该方法重在分析图像的微观结构(比如梯度、曲率),并以此决定信息扩散的方式来实施修补。然而,由于分析过于局部,在修补较大区域时容易形成模糊现象,影响修补效果。故只适用于修补非纹理图像(结构图像)及小尺度污损的纹理图像。

基于块的纹理合成技术,适用于图像中大块信息丢失的情况,称为图像补全技术。该算法的主要思想是从块的相似性入手来解决问题,首先从待修补区域的边界上选取一个像素点,同时以该点为中心确定大小合适的图像块,然后在待修补区域的周围寻找相似度最大的匹配块来替代该纹理块。基于图像分解的修补技术的主要思想是首先将图像分解为结构部分和纹理部分,然后对结构部分用修补算法修补,纹理部分用纹理合成方法填充(田艳艳,2008)。众多研究者已就此提出一些相关的算法,并取得了较好的修补效果。

1. 基于 BSCB 模型的字画修复

Bertalmio 等人在 2000 年的 SIGGRAPH 会议上提出 BSCB 图像修补模型,明确地提出图像修补的定义、预期目的及应用分类,并使用了基于偏微分方程的分析方法,从而奠定了 PDE 图像修补的基础,促进了这个领域的研究。由于 BSCB 模型是建立在手工修补的基础上,在讨论它的修补原理之前,先介绍 Bertalmio 等人通过访问艺术馆藏人员总结的关于手工修补的基本原则。

1) 手工修补的基本原则

如图 5-9 所示,Ω 表示污损区域,$\partial\Omega$ 表示污损区的边缘。

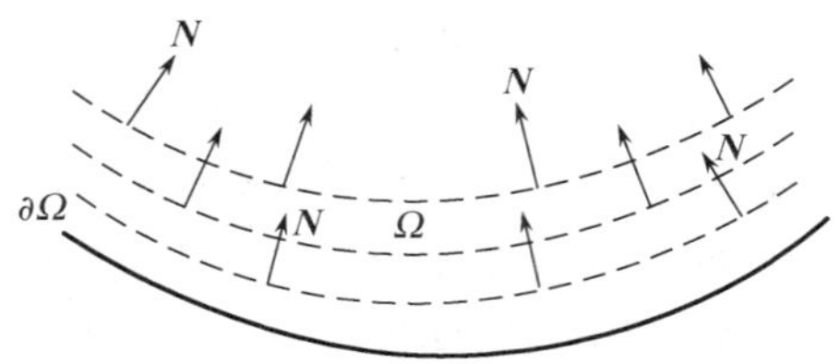

图5-9　信息通过边缘向待修补区域内扩散(Bertalmio,2000)

(1) 图片的整体决定了如何填补图片中的裂痕,修补的目的是为了重建图片的统一性、整体性。

(2) 污损区 Ω 周围区域的结构信息要延伸到污损区内,通过延伸那些到达边缘的等照度线来实现。

(3) 对于污损区 Ω 内部的由等照度线区分的不同区域,填充相应的颜色以匹配污损区 Ω 的边缘 $\partial\Omega$。

(4) 添加细节信息,即纹理。

通过专业修补人员常用的以上原则,Bertalmio 等人得到启示,进而提出 BSCB 修补模型。在该模型中,重复地同时进行步骤(2)和(3),渐进地将信息传播进污损区域内部,缩小污损区域,从而实现修补。

2) BSCB 模型的基本原理

在 BSCB 模型的方法中,修补的过程是一个基于扩散的过程。它的主要思想是将到达修补区域的边缘以原有的角度延伸到区域里面,即沿边缘做切向扩散,如图5-10所示。

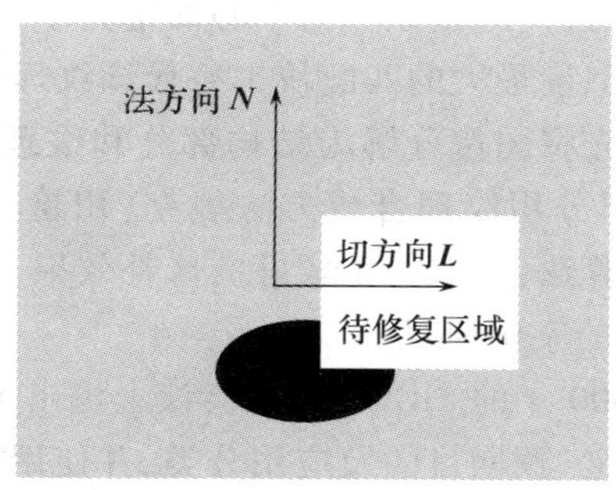

图5-10　待修补区域及邻域

假设待修补的图像为 $I^0(i,j)$,大小为 $M\times N$,图像修补的过程就是不断对污损图像的迭代、改善过程,将该迭代过程产生的一系列中间结果看成一组图像序列 $I(i,j,n)$,其中 $I^0(i,j)=I(i,j,0)$,而最终的修补结果 $I^R(i,j)=\lim\limits_{n\to\infty}I(i,j,n)$。

该迭代过程用数学语言描述如下。

$$I^{n+1}(i,j)=I^{n}(i,j)+\Delta t I_{t}^{n}(i,j),\ \forall (i,j)\in\Omega \tag{5.9}$$

其中,上标 n 表示当前修补次数,(i,j)表示像素坐标,Δt 表示迭代的速率,$I_t^n(i,j)$表示本次图像的更新量。需要注意的是,该迭代过程只对待修补区域 Ω 内的像素进行,不改变其他区域的像素值,即只对待修补区域内部的点进行修补。随着迭代过程的进行,图像的修补效果越来越好,下一幅迭代图像都是以相应的更新量对本幅图像进行更新的结果。因此,如何设计更新量就显得至关重要。

依据人工修补的原则,需要将待修补区域 Ω 外围的边界线延伸至 Ω 内部,也就是说,我们需要将 Ω 外部的有用信息平滑地传播到 Ω 内部。令 $L^n(i,j)$表示需要传播的信息,$\boldsymbol{N}^n(i,j)$表示传播的方向,则有

$$I_t^n(i,j)=\boldsymbol{\delta L}^n(i,j)\cdot\boldsymbol{N}^n(i,j) \tag{5.10}$$

其中,$\boldsymbol{\delta L}^n(i,j)$表示传播量 $L^n(i,j)$的变化量,$L^n(i,j)$按拉普拉斯算式计算得

$$L^n(i,j)=I_{xx}^n(i,j)+I_{yy}^n(i,j)$$

利用式(5.10)计算原图中的传播量 $L^n(i,j)$及其沿着 $\boldsymbol{N}^n(i,j)$方向的变化量。随着迭代次数 n 的增加,传播量 $L^n(i,j)$就逐渐地沿着 $\boldsymbol{N}^n(i,j)$的方向扩散进待修补区域内,直至相邻的两次修补效果相差不大时停止,此时$I_t^{n+1}(i,j)=I_t^n(i,j)$,即$\boldsymbol{\delta L}^n(i,j)\cdot\boldsymbol{N}^n(i,j)=0$。

接下来要确定的是传播方向 $\boldsymbol{N}^n(i,j)$。在该模型中,传播方向取等照度线方向。我们知道,梯度$\nabla I^n(i,j)$对应于图像灰度变化最大的方向,而垂直于梯度的方向则是灰度变化最小的方向。因此,使用梯度方向的 90°旋转$\nabla^{\perp}I^n(i,j)$作为等照度线方向。

在修补过程中,只要沿着等照度线的方向进行修补即可,修补效果跟对梯度方向进行顺时针还是逆时针旋转关系不大,只要保证是灰度值变化最小的方向即可。

为了修补过程中图像的正确演化,需要在修补过程中穿插进行扩散。同时为保持边缘的锐利性,在扩散过程中采取各向同性非线性扩散方程(Perona,1990)、(Catte,1992)。

$$\frac{\partial I}{\partial t}(x,y,t)=g_{\varepsilon}(x,y)\kappa(x,y,t)\left|\nabla I(x,y,t)\right|,\ \forall (x,y)\in\Omega^{\varepsilon} \tag{5.11}$$

其中,Ω^{ε} 表示对 Ω 区域以半径为 ε 的结构元进行形态学膨胀后的区域;$\kappa(x,y,t)$表示等照度线的欧几里得曲率;当$(x,y)\in\Omega$时,$g_{\varepsilon}(x,y)$取值为 1,当$(x,y)\in\Omega^{\varepsilon}-\Omega$时,$g_{\varepsilon}(x,y)$取值为 0,这就相当于只更新待修补区内的像素值。

3) BSCB 模型数值离散方案

具体使用 BSCB 模型进行计算时,迭代方程为

$$I^{n+1}(i,j)=I^{n}(i,j)+\Delta t I_{t}^{n}(i,j),\ \forall (i,j)\in\Omega \tag{5.12}$$

其中,传播量为

$$\begin{aligned} I_{t}^{n}(i,j) &= \boldsymbol{\delta L}^{n}(i,j)\cdot \boldsymbol{N}^{n}(i,j) \\ &= \left(\boldsymbol{\delta L}^{n}(i,j)\cdot \frac{\boldsymbol{N}^{n}(i,j)}{|\boldsymbol{N}^{n}(i,j)|}\right)|\nabla I^{n}(i,j)| \\ &= \left(\boldsymbol{\delta L}^{n}(i,j)\cdot \frac{\boldsymbol{N}(i,j,n)}{|\boldsymbol{N}(i,j,n)|}\right)|\nabla I^{n}(i,j)| \end{aligned} \tag{5.13}$$

$$\boldsymbol{\delta L}^{n}(i,j):=(L^{n}(i+1,j)-L^{n}(i-1,j),L^{n}(i,j+1)-L^{n}(i,j-1)) \tag{5.14}$$

$$L^{n}(i,j)=I_{xx}^{n}(i,j)+I_{yy}^{n}(i,j) \tag{5.15}$$

等照度线的单位方向矢量为

$$\frac{\boldsymbol{N}^{n}(i,j)}{|\boldsymbol{N}^{n}(i,j)|}:=\frac{(-I_{y}^{n}(i,j),I_{x}^{n}(i,j))}{\sqrt{(I_{x}^{n}(i,j))^{2}+(I_{y}^{n}(i,j))^{2}}} \tag{5.16}$$

在计算梯度模值时,如果直接采用中心差分,就有可能导致迭代的不稳定(Osher,1988)、(Marquina,1999)。因此,Bertalmio 等人使用了坡度限制(slope-limited)法,其定义为

$$\beta^{n}(i,j)=\boldsymbol{\delta L}^{n}(i,j)\cdot\frac{\boldsymbol{N}(i,j,n)}{|\boldsymbol{N}(i,j,n)|} \tag{5.17}$$

$$|\nabla I^{n}(i,j)|=\begin{cases}\sqrt{(I_{xbm}^{n})^{2}+(I_{xfM}^{n})^{2}+(I_{ybm}^{n})^{2}+(I_{yfM}^{n})^{2}}\ (\beta^{n}>0)\\ \sqrt{(I_{xbM}^{n})^{2}+(I_{xfm}^{n})^{2}+(I_{ybM}^{n})^{2}+(I_{yfm}^{n})^{2}}\ (\beta^{n}<0)\end{cases} \tag{5.18}$$

为简单起见,在式(5.18)中省略了坐标信息(i,j),其中下标 b 和 f 分别表示后向(back)差分和前向(forward)差分,下标 m 和 M 表示相应的偏导数和0相比的最小值(minimum)和最大值(maximum),即

$$\begin{aligned} I_{xbm}^{n}(i,j) &= \min[I^{n}(i,j)-I^{n}(i-1,j),0] \\ I_{yfM}^{n}(i,j) &= \max[I^{n}(i,j+1)-I^{n}(i,j),0] \end{aligned} \tag{5.19}$$

BSCB 模型修补图像的基本步骤如下。

(1) 信息传播步骤。先选择一种图像信息变化估计,然后把这种信息变化投影到等照度线方向,将其投影值作为待修补区域内部像素的更新量。

(2) 扩散步骤。使用式(5.11)给出的各向同性非线性扩散模型进行扩散。

修补时,先进行一定次数的步骤(1),再进行一定次数的步骤(2),循环进行,直到图像变化不大为止。

虽然 BSCB 模型对结构图像有很诱人的修补结果,BSCB 模型计算复杂,且对修补初值的选取敏感,若取值不当则会陷入异常状态,即算法有可能不稳定,造成错误的修补结果,这在一定程度上影响了 BSCB 模型在实际中的应用。

2. 基于 TV 模型的字画修复

1) TV 修补原理

如图 5-11 所示,记 D 为待修补区域,该区域的边界 ∂D 分段光滑,E 为紧邻区域 D 的环状区域。TV 图像修补就是在区域 E 的噪声约束条件下,通过对区域 $E\cup D$ 的整体变分来对污损区域 D 内的像素值进行的最佳猜测。

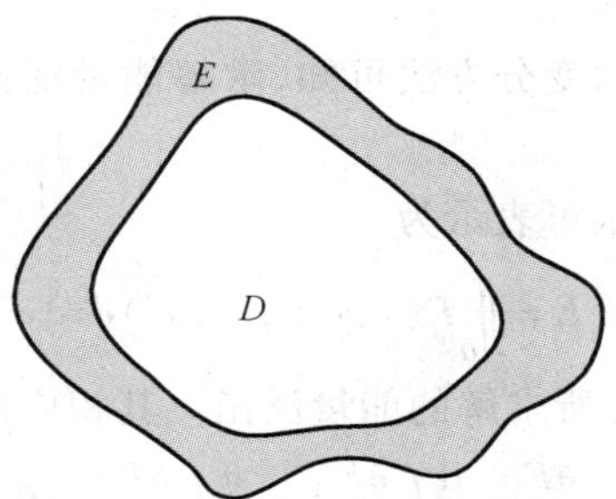

图 5-11　待修补区及邻域示意

图像修补的目的就是要借助待修补区的邻域信息来修补该图像,并使修补后的图像尽可能逼真,使观察者不易察觉。TV 模型主要是寻找 $E\cup D$ 区域上的一个代价函数,然后通过最小化该代价函数来实现对图像的修补。

将原图记为 u_0,修补后的图像记为 u,定义代价函数为

$$R[u] := \int_{E\cup D} r(|\nabla u|)\,\mathrm{d}x\mathrm{d}y \tag{5.20}$$

满足如下噪声约束条件:

$$\frac{1}{A(E)}\int_{E} |u-u_0|^2\,\mathrm{d}x\mathrm{d}y = \sigma^2 \tag{5.21}$$

其中,$A(E)$为区域 E 的面积,E 内初始图像值 u_0 被高斯噪声污染,σ 是白噪声的标准方差。可见式(5.20)是为了使待修补区域及其边界尽可能地平滑,式(5.21)是为了保证该模型对噪声的鲁棒性。

为了保证能够修补断裂的边缘,需要选择合适的 $r(\cdot)$函数形式。在边缘上 ∇u 是一个一维冲击函数 δ,因此要求代价函数 $R[u]$有限,即

$$\int_{E\cup D} r(\delta)\,\mathrm{d}x\mathrm{d}y < \infty \tag{5.22}$$

这就意味着如果将函数 $r(s)$展开成如下形式:

$$r(s) = s^{\alpha} + \text{低阶展开项} \tag{5.23}$$

式(5.22)要求 $s\to\infty$ 时 $r(s)$有限,因此 $\alpha\leqslant 1$。当取 $\alpha=1$ 时,式(5.20)即为经典 TV 图像修补模型,形式为

$$R[u] := \int_{E\cup D} |\nabla u|\,\mathrm{d}x\mathrm{d}y \tag{5.24}$$

式(5.24)同样受到式(5.21)的噪声条件约束。

根据变分理论,无约束条件的极值问题更容易求解。因此,为将有约束条件的极值问题转化为无约束条件的极值问题,我们采用 Lagrange 数乘法,推得新的代价函数为

$$J_\lambda(u)=\int_{E\cup D}|\nabla u|\mathrm{d}x\mathrm{d}y+\frac{\lambda}{2}\int_E|u-u_0|^2\mathrm{d}x\mathrm{d}y \tag{5.25}$$

根据计算函数极值的变分方法可知,求解能量泛函极值的问题可以归结为求解相应的欧拉方程。

二维情况的能量泛函可表示为

$$E=\iint_\Omega F(x,y,u,u_x,u_y)\mathrm{d}x\mathrm{d}y \tag{5.26}$$

其中,F 为二维函数,E 为所求解的能量泛函。其相应的欧拉方程为

$$\frac{\partial F}{\partial u}-\frac{\mathrm{d}}{\mathrm{d}x}\left(\frac{\partial F}{\partial u_x}\right)-\frac{\mathrm{d}}{\mathrm{d}y}\left(\frac{\partial F}{\partial u_y}\right)=0 \tag{5.27}$$

将式(5.25)中的第一项记为

$$J[u(x,y)]=\int|\nabla u|\mathrm{d}x\mathrm{d}y \tag{5.28}$$

对照式(5.26),即相当于取 $F=|\nabla u|$,由式(5.27)欧拉方程,有

$$\frac{\mathrm{d}}{\mathrm{d}x}\left(\frac{\partial F}{\partial u_x}\right)+\frac{\mathrm{d}}{\mathrm{d}y}\left(\frac{\partial F}{\partial u_y}\right)=0 \tag{5.29}$$

将 $F=|\nabla u|$ 代入式(5.29),最终使得 E 达到最小的 u 应该满足条件

$$-\nabla\cdot\left(\frac{\nabla u}{|\nabla u|}\right)+\lambda_e(u-u_0)=0,\lambda_e=\begin{cases}\lambda,(x,y)\in E\\0,(x,y)\in D\end{cases} \tag{5.30}$$

这就是图像修补的整体变分模型。

2) TV 数值离散化方案

对式(5.30)中的 TV 图像修补方程,使用半点差分方案进行离散化,如图 5-12 所示,O 为目标像素,$\Lambda_O=\{N,S,W,E\}$ 为 O 的单像素邻域点,$\Lambda'=\{n,s,w,e\}$ 为 O 的半像素邻域点。记 $v=(v^1,v^2)=\frac{\nabla u}{|\nabla u|}$,其散度可以用中心差分近似表示为

$$\nabla\cdot v=\frac{\partial v^1}{\partial x}+\frac{\partial v^2}{\partial y}\simeq\frac{v_e^1-v_w^1}{h}+\frac{v_s^2-v_n^2}{h} \tag{5.31}$$

其中,h 为网格大小,这里取 1,半点的梯度值需要重新计算,以点 e 为例,即

$$v_e^1=\frac{1}{|\nabla u_e|}\left[\frac{\partial u}{\partial x}\right]_e\approx\frac{1}{|\nabla u_e|}\frac{u_E-u_O}{h} \tag{5.32}$$

$$|\nabla u_e|\approx\frac{1}{h}\sqrt{(u_E-u_O)^2+[(u_{NE}-u_{SE})/2]^2}$$

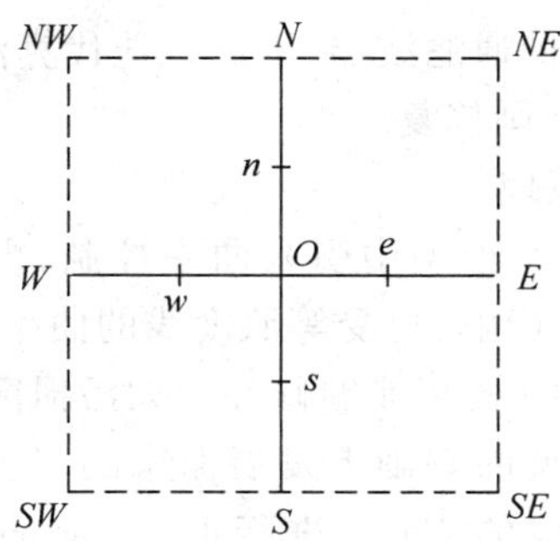

图 5-12 目标像素及邻域点示意(Chan,2001b)

对其他点 n、s、w,采取类似的方式展开。将其代入式(5.30),得到对于目标点 O 的离散化表达式为

$$\sum_{P\in\Lambda_O}\frac{1}{|\nabla u_p|}(u_O-u_P)+\lambda_e(O)\cdot(u_O-u_O^0)=0 \tag{5.33}$$

其中,P 代表单像素四邻域点$\{N,S,W,E\}$,相应地,p 代表半像素邻域点$\{n,s,w,e\}$。

接下来,定义如下表达式:

$$w_P=\frac{1}{|\nabla u_p|_\alpha}=\frac{1}{\sqrt{|\nabla u_p|^2+\alpha^2}},P\in\Lambda_O \tag{5.34}$$

$$h_{OP}=\frac{w_P}{\sum\limits_{P\in\Lambda_O}w_P+\lambda_e(O)} \tag{5.35}$$

$$h_{OO}=\frac{\lambda_e(O)}{\sum\limits_{P\in\Lambda_O}w_P+\lambda_e(O)} \tag{5.36}$$

在式(5.34)中,α 为抑制权重的因子,一般取值为 0.1~0.5,同时可以防止在平滑区域梯度$|\nabla u_p|$为 0 的问题。使用式(5.34)~式(5.36)化简式(5.33),有

$$u_O=\sum_{P\in\Lambda_O}h_{OP}u_P+h_{OO}u_O^0 \tag{5.37}$$

其中,$\sum\limits_{P\in\Lambda_O}h_{OP}+h_{OO}=1$。

式(5.37)相当于一个低通滤波器,由于其滤波系数完全取决于目标点 O 的值,因此它是一个非线性滤波系统。冻结滤波系数(以使方程线性化),然后采用 Gauss-Jacobi 数值迭代算法对该方程迭代求解,则 O 点的值可迭代计算为

$$u_O^{(n)}=\sum_{P\in\Lambda_O}h_{OP}^{(n-1)}u_P^{(n-1)}+h_{OO}^{(n-1)}u_O^{(n-1)} \tag{5.38}$$

从前一次的修补结果 u^{n-1} 中收集信息并将其更新为 u^n,其中 $h^{(n-1)}=$

$h(u^{(n-1)})$。由于 h 是一个低通滤波器，因此该迭代算法是稳定的。

3. 基于 CDD 模型的字画修复

1）CDD 模型的基本原理

Chan 和 Shen 通过在 TV 模型中引入曲率控制，提出 CDD 模型。在该模型中，传导系数不仅受梯度的影响，也受等照度线的曲率影响，因而能够加速扩散，以满足“连接性准则”。CDD 模型能够修补较大污损区域及细小边缘。

CDD 模型是在 TV 模型的基础上发展而来的。在 TV 模型中，扩散是沿着梯度方向（垂直于等照度线的方向）进行的，扩散的强度是由传导系数决定的，即

$$\hat{D}=\frac{1}{|\nabla u|}$$

也就是说扩散并非沿着等照度线的几何信息方向进行，而对于平面曲线来讲，它的几何信息都是由等照度线的曲率来描述的。

CDD 模型通过引入曲率项来调整传导系数，从而使得在修补过程中，不仅仅考虑到整体等照度线的长度，还充分考虑到曲率的变化，因此，对细长线段也有好的修补效果。

CDD 模型的传导系数为

$$\hat{D}=\frac{g(|\kappa|)}{|\nabla u|} \tag{5.39}$$

其中，$g(s)$ 是 s 的单调增函数，即

$$g(s)=\begin{cases}0, s=0\\ \infty, s=\infty\\ 0\sim\infty \text{ 的中间值}, 0<s<\infty\end{cases} \tag{5.40}$$

通常取 $g(s)=s^p(s>0, p\geqslant 1)$。

在这里，扩散强度同时受到梯度和等照度线的曲率影响。因为 $g(s)$ 为单调增函数，所以修补时，在曲率大的地方传导系数较大，在曲率小的地方传导系数相应会小一些，从而消除大曲率稳定小曲率，使得图像越来越光滑。

曲率按下式定义：

$$\kappa=\operatorname{div}\left(\frac{\nabla u}{|\nabla u|}\right)=\nabla\cdot\left[\frac{\nabla u}{|\nabla u|}\right] \tag{5.41}$$

CDD 修补模型表达为

$$\begin{aligned}&\frac{\partial u}{\partial t}=\operatorname{div}\left[\frac{g(|\kappa|)}{|\nabla u|}\nabla u\right]\quad (x\in D)\\ &u=u^0\quad (x\in D^c)\end{aligned} \tag{5.42}$$

其中，u^0 是原始图像，D 是待修补区域，D^c 是不需要修补的区域。

在一般情况下，原始图像 u^0 是含有噪声的，因此，需要在模型中引入去噪部

分。因为通常修补区域的拓扑结构比较复杂，在修补之前去噪一般收不到好的效果，故而需要修补模型本身具备去噪作用。考虑到TV模型的去噪效果不错，因而在待修补区域内，采用CDD模型进行修补，在其外围区域，使用TV模型去噪，将修补和去噪纳入统一模型，即

$$\frac{\partial u}{\partial t}=\nabla\cdot\left[\frac{G(x,|\boldsymbol{\kappa}|)}{|\nabla u|}\nabla u\right]+\boldsymbol{\lambda}_e(x)(u-u^0) \tag{5.43}$$

其中，传导系数 $G(x,\boldsymbol{\kappa})$ 及 Langrange 乘子满足下式：

$$G(x,s)=\begin{cases}1, x\in D^c\\ g(s), x\in D\end{cases}$$

$$\boldsymbol{\lambda}_e(x)=\begin{cases}\lambda, x\in D^c\\ 0, x\in D\end{cases} \tag{5.44}$$

在修补区域外 $G(x,|\boldsymbol{\kappa}|)$ 取值为1，式(5.43)退化为TV模型，可实现去噪功能。

2）CDD模型数值离散化方案

在修补区域内，不考虑噪声的影响，$\boldsymbol{\lambda}_e$ 取值为0，则式(5.43)变为

$$\frac{\partial u}{\partial t}=\operatorname{div}(\boldsymbol{j})=\nabla\cdot\boldsymbol{j} \tag{5.45}$$

其中，

$$\boldsymbol{j}=\frac{g(|\boldsymbol{\kappa}|)}{|\nabla u|}\nabla u$$

为方便起见，将矢量 $\boldsymbol{j}$ 写成 $\boldsymbol{j}=(j^1,j^2)$，其中，j^1 为水平分量，j^2 为垂直分量，则

$$\nabla\cdot\boldsymbol{j}=\frac{j^1_{(d,0)}-j^1_{(-d,0)}}{h}+\frac{j^2_{(0,d)}-j^2_{(0,-d)}}{h} \tag{5.46}$$

其中，d 为网格长度，h 为两个网格点之间的距离。

式(4.29)的迭代方案为

$$u^{(n+1)}=u^{(n)}+\Delta t\,\nabla\cdot j^{(n)} \tag{5.47}$$

其中，Δt 为时间步长，为保证迭代的稳定，一般取0.1，$u^{(n)}$ 为待修点在 $n\cdot\Delta t$ 时刻的值。对于式(5.47)的离散化过程，采用半点显式方案进行修补，如图5-13所示。

在式(5.46)中取 $d=\dfrac{1}{2}$，$h=1$，公式为

$$\nabla\cdot\boldsymbol{j}=\frac{j^1_{(\frac{1}{2},0)}-j^1_{(-\frac{1}{2},0)}}{1}+\frac{j^2_{(0,\frac{1}{2})}-j^2_{(0,-\frac{1}{2})}}{1} \tag{5.48}$$

这时要求计算半点梯度 $|\nabla u|$ 和半点曲率 $\boldsymbol{\kappa}$。

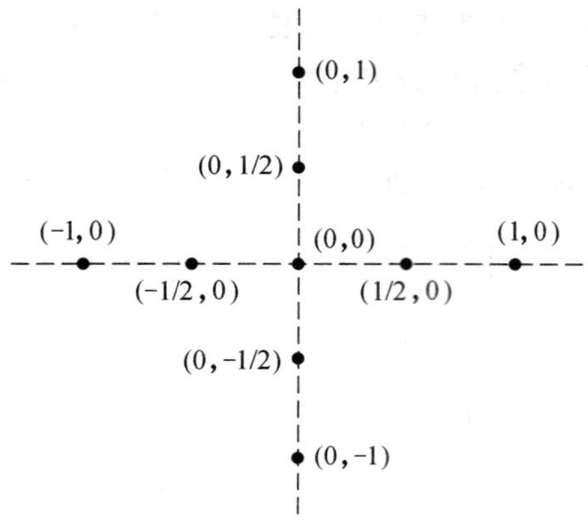

图 5-13　半点网格(Chan,2001a)

(1) 以求$\nabla u_{(\frac{1}{2},0)}$为例。

$$\begin{aligned}\nabla u_{(\frac{1}{2},0)} &= \left(\left.\frac{\partial u}{\partial x}\right|_{(\frac{1}{2},0)}, \left.\frac{\partial u}{\partial y}\right|_{(\frac{1}{2},0)}\right) \\ &= \left(\frac{u_{(1,0)} - u_{(0,0)}}{1}, \frac{u_{(\frac{1}{2},1)} - u_{(\frac{1}{2},-1)}}{2}\right) \\ &= \left(\frac{u_{(1,0)} - u_{(0,0)}}{1}, \frac{\frac{1}{2}(u_{(0,1)} + u_{(1,1)}) - \frac{1}{2}(u_{(0,-1)} + u_{(1,-1)})}{2}\right) \\ &= \left(\frac{u_{(1,0)} - u_{(0,0)}}{1}, \frac{(u_{(0,1)} + u_{(1,1)}) - (u_{(0,-1)} + u_{(1,-1)})}{4}\right)\end{aligned} \tag{5.49}$$

(2) 以求$\kappa_{(\frac{1}{2},0)}$为例。

$$\kappa_{(\frac{1}{2},0)} = \nabla \cdot \left[\frac{\nabla u}{|\nabla u|}\right]_{(\frac{1}{2},0)} = \frac{\partial}{\partial x}\left[\frac{u_x}{|\nabla u|}\right]_{(\frac{1}{2},0)} + \frac{\partial}{\partial y}\left[\frac{u_y}{|\nabla u|}\right]_{(\frac{1}{2},0)} \tag{5.50}$$

其中,$\frac{\partial}{\partial x}\left[\frac{u_x}{|\nabla u|}\right]_{(\frac{1}{2},0)}$和$\frac{\partial}{\partial y}\left[\frac{u_y}{|\nabla u|}\right]_{(\frac{1}{2},0)}$的求法与式(5.49)相同,计算时涉及的$\left[\frac{u_x}{|\nabla u|}\right]_{(1,0)}$、$\left[\frac{u_y}{|\nabla u|}\right]_{(0,1)}$等值,仍然采用中心差分计算。

参考文献

Bertalmio M,Sapiro G,Caselles V,et al. Image inpainting. In: Proceedings of International Conference on Computer Graphics and Interactive Techniques,New Orleans,Louisiana,USA,2000: 417 - 424.

Catte F,Lions P L,Morel J M,et al. Image selective smoothing and edge detection by nonlinear diffusion. SIAM J Numer Anal,1992,29: 182 - 193.

Chan T F, Kang S H, Shen J H. Euler's elastica and curvature based inpainting. SIAM Journal of Applied Mathematics, 2002, 63(2): 564 - 592.

Chan T F, Shen J H. Mathematical models for local non-texture inpainting. SIAM Journal of Applied Mathematics, 2001, 62(3): 1019 - 1043.

Chan T F, Shen J H. Non-texture inpainting by curvature-driven diffusions (CDD). Journal of Visual Communication and Image Representation, 2001, 12(4): 436 - 449.

Dash L, Chatterji B N. Adaptive contrast enhancement and de-enhancement. Pattern Recognition, 1991, 24: 289 - 302.

Davis L S. A Survey of Edge Detection Techniques. CGIP, 1975, 4: 248 - 270.

Esedoglu S, Shen J H. Digital inpainting based on the Mumford-Shah-Euler image model. European Journal on Applied Mathematics, 2002, 13(4): 353 - 370.

Geman S, German D. Stochastic relaxation, gibbs distribution and the bayesian restoration images. IEEE Transactions on Pattern Analysis and Machine Intelligence, November, 1984, PAMI, 6(6).

Kim V, Taroslavaski L. Rank algorithms for picture procession, Comput. Vision Graphics Image Process, 1986, 35: 234 - 258.

Kirsch R A. Computer Determination of the Constituent Structure of Biological Images. Computers in Biomedical Research, 1971, 4: 315 - 328.

Marquina A, Osher S. Explicit algorithms for a new time dependent model based on level set motion for nonlinear debluring and noise removal. UCLA CAM Report 99 - 5, January 1999.

Osher S, Sethian J. Fronts propagating with curvature dependent speed: algorithms based on Hamilton - Jacobi formulations. Journal of Computational Physics, 1988, 79: 12 - 49.

Prewitt J. Object Enhancement and Extraction. Picture Processing and Psychopictorics, Acdamic Press, New York, 1970

Rudin L, Osher S, Fatemi E. Nonlinear total variation based noise removal algorithms. Physica D, 1992, 60: 259 - 268.

Esedoglu S, Shen J H. Digital inpainting based on the Mumford-Shah-Euler image model. European Journal on Applied Mathematics, 2002, 13(4): 353 - 370.

Perona P, Malik J. Scale - space and edge detection using anisotropic diffusion. IEEE PAMI, 1990, 12: 629 - 639.

Tsai A, Yezzi J A, Willsky A S. Curve evolution implementation of the Mumford - Shah functional for image segmentation, denoising, interpolation and magnification. IEEE Transactions on Image Processing, 2001, 10(8): 1169 - 1186.

范胜利．“修旧如原”与“修旧如观”：从传统书画修复实践与现代书画修复理念两方面看修复原则问题．中央美术学院，2008.

何斌，马天予，王运坚，等．Visual C++数字图像处理，2版．北京：人民邮电出版社，2002.

靳凤枝．清代吴焯绢本书画的修复．中原文物，2008，06：103 - 106.

田艳艳．基于偏微分方程的图像修补方法研究．西北大学，2008.

张红英等．数字图像修补技术综述．中国图像图形学报，2007，2(1)：1 - 10.

第6章　古代建筑物的虚拟复原技术

中华民族五千年的灿烂历史文化中，建筑是重要的组成部分。不同时期的建筑具有其各自特点，能够充分反映所处历史朝代的文化特点。传统手工测量方法由于受到采集技术和设备的制约，很难精确测量建筑构件的尺寸，随着摄影测量技术、三维建模技术、计算机图形学的发展，以及激光测距仪、三维激光扫描仪、机载扫描设备等的广泛使用，使得自动精确测距及建筑模型三维重建成为可能，上述技术的广泛使用促进了古代建筑数字化保护事业的发展。

6.1　古建筑的分类与构成特点

人类的建筑在历史长河中一直都有感人的风貌，包容了当时的历史风貌和各种信息内涵，古代建筑以承载了人类不同民族的历史文化（宫本红，2006）。建筑的发展是人类进步与文明的标志，古代建筑则是文明进程的见证者。古代建筑大致可分为7个体系（宫本红，2006），欧洲建筑、中国建筑、古埃及建筑、伊斯兰建筑、古代西亚建筑、古代印度建筑和古代美洲建筑，在历史的长河中各自的影响力不同，其中有的体系中断，有的流传甚少。但中、欧建筑一直以来都是影响较大的两大建筑体系。

6.1.1　古建筑的分类

1. 中国古建筑的分类

在中华民族五千年的灿烂历史文化中，建筑文化是重要的组成部分，中国建筑在世界建筑史中别具一格。中国建筑文化在古代以中国为中心，向周围传播，以汉式建筑为主，传播到日本、朝鲜、蒙古和越南等国家，形成了独特的“泛东亚建筑风格”，在人类的文明史上写下了辉煌的篇章。

中国的古代建筑，总体上可以分为以下10种类型（张驭寰，2005）：

（1）宫廷府第建筑。如皇宫、衙署、殿堂、宅第等。

（2）防御守卫建筑。如城墙、城楼、堞楼、村堡、关隘、长城、烽火台等。

（3）纪念性和点缀性建筑。如市楼、钟楼、鼓楼、过街楼、牌坊、影壁等。

(4) 陵墓建筑。如石阙、石坊、崖墓、祭台、帝王陵寝宫殿等。

(5) 园囿建筑。如御园、宫囿、花园、别墅等。

(6) 祭祀性建筑。如文庙(孔庙)、武庙(关帝庙)祠宇等。

(7) 桥梁及水利建筑。如石桥、木桥、堤坝、港口、码头等。

(8) 民居建筑。如窑洞、茅屋、草庵、民宅、庭堂、院落等。

(9) 宗教建筑。如佛教的寺、庵、堂、院,道教的祠、宫、庙、观,回教的清真寺,基督教的礼拜堂等。

(10) 娱乐性建筑。如乐楼、舞楼、戏台、露台、看台等。

2. 外国古建筑的分类

国外最具影响力的为欧洲古代建筑。欧洲封建时期,基督教是社会共同的宗教信仰,教会不仅统治与影响着人们的精神世界,还控制着人们生活的各个方面,其中就包括建筑风格。教堂往往成为那个时代建筑的最高水平,承载着当地的文化,成为都市和村落镇的代表(宫本红,2006)。

欧洲古代建筑发展时期是从公元 313 年到 17 世纪下半叶,主要的发展阶段经过了古希腊时期、古罗马时期、拜占庭时期等。因此欧洲古代建筑按其风格可分为古希腊风格、古罗马风格、拜占庭风格、巴洛克风格、洛可可风格,以及由于文化交换而发生的混合样式和风格等(刘松茯,2008)(王其钧,2010)。

6.1.2 不同时期古建筑的构成特点

1. 中国古建筑的构成特点

中国古代历经了多次朝代的更替变迁,每个朝代都继承和发展了具有独特风格、代表当时文化技术水平的古建筑,留存于世的资料和遗址成为重要文化遗产,在世界建筑史上占有重要的地位。

古代建筑大都是以"群"的形式组成一个院落,一般采用均衡对称的方式,沿着纵横两条轴线进行布局,比较重要的建筑都安排在纵轴线上。组群布局设计以"间"为单位构成单座建筑,再以主要殿、堂为中心,四周配以围墙、厢房、长廊等单体建筑而组成庭院,然后以庭院为单位,组成各种形式的组群,如图 6-1 所示。

中国古代各时期建筑构成特点如下:

1) 先秦建筑与魏晋南北朝建筑

商周是中国建筑的一个大发展时期,已初步形成了中国建筑的某些重要的艺术特征,如方整规则的庭院,纵轴对称的布局,木梁架的结构体系,由屋顶、屋身、基座组成的单体造型,屋顶在立面占的比重很大。春秋战国时期的建筑木结构成为主要结构形式(刘致平,2000)。

汉代是中国古代建筑的第一个高峰。此时高台建筑减少,多屋楼阁大量增加,庭院式的布局已基本定型,此时的建筑已具有庑殿、歇山、悬山和攒尖4种屋顶形式。中国古代木构架建筑中常用的抬梁、穿斗、井干3种基本构架形式此时已经成型。晚到西汉前中期,砖石拱壳才出现,初步具备造砖石房屋的技术条件,但此时木构建筑技术已发展到了很高的水平(谷增辉,2009)。单栋建筑在原有建筑艺术及技术的基础上进一步发展,楼阁式建筑相当普遍,平面多为方形。

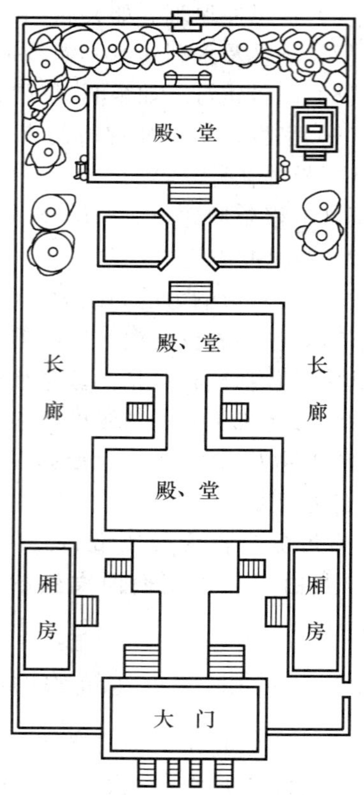

图6-1 中国古代建筑组群布局图

2)隋唐建筑

隋、唐是中国古代建筑史上的一个富有创造力的高潮时期。隋和初唐的建筑风格基本上是两晋南北朝建筑风格的延续。从盛唐(8世纪)开始,融化和吸收外来文化因素,逐渐形成完整的建筑体系,创造出空前未有的绚丽多姿的建筑风貌。中国古代的宫殿、寺院、第宅等的布局和形式至此已基本定型。高坐式家具形式也已稳定下来。到了五代十国时期,中原残破,十国中如南唐、吴越、前蜀、后蜀却保持相对安定局面,建筑仍有发展,并影响到北宋前期的建筑。

3)宋辽金建筑

宋代建筑可认为是柔和化的唐代建筑(刘致平,2000),具有承前启后的地位。此时首先出现斜袱,斗拱技术此时期已相当成熟,种类多样,但其承重作用大大减弱,且拱高与柱高之比越来越小。彩画随建筑等级的差别而有五彩遍装、青绿彩画和土朱刷饰3类。此时期出现了乌头门,房屋的门窗有板门、落地长窗、格子门、格门栏槛钩窗等。柱础多为覆盆式,较矮平,花样较多。栏杆的较明清式样纤细,残留有木栏杆的形象。

4)元代建筑

元代宫室建筑也承袭了唐宋以来的传统,在结构上做新的尝试,使用大内额构架,大胆运用减柱、移柱法和圆木、弯料,富含任意自由奔放的性格。元代继宋金建筑的布局形式,有前三殿和后三宫,采用工字型制。

元朝以后的装饰纹样倾向平实、写实的路线,宫殿建筑的色彩和图案为精密研究，风格秀丽且绚烂。

5）明清建筑

在建筑方面，明清到达了中国传统建筑最后一个高峰，官式建筑由於斗拱比例缩小，出檐深度减少，柱比例细长，生起、侧脚、卷杀不再采用，梁坊比例沉重，因而呈现出拘束但稳重严谨的风格，建筑形式精练化，符号性增强。此时期建筑组群采用院落重叠纵向扩展，与左右横向扩展配合，以通过不同封闭空间的变化来突出主体建筑。明清建筑具有明显的复古取向，屋顶柔和的线条轮廓消失，故不如唐宋的浪漫柔和，反而建立严肃，拘谨而硬朗的基调，明代的官式建筑已高度标准化，定型化（候婷，2008）。

2. 外国古建筑的构成特点

欧洲古代建筑大致上是指从古希腊到英国工业革命前的建筑。西方古代建筑主要以石材为主，采用石块砌垒，众多著名的建筑保存良好，很容易体现不同年代、不同地区的建筑之间的继承、变革关系。各个时期具有代表性的建筑如下。

1）古希腊建筑

古希腊建筑风格的总体特点（刘松茯，2008）主要是和谐、完美、崇高，而古希腊的神庙建筑则是该风格特点的集中体现者，也是古希腊，乃至整个欧洲最伟大、最辉煌、影响最深远的建筑。

古希腊最典型、最辉煌，也是最具有代表性的柱式主要有三种，即陶立克、爱奥尼克和科林斯柱式（刘松茯，2008）。这些柱式外在形体显示出和谐、完美、崇高的风格，其比例规范和谐完美，表现了人作为万物之灵的自豪与高贵。而以这三种柱式为构图原则，形成神庙建筑或其他建筑，成为古希腊艺术乃至人类建筑艺术的典范。例如：以陶立克柱式为构图原则的帕提农神庙、阿菲亚神庙；以爱奥尼克柱式为构图原则的伊端克先神庙和帕加蒙的宙斯神坛；以科林斯柱式为构图原则的列雪格拉德纪念亭；等等。此外，以神庙为主体的建筑群体也常常以更为宏伟的构图表现古希腊建筑和谐、完美而又崇高的风格特点，如雅典卫城即是一种于和谐中见完美，于完美中显崇高，于崇高中见永恒的“高不可及的范本”，如图 6-2 所示。

2）古罗马建筑

古罗马的建筑艺术是古希腊建筑艺术的继承和发展，古罗马的建筑借助更为先进的技术手段发展了古希腊建筑艺术，创造了新的辉煌成就，而且也将古希腊建筑艺术风格的和谐、完美、崇高的特点，在新的社会文化和历史背景下从“神殿”转入世俗，赋予崭新的美学趣味和相应的形式特点。“讲求规例、配置、匀称、均衡、合宜以及经济”是对古罗马建筑特点及其艺术风格的一种理论总结（刘松茯，2008）。

图 6-2 希腊雅典卫城遗迹(公元前 5 世纪)

与古希腊建筑不同,古罗马的建筑中公众服务性的建筑是最辉煌、最有艺术价值的部分。这些建筑为社会服务或为人的生活服务,如广场、道路、桥梁、高架输水道、隧道、剧场、竞技场、浴场、住宅和别墅等。在艺术风格方面,它们也追求和谐,追求完美,追求崇高,但已不是一种"神圣"的和谐、完美、崇高了。而是现实人生的一种"合宜",是经济繁荣,和平安定和追求现实刺激的"崇高"。有的"崇高"还直接与某种"悲剧"情绪相联系,如著名的古罗马斗兽场,它那完美、和谐、崇高的造型,因与其功能性的悲剧意味相联系着,是沐浴着奴隶血泪的一种崇高。所以,使这种崇高和完美,更具有了世俗性,它能让人赞叹、使人振奋,但难以产生像希腊神庙的那种"神圣"感。这可以说是古罗马建筑风格中的和谐、完美、崇高与古希腊建筑风格的最大区别。

3) 拜占庭建筑

从历史发展的角度来看,拜占庭建筑继承古罗马建筑文化的基础,又汲取了波斯、两河流域、叙利亚等东方文化,形成了专有的建筑风格,并对后来俄罗斯的教堂建筑、伊斯兰教的清真寺建筑都产生了重要的影响。拜占庭建筑的特点主要有四个方面(王其钧,2010):① 屋顶造型普遍使用"穹窿顶";② 整体造型中心突出;③ 创造了把穹顶支承在独立方柱上的结构方法和相应的集中式建筑形制;④ 在色彩的使用上,既注意变化,又注意统一,使建筑内部空间与外部立面显得灿烂夺目。如君士坦丁堡的圣索菲亚大教堂,综合地体现了拜占庭建筑的特点,成为拜占庭建筑成就的集大成者。

4) 哥特式建筑

哥特式建筑的总体风格特点是:空灵、纤瘦、高耸、尖峭(刘松茯,2008),它们直接反映了中世纪新的结构技术和浓厚的宗教意识。尖峭的形式,是尖券、尖拱技术的结晶;高耸的墙体则包含着斜撑技术、扶壁技术的功绩;空灵的意境和垂直向上的形态则是基督教精神内涵的最确切表述。高而直、空灵、虚幻的形象,似乎直指上苍,启示人们脱离这个苦难、充满罪恶的世界,而奔赴“天国乐土”。法国的巴黎圣母院,意大利的米兰大教堂,德国的科隆大教堂等便是哥特式的经典之作。

5）巴洛克建筑

巴洛克建筑风格的基调是富丽堂皇而又新奇欢畅,具有强烈的世俗享乐的味道。它主要有四个方面的特征(刘松茯,2008):① 炫耀财富;② 不囿于结构逻辑,常常采用一些非理性组合手法,从而产生反常与惊奇的特殊效果;③ 充满欢乐的气氛;④ 标新立异,追求新奇。由于巴洛克建筑风格具有欢乐的气氛,新奇、堂皇、荣耀,是享乐主义最适应的形式,因此,它也被广泛地运用于那些专供享受观赏的建筑,如广场、街心花园、喷泉、水池等。意大利罗马的特列维喷泉就是一座巴洛克风格的建筑,它所在的广场是不规则形的,喷泉偏于其一侧,中间是一个凯旋门形的墙,两边建有房屋,立面上满是雕刻和其他饰物,它们与喷泉、岩石混成一体,于自然生动中透出新奇与富丽。

6）洛可可建筑

洛可可风格出现于18世纪法国古典主义后期,流行于法、德、奥地利等国。对于建筑艺术来说,洛可可主要是一种室内装饰风格。它是在反对法国古典主义艺术的逻辑性、易明性、理性的前提下出现的柔媚、细腻和纤巧的建筑风格。

洛可可风格的主要特点(刘松茯,2008;王其钧,2010)是一切围绕柔媚顺和来构图,特别喜爱使用曲线和圆形,尽可能避免方角;在装饰题材上,常常采用各种草叶及蚌壳、蔷薇和棕榈;在色彩上,为了构成柔媚顺和,喜用娇嫩的色彩,如白色、金色、粉红色、嫩绿色、淡黄色,尽量避免强烈的对比;此外还喜欢张挂绸缎的幔帐和晶体玻璃吊灯,陈设瓷器古玩,力图从装饰到小品、到室内物件的设置,显出豪华的高雅之趣。然而,它的格调却因装饰手法的过于刻意,往往是脂粉之气过浓,高洁之意不足;堆砌、柔媚有余,自然韵雅不足。所以,洛可可风格历来被认为是格调不高,侈靡颓废的建筑风格。但是,由于洛可可风格注重功能,注重人的切身需要的一面,比起古典主义建筑来人性以及人情味更浓,所构成的建筑室内空间气氛更亲切宜人。柏林夏洛登堡的“金廊”和波茨坦新宫的阿波罗大厅可以说是其登峰造极的代表作品。

6.2 古建筑数据采集与测量技术

为了获取古代建筑物的精确空间数据,需要采集并测量古代建筑各个结构和组件各部分的实际尺寸、整体与各组件间的实际比例关系等。数据采集过程如图6-3所示。采集过程中应建立控制网(丁占春 2007),测量精度需要满足测量要求,并且要求控制网布局合理,控制点个数适当,从而使测量次数尽可能的少。

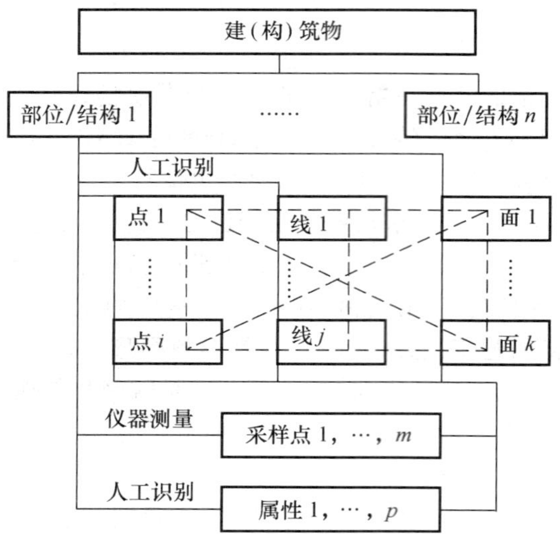

图6-3 建筑物空间数据采集

6.2.1 实测方法

1. 传统测量

传统测绘手段是以直尺、角尺等工具为主,对建筑物直接进行尺寸测量。该方法虽然简便,但测量精度较低、误差大,并且由于采用直接测量方法,不适于对大尺寸建筑进行测量(林源,2003)。

2. 测距仪

随着科技水平的快速发展,近年来为提高测量的精度、降低测量人员的工作强度,根据电磁波、光学、声学等原理,出现了不同类型的测距仪设备,可分为三大类:

1)激光测距仪

激光测距仪是利用激光对目标的距离进行准确测定的仪器,具有重量轻、误差小的特点。按照测量范围分为手持式和望远镜式激光测距仪两种,前者测量范围在200 m内,测量精度约2 mm,后者在约600 ~ 3000 m,测量精度1 m。测量时测距仪向待测目标发出激光,由光电元件接收从目标反射回的激光,根据接收时间计算距离。

2)超声波测距仪

超声波具有方向性强、能量消耗慢、传播距离远的特点。超声波在传播过程中遇到障碍时会被反射，根据该原理，超声波测距仪在测量时向待测物体发射超声波，利用超声波接收器接收反射波，根据发射超声波和接收到回波的时间差计算测量距离。由于超声波受周围环境影响较大，所以一般测量距离比较短，测量精度比较低。

3）红外测距仪

红外线传播时在穿越介质时折射率小、不易扩散。红外测距仪是调制的红外光进行精密测距的仪器，测量时测距仪向待测物体发射红外线，接收设备接收从目标物体反射回来的红外线，再根据红外线从发出到被接收到的时间差及红外线的传播速度计算测量距离。红外测距仪存在测量精度低、测量距离近的缺点。

3. 全站仪

全站型电子速测仪简称全站仪，是集水平角、垂直角、距离、高差测量功能的测绘仪器系统，通过一次安置仪器即可完成该测站上的全部功能。全站仪由电子经纬仪、光电测距仪、电子记录器等组成，可分为短距离、中测程、长测程全站仪3类。全站仪具有能同时测角、测距并自动记录测量数据、测量现场得到归算结果等优点，目前该全站仪已被广泛用于地上大型建筑和地下隧道施工等精密工程测量和监测领域。

全站仪由电源、测角系统、测距系统、数据处理部分、通信接口、显示屏、键盘、输出等组成，全站仪的工作原理如图6-4所示。微处理机（CPU）是全站仪的核心部件，由寄存器（缓冲寄存器、数据寄存器、指令寄存器）、运算器和控制器组成，负责接收键盘指令、启动测量、数据传输、处理、显示、储存等功能。输入/输出设备使全站仪能与磁卡和微机等设备交互通信、传输数据。用户测量时，通过键盘输入操作指令和参数，通过I/O接口为微处理器提供输入指令。

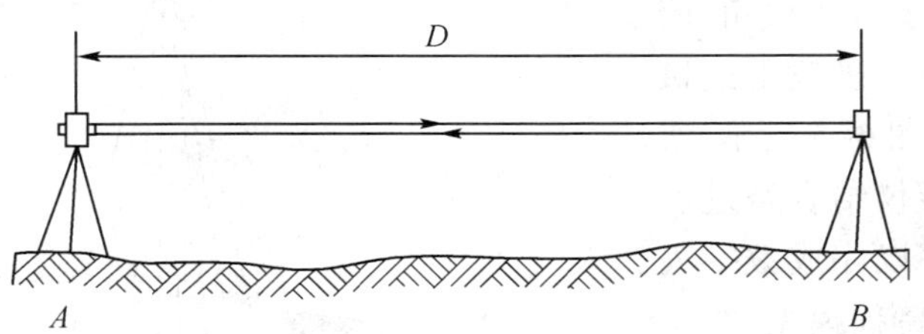

图6-4 光电测距示意图

4. 其他信息的获取

通过三维采集设备仅能实现古代建筑离散三维信息采集，然而这些空间点云彼此孤立不足以描述建筑各个结构间的构成关系及拓扑结构，无法描述各个组件的属性信息，因此可按照如下步骤进行描述（范玖国，2009）：① 实地勘察或设计图纸，统计并分析建筑结构由哪些元素组成（点、线、面），对其记录并编号，分析这些元素间的空间拓扑关系；② 记录各个建筑结构的颜色、材质、属性等信息；③ 记录测量时间信息。

6.2.2 摄影测量技术

摄影测量学是研究利用摄影影像测定目标物的形状、大小、空间位置、性质和相互关系，对所摄对象的本质提供各种资料的一门学科。从发展的阶段看，摄影测量分为模拟摄影测量、解析摄影测量、数字摄影测量3个阶段，从处理对象看摄影测量分为航空摄影测量、卫星摄影测量、地面摄影测量、近景摄影测量、显微摄影测量。目前，已经进入数字摄影测量阶段，实现了摄影测量的半自动、自动化。

1. 量测相机测量技术（王之卓，1979）

量测相机是利用相机内方位元素、主距、畸变等变量计算目标物体几何属性的设备，该设备可以方便地求得相机的外方位元素摄像机的姿态角（α，β，γ）及空间坐标（X，Y，Z），继而解算特征点的三维坐标，再利用特征点坐标计算被测对象的几何属性。

2. 车载、机载雷达摄影技术（范玖国，2009）

车载、机载雷达摄影系统是集激光扫描、全球定位系统（GPS）、惯性导航系统技术于一天的空间测量技术，能够快速精确地获取地表三维信息。通过GPS能够获得扫描仪在空中的精确位置，惯性导航系统能测量出扫描仪在空中的姿态参数（侧滚角，俯仰角，航偏角）。机载雷达摄影系统结构如图6-5所示，通过与数字航摄仪结合经过后期软件计算可以完成数字表面模型、数字高程模型、数字正摄影像图的生成。车载雷达摄影系统通过360度旋转的激光扫描方式获得三维空间信息，完成高精度城市建筑物的三维建模。

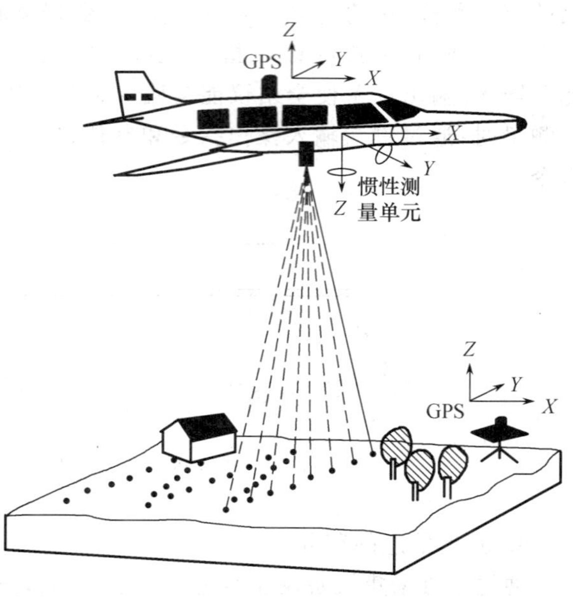

图6-5 机载雷达激光系统

6.2.3 三维数据采集技术

近年来,三维激光扫描技术已成为空间数据获取最重要的技术手段,被广泛应用。三维激光扫描系统通常由三维激光扫描仪、数据处理软件、电源、定位器等组成,该系统采用右手笛卡儿坐标系建立三维空间坐标系,如图 6-6(a)所示,由方位角 α 和俯仰角 θ 组成。对建筑物进行三维数据采集时,三维激光扫描通过连续激光束,快速获得待测物体水平和垂直方向的空间点,即按照极坐标系将空间划分为由水平和垂直间隔构成的网格,然后通过角度计算得到网格交点处的空间坐标,如图 6-6(b)所示。交点坐标的计算公式为:

$$\begin{cases} X = S\cos\theta\cos\alpha \\ Y = S\cos\theta\sin\alpha \\ Z = S\sin\theta \end{cases} \tag{6.1}$$

其中 S 表示数据采集获得观测物的测距观测值,α 和 θ 精密时钟控制编码器同步测量每个激光脉冲的方位角和俯仰角。

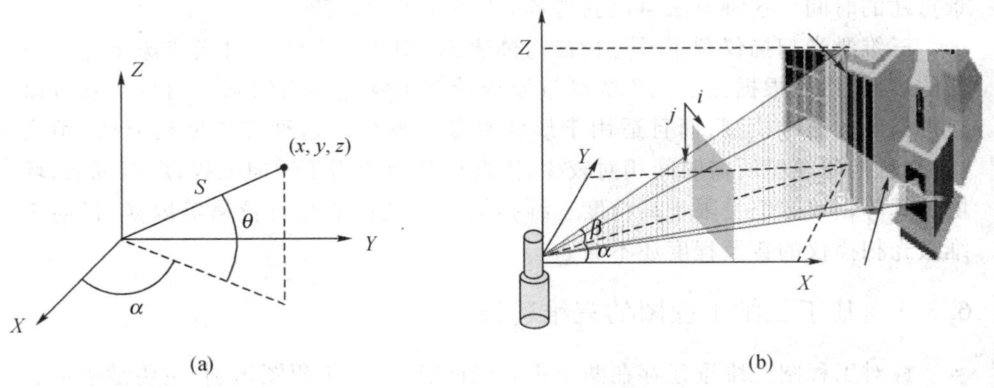

图 6-6 三维激光扫描的坐标系统

然而三维激光扫描仪仅能获得场景表面的稠密点云几何信息,并不能同时获得建筑场景的真实感高精度纹理信息. 为了解决该问题,近年来,由激光扫描仪获取场景的三维点云数据,同时采用数码摄像机同步获取对应的场景纹理信息,最后通过纹理合成即纹理映射技术实现场景真实感建模已成为最流行的技术手段。

6.3 古建筑三维重建的主要方法

目前采用计算机来构建物体三维模型的方法主要有基于几何造型的方法、

基于影像的建模(Image Based Modeling)方法和用三维扫描仪等硬件获取三维模型的方法。

几何建模的方法是指通过点、线、面、体等几何元素的平移、旋转、变比等几何变换和并、交、差等集合运算,产生实际的或想象的物体模型。这种方法起源于20世纪70年代,现在已经广泛地应用在计算机辅助设计、广告制作、影视制作等领域。利用现有的几何造型软件生成三维模型,如3Ds MAX等,可以创造出逼真的卡通形象,渲染出复杂的场景效果图。该方法建造的场景具有良好的交互性,且视点自由,但真实感不强。这种方法创作过程复杂,采用该方法进行大规模场景建造时,往往需要操作人员具有丰富的专业知识,并且工作量大。

基于影像的建模就是利用计算机视觉和计算机图形学知识,从单幅影像或影像序列中恢复出物体的三维模型。它的目标是直接从影像中提取三维信息,建造出照片真实感的虚拟场景。这种方法将绝大部分的建模工作交给计算机来自动完成,大大减少了手工建模的工作量,缩短了三维模型重建、特别是大型场景重建的时间。这种方法可以获得具有"照片级"精度。

三维激光扫描仪利用激光扫描物体表面,物体表面的反射光成像于光检测器的表面,然后根据光学三角法测量原理计算出物体表面的深度信息。它可以获得精确的三维模型,而且适用于形状复杂的物体。这种方法使用方便,精度高,并且构建模型所需时间相对较少,因此广泛地应用于逆向工程、虚拟现实、环境仿真等领域。但受限于高精度三维扫描仪等硬件的昂贵价格等因素,目前三维激光扫描仪的普及程度还不高。

6.3.1 基于二维工程图的三维建模

针对工程图三维重建存在两个重要的问题,一是工程图识别,主要是指从工程图所提供的二维信息中提取三维信息,然后进行处理;二是三维重建的方法,指在三维空间中重新构造出二维信息所对应的三维建筑结构。

基于二维工程视图的三维重建,自20世纪70年代起步,发展至今已有30多年的历史,在此期间,研究者进行了大量卓有成效的研究工作。Idesawa(Idesewa,1995)提出自底向上的方法基础上,发展出许多三维形体重建算法。Soni等(Soni,2003)提出针对轴对齐的旋转体的重建方法,从视图中识别对应于旋转体的匹配序列。Cicek等(Cicek,2004)提出基于特征识别的重建算法。算法只考虑基于面的凹陷的机械特征,即通孔、盲孔和凹槽。陆国栋等(陆国栋,2000)研究机械工程图样中基元体的语义,着重研究了面向体的重建算法。

Markowsky和Wesley的算法(George,1980;Wesely,1981),建立了由三视图

重建多面体的自底向上算法的形式化定义、定理和证明,首次较好地解决了多解和病态解问题。算法在每一步都检测并删除假元,涉及大量的反投影和组合搜索,运算复杂度过高。

在三维重建算法方面,Yan 等(Yan,1994)基于 Markowsky 和 wesley 的经典算法框架给了的重建算法的目的是提高多面体的重建效率. 在生成线框模型的过程中,使用决策树技术加快三维直线边的生成速度;在构造面环时,合理地利用工程图中的深度信息减小搜索范围,加速求解过程,提高构造正确形体的效率。

江涛等(江涛,2000)也针对多面体提出了面向线框的重建算法。针对多面体的重建算法要求输入的二维视图中只能包含直线段,因而将许多常见的形体都排除在形体覆盖域之外,因此,这类算法的实用性受到极大的制约。

Preiss 对其早前的针对多面体的算法进行拓展,基于几何元素的一致约束关系网络,通过约束传播来搜索有效解。在层次化构造过程中,采用约束增长策略,只生成满足约束条件的几何元素,减少了算法的搜索空间。该算法可以重建由平面和圆柱面构成的形体,但限制圆柱面的主轴必须平行于坐标轴(Preiss,1994)。

Kim 等(Kim,1992;Kim,1996)提出的曲面体重建算法着重研究了候选面的决策求解。根据几何约束关系和人类认知规律,决策求解算法中引入启发式规则,降低了组合搜索的复杂度。但论文中只给出一个包含平面和圆柱面的简单实例,并未对所利用知识的正确性和完备性给出严格的定义和证明,因此无法充分证明算法的有效性。

Shin 等(Shin,1998)的研究目标是减少重建过程的处理时间。算法大致分为 3 个阶段:① 继承 sakurai 顶点分类的思想,进一步细分顶点和边的类;② 针对不同类型的三维顶点和边,采用不同的构造方法,并在生成的线框模型中引入割点(三维边的交点);③ 根据三维边的类型,构造三维表面,并引入割边(三维面的交线)构造子形体,通过反投影验证子形体的装配的有效性。该算法充分利用三维候选元素和二维图元之间的拓扑和投影关系,减少反复投影的次数,提高算法的处理速度。

刘世霞等(Liu,2000;Liu,2001)基于 Idesawa 的经典算法框架,给出一种详细的二次曲面体的重建算法. 耿卫东等(Geng,2001;Geng,2002)从人类识图的分治判读策略中得到启发,提出一种混合重建算法,算法只适用于非常有限的基元体类型。Wang 等(Wang,2003)提出"半线框模型"的概念。算法借用 AutoCAD 的基体布尔运算,严洛限制重建算法的形体覆盖域。

这些方法各有特色,可解决不同范围的重建问题。但这些重建方法一般主要是针对机械工程三视图,缺乏可扩展性。而建筑工程图形中的三维信息通常呈现信息表示的抽象性、分散性、多样性、交叉性等主要特点,现有的重建方法不能处理建筑工程中多视图表达、剖切表达、尺寸标注等表达方法, 没有实现二维、三维的统一处理。

古建筑由于结构复杂,图形关系多样,因此在二维图形的三维重建方面的研究还较少。刘华等(刘华,2004)根据中国古代建筑具有完整的营造规则约束的特点,提出了一种语义规则驱动的快速建模方法,根据中国古代建筑的建造规范,从中提取出若干造型规则,并且参数化表示主要的建筑结构特征,利用它们来控制模型的生成,定义了模型的构造模块——组件,通过迭代解释造型规则来控制组件的变换和组合,从而构造出一系列的中国古代建筑模型,通过扩充纹理库,可以得到不同效果的建筑模型。范幸义等(范幸义,2006)针对古建筑的设计方法,提出了真三维设计组装和施工图生成技术。摄菲等(摄菲,2009)以厦门南普陀寺内的大雄宝殿为虚拟建模对象,以实地测量和拍摄的数码照片为数据依据研究了结合 3Ds MAX 和 MultiGen Creator 对古建筑三维重建。印度国家软件技术中心的 HvaaiNi 利用 AutoCAD、3Ds MAX 等软件根据平面图、地形图、断面图和摄影图像对 FatPheurSi 球的古城宫殿遗址进行详细的三维重建并在互联网上发布了一个关于 FatePhursikri 的虚拟漫游系统(Haval,2004)。

6.3.2　参数化的三维重建

参数化技术是 CAD 技术在实际应用中提出的课题,它能使 CAD 系统具有交互式以及自动绘图的功能。具体是通过参数驱动机制,对图形的几何数据进行参数化修改,但修改时需满足图形的约束条件,并需要约束间关联性的驱动手段来约束联动。其中约束联动是通过约束间的关系实现的驱动方法,目前它是 CAD 技术应用领域内的一个重要的、且待进一步研究的课题。

国内外对参数化设计做了大量的研究,目前参数化技术大致可分为如下三种方法:(1)基于几何约束的数学方法;(2)基于几何原理的人工智能方法;(3)基于特征模型的造型方法(陈越,2002)。

目前人们为了完成古建筑设计的绘图工作和建模工作,采用各种各样的办法,图 6-7 就是其中一种,它是将斗拱等部分做成材质进行贴图,但我们可以清楚地看到斗拱部分没有阴影变化。而参数化设计就能解决这个问题,因为其参数化本身就是将各个组成部分的三维参数关系输入计算机,完成古建筑构件的三维全尺寸地设计和建模工作(如图 6-8),在此基础上可以直接进行后期处理。

图 6-7 故宫太和殿
（守望多媒体工作室，1998）

图 6-8 古建筑参数化设计的
结果渲染图

6.3.3 基于点云数据的三维重建

不同于传统的基于二维剖面图的建模手段，三维激光扫描建模技术采用非接触的测量方法，通过对扫描实体表面的离散化处理直接获取其点云数据（三维坐标信息），再通过逆向工程的方法，利用获取的点云数据重构出扫描实体所对应的曲面。这种方法不受实体曲面复杂度的影响，重构精度仅取决于扫描时设定的采样密度。点云数据处理是三维激光扫描建模的核心技术，对其研究始于 20 世纪 80 年代，主要包括点云表面重建、多视点云拼接、模型的多分辨率表示和三维纹理映射等方面。

散乱点云的曲面重建是三维激光扫描建模的核心问题。Boissonnat 在 1984 年提出基于三维点集的 Delaunay 三角剖分重建表面的算法（Boissonnat，1984），Choi 等在 1988 年提出主要应用于凸表面重建的系列算法（Choi，1998）；Hoppe 等在 1992 年提出更为通用的离散点集表面重建算法（Hoppe，1992）；Edelsbrunner 等在 1994 年提出利用 α - 形状构造有方向的距离函数的方法（Edelsbrunner，1994）；Oblonsek 等在 1998 年提出一种基于离散点集表面重建的快速算法（Oblonsek，1998）；Gu 等在 2002 年提出一种称为几何图像（Geometry Image）的三维模型处理方法（Gu，2002）；李必军等在 2003 年提出一种能接收从散乱点云数据中提取建筑物平面外轮廓信息的方法（李必军，2003），张爱武等在 2005 年提出一种通过自适应采样重建室外场景表面的方法（张爱武，2005）。

如何把不同视点的点云数据统一到标准坐标系中，即所谓多视点云的拼接问题是另一个研究热点。最典型的多视点云配准方法有 ICP（Iterative Closest Point）算法（Besl，1992）和基于特征的配准方法（Jolnson，1997）。ICP 算法要求各视点的三维数据点集有重叠，配准单元是点；基于特征的配准方法要求首先求出三维点云的计算特征，无计算特征或计算特征不足都将无法配准。此外,Barequet 等人提出采用投票机制实现部分曲面匹配的算法(Barequet,1999);Arun 等人提出使用卡尔曼估计子的三角片曲面匹配方法(Arun,1987);Chen 等人运用两个曲面在法矢方向的距离代替某一点到其最近点的距离,并将其作为匹配的目标评价函数(Chen,1992);Masuda 等人对点集进行随机采样,用最小中值平方误差作为度量准则,然后在每次迭代后进行重新采样(Masuda,1995);Johnson 等人使用特征提取策略去除没有启发信息的平面点来提高配准速度(Johnson,1997);文献(罗先波,2004)通过引入参考点的方法实现三维点云数据的配准,文献(张爱武,2004)提出一种基于反向投影的室外大型场景多机位三维数据全局快速配准算法,该算法以激光采样点为配准单元,适合复杂结构组成的大规模场景的点云配准。

由散乱点云数据构造的三维模型包含大量冗余信息,如何简化模型也是一个重要的研究领域。早期的模型简化算法大多为静态化简,由复杂模型构造出简单模型用于绘制,它只考虑模型自身的信息,与视点无关,也不能恢复原模型的信息。静态化简也可以构造多分辨率模型,但要事先存储多个不同分辨率的近似模型,需占用较多内存,在不同分辨率的模型之间进行切换的时候,如果相邻两层模型之间的面片数差别较大,就会引起跳跃的感觉(何晖光,2002)。静态化简方法主要包括顶点聚类(Rossignac,1993)、区域合并(Kalvin,1996)、重新分布点(Greg,1992)、几何元素删除(Schroeder,1992)等几种方法。近年来,适合场景虚拟展示的动态简化技术研究也取得了很大进展。动态简化主要研究如何通过简单的局部几何变换实时生成具有不同分辨率的近似模型,模型的简化程度由视点等因素决定。目前,动态化简方法主要有层次表示、渐进网格和基于视点的化简三种方法(Ronfard,1996)。

本书作者所在的研究组在基于点云数据对古建筑三维重建方面做了较多工作,完成了大场景的三维扫描重建。通过对小雁塔及周围场景的三维扫描(如图6-9),经过研究配准、拼接和简化算法,提出三维模型的重建方法。

本书作者所在的研究组提出了一种改进的三角网剖分算法,算法基于局部线性拟合思想,通过将逐点插入法植入分治法中,对原有三角网剖分过程进行了一定改进,具体方法为:首先递归分割数据集直至子集中的数据量小于分割阈值,然后用逐点插入法在子集中生成子三角网,最后再将生成的子三角网合并为一个整体网格。实现改进算法必须解决两个关键问题:① 实现数据集的均匀分割;② 快速确定点所在的子三角网。该算法重建的小雁塔网格模型如图6-10所示。

图 6-9 小雁塔的部分原始点云

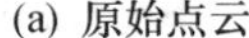

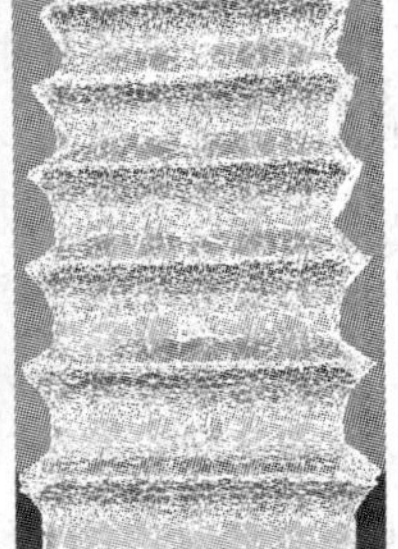

(a) 原始点云 (b) 改进的三角网剖分算法建立的模型

图 6-10 小雁塔网格模型

6.3.4 解析曲面建模

自1957年为公路设计服务的第一个数字地面模型(digital terrain model)诞生以来,曲面建模已经取得了长足进展,产生了许多曲面建模方法,包括数字地面模型、空间播值模型、区域匹配模型和多分辨率方法。构建数字地面模型的主要方法主要包括基于三角网的TIN、基于正方形网的GRID和基于等高线网的CBN,空间插值模型包括边界线勾画法、趋势面分析法、滑动平均法、插值法、样条函数法和有限元法。区域匹配模型包括辐射模型和最小二乘相关模型,多分辨率方法是影像驱动的曲面模拟,它包括形态模拟、多分辨率模型构建和可变分辨率表达(Kim,1996)。

1957年第一个数字地面模型(digital terrain model)为公路设计而服务,这是曲面建模应用开端,自此,曲面建模研究蓬勃发展并产生了很多曲面建模方法,如空间插值模型、区域匹配模型和多分辨率方法、数字地面模型。区域匹配模型包括辐射模型和最小二乘相关模型。多分辨率方法是影像驱动的曲面模拟,包括形态模拟、多分辨率模型构建和可变分辨率表达。数字地面模型的主要构建方法包括基于正方形网的GRID、基于等高线网的CBN、空间插值模型包括边界线勾画法、基于三角网的TIN、趋势面分析法、滑动平均法、样条函数法、有限元法和插值法等(Kim,1996)。

1. 参数曲面造型技术

参数曲线曲面表示一直是描述几何形状的主要工具,由Coons、Bezier等在20世纪60年代奠定其理论基础。1963年,美国波音飞机公司的Ferguson首先使用{1,t,t2,t3}为基函数的三次参数样条曲线来进行飞机外形的设计,构造了由四个角点的位置矢量及两个方向切矢定义的Ferguson双三次曲面片。Ferguson采用的自由曲线曲面的参数表示方法具有几何不变性、可处理无穷大斜率和多值曲线、易于进行坐标变换等优点,从此曲线曲面的参数化形式成为形状数学描述的标准形式。1971年,法国雷诺汽车公司的Bezier提出了一种用控制多边形定义曲线的方法,设计人员可以通过移动控制顶点达到控制曲线整体形状的目的,并且可以预测曲线形状变化趋势,具有良好的交互性。Forrest, Gordon和Riesenfeld等对Bezier方法作了深入研究,揭示了Bezier方法与Bernstein多项式的联系,将Bezier基表示形式改写为现在广泛使用的Bernstein基表示式。在此基础,又陆续得到了矩形域上的张量积Bezier曲面和三角域上的Bernstien-Bezier曲面(B_B曲面)等表示形式。但是Bezier曲线曲面造型技术仍存在光滑连接问题,并且不能进行局部控制。

Coons, Bezier等在20世纪60年代开创了参数曲线曲面表示来描述几何形状,使之成为描述几何形状的主要工具。1963年Ferguson首先使用$\{1,t,t_2,t_3\}$

为基函数的三次参数样条曲线来进行飞机外形的设计，Ferguson 双三次曲面片由四个角点的位置矢量及两个方向切矢构造。几何不变性、可处理无穷大斜率和多值曲线、易于进行坐标变换等是自由曲线曲面的参数表示方法所具有的优点，因此，曲线曲面的参数化表示成为形状数学描述的标准。法国雷诺汽车公司的 Bezier 在 1971 年提出了一种用控制多边形定义曲线的方法，通过移动控制顶点可以控制曲线整体形状并可以预测曲线形状变化趋势。在对 Bezier 方法作了深入研究后，Forrest，Gordon 和 Riesenfeld 等揭示了 Bezier 方法与 Bernstein 多项式的联系，将 Bezier 基表示形式改写为 Bernstein 基表示形式。在此基础上，矩形域上的张量积 Bezier 曲面和三角域上的 Bernstien – Bezier 曲面（B_B 曲面）等形式也被提出。但是光滑连接，局部控制仍然是 Bezier 曲线曲面造型技术的主要问题。

1972 年，de Boor 首次发现了 B 样条的递推关系，给出了 B 样条的标准计算方法，使 B 样条函数理论取得了重要进展。1974 年 Gordon 和 Riesenfeld 首次把 B 样条递推关系应用于 B 样条参数曲线，提出了 B 样条曲线曲面。de Boor、Cox、Boehm、Cohen 都对 B 样条曲线的理论作出了积极的贡献。B 样条方法继承了 Bezier 方法的一切优点，同时克服了 Bezier 方法的缺点，实现了曲线曲面造型的局部控制问题，利用参数连续性解决了连接问题。但是 B 样条方法不能精确表示圆锥曲线和初等解析曲面，这使得外形设计中曲线曲面没有统一的数学描述形式。

de Boor 发现了 B 样条的递推关系并于 1972 年给出了 B 样条的标准计算方法，B 样条函数理论取得了重要发展。Gordon 和 Riesenfeld 在 1974 年首次把 B 样条递推关系应用于 B 样条参数曲线并提出了 B 样条参数曲线。B 样条曲线理论在 de Boor、Cox、Boehm、Cohen 的努力下得到进一步发展。在继承 Bezier 方法的优点的同时，B 样条方法克服了 Bezier 方法存在的缺点，利用参数连续性解决了连接问题并实现了曲线曲面造型的局部控制问题。但是，精确表示圆锥曲线和初等解析曲面是 B 样条方法的主要问题，这使得外形设计中曲线曲面缺少统一的数学描述形式。

把分段多项式形式的非均匀 B 样条曲线向分段有理多项式推广，可得到非均匀有理 B 样条曲线。它兼有 B 样条曲线形状局部可调及连续阶数可调的优点，又兼有有理 Bezier 曲线可精确表示圆锥曲线的特性，所以在 1991 年国际标准化组织 ISO 正式颁布的工业产品数据交换的 STEP 标准中，把 NURBS 作为自由曲线曲面的唯一定义；而国际著名的 CAD 软件公司也把造型系统首先建立在 NURBS 的数学模型上。Piegl 指出由于采用有理形式来代替多项式形式，NURBS 在形状设计和分析中也存在如下一些局限性，例如数值计算不够稳定，导数边界的估计比较困难。另外，该模型无法精确表示一些工程中非常有用的超越曲线,如螺旋线、摆线等。

NURBS(非均匀有理 B 样条曲线)是把分段多项式形式的非均匀 B 样条曲线向分段有理多项式推广得到。它既有 B 样条曲线形状局部可调及连续阶数可调的优点,又兼有有理 Bezier 曲线可精确表示圆锥曲线的特性。在 1991 年,国际标准化组织 ISO 正式颁布的工业产品数据交换的 STEP 标准中,NURBS 作为自由曲线曲面的唯一定义;而国际著名的 CAD 软件公司也把造型系统首先建立在 NURBS 的数学模型上。Piegl 指出由于采用有理形式来代替多项式形式,NURBS 在形状设计和分析中也存在数值计算不够稳定,导数边界的估计比较困难等问题,模型无法精确表示超越曲线,如螺旋线、摆线等,这些问题限制了 NURBS 在工程中的应用。

为克服这些局限性,Pottman 首先将代数多项式和三角函数混合起来,提出了螺旋样条的思想,可以精确地表示直线、圆、螺旋线,而其参数为弧长参数。相应的张量积曲面可以表示螺旋面、旋转面等。同时,浙江大学的张纪文也独立地在空间 $F3 = \text{span}\{\cos t,\ \sin t,\ 1,\ t\}$ 上构造了三次 C - Bezier 样条与 C - B 样条。CB 样条曲线作为三次均匀 B 样条曲线的一个推广,它们具有许多相似的性质。另一方面,C - B 样条曲线还可以精确表示椭圆、圆弧段,这一性质使得其可能成为 CAD/CAM 系统中几何造型的一个重要工具。然而,C - B 样条曲线只能表示一次的多项式曲线,这极大地限制了其在 CAD/CAM 中的应用。

为了工程上的实际应用,Pottman 首先将代数多项式和三角函数混合起来,提出了螺旋样条的思想,可以精确地表示直线、圆、螺旋线,而且其参数为弧长参数。相应的张量积曲面可以表示螺旋面、旋转面等。浙江大学的张纪文在空间 $F3 = \text{span}\{\cos t,\ \sin t,\ 1,\ t\}$ 上构造了三次 C - Bezier 样条与 C - B 样条。一方面,CB 样条曲线作为三次均匀 B 样条曲线的一个推广,它们具有许多相似的性质,另一方面,C - B 样条曲线还可以精确表示椭圆、圆弧段,这一特点使其可能成为 CAD/CAM 系统中几何造型的一个重要工具。但是,C - B 样条曲线只能表示一次的多项式曲线,这极大地限制了其在 CAD/CAM 中的应用。

2002 年,Lii 把三次均匀 C - B 样条曲线推广到 n 阶;2003 年,Wang 和 Chen 又得到了 n 次 GBezier 曲线与 n 次非均匀 B 样条曲线。他们根据三角函数对积分与微分运算均封闭的特点,非常巧妙地利用积分和递推方法给出了两种混合形式的 Bezier 与 GB 样条模型,这些模型拥有 Bezier 与 B 样条的大多数性质,如连续性、归一性、变差缩减性、凸包性、细分性质等,还能精确表示圆、椭圆等非多项式曲线。

Lii 在 2002 年把三次均匀 C - B 样条曲线推广到 n 阶;Wang 和 Chen 在 2003 年得到了 n 次 GBezier 曲线与 n 次非均匀 B 样条曲线。根据三角函数对积分与微分运算均封闭的特点,他们利用积分和递推方法给出了两种混合形式的

Bezier 与 GB 样条模型,这些模型不仅有连续性、归一性、变差缩减性、凸包性、细分性等,还能精确表示圆、椭圆等非多项式曲线。Lii 和 Li 分别给出了代数双曲空间中的 n 次均匀 H－B 样条曲线,n 次 H－Bezier 曲线与 n 次非均匀 H－B 样条曲线。

类似地,Lii 和 Li 分别给出了代数双曲空间中的 n 次均匀 H－B 样条曲线,n 次 H－Bezier 曲线与 n 次非均匀 H－B 样条曲线。

2. 隐式曲面造型技术

所谓隐式曲面,是指用形如 $F(x, y, z) = 0$ 的隐式方程来表示曲面。其中最典型、最重要的是隐式代数曲面(也称为代数曲面,其中 F 为多项式。在参数曲面造型技术成为主流的今天,隐式代数曲面仍然具有很强的生命力是由于它所具有参数曲面不可能拥有的许多优点,例如:隐式曲面很容易判定空间某一点是否在曲面上或者是在曲面的哪一侧。隐式代数曲面在求交、求并、卷积、等距、调配、动画等领域有着重要应用。

用形如 $F(x, y, z) = 0$ 的隐式方程来表示的曲面称为隐式曲面。隐式代数曲面也称代数曲面是典型的隐式曲面。隐式代数曲面具有参数曲面不可能拥有的许多优点,例如:隐式曲面很容易判定空间某一点是否在曲面上或者是在曲面的哪一侧。在求交、求并、卷积、等距、调配、动画等领域隐式代数曲面有着重要应用。

1985 年,Sederberg 给出的分片代数曲面的描述方法扫清了代数曲面在曲面造型中的一大障碍。Patrikalakis 和 Kriezis 进一步在 1989 年提出了隐式代数曲面样条的表示方法。1992 年,用分片隐式代数曲面拟合曲面的方法。Bajaj 等在 1992 年前后进一步研究了用隐式代数样条进行多面体的 C,光顺、代数曲面的 Hermite 插值、代数曲面的高阶插值和最小平方逼近等一系列问题。

Sederberg 提出的分片代数曲面的描述方法解决了代数曲面在曲面造型中瓶颈问题。Patrikalakis 和 Kriezis 进一步在 1989 年提出了隐式代数曲面样条的表示方法,1992 年,用分片隐式代数曲面拟合曲面的方法被提出。在 1992 年,Bajaj 等进一步研究了用隐式代数样条进行多面体的 C_1 光顺、代数曲面的 Hermite 插值、代数曲面的高阶插值和最小平方逼近等一系列问题。

3. 细分曲面造型技术

细分(subdivision)曲面造型方法是一种离散的造型方法。细分曲面从一个初始的网格曲面(多边形面片构成的曲面)开始,按照某种规则递归生成新网格曲面的点、边、面。细分规则一般包括拓扑规则和几何规则,几何规则定义新的顶点,拓扑规则规定连接关系。细分过程本质上是两步过程:线性细分和加权平均。除了在有限个奇异点之外,细分曲面的极限曲面通常是一个满足一定光滑度的曲面。

细分曲面造型方法从一个初始的网格曲面(即多边形面片构成的曲面)开始,按照某种规则递归生成新网格曲面的点、边、面。细分规则一般包括拓扑规则和几何规则,几何规则定义新的顶点,拓扑规则规定连接关系。除了在有限个奇异点之外,细分曲面的极限曲面通常是一个满足一定光滑度的曲面。细分过程分线性细分和加权平均两步进行。

1974年,Chaikin提出了快速生成二次B-样条曲线的细分算法。Catmull和Clark在1978年提出了用网格细分产生离散曲面的方法(GC曲面),同时Doo和Sabin也提出了一个细分曲面方法(D-S曲面)。C-C曲面是双三次B-样条曲面的推广,而D-S曲面则是二次B一样条曲面的推广。1987年Loop将细分曲面推广到任意三角网格(Liu,2000),提出了所谓Loop细分曲面,1990年,Dyn等提出了著名的蝴蝶形细分方法。1998年T. Sederberg和郑建民将C-C细分曲面推广到非均匀递归细分曲面。最近几年,也有不少学者提出了新的细分格式。

1974年,Chaikin提出了快速生成二次B-样条曲线的细分算法。1978年,Catmull和Clark提出了用网格细分产生离散曲面的方法(GC曲面),Doo和Sabin也提出了一个细分曲面方法(D-S曲面),它是二次B一样条曲面的推广。1987年,Loop将细分曲面推广到任意三角网格(Liu,2000),提出了所谓Loop细分曲面,1990年,Dyn等提出了著名的蝴蝶形细分方法。1998年,T. Sederberg和郑建民将C-C细分曲面推广到非均匀递归细分曲面。

4. 变形曲面造型技术

对现有的简单物体进行变形以得到复杂物体,以及通过变形技术来交互地实现动画效果,是最近图形学领域研究的热点。自由变形(FFD)技术是最常用的一类变形方法,最早由ederberg和Parry在1986年提出的基本思想是:把待变形物体先嵌入一个参数空间,然后对参数空间进行变形,从而实现物体的自由变形。根据变形过程中是否需要对待变形物体进行采样,可以将自由变形方法分为非精确自由变形和精确自由变形。根据所使用的变形工具的不同,可以将非精确自由变形技术分为四类:基于体的变形、基于曲面的变形、基于曲线的变形、基于点的变形。

复杂物体通过简单物体变形得到以及通过变形技术来交互实现动画效果越来越成为图形学领域研究的热点。FFD(自由变形)技术是最常用的一类变形方法,其基本思想是:把待变形物体先嵌入一个参数空间,然后对参数空间进行变形,从而实现物体的自由变形。根据变形过程中是否需要对待变形物体进行采样,可以将自由变形方法分为非精确自由变形和精确自由变形。根据所使用的变形工具的不同,可以将非精确自由变形技术分为4类:基于体的变、基于曲面的变形、基于曲线的变形,基于点的变形。

理论上，只有当变形作用在物体的每一点上时，变形才是精确的。Feng 等在 1998 年提出了多边形物体的精确自由变形方法。他们借助于移位算子的概念，用函数复合的方法解决了多边形物体的 B 样条自由变形的采样问题。Feng 等基于 Bernstein 多项式插值理论，提出了快速计算三角 Bezier 曲面片的控制顶点的方法，使得精确自由变形的计算量大大降低。冯结青等利用等距技术将 B 一样条曲线或曲面所张成的变形空间近似表示为张量积 B－样条参数体，结合作者提出的多边形物体精确 B－样条自由变形方法，实现了参数曲线和曲面控制的多边形物体变形反走样。陈文喻等将一个 Bezier 曲面嵌入一个四面体中进行变形，变形后的曲面是张量积 Bezier 曲面和四面体 Bezier 体的复合。自由变形技术不仅在几何造型和动画领域得到了广泛应用，而且在图像与视频处理、服装 CAD、有限元分析、古人类学等领域都得到了一定程度的应用。

仅当变形作用在物体的每一个点上时，变形才是精确的。Feng 等在 1998 年提出了多边形物体的精确自由变形方法。借助于移位算子的概念，用函数复合的方法解决了多边形物体的 B 样条自由变形的采样问题。基于 Bernstein 多项式插值理论，提出了快速计算三角 Bezier 曲面片的控制顶点的方法，使得精确自由变形的计算量大大降低。冯结青等利用等距技术将 B 样条曲线或曲面所张成的变形空间近似表示为张量积 B－样条参数体，结合多边形物体精确 B－样条自由变形方法，实现了参数曲线和曲面控制的多边形物体变形反走样。陈文喻等将一个 Bezier 曲面嵌入一个四面体中进行变形，变形后的曲面是张量积 Bezier 曲面和四面体 Bezier 体的复合。自由变形技术不仅在几何造型和动画领域得到了广泛应用，而且在图像与视频处理、服装 CAD、有限元分析、古人类学等领域都得到了一定程度的应用。

5. 基于偏微分方程的曲面造型技术

偏微分方程（Partial Differential Equation，PDE）曲面造型方法使用一组椭圆型偏微分方程产生曲面。此类方程中的偏微分算子实际上表示了一种光滑化过程，由它所生成的曲面自然、光顺，因此被广泛应用于船体、飞机外形、螺旋桨叶片等功能曲面的设计。PDE 曲面造型技术已成为 CAGD 研究的一个热点。

偏微分方程（Partial Differential Equation，PDE）曲面造型方法使用一组椭圆型偏微分方程产生曲面。偏微分算子实际上表示了一种光滑化过程，它所生成的曲面自然、光顺，因此，在船体、飞机外形、螺旋桨叶片等功能曲面的设计得到广泛应用。PDE 曲面造型技术已成为 CAGD 研究的一个热点。

由于 PDE 曲面的形状完全由边界条件决定，因此它具有形状参数少、对用户的数学背景要求较低的优点。但它与传统的 CAD 造型系统不兼容，而且自由度太少，形状参数均为全局参数，不便于局部控制，在实际应用中极不方便。为了克服以上缺点，利用传统的节点配置法和有限元法研究了 PDE 曲面的 B 样条曲面逼近,我们称其为 Bloor - Wilson 算法。由于 Bezier 曲面是 B 样条曲面的特殊情况,因此也可采用该算法实现 PDE 曲面的 Bezier 曲面逼近,但其误差较大。根据四阶齐次的 PDE 方程生成 Bezier 曲面的方法,但该方法没有考虑非齐次方程及边界信息为导矢曲线的情况。

PDE 曲面具有形状参数少、对用户的数学背景要求较低的优点,但是它与传统的 CAD 造型系统不兼容,而且自由度太少,形状参数均为全局参数,不便于局部控制,在实际应用中极不方便。利用传统的节点配置法和有限元法研究 PDE 曲面的 B 样条曲面逼近,我们称其为 Bloor - Wilson 算法,可以有效克服以上缺点。根据四阶齐次的 PDE 方程可以生成 Bezier 曲面,但该方法没有考虑非齐次方程及边界信息为导矢曲线的情况。由于 Bezier 曲面是 B 样条曲面的特殊情况,因此也可采用该算法实现 PDE 曲面的 Bezier 曲面逼近,但其误差较大。

6. 其他曲面造型技术

除了以上五类方法,曲面造型的其他方法还有:形状混合曲面造型技术、基于物理模型的曲面造型技术、散乱点曲面拟合造型方法、广义 Sweeping 曲面造型技术、分形曲面造型技术、小波曲线曲面的造型方法等。随着应用领域的不断扩大,人们对造型曲面的要求也在不断细化,会有更多新的造型方法出现。

随着应用领域的不断扩大,除了上述 5 类方法外,还有其他曲面造型方法:基于物理模型的曲面造型技术、散乱点曲面拟合造型方法、形状混合曲面造型技术、广义 Sweeping 曲面造型技术、分形曲面造型技术、小波曲线曲面的造型方法等。随着应用要求的不断细化,更多的造型方法将会出现。

6.3.5 基于二维照片的三维重建技术

由于照片等图像记录的是二维信息,要转化为实体模型的三维信息时必须追加额外信息。目前所用的主要方法是基于多目视觉理论,即利用多幅图像的匹配来实现三维信息的还原。但这种方法在不同图像间进行元素匹配时,需要大量的人工干预。另一种算法是利用图像上记录的灰度信息反算物体的深度,从而得到物体的三维信息,这种方法不但算法复杂。而且抗干扰能力差,可靠性及精度均低。

图像是二维信息的集合,要转化为三维信息时必须追加额外信息。目前的主要方法是基于多目视觉理论,主要利用多幅图像的匹配来实现三维信息的还原。由于这种方法在不同图像间进行元素匹配时,所以该方法的主要缺陷是需要大量人工干预。另一种算法是利用图像上记录的灰度信息反算物体的深度,从而得到物体的三维信息,但这种方法不但算法复杂,而且抗干扰能力差,可靠性及精度均低。

同时利用纹理提取技术,从原图像中得到三维实体各个面上的纹理图形,经过变换后,贴到所形成的三维实体的相应面上,以形成具有真实感的模型。对于三维实体中被遮挡的部分① 利用从该实体不同侧面拍摄到的相片,分别进行建模信息的提取,然后进行模型融合及配准,从而确定该三维实体的全部细节;② 对于规则实体,可利用对称性原理,从已求出的实体细节中推算出不可见部分的细节。

利用纹理提取技术,从原图像中得到三维实体各个面上的纹理图形,经过变换后,贴到所形成的三维实体的相应面上,以形成具有真实感的模型。对于三维实体中被遮挡的部分:① 利用从该实体不同侧面拍摄到的像片,分别进行建模信息的提取,然后进行模型融合及配准,从而确定该三维实体的全部细节;② 对于规则实体,可利用对称性原理,从已求出的实体细节中推算出不可见部分的细节。

针对二维影像,三维建模研究人员提出了多种三维建模方法,如表 6-1 所示。

表 6-1 基于二维影像的三维建模方法分类

分类依据	类型
建模因素	① 基于几何的建模方法; ② 基于图像的建模方法; ③ 荃于几何和图像的混合建模方法。
图像数量	① 基于多目视觉理论,即利用多幅图像的匹配来实现三维信息的还原。 ② 基于单目视觉,利用图像中记录的二维信息并附加由基本几何原型的空间互补关系及映射关系所形成的约束条件,根据透视投影原理,形成几何模型的参数求解方程组。
线索	① 根据主动线索建模的方法 ② 根据被动线索建模的方法。

参考文献

Arun K S, Huang T S, Blostein S D. Least square fitting of two 3D point sets. IEEE Transactions on Pattern Analysis and Machine Intelligence, 1987, 9 (5): 698 – 700.

Barequet G, Sharir M. Partial Surface matching by using directed footprints. Computational Geometry: Theory and Applications, 1999, 12(12): 45 – 62.

Besl P J, McKay N D. A method for registration of 3 – D shapes. IEEE Transactions on Pattern Analysis and Machine Intelligence, 1992, 14(2): 239 – 256.

Boissonnat J D. Geometric structures for three – dimensional shape representation. ACM Trans Graphics, 1984, 3(4): 266 – 286.

Chen Y, Medioni G. Object modeling by registration of multiple range images. Image and Vision Computing, 1992, 10(3): 145 - 155.

Choi B K, Shin H Y, Yoon Y I, et al, 1998. Triangulation of scattered data in 3D space. Computer Aided Design, 1998, 20(5): 239 - 248.

Ciampalini A, Cignoni P, Montani C, et al. Multi - resolution decimation based on global error. The Visual Computer, 1997, 13(5): 228 - 246.

Cicek A, Gülesin M, 2004. Reconstruction of 3D models from 2D orthographic views using solid extrusion and revolution Journal of Materials Processing Technology, 2004, 152: 291 - 298.

Cohen J, Varshney A, Manocha D, et al. Simplification envelopes. Computer Graphics, 1996, 30(2): 119 - 128.

Edelsbrunner H, Mucke E. Three - dimensional alpha shapes. ACM Trans Graphics 1994, 13(1): 43 - 72.

Floriani L D, Magillo P, Puppo E. Building and traversing a surface at variable resolution. Proc. IEEE Visualization, 1997: 103 - 110.

Garland M. , Heckbert P. S. Surface simplification using quadric error metrics. Computer Graphics, 1997, 31(3): 209 - 216.

Geng WD, Wang J, Zbang Y, 2002. Embeddding visual cognition in 3D reconstruction from multi - view engineering drawing. Computer - Aided Design, 2002, 34(4): 321 - 336.

Geng. WD, Zhang YY, Wang JB, Pan YH, 2001. Interpretation of engineering drawings integrated with visual cognition. Chinese Journal of Computers, 2001, 24(5): 536 - 543(in Chinese with English abstract)

George Markowsky, Miehael A Wesely, 1980. Fleshing Out Wine Frmaes. IBM J Res Develop, 1980, 24(5): 582 - 597.

Greg T. Retiling polygonal surfaces. Proceedings of the Computer Graphics, SIGGRAPH , 1992, 26(2): 55 - 64.

Gu X F, Gortler S, Hoppe H. Geometry image. Computer Graphics Proceedings, Annual Conference Series, ACM SIGGRAPH , San Antonio, Texas, 2002: 355 - 361.

Hamann B. A data reduction schema for triangulated surface. Computer Aided Geometric Design. 1994, 11(2): 197 - 214.

Haval Nikhilesh. Three - dimensional documentation of complex heritage structures. IEEE Multimedia, 2004, 7(2): P52 - 55.

He T, Hong L. Voxel - based object simplification. Proceedings of the IEEE Visualization, Atlanta, 1995: 296 - 303.

He T, Hong L. Control topology simplification. IEEE Transactions on Visualization and Computer Graphics, 1996, 2(2): 171 - 184.

Hoppe H. Progressive meshes. ACM SIGGRAPH Proc, 1996, 30(1): 99 - 108.

Hoppe H. New quadric metric for simplifying meshes with appearance attributes. Proceedings of the IEEE Visualization, San Francisco, 1999: 59 - 66.

Hoppe H, DeRose T, Duchamp T. Surface Reconstruction from Unorganized Points. ACM Proceedings of SIGGTAPH, 1992, 26(2): 71 - 78.

Hoppe H, Derose T, Duchamp T, et al. Mesh optimization. Proceedings of the Computer Graphics, SIGGRAPH, Anaheim, 1993: 19 - 25.

Idesewa M. A system to generate a solid figure from three view. Bull. JSME, 1973, 16: 216 - 225; or Tombre K. From engineering drawings to 3D CAD models: Are we ready now? Computer - Aided Design, 1995, 27(4): 243 - 254.

Jolnson A. Spur - Images: A represesmation for 3D surface matching. PbD thesis, Robotics Instihie, Carnegie Mellon University, Pittsburgh, PA, Aug 1997.

Johnson A, Hebert M, 1997. Surface registration by matching oriented points Proceedings of International Conference on Recent Advances in 3 - D Digital Imaging and Modeling, Ottawa, 1997: 121 - 128.

Kalvin A D, Taylor R H, 1996Surperfaces: polygonal mesh simplification with bounded error. IEEE Computer Graphics and Applications, 1996, 16(3): 64 - 67.

Kim CH, Tsuchida N, Inoue M. Understanding three - view drawing of mechingical parts with curved shapes. In: Proc. of the IEEE Int'1 Conf. on System Enginering. IEEE Computer Society Press, 1992, 238 - 241. http: //ieeexplore. ieee. org/xp1/ freeabs_all. jsp? arnumbe = 236862.

Kim CW, Hong MW, Nishihara S. Reconstructing 3D modds with algebraic curved surfaces from three - view drawjngs. In: Proc. of the 13th Int'1 Conf. On Pattern Reconstruction. IEEE Computer Society Press, 1996, 854 - 858. http: //ieeexplore. Ieee. org/xp1/freeabs_all. jsp? arnumbe = 546145.

Lindstrom P. Out - of - Core simplification of large polygonal models. Proceedings of the Computer Graphics, SIGGRAPH, New Orleans, 2000: 259 - 262.

Liu SX, Hu SM, Wang GP, et al. Reconstructing of 3D objects from orthographic views. Chinese Journal of Computers, 2000, 23(2): 141 - 146(in Chinese with English abstract)

Liu SX. Hu SM, Chen YJ, et al. Reconstruction of curved solids from engineering drawings. Computer - Aided Design, 2001, 33(14): 1059 - 1072 .

Low K L, Tan T S. Model simplification using vertex - clustering. Proceedings of the Symposium on Interactive 3D Graphics, Providence, 1997: 75 - 81.

Luebke D, Erikson C. View - Dependent simplification of arbitrary polygonal environments. Proceedings of the Computer Graphics, SIGGRAPH, Los Angeles, 1997: 199 - 208.

M A Wesely, G Markowsky. Fleshing out Projection:. JBM J. Res. Develop, 1981, 25(6): 934 - 953.

Masuda T, Yokoya N,. A robust method for registration and segmentation of multiple range images. Computer Vision and Image Understanding 1995, 61(3): 295 - 307.

Oblonsek C, Guid N. A fast surface - based procedure for object reconstruction from 3D scattered points. Computer Vision and Image Understanding, 1998, 69(2): 185 - 195.

Preiss K. Constructing the solid representation from engineering projections. Computers and graphics, 1994 8(4): 381 - 389.

Ronfard R, Rossignac J. Full - Range approximation of triangulated polyhedral. Computer Graphics Forum, 1996, 15(3): 67 - 76.

Rossignac J, Bowel P. Multi - resolution 3D approximation for rendering complex scenes. Proceedings of the 20th Conference Modeling in Computer Graphi, Berlin, 1993: 453 - 465.

Schaufler G, Sturzlinger W. Generating multiple levels of detail from polygonal geometry models. Proceedings of the Virtual Environments, London, 1995: 33 - 41.

Schroeder W, Zarge J, Lorensen W. Decimation of triangle meshes. Computer Graphics, 1992, 26 (2): 65 - 70.

Shin BS, Shin YG. Fast 3D solid model reconstruction from orthographic views. Computer - Aided Design, 1998, 30(1): 63 - 76.

SoniS, Gurumoorthy B. Handleing solids of revelution in volume - based construction of solid model from orthographic views. Journal of Computing and information Science in Engineering, 2003, 3: 250 - 259.

Stamos I, Leordeann M. Automated feature - based range registration of urban scenes of large scale. Computer Vision and Pattern Recognition, Madison, WI, June 2003.

Wang Z, Latif M. Reconstruction of a 3D solid model from orthographic projections. In: Proc. Of the Int'1 Conf. On Geometric Modding and Graphics. IEEE Computer Society Press, 2003,75 - 82. http://ieeexplore. Ieee. org/xp1/freeabs_all. jsp? arnumbe = 1219669.

Yan QW, Chen CLP, Tang ZS. Efficient algorithm for the reconstruction of 3D objects from orthographic projections. Computer - Aided Design, 1994, 26(9): 699 - 717.

陈越. 中国古建筑参数化设计 硕士学位论文, 2002.

丁占春. 建(构)筑物形体测量系统研究. 南京:河海大学硕士学位论文, 2007.

范玖国. 三维数字地形图测绘技术的研究. 西安:西安科技大学硕士学位论文, 2009.

范幸义, 袁凌, 陈剑松. 第十三届全国工程建设计算机应用学术会议论文集. 2006:73 - 27.

费广正, 吴恩华. 基于递进网格的多层次模型编辑. 计算机学报, 2000, 23(9): 953 - 959

宫本红. 面向虚拟现实的古代与现代建筑优化建模技术. 青岛:中国海洋大学硕士学位论文, 2006.

谷增辉. 关于中国古建筑若干问题的思考. 山西建筑, 2009(3).

何晖光, 田捷, 张晓鹏, 等. 网格模型化简综述. 软件学报, 2002, V13(12): 2215 - 2223.

候婷, 2008. 中国古代建筑. 天津:天津美术学院硕士学位论文, 2008.

江涛, 陆国栋, 雷建兰, 等. 基于面域理解的多面体三维重建. 计算机辅助设计与图形学学报, 2000, 12(7): 522 - 527.

李必军, 方志祥, 任娟. 从激光扫描数据中进行建筑物特征提取研究. 武汉大学学报, 2003, 28(1): 65 - 70.

林源. 古建筑测绘学. 北京:中国建筑工业出版社, 2003.

刘华, 华炜, 周栋, 等. 语义规则驱动的中国古代建筑造型, 计算机辅助设计与图形学学报，2004，16(10)：1335－1340.
刘松茯．外国建筑历史图说．北京：建筑工业出版社，2008.
刘致平．中国建筑类型及结构．北京：建筑工业出版社，2000.
陆国栋,彭群．基于工程图样语义的基元关系识别研究．计算机辅助设计与图形学学报，2000，12(9)：700－704.
罗先波，钟约先，李仁举．三维扫描系统中的数据配准技术．清华大学学报，2004，44(8)：1104－1106.
摄菲，姚俊峰．仿古建筑(南普陀寺)三维重建方法研究．微计算机信息(测控自动化．2009，25(31)：191－193
守望多媒体工作室．再造紫禁城:3D Studio MAX 实例教学．北京希望电子出版社，1998.
陶志良，潘志庚，石教英．支持快速恢复的可逆递进网格及其生成方法．软件学报，1999，10(5)：503－507.
张爱武，孙卫东，葛成辉，等．室外大型场景多机位三维数据全局快速配准．高技术通讯，2004,14(6)：6－13.
张爱武，孙卫东，李风亭．基于激光扫描数据的室外场景表面重建方法．系统仿真学报，2005,17(2) ：384－391.
张驭寰，2005. 中国古建筑分类图说．郑州：河南科学技术出版社，2005.
周昆，潘志庚，石教英．一种新的基于顶点聚类的网格简化算法．自动化学报，1999，25(1)：1－8
王磊，刑渊．反向工程中数据点云的拼合．模具技术，2004，(1)：47－49.
王其钧．外国古代建筑史．北京：建筑工业出版社，2010.
王之卓．摄影测量原理．北京：测绘出版社，1979.
王茹．古建筑数字化及三维建模关键技术研究．西安：西北大学博士论文，2010.

第 7 章　二维图像的三维重建技术

传统方法通过激光扫描仪来获取三维场景信息,但三维激光扫描仪价格昂贵,需要大量的人力、物力,不便于现场快速数据采集,且会对一些特殊文物造成不同程度的损伤。随着数码相机的普及,基于二维图像的三维重建(马颂得,2000)的成本越来越低廉,且效率较高。基于二维图像的三维重建可以分为基于单幅图像重建几何模型、采用立体视觉方法重建几何模型、基于侧影轮廓线重建几何模型、基于深度图像重建几何模型、未定标图像恢复场景的几何和相机运动等。

7.1　立体匹配

基于二维图像的三维重建为了保证重建出的物体表面能正确地表达物体的几何结构,要求提取到的特征点在能够反映物体结构的同时达到较高的匹配精度,否则重建出的物体几何外观可能失真。立体匹配中要求提取到的特征既能反映物体外貌特征又具有较高的匹配精度,特征提取也是立体匹配的一个关键步骤。

7.1.1　特征提取

基于特征的立体匹配根据所选择特征的不同可分为基于点特征、线特征、面特征的匹配。它们各有所长,很难确切地说哪一种比另外的方法优越,具体如表 7-1 所示。

表 7-1　3 种匹配特征的比较

项　目	点特征	线特征	面特征
所含信息量	少	中	多
描述的复杂度	低	中	高
提取的复杂度	低	中	高

续表

项目	点特征	线特征	面特征
匹配精度	高	中	低
图像中包含特征点的数目	多	中	少
适用范围	广泛	适用规则物体和场景	适用规则物体和场景

点特征的使用范围较广泛，下面就介绍几种经典的点特征提取方法。

1. Harris 特征提取算法

Harris 特征提取算法（Harris，1998）的思想是：在图像中设计一个局部检测窗口，当该窗口沿各个方向作微小移动时，考察窗口的平均能量变化，当该能量变化值超过设定的阈值时，就将窗口的中心像素点提取为角点。图像亮度的自相关矩阵为

$$\boldsymbol{M}=\begin{bmatrix} A & C \\ C & B \end{bmatrix} \tag{7.1}$$

其中，$A=\left(\dfrac{\partial I}{\partial x}\right)^2 \otimes w$，$B=\left(\dfrac{\partial I}{\partial y}\right)^2 \otimes w$，$C=\left(\dfrac{\partial I}{\partial x}\dfrac{\partial I}{\partial y}\right)\otimes w$，$\otimes$表示卷积运算，$\dfrac{\partial I}{\partial x}$，$\dfrac{\partial I}{\partial y}$分别为图像在 x 和 y 方向上的导数。$(2k+1)(2k+1)$的高斯卷核函数 w 为

$$w_{i,j}=\frac{1}{2\pi\sigma^2}\mathrm{e}^{-\frac{(i-k-1)^2+(j-k-1)^2}{2\pi\sigma^2}} \tag{7.2}$$

Harris 特征提取算法的角点响应函数为

$$R=\det(M)-k[\operatorname{trace}(M)]^2>T \tag{7.3}$$

其中，$\det(M)=\lambda_1\lambda_2=AB-C^2$，$\operatorname{trace}(M)=\lambda_1+\lambda_2=A+B$，$k$ 为经验值，本章第 7.4 节实验取值为 0.04。角点对应于函数 R 的局部极大值点，当图像上某点像素的 R 值大于给定的某个阈值 T 时，认为该点为特征点，提取的结果如图 7-1 所示。

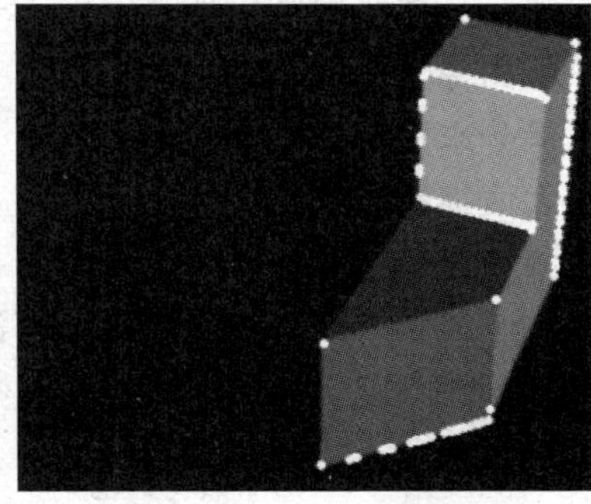

图 7-1　Harris 特征提取算法中的特征点

2. Sift 特征点检测算法

Sift 特征点检测方法可以分为如下两个步骤(Lowe,2004)。

(1) 尺度空间的极值检测,已初步确定关键点位置和所在尺度。图 7-2 为 DoG 尺度空间的 3 个相邻尺度。

在检测尺度空间极值的时候,图 7-2 中标记为叉号的像素要跟包括同一尺度的周围邻域 8 个像素和相邻尺度对应位置的周围邻域 9×2 个像素总共 26 个像素进行比较,以确保在尺度空间与二维图像空间都检测到局部极值,认定此局部极值为初始的特征点。

(2) 特征点亚像素级定位。通过拟合三维二次函数以精确确定关键点的位置和尺度,同时去除低对比度的关键点和不稳定的边缘响应,以增强匹配稳定性,提高抗噪能力。Sift 特征点的提取效果如图 7-3 所示。

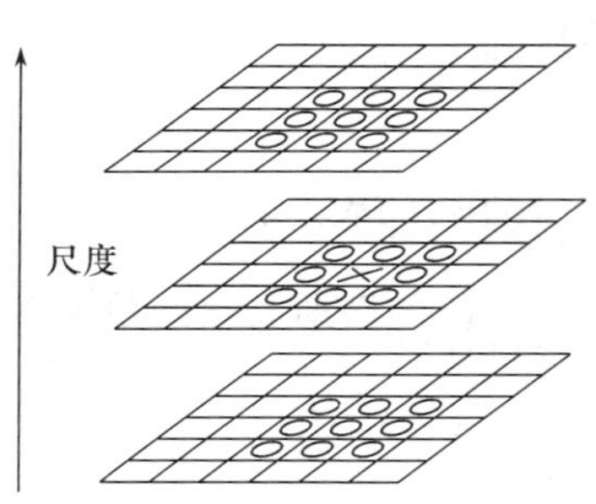

图 7-2 尺度空间极值的确定

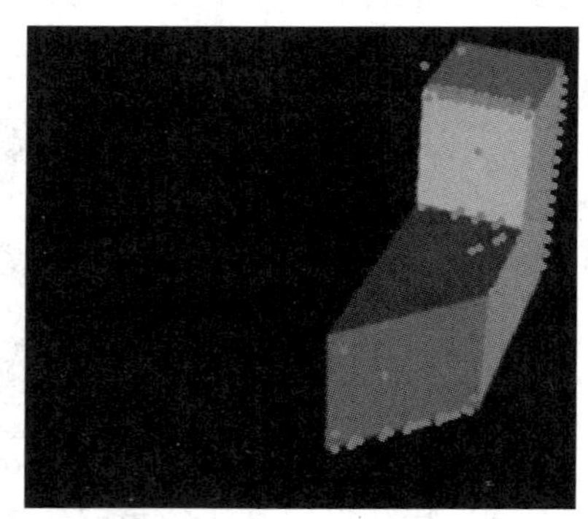

图 7-3 Sift 特征点的提取效果

3. Canny 边缘检测算法

Canny 边缘检测算法是一种最优的阶梯型检测算法。它能够有效地抑制噪声,精确地确定边缘位置,对信噪比与定位乘积进行测度以得到最优逼近算子,属于先平滑后求导数的方法。具体步骤如下所示。

(1) 用高斯滤波器平滑图像。

(2) 用一阶偏导有限差分来计算梯度幅值和方向。

(3) 对梯度进行非极大值抑制。

(4) 用双阈值算法检测和连接边缘。

设 $I[i,j]$ 表示图像,Canny 边缘检测算法使用可分离滤波方法求图像平滑滤波器卷积,得到如下高平滑数据阵。

$$S[i,j]=G[i,j,\sigma]\cdot I[i,j] \tag{7.4}$$

其中,$G[i,j,\sigma]$ 是高斯平滑滤波函数,σ 是高斯函数的散布参数。首先计算平滑

后矩阵 $S[i,j]$ 的 x 方向和 y 方向的偏导数 $P[i,j]$ 和 $Q[i,j]$，即

$$P[i,j] \underline{\Delta} (S[i,j+1] - S[i,j] + S[i+1.j+1] - S[i+1,j+1])/2 \quad (7.5)$$

$$Q[i,j] \underline{\Delta} (S[i,j] - S[i+1,j] + S[i.j+1] - S[i+1,j+1])/2 \quad (7.6)$$

这样，赋值和方位角可用直角坐标到极坐标的坐标转化公式来计算，即

$$M[i,j] = \sqrt{P[i,j]^2 + Q[i,j]^2} \quad (7.7)$$

$$\theta[i,j] = \arctan(Q[i,j]/P[i,j]) \quad (7.8)$$

图 7-4 是 Canny 边缘检测算法的检测结果。

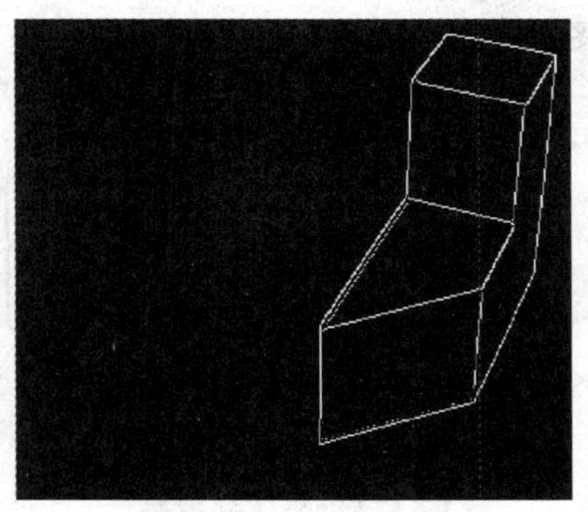

图 7-4 Canny 边缘检测

7.1.2 特征匹配

立体匹配是三维重建的一个关键问题，在不同图像之间自动建立起特征点的匹配，许多重要的视觉应用，如三维重建、运动分析等都是建立在匹配问题能够顺利解决的前提下，因此，能否实现正确的匹配非常关键。

1. 匹配约束

立体匹配需要一定的匹配约束才能判断是否匹配，立体匹配常用的约束有 5 种，以下约束中假设 p_1 和 p_2 分别是图像 I_1 和 I_2 上的匹配点。

(1) 相似性约束。由于 p_1 和 p_2 对应于空间的同一点，因此，p_1 和 p_2 的邻域应该在物理上具有相似性（如灰度、灰度变化梯度等），或在几何形状上具有相似性。

(2) 连续性约束。两幅图像间的视差在图像中几乎连续。如果空间中的两个点 P、Q 相距很近，且它们在图像上的投影分别为 p、p' 和 q、q'，那么 $||p-p'|-|q-q'||$ 的值也会很小，如图 7-5 所示。

(3) 极线约束。两幅图像的对应匹配点应该在对应的极线上，如图 7-6 所示，p 的匹配点 p' 在 p 的极线 l_p 上，p' 的匹配点 p 在 p' 的极线 $l_{p'}$ 上。

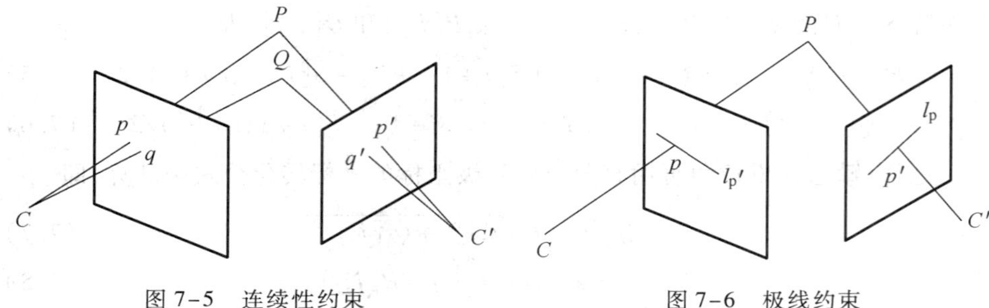

图7-5　连续性约束　　　　图7-6　极线约束

(4) 顺序性约束。在一幅图像极线上的一系列点,在另外一幅图像的极线上具有相同的顺序,如图7-7所示。

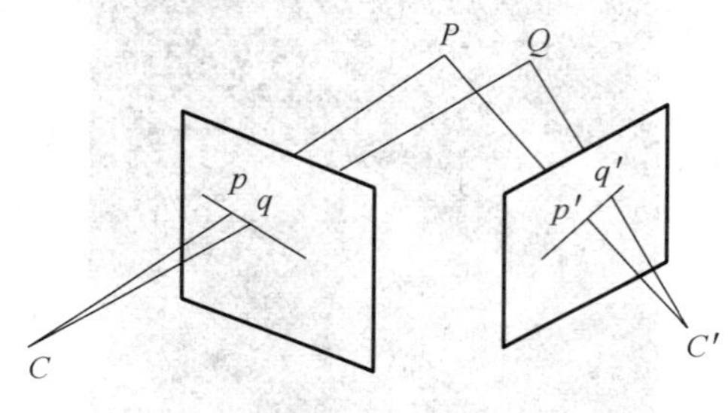

图7-7　顺序性约束

(5) 唯一性约束。正确的匹配点之间应该有一一对应的关系。

目前常用的立体匹配方法可以分为两大类,即基于面积的匹配方法和基于特征的匹配方法。

2. 基于面积的匹配方法

基于面积的匹配方法是研究的最早、最简单和最易于硬件实现的匹配方法,该方法是直接利用像素灰度值,使用一定的约束条件来寻找立体图像对中的像素点的对应关系进行匹配的方法。其基本思想是假设两幅图像对应点的小邻域内具有相似的灰度分布,以统计的观点将图像看成是一维信号,采用相关的方法,利用图像上局部相关性来确定两个对应点间的匹配。

一般情况下,基于面积的匹配可以得到比较高密度的深度图。但是当相关窗口内的像素点视差变化比较大时,则出现误匹配的可能性很大。而且匹配过程中,模板需在整个图像上平移并作相关计算,因此匹配的计算量很大,除此以外,基于面积的匹配方法还存在着以下不足。

(1) 由于基于面积的匹配是直接利用图像中的像素灰度值进行匹配,因此,对于图像的旋转及对比度的变化等非常敏感。

(2) 当左、右两幅图像中存在重复结构的纹理特征或相关像素邻域内存在遮挡现象时,常常会引起匹配的混淆,从而给出错误的匹配结果。

3. 基于特征的匹配方法

基于特征的匹配方法不是直接利用图像灰度值，而是预先对立体图像对进行角点、边缘检测，然后对这些特征进行匹配。因此，它可以克服基于面积匹配方法的不足，对于对比度和明显的光照变化等相对稳定。同时，基于特征的匹配可以通过对特征属性的简单比较而实现。因此，它比基于面积的匹配要快得多。该方法的优点是匹配点少、计算量小，但是，基于特征的匹配通常只能得到稀疏的视差图，有时候还需要进行插值，下面介绍经典的基于特征的匹配方法——Sift 特征匹配。

前面提取到尺度不变量的 Sift 特征点后，Sift 特征描述符对特征点进行描述生成特征向量进行匹配可以消除特征点对图像灰度非线性变换敏感的问题，因此，本书对提取到的特征点用 Sift 特征描述符进行描述。Sift 特征描述符利用特征点邻域图像窗口内梯度的方向统计直方图来构造特征描述向量，它的构造过程如图 7-8 所示。

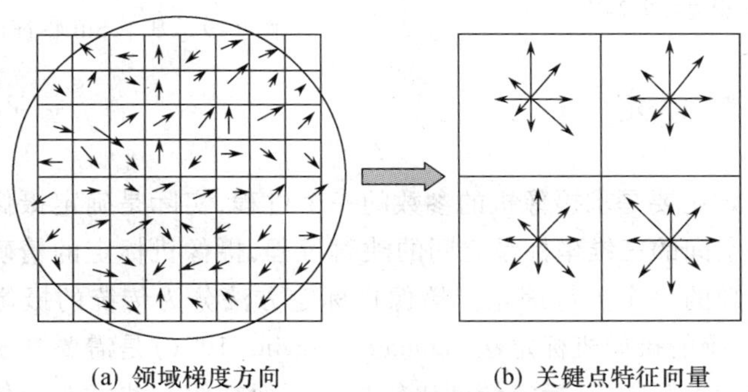

(a) 领域梯度方向　　(b) 关键点特征向量

图 7-8　关键点领域梯度信息生成特征向量

(1) 以关键点为中心取 8×8 的窗口，如图 7-8(a)所示，计算窗口内每个像素点的梯度的幅值和方向，图中的每个方格内，梯度的幅值用箭头的长度表示，梯度的方向用箭头的朝向表示。梯度的计算公式为

$$m(x,y) = \sqrt{(L(x+1,y) - L(x-1,y))^2 - (L(x,y+1) - L(x,y-1))^2} \tag{7.9}$$

$$\theta(x,y) = \arctan\frac{L(x,y+1) - L(x,y-1)}{L(x+1,y) - L(x-1,y)} \tag{7.10}$$

其中，$m(x,y)$、$\theta(x,y)$分别代表点(x,y)处梯度的幅值和方向，$L(x,y+1)$、$L(x,y-1)$、$L(x-1,y)$、$L(x+1,y)$分别表示点(x,y)上下左右 4 个相邻像素点的像素灰度值。

为了避免当窗口位置发生微小改变时引起的特征描述符的突变，对窗口内每个像素点梯度的幅值利用高斯函数进行加权，如图 7-8(a)中圆形窗口所示，

高斯函数表达式为

$$G(x,y,\sigma)=\frac{1}{2\pi\sigma^2}e^{-(x^2+y^2)/2\sigma^2} \tag{7.11}$$

其中，σ 为特征描述符窗口大小的一半。

(2) 计算每 4×4 的小块上 8 个方向的梯度幅值直方图，绘制每个梯度方向的梯度加权幅值累加值，可形成一个种子点，如图 7-8(b)所示，一个关键点由 2×2 共 4 个种子点组成，每个种子点有 8 个方向的向量信息，箭头长度代表这个方向上的梯度加权幅值的累加和，这样增强了算法的抗噪能力。

(3) 将 Sift 特征描述符进行归一化处理，从而消除光照变化的影响。

匹配的结果如图 7-9 所示。

图 7-9 基于 Sift 特征匹配的结果

7.2 摄像机标定

摄像机标定主要是求摄像机的参数的一个过程，实际是确定摄像机的图像坐标系与物体在空间的三维坐标系之间的映射过程，摄像机标定的精确与否也是决定三维重建成败的一个关键因素。摄像机标定方法分为传统的摄像机标定和摄像机自标定，传统的摄像机标定法(Longuet-Higgins，1981)是需要基于特定的实验条件即要有定标参照物，其标定精度比较高。下面介绍一些经典的传统摄像机标定法和自标定法，并详细地阐述目前比较主流的算法——张氏平面模板标定法。

7.2.1 传统摄像机标定法

1971 年 Abdel-Aziz 和 Karara 首先提出直接线性变换法(DLT)(Abdel-Aziz，1971)，直接线性变换法通过求解线性方程组来获取摄像机模型的参数，这种方法没有考虑畸变因素，后来直接线性变换法得到了改进，把一些非线性因素也包括进来，并用一些非线性方法来求解。1986 年 Tsai 首次提出的两步法(Tasi，1986)，两步法是介于传统的线性求解法和非线性求解法之间的一种比较灵活的标定方法，该方法首先利用透视变换矩阵法求解摄像机的部分参数，然后把得到的参数作为非线性优化的初始值，加入畸变因素，通过优化算法求解其他参数来进一步提高精度。张氏平面模板定法是一种经典的平面模板标定法(Zhang，2000)，它考虑了径向畸变和切向畸变在内的摄像机参数，要求用摄像机从不同角度拍摄多幅(至少需要 3 幅)平面模板的图像，通过计算图像上的点与模板上的特征点之间的对应关系来计算摄像机的参数。目前张氏平面模板标定法应用比较广泛,下来将详细介绍。

1. 张氏平面模板标定法

张氏平面模板标定法要求对一个精确定位点阵从不同的角度拍摄至少 3 张以上的图像,通过模板上的点和该点在图像的对应点的对应关系来确定摄像机的内参,进而确定摄像机的外参。

由于使用的是平面模板,所以标定平面在世界坐标系的 $Z=0$,设定第一个黑色方格的顶点为世界坐标 XOY 的坐标原点,图像上的点与三维物体中的实际坐标关系为

$$s\begin{pmatrix}u\\v\\1\end{pmatrix}=K(r_1\quad r_2\quad r_3\quad T)\begin{pmatrix}X\\Y\\0\\1\end{pmatrix}=K(r_1\quad r_2\quad T)\begin{pmatrix}X\\Y\\1\end{pmatrix}\tag{7.12}$$

其中,r_i 是旋转矩阵 $\boldsymbol{R}$ 的第 i 列。(r_1,r_2,r_3) 和 T 是摄像机坐标系相对于世界坐标系的旋转矩阵和平移向量,这样就可以用一个单应矩阵 $\boldsymbol{H}$ 来表示平面标定板上的任意点和该像点之间的关系,即

$$sm=\boldsymbol{H}X_w\qquad \boldsymbol{H}=[h_1\quad h_2\quad h_3]=\lambda K(r_1\quad r_2\quad T)\tag{7.13}$$

其中,$\boldsymbol{K}$ 为摄像机的内参数矩阵,$m=[u\quad v\quad 1]^T$ 为模板平面上点的齐次坐标,$X_w=[X\quad Y\quad 1]^T$ 为模板平面上点投影到图像平面上对应点的齐次坐标,$\boldsymbol{\lambda}$ 为一个常数因子。由于旋转矩阵 $\boldsymbol{R}$ 具有正交性,所以有

$$\begin{cases}r_1^Tr_2=0\\r_1^Tr_1=r_2^Tr_2\end{cases}\tag{7.14}$$

根据式(7.14)可得两个约束关系式,即

$$\begin{cases}h_1^TK^{-T}K^{-1}h_2=0\\h_1^TK^{-T}K^{-1}h_1=h_2^TK^{-T}K^{-1}h_2\end{cases}\tag{7.15}$$

设 $\boldsymbol{B}$ 为一个对称矩阵,且 $\boldsymbol{B}=\boldsymbol{A}^{-T}\boldsymbol{A}^{-1}=\begin{pmatrix}B_{11}&B_{12}&B_{13}\\B_{21}&B_{22}&B_{23}\\B_{31}&B_{32}&B_{33}\end{pmatrix}$,$\boldsymbol{A}=\begin{bmatrix}a_x&\gamma&u_0\\0&a_y&v_0\\0&0&1\end{bmatrix}$,令 $\boldsymbol{b}=(B_{11}\quad B_{12}\quad B_{22}\quad B_{13}\quad B_{23}\quad B_{33})^T$,$h_i=(h_{i1}\quad h_{i2}\quad h_{i3})$ 是 $\boldsymbol{H}$ 的第 i 列向量,因此有 $h_i^T\boldsymbol{B}h_j=v_{ij}^T\cdot\boldsymbol{b}$,其中,$v_{ij}=(h_{i1}h_{j1},h_{i1}h_{j2}+h_{i2}h_{j1},h_{i2}h_{j2},h_{i3}h_{j1}+h_{i1}h_{j3},h_{i3}h_{j2}+h_{i2}h_{j3},h_{i3}h_{j3})^T$,这样式(7.15)就可以变换成两个关于 $\boldsymbol{b}$ 的齐次方程,即

$$\begin{pmatrix} v_{12}^T \\ (v_{11} - v_{12})^T \end{pmatrix} \boldsymbol{b} = 0 \tag{7.16}$$

对于输入是 n 幅图像，将这些图像形成的方程组叠加起来有

$$\boldsymbol{Vb} = 0 \tag{7.17}$$

其中，$\boldsymbol{V}$ 是一个 $2n \times 6$ 的矩阵，当 $n \geqslant 3$ 时，在相差一个尺度因子的意义下就可以确定 $\boldsymbol{b}$。$\boldsymbol{V}^T\boldsymbol{V}$ 的最小特征值对应的特征向量是式(7.17)的解，得出 $\boldsymbol{b}$ 之后，我们可以得出摄像机的内参（吕海宝，2004）。根据摄像机的内参和单应性矩阵 $\boldsymbol{H}$，我们就可以由式(7.13)求取摄像机的外参。

2. 实验与分析

1）平面模板的获取

可以用 Word 制作一系列黑白相间的正方形进行标定，每个正方形的边长为 1.70 厘米，然后把打印出来的纸贴到平整的硬木板上，如图7-10所示。

2）坐标系的确定与角点的检测

为了计算单应矩阵，我们确定模板的世界坐标系和像点的图像坐标系，世界坐标系中取模板最左上角的黑方格为原点，X 轴水平向右，Y 轴竖直向上。图像坐标系中取图像左上角为坐标原点，u 轴水平向右，v 轴垂直向下，对于拍摄的序列的图像，对它进行角点的检测，图 7-11 为其中一幅图像角点检测的结果，角点用白色的圈标出。

图 7-10　平面标定模板

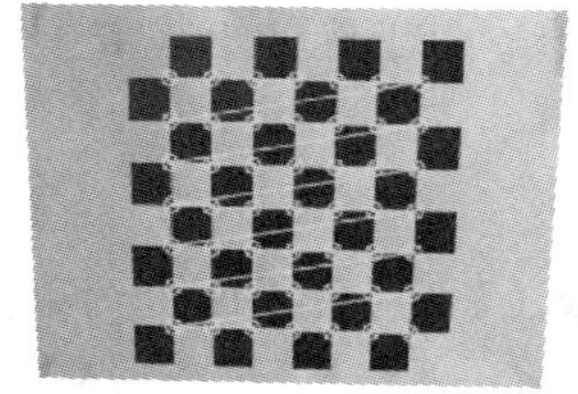

图 7-11　角点检测的结果

3）内外参的计算

根据步骤 2）知道每个顶点的图像坐标和世界坐标后，我们可以用式(7.13)和式(7.17)估计摄像机的内部参数和摄像机的运动参数，标定结果如图 7-12 所示。摄像机的内参为

$$\begin{bmatrix} 654.336731 & 0 & 309.191742 \\ 0 & 660.451965 & 270.747833 \\ 0 & 0 & 2 \end{bmatrix}$$

4）标定结果的检验

为了检验标定精度，我们用两幅图像的匹配角点和摄像机标定的结果计算

模板上的三维点坐标及原来实际的模板上的点的世界坐标对比来验证。

设 $p_1=(u_1,v_1,1)$ 和 $p_2=(u_2,v_2,1)$ 是拍摄定标板的两幅图像上的匹配点，$\boldsymbol{M}_1$ 和 $\boldsymbol{M}_2$ 是这两幅图像的投影矩阵，X_w 为这两点在定标模板中对应的世界坐标系的坐标，根据射影几何原理有

$$\begin{cases} s_1 P_1 = \boldsymbol{M}_1 \cdot X_w \\ s_2 P_2 = \boldsymbol{M}_2 \cdot X_w \end{cases} \tag{7.18}$$

其中，s_1 和 s_2 是常数因子，消去 s_1 和 s_2，用最小二乘法得出坐标 X_w，根据计算得到的三维坐标与实际的三维坐标的比较来进行检验，实际上产生一定的误差也是合理的，由于把打印的纸贴在硬木板上，这样可能有粘贴不平整的地方；另外，由于摄像机和环境中有不可避免的噪声存在，使得角点的提取也可能存在一定的误差。具体如图 7-12 所示。

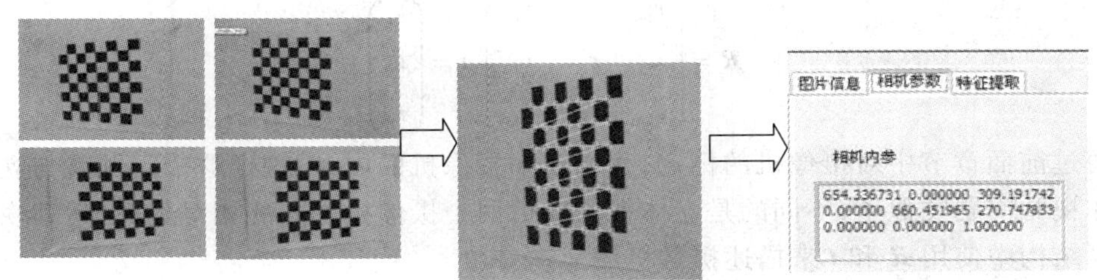

图 7-12　标定结果

7.2.2　摄像机自标定法

在 20 世纪 90 年代中后期，摄像机自标定法在计算机视觉研究领域兴起。Faugeras、Maybank 等提出了自标定的概念（Faugeras，1992）。摄像机自标定灵活性强，不需要标定块，只利用多幅图像之间的对应关系就可以标定摄像机参数。Faugeras 用射影几何原理证明了两幅图像之间存在两个 Kruppa 方程的二次非线性约束，通过直接求解 Kruppa 非线性方程组可以得出摄像机的内参。但是基于 Kruppa 方程的标定方法不稳定，标定精度差，雷成等（Lei，2001）给出 Kruppa 方程标定法不稳定的原因。

7.3　基于二维图像的三维重建方法

客观世界在空间上是三维的，在工程技术与军事应用一般都要对三维物体进行分析，以便获取有用的信息。目前，大多数图像采集装置所获取的图像本身是在二维平面上的，尽管其中可以含有三维物体的空间信息（佘彦杰，2006）。因此，要从图像认识真实物体，就要从二维图像中恢复三维空间信息，这正是三

维立体重建所要完成的任务。

立体视觉是通过用两个或者多个摄像机来恢复空间中的点的三维坐标。运动恢复结构(Manuel,2009)、(Pandrea,2008)是用对单个摄像机拍摄的图像来恢复物体或场景的结构。假设在摄像机上绑定了一个标架,让它在静态的环境中移动,如图 7-13 所示,其中 m_1,m_2 为两幅图像上对应的特征点。运动前的摄像机的坐标系为 $C-xyz$,运动后的摄像机的坐标系随着摄像机的运动而变为 $C'-x'y'z'$。如果不考虑运动的细节,而且规定旋转轴通过坐标原点并且平移在旋转之后,这样通过一个旋转矩阵 $\boldsymbol{R}$ 加一个平移 t 就可以实现 C 到 C'的变换,即

$$M' = \boldsymbol{R}M + t$$

其中,M 为一点在 $C-xyz$ 坐标系下的坐标,M'为该点在 $C'-x'y'z'$坐标系下的坐标,而且

$$\boldsymbol{R} = \begin{pmatrix} r_{11} & r_{12} & r_{13} \\ r_{21} & r_{22} & r_{23} \\ r_{31} & r_{32} & r_{33} \end{pmatrix}, \boldsymbol{t} = \begin{pmatrix} t_x \\ t_y \\ t_z \end{pmatrix}$$

通过前面章节中对摄像机的标定,我们已知摄像机的内参,这样这个问题就与立体视觉问题类似了,不同的是立体视觉知道两个摄像机之间的相对位置,运动恢复结构中使用 $\boldsymbol{R}$ 和 $\boldsymbol{t}$ 来描述摄像机的运动参数。

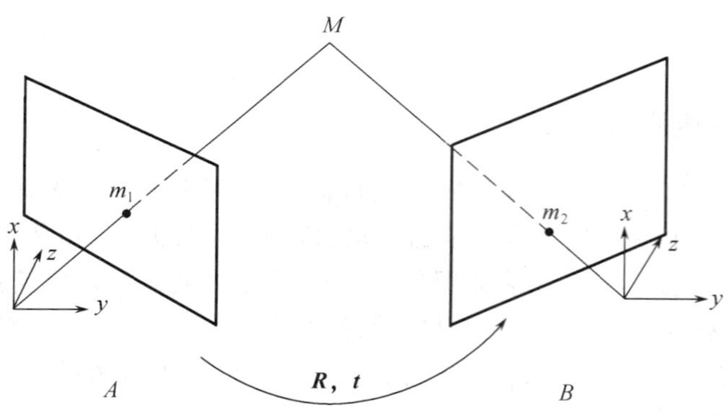

图 7-13 运动恢复结构原理

可以利用运动恢复结构原理获取摄像机的运动参数 $\boldsymbol{R}$ 和 $\boldsymbol{t}$,进而实现三维重建。具体方法是:首先根据匹配记过求解的基础矩阵进而求解出本质矩阵 $\boldsymbol{E}$,接着对 $\boldsymbol{E}$ 进行奇异值分解产生 $\boldsymbol{R}$ 和 $\boldsymbol{t}$ 的候选值,然后判断 $\boldsymbol{R}$ 和 $\boldsymbol{t}$ 符合,确定唯一的一组解,最后计算出特征点对应的空间的三维点,实现三维重建。

7.3.1 本质矩阵的获取

用一个普通的摄像机在两个位置相对近的不同位置对物体或者场景进行拍

摄,假设这两个位置为位置 A 和位置 B,将位置 A 的摄像机坐标系认为世界坐标系,这样$[\boldsymbol{I} \mid 0]$就是摄像机在 A 位置的外参矩阵,则有 $\boldsymbol{P}_A=\boldsymbol{K}[\boldsymbol{I} \mid 0]$为摄像机在位置 A 的投影矩阵。摄像机在位置 B 的投影矩阵相对于世界坐标系为 $\boldsymbol{P}_B=\boldsymbol{K}[\boldsymbol{R} \mid \boldsymbol{t}]$,其中 $\boldsymbol{I}$ 是 3×3 的单位矩阵,$\boldsymbol{K}$ 是摄像机的内参矩阵,$\boldsymbol{R}$ 和 $\boldsymbol{t}$ 分别是摄像机在 $\boldsymbol{B}$ 位置相对世界坐标系的旋转矩阵和平移向量,由于 $\boldsymbol{K}$ 已经求出,$\boldsymbol{P}_A$ 已知,我们只需要求出 $\boldsymbol{R}$ 和 $\boldsymbol{t}$ 就能够求出 $\boldsymbol{P}_B$ 了,这样根据三角原理就可以计算出空间点的三维坐标。

对于任意的匹配点对 $m,m',m\in I_1,m'\in I_2$,其次坐标有 $m=(x_1,y_1,1)^T,m'=(x_2,y_2,1)^T$,则有

$$\begin{cases} s_1 m=\boldsymbol{K}[\boldsymbol{I} \mid 0]M \\ s_2 m'=\boldsymbol{K}[\boldsymbol{R} \mid \boldsymbol{t}]M \end{cases}$$

其中,s_1 和 s_2 是常量因子,M 是特征点对应的物体的点的齐次坐标,设 $\boldsymbol{F}$ 是前面我们计算出的基础矩阵,则有$(m')\boldsymbol{F}m=0$,求出 $\boldsymbol{F}=\boldsymbol{K}^{-T}[\boldsymbol{t}]_X\boldsymbol{R}\boldsymbol{K}^{-1}$,向量$[\boldsymbol{t}]_X$ 是向量 $\boldsymbol{t}=(t_x,t_y,t_z)^T$ 的反对称矩阵。

本质矩阵 $\boldsymbol{E}=[\boldsymbol{t}]_x\boldsymbol{R}$ 由摄像机的运动参数 $\boldsymbol{R}$ 和 $\boldsymbol{t}$ 确定,与内参无关。对本质矩阵进行奇异值分解(也就是 SVD 分解)可以得到相差一个常数因子情况下的摄像机运动参数 $\boldsymbol{R}$ 和 $\boldsymbol{t}$。

7.3.2　摄像机外参的获取与符号的判断

对本质矩阵 $\boldsymbol{E}$ 进行奇异值分解可以得到摄像机的运动参数 $\boldsymbol{R}$ 和 $\boldsymbol{t}$(Hartley,1992),即

$$\boldsymbol{E}=\boldsymbol{U}\boldsymbol{A}\boldsymbol{V}^T$$

其中,$\boldsymbol{A}=\mathrm{diag}(\boldsymbol{r},\boldsymbol{s},\boldsymbol{t})$,若匹配点准确,理论上本质矩阵 $\boldsymbol{E}$ 满足 $\boldsymbol{r}=\boldsymbol{s},\boldsymbol{t}=0$,其中$(\boldsymbol{r},\boldsymbol{s},\boldsymbol{t})$为 *SVD* 分解得到的特征值。但在实际中由于噪声的存在,得到的是 $\boldsymbol{r}>\boldsymbol{s}>\boldsymbol{t}$,因此,就有必要对它进行修正,我们令 $\boldsymbol{k}=(\boldsymbol{r}+\boldsymbol{s})/2$,得到修正的对角矩阵 $\boldsymbol{A}'=\mathrm{diag}(\boldsymbol{k},\boldsymbol{k},0)$,用 $\boldsymbol{A}'$代替 $\boldsymbol{A}$,求得修正的本质矩阵 $\boldsymbol{E}'$,然后对 $\boldsymbol{E}'$进行奇异值分解,即

$$\boldsymbol{E}'=\boldsymbol{U}\boldsymbol{D}\boldsymbol{V}^T$$

通过分解可以得到两个三阶的酉矩阵和一个三阶的对角矩阵 $\boldsymbol{s}$,设 $\boldsymbol{w}=\begin{bmatrix} 0 & -1 & 0 \\ 1 & 0 & 0 \\ 0 & 0 & 1 \end{bmatrix}$,可以表示 $\boldsymbol{R}=\boldsymbol{U}\boldsymbol{W}\boldsymbol{V}^T$ 或 $\boldsymbol{R}=\boldsymbol{U}\boldsymbol{W}^T\boldsymbol{V}^T$,$t=u_3$ 或 $t=-u_3$,其中,u_3 是 $\boldsymbol{U}$ 的最后一列。所以 $\boldsymbol{P}_B$ 就会有 4 种情况,哪一组值才是正确合理的值呢?可以根据物体的三维的点在两幅图像中的景深为正来判断哪一组值满足匹配点对对

应的三维坐标的计算。求出了正确的 $\boldsymbol{R}$ 和 $\boldsymbol{t}$,这样两幅图像对应的投影矩阵为

$$\begin{cases}\boldsymbol{P}_A=\boldsymbol{K}[\boldsymbol{I}\quad 0]\\ \boldsymbol{P}_B=\boldsymbol{K}[\boldsymbol{R}\quad \boldsymbol{t}]\end{cases}$$

设 P_{A1}、P_{A2}、P_{A3} 为投影矩阵 $\boldsymbol{P}_A$ 对应的行向量,设 s 为常量因子,$(u_i,v_i,1)^T$ 为在位置 A 拍摄的图像上的第 i 个匹配点的齐次坐标,X_i 为与第 i 个匹配点对应的空间点的齐次坐标,则有

$$s\begin{pmatrix}u_i\\ v_i\\ 1\end{pmatrix}=\begin{pmatrix}P_{A1}\\ P_{A2}\\ P_{A3}\end{pmatrix}X_i$$

消去常量因子得

$$\begin{cases}P_{A3}X_iu_i-P_{A1}X_i=0\\ P_{A3}X_iv_i-P_{A1}X_i=0\end{cases}$$

同理,也能得到类似的等式,即

$$\begin{cases}P_{B3}X_iu_i-P_{B1}X_i=0\\ P_{B3}X_iv_i-P_{B1}X_i=0\end{cases}$$

由上面等式可得

$$\begin{pmatrix}P_{A3}u_i & -P_{A1}\\ P_{A3}u_i & -P_{A1}\\ P_{B3}u'_i & -P_{B1}\\ P_{A3}u'_i & -P_{B1}\end{pmatrix}X_i=0$$

方程中有 3 个未知数,令 $\boldsymbol{A}=\begin{pmatrix}P_{A3}u_i & -P_{A1}\\ P_{A3}u_i & -P_{A1}\\ P_{B3}u'_i & -P_{B1}\\ P_{A3}u'_i & -P_{B1}\end{pmatrix}$,则有 $\boldsymbol{A}X_i=0$,由于 X_i 定义在非常数因子下,增加约束 $\|X_i\|=1$,这样所求解的问题就转为求解对应 $\boldsymbol{A}^T\boldsymbol{A}$ 的最小特征值所对应的特征向量。对 $\boldsymbol{A}$ 进行 SVD 分解,得

$$\boldsymbol{E}=\boldsymbol{USV}^T$$

得出 X_i 为左后一个酉矩阵 $\boldsymbol{V}$ 的最后一列。求出的 M 是齐次坐标,三维普通坐标需要把坐标向量中的每个元素都除以第四个分量来求取。

7.3.3　空间点的三角剖分

上面计算出来的空间三维点的是一些离散的点,用 OpenGL 可以显示出来,但是对于一些简单的模型重建出来的点比较少,可视性差,有图 7-14 所示的两

幅从不同角度拍摄的图像，重建的离散的点数据不能直观地反映物体的结构，而且为了生成照片级别的具有真实感的模型或场景，先要对这些离散的点进行三角剖分。

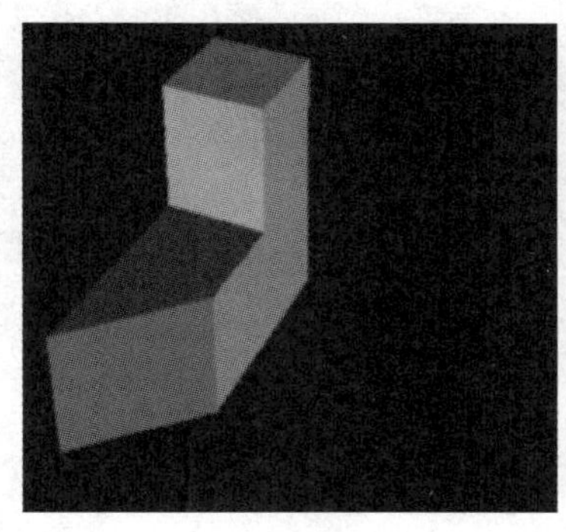
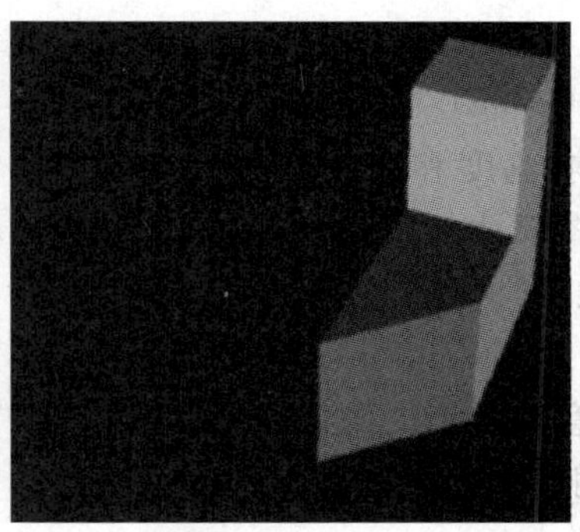

图 7-14 两幅从不同角度拍摄的图像

进行空间点的三角剖分可以有两种方法：一种是直接对空间中的点进行三角剖分，另一种是把空间中的点映射到平面中，对二维的点进行三角剖分，然后反映射到三维空间中。后一种方法相对比较简单，本书就采用后一种方法。

通过三角剖分算法对二维图像中的特征点进行三角剖分(Shewehuk,1995)，然后由于空间中的三维点是由特征点计算出来的，所以根据这个映射关系，把剖分的二维点映射到三维空间中去，就实现了空间点的三角剖分，如图7-15所示。

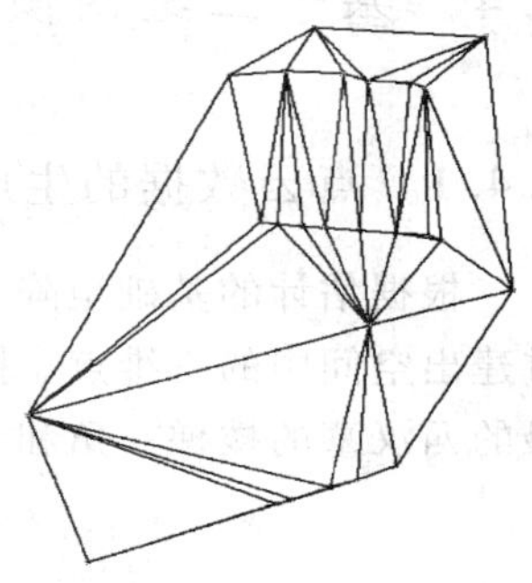

图 7-15 空间离散点的三角剖分后的效果

7.3.4 纹理映射

三角剖分的时候把二维图像进行剖分映射到三维空间中，在处理此过程的同时图像已经被分成一些三角化的纹理，已经和空间的三维点有对应的映射关系，我们把这些三角化的纹理映射到空间网格中，就得到了具有纹理的三维模型或场景了。

假设(x_1,y_1,z_1)、(x_2,y_2,z_2)、(x_3,y_3,z_3)分别对应空间中的 3 个点，这 3 个点刚好被三角剖分后是一个三角形，设(u_1,v_1)和(u'_1,v'_1)为点(x_1,y_1,z_1)对应的角点的像素坐标和纹理坐标，由于图像坐标系中规定左上角是坐标的原点，而纹理坐标系中左下角为坐标系的原点，所以有

$$u'_1=\frac{u_1}{\text{width}} \qquad v'_1=\frac{\text{height}-v_1}{\text{height}}$$

其中，width 和 height 是图像的宽度和高度，同理可得(x_2,y_2,z_2)、(x_3,y_3,z_3)的纹理坐标，这样，我们使用 OpenGL 可以实现纹理映射，需要注意的是，OpenGL 中的 glTexImage2D() 函数要求宽度和高度都为 2 的整数次幂的图像才能纹理贴图成功，这就给图像带来了限制，我们使用 OpenGL 中的 gluBuild2DMipmaps() 实现任意分辨率的图像。图 7-16 为纹理映射后的效果。

图 7-16 纹理映射后的效果

7.4 基于二维图像的三维重建实例

7.4.1 点云数据的生成实例

根据估计的基础矩阵、立体匹配的结果、摄像机标定的结果，利用三角原理重建出空间中的三维点。图 7-17(a) 和图 7-17(b) 分别是从两个不同的角度拍摄的西汉墓的楼梯一角和兵马俑头盔的图像，图 7-18 是重建后的点云效果。

(a) 西汉墓楼梯一角

(b) 兵马俑的头盔

图 7-17 原始图像

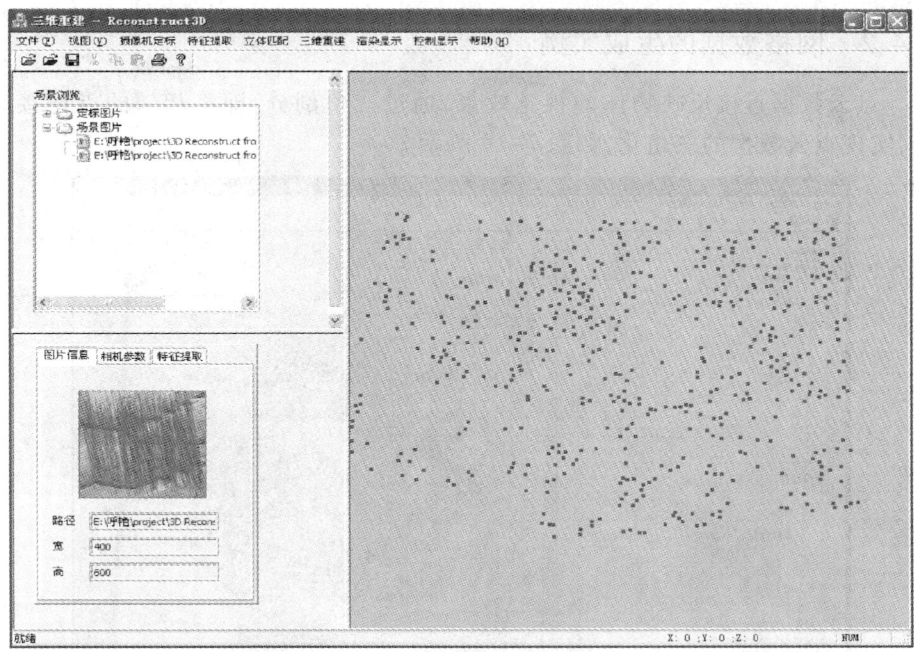

(a) 西汉墓楼梯的点云效果

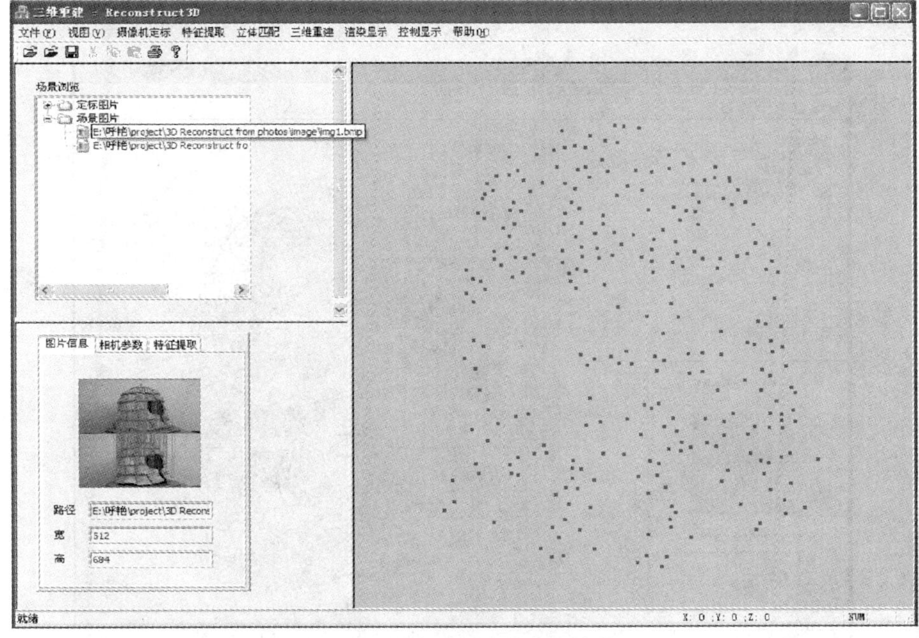

(b) 兵马俑头盔的点云效果

图 7-18　点云效果

7.4.2 网格数据的生成实例

点云数据直接反映物体的视觉效果，通过三角剖分，即将相邻的点连接起来，实现点云数据的三角化，如图 7-19 所示。

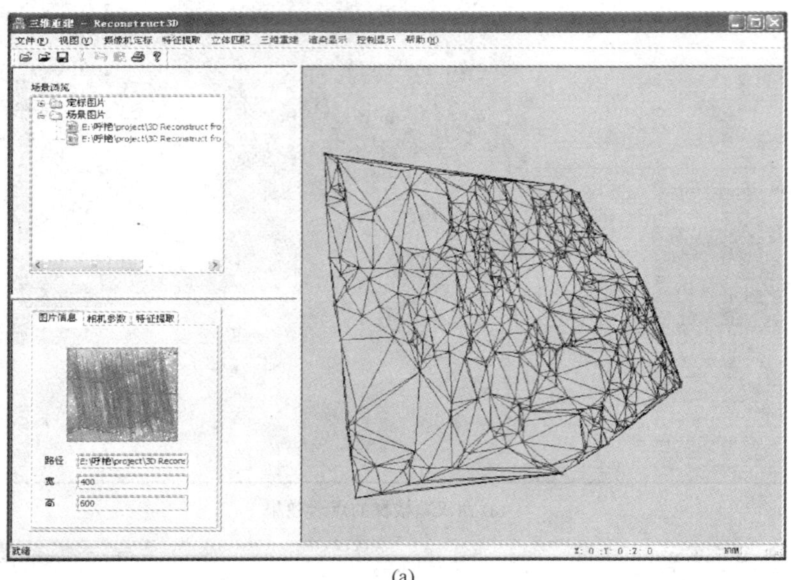

(a)

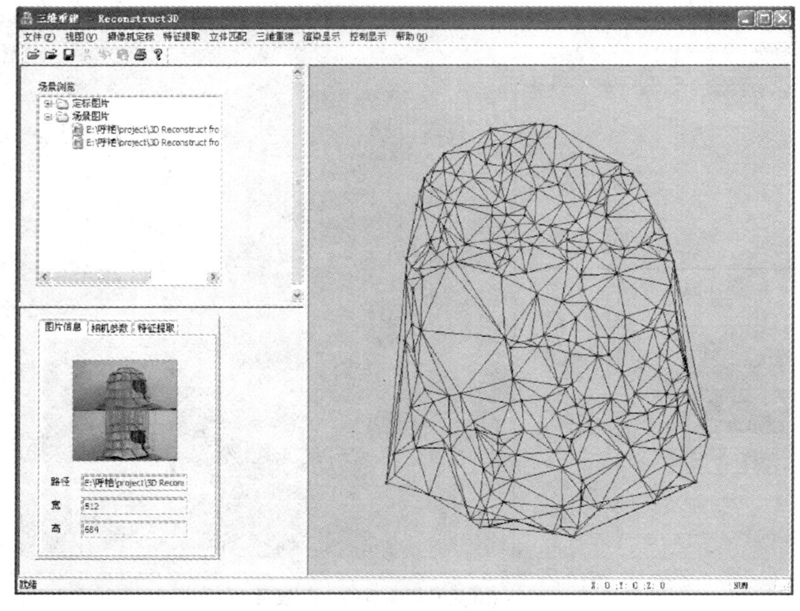

(b)

图 7-19 网格效果

7.4.3 纹理映射实例

为了使重建的模型具有真实感，通过将图像上特征点和重建的三维点对应起来，实现照片级别的三维模型，如图 7-20 所示。

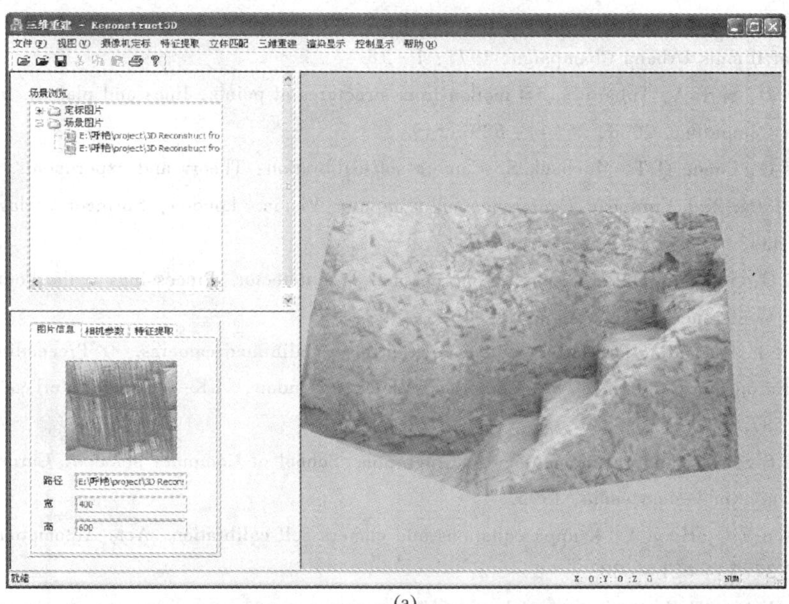

(a)

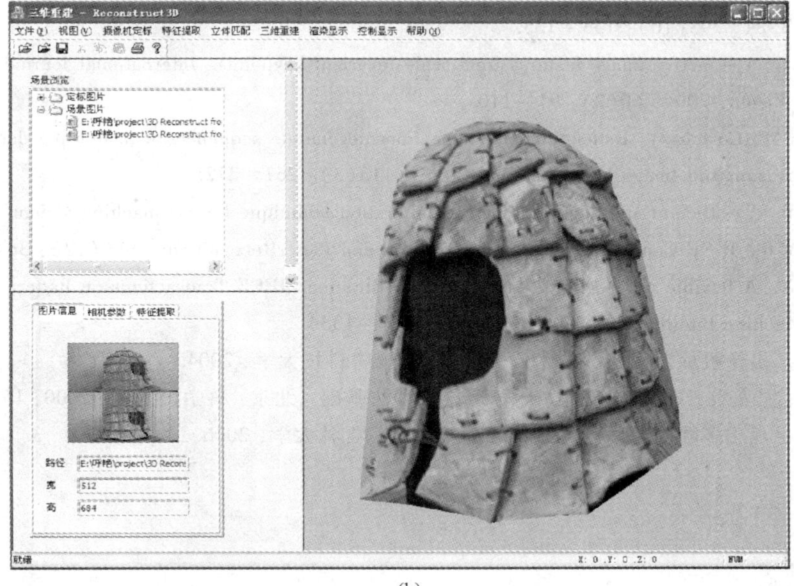

(b)

图 7-20 纹理映射效果

参考文献

Abdel- Aziz Y I, Karara H M. Direct linear transformation into object space coordinates in close-range photogrammetry. In: Processings of the Symp. Close-Range Photogrammetry. Urbana: Univ of Illionis Urbana Champaign, 1971: 1 - 18.

Acqua A D, Sarti A, Tubaro S. 3D motion from structures of points, lines and planes. Image and Vision Computing, 2008, 26(4): 529 - 549.

Faugeras O, Luong Q T, Maybank S. Camera self-calibration: Theory and experiments. Processings of the 2nd European Conference on Computer Vision. London: Springer-Verlag, 1992: 321 - 334.

Harris C G, Stephens M J. A combined corner and edge detector. Processings of the Fourth Alvey Vision Conference, Manchester, UK, 1988: 147 - 152.

Hartley R I. Estimation of relative camera Position for uncalibrated cameras. // Proeeedings of the 2nd European Conference on Computer Vision, London, UK: Springer-Verlage, 1992: 579 - 587.

Jonathan R S. Delaunay refinement mesh generation. School of Computer science, Carnegie Mellon: Univ. of Pennsylvania, 1995.

Lei C, Wu F C, Hu Z Y. Kruppa equations and camera self-calibration. Acta Automatica Sinica, 2001, 27(5): 621 - 630.

Longuet-Higgins H C. A computer algorithm for reconstructing a scene from two projections. Nature, 1981, 293(10): 133 - 135.

Lowe D G. Distinctive image features from scale-lnvariant keypoints. International Journal of Computer Vision, 2004, 60(2): 91 - 110.

Marques M, Costeira J. Estimating 3D shape from degenerate sequences with missing data. Computer Vision and Image Understanding, 2009, 113(3): 261 - 272.

Tasi R Y. An efficient and accurate camera calibration technique for 3D machine vision. Processings of the IEEE Conference of Computer Vision and PatterRecognition, 1986(12): 364 - 374.

Zang Z Y. A flexible new technique for camera calibration. IEEE Transactions on Pattern Analysis and Machine Intelligence, 2000, 22(11): 1330 - 1334.

吕海宝．摄像机标定及相关技术研究．北京:国防科技大学, 2004.

马颂得, 张正友．计算机视觉 - 计算理论与算法基础．北京: 科学出版社, 2000: 151 - 152.

佘彦杰．基于多幅图像序列的三维重建．吉林: 吉林大学, 2006.

第 8 章　遗址场景重构与绘制技术

世界上至今仍保存着众多规模宏大的古代文化遗址，如秦兵马俑、金字塔等。这些文化遗址不仅是古代劳动人民的伟大创造和聪明智慧的结晶，同时也是研究古代历史、文化、艺术和科学技术发展的极其重要的实物资料。一直以来，如何在更大范围内向世人展示文化遗产蕴涵的独特文化、科学和艺术价值，同时又能够妥善地保护这些珍贵文化遗产以使其能更长久地留存下去，是文化遗产保护领域亟待解决的一个重大问题。

以数字古罗马项目为代表的数字考古研究利用三维激光测量与虚拟现实技术，完成了遗址场景的数字化，并在此基础上实现了具有真实感的遗址场景的三维虚拟展示，从而解决了文化遗址保护和旅游开发之间的矛盾，将文化遗址的保护、展示和复原工作推进到了一个崭新的阶段（Bareelo，2000）。近年来，文化遗址数字化保护技术的研究在国内外都取得了长足的进展，并且产生了很多成功的大型应用项目，如重现古耶路撒冷风貌项目、大英博物馆古埃及项目、敦煌石窟虚拟展示项目（刘刚，2005）等。

本章主要介绍了目前文化遗址数字化保护中的两个关键步骤——文化遗址的三维场景建模和三维场景的可视化。其中第 8.1 节主要介绍了遗址场景建模所需数据的来源和采集方法，场景中的地形、遗址主体、文物和其他诸如植物、天空等的建模方法以及场景中模型的集成；第 8.2 节介绍了绘制技术；第 8.3 节则介绍了如何通过场景管理、层次细节技术（level of detail，LOD）和基于图像的绘制技术（image based rendering，IBR）等实现大尺度遗址的实时绘制和交互。

8.1　三维古遗址重建

古遗址场景中涉及各种各样的物体，大到地形、建筑、陪葬坑等，小到各种金器、玉器、石器等出土文物。由于这些物体尺寸不同，在数字化保护中要求的精度也不一样，因此，需要根据物体的特点选取特定的设备来采集合适的数据，然后根据数据重构出三维模型。当得到所有物体的三维模型后，再对模型进行集成，使它们格式统一、坐标统一，从而构建出完整的场景。

8.1.1 数据采集

文化遗址数字化时常用的数据类型包括:① 三维扫描仪获得的场景或物体多个视点的点云(和纹理)数据;② 遥感数据和 GIS 数据;③ 拍摄的真实遗址场景的视频录像;④ 照相机采集的真实场景或文物的照片;⑤ 采用传统的标尺、标杆等手工方法得到的测绘数据;⑥ 地质雷达探测到的数据;⑦ 电子地图数据;⑧ 历史资料数据等。

以上数据可满足遗址中不同物体的建模需要。遗址中的物体可大体分为 3 类,即地形、遗址主体、文物等其他物体。其中地形是其他地物的载体和几何定位的依据;遗址主体通常包括建筑、桥梁、陵墓、陪葬坑等,而文物为遗址中出土的各种零碎的物件等。对于每一类物体,适用的建模数据都略有不同。如图 8-1所示,地形建模时通常需采集遥感数据、GIS 数据、地质雷达探测数据或具有等高线的纸质地图等;遗址主体建模通常需采集三维扫描仪获得的点云和纹理数据、照片、录像、测绘数据、历史资料数据等;文物建模通常需采集三维扫描仪获得的点云和纹理数据、照片等。

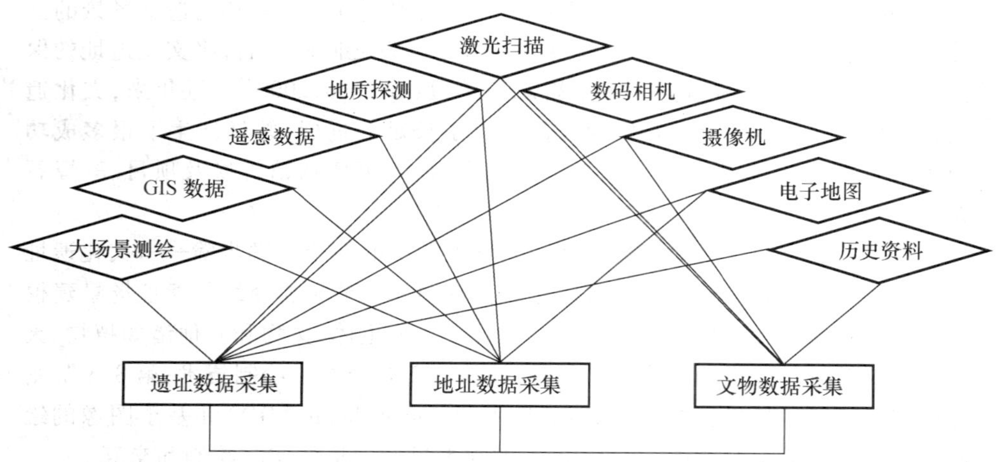

图 8-1 大遗址数据采集

值得注意的是,虽然场景和文物都可采用三维扫描的方式建模,但采用的设备在测量距离和扫描精度上都不相同。用于场景的三维扫描仪通常测量距离远,如 800 米,扫描精度则比较低,如 ±10 毫米,而用于文物的扫描仪则测量距离短,但精度很高,通常能达到 0.05 毫米。此外,照片和录像资料可以用于构建三维模型,也可用于采集物体的纹理,或制成物体的基于图像绘制(IBR)所需的图像,根据不同的用途,其拍摄要求是有差别的。其中获取三维模型的表面纹理信息和获取物体的 IBR 图像的拍摄要求是基本一致的,只是拍摄 IBR 图像要求更为严格,它要求获得水平方向绕物体等角度一周的图像,并且各图像的光照情况类似(Lu,1999);用于三维建模则至少需要物体的两张视角相差较近的图像(Hartley,2004)、(Bregler,1999)。

8.1.2 地形场景重建

在虚拟古遗址环境构造中,地形模型扮演了十分重要的角色,它是空间延续信息表达的一个基本工具,是其他地物的载体和几何定位的依据。

1. 三维地形表面生成技术

地形表面生成技术可分为基于算法生成的地形仿真技术和基于真实地形数据的生成技术两大类(何方荣,2002)、(齐敏,2000)。前者利用参数曲面或分形等算法近似模拟真实感地形,并对其进行优化控制;后者主要采用数字高程模型(digital elevation model,DEM)来生成真实感地形。

1）利用曲面生成三维地形

利用曲面生成三维地形是一种传统的地形生成方法,它利用常用的一些参数曲面,如 Bezier 曲面、Coons 曲面、Nurbs 曲面等,通过插值、曲面拟合来生成所需要的三维地形。其优点是保证了相邻面的斜率连续性,缺点是曲面方程及参数不易控制,且生成的地形过于光滑,真实感较差。这种采用计算几何的方法,是早期三维地形生成的方法,该方法由于其数学计算较复杂,对于复杂场景来说,计算量较大,而且要采用较复杂的曲面拼接技术,只适合中小规模的数据处理。另外,这种方法实际上采用了欧式几何方法,而欧式几何方法所描述的物体具有光滑的表面和规则形状,物体的形状可由方程来描述。由于地形的不规则性和复杂性,用这种方法得到的地形真实感效果常常不能令人满意(齐敏,2000)。

2）利用分形生成三维地形

任何分形最关键的概念是自相似——当一个物体的一部分放大后看起来仍与整个物体一样,那这个物体就是自相似的。考虑一下人体的循环系统,这是自然界自相似的好例子,从最大的动脉和静脉分支直到最小的微血管,整个过程都显现出相同的分支模型。

地形也属于自相似范畴,手掌上的碎岩锯齿状边缘与远处地平线边的山脊有相同的不规则形状,这就使得我们可以用分形来生成地形。目前分形地形建模的方法有多种,大致可分为泊松阶跃法(Poisson faulting)、傅里叶滤波法(Fourier filtering)、中点位移法(midpoint displacement)、逐次随机增加法(successive random additions)、带限噪声法(summing band limited noises)和小波变换法等。

分形算法的优缺点同样显著:它的优点在于数据量小,缺点则是算法的复杂度高，同时因为没有与真实地形、地貌相联系，因此，只适用于非真实场景的地形建模。

3）利用真实数据生成三维地形

利用真实数据生成三维地形的方法主要是用DEM数据来生成和显示地形，它是目前实际工作中使用最多的一种。DEM是GIS中的重要组成部分之一，为GIS提供了地球表面地形的三维向量有限序列。DEM常用的建模方法有两类（见图8-2）：基于规则格网的建模和基于不规则三角网（triangulated irregular network，TIN）的建模（王家耀，2004）。

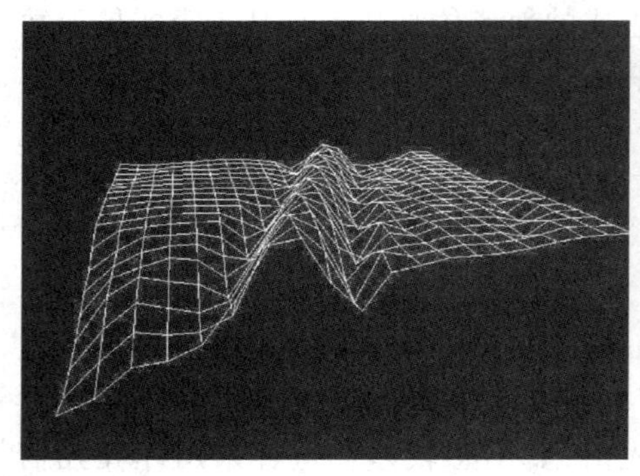

(a) 基于规则格网的建模

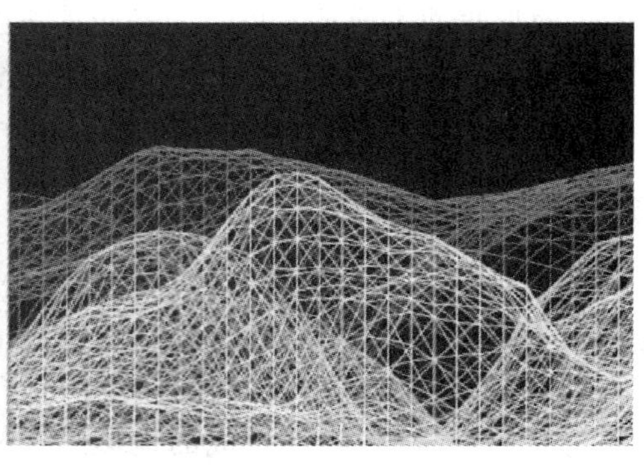

(b) 基于不规则三角网的建模

图8-2 DEM常用的两类建模方法

规则格网模型利用一系列 X、Y 方向上都是等间隔排列的地形点的高程 Z 表示地形。由于格网的大小是固定的，因此，可以用一个二维矩阵存储各个点的高程信息。规则格网模型的优点是数据结构简单、便于使用且易于管理；缺点是存储量大，数据点的密度对于整个分析区域来说都是一样的。这样，在地形简单区域容易大量出现数据冗余，且各个位置的分辨率相同，不能突出地形复杂区域。

不规则三角网模型则是通过不规则分布的数据点生成连续的三角形来逼近地形表面。它省去了规则格网中由离散点生成曲面的数据转换，能直接利用原始数据点插补等值点位置，从而获得任意边界形状的区域等值线。在建立数字高程模型中，不规则三角网模型能以不同层次的分辨率来描述地形表面，在某一特定分辨率下能用更少的空间和时间更精确地表示更加复杂的地表，特别是当地形包含大量特征，如断裂线、构造线时，不规则三角网模型能更好地表述这些特征，从而更精确、合理地表达地形。

2. 纹理映射

任何一个物体模型，如果没有赋予它材质和纹理，往往缺乏表现力度和真实感。纹理映射是地形仿真中极为重要的一个组成部分,纹理映射的恰当运用不但可以让模型更加真实、自然和绚丽,还可以使得模型的复杂度大大被简化,不必过多费力考虑物体的表面纹理和细致区域。

模型构造和纹理贴图是相辅相成的关系,进行地形场景仿真有必要在现有技术条件的限制下,寻求模型构造和纹理贴图之间的平衡点:模型难以表达的细节可以尝试用纹理贴图去替换,而纹理贴图不足以表现的细节可以用模型去补充。

为了方便叙述,我们根据地形纹理包含的数据量和信息量,将纹理数据分为大纹理和小纹理(彭庸,2009)。其中,大纹理主要指某些航空图片或卫星图片(DOM 数据),它们往往包含了整个地面场景的纹理数据,这种大规模高分辨率的纹理不但数据量大,结构也复杂,存储量级别达到 GB 甚至 TB。这种纹理映射的主要任务集中在解决纹理数据的存储、传输以及动态调度等问题。小纹理数据的来源具有多样性,并且易于加工处理,所以这类纹理应用的目的主要不是为了真实性。对于这些纹理数据的处理,通常从场景整体布局的设计蓝图以及场景整体预想等方面进行取舍、美化和统一化等处理,兼顾场景的真实感和细腻性。纹理映射中常使用的技术包括细节层次纹理(mipmapping)、透明贴图和纹理拼接(Shreiner,2008)。

1) 细节层次纹理

采用细节层次纹理技术,在近距离观看时采用高分辨率纹理,远处观看时则采用低分辨率纹理,可以加快渲染速度和减少图像锯齿。但其缺点在于会消耗额外的存储空间和增加一些算法的复杂度,并且不能满足任意大小范围之内的纹理映射操作,具体如图 8-3 所示。

(b) 256 像素 ×256 像素

(a) 512 像素 ×512 像素

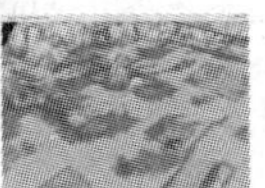

(c) 128 像素 ×128 像素

(d) 32 像素 ×32 像素

图 8-3 细节层次纹理示意

2）透明贴图

透明贴图是通过纹理混合实现的。混合技术主要是指通过指定源和目标的颜色值相结合的规则,对两种颜色进行叠加和融合来表现场景。

3）纹理拼接

有许多场景只需要很小的纹理就能够覆盖该场景的信息,对于这类情况,再用大块纹理或高分辨率的纹理就显得没有必要。可以采取这样的策略:寻找场景中具有代表性的纹理作为拼接因子,利用这些小纹理来整合出一幅大图像的效果。目前,在地形纹理映射上,这是一种典型的方法。

3. 常用的地形建模软件

目前有很多三维地形建模软件,如 3Ds MAX、MultiGen Creator、Creator Terrain Studio、VTBuilder(见图 8-4)等。通过这些软件,可根据 DEM 数据或等高线构建真实的地形模型,也可不依靠特征数据只通过交互得到类似的地形,还可通过地理虚拟现实建模语言 GeoVRML 建立地形的三维模型。

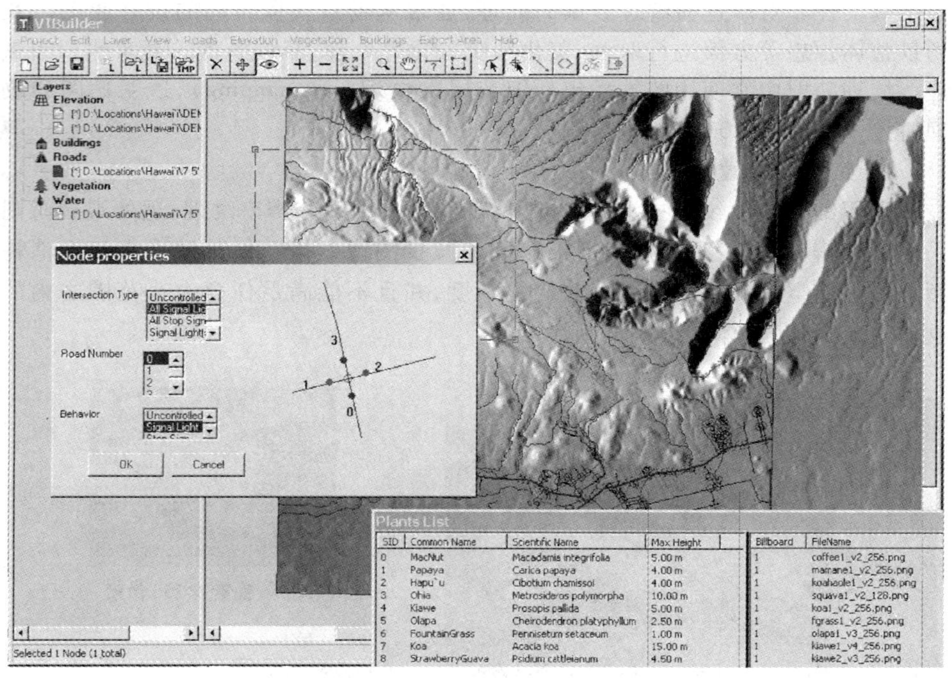

图 8-4　VTBuilder 中的地形建模

8.1.3　遗址主体重建

遗址主体一般由建筑、陵墓、陪葬坑等组成,是景观展示的主要部分。对于这类模型,目前常用的建模方法有基于扫描仪的三维建模方法(刘军,2009)、(赵晓林,2007)、(张爱武,2005)、基于测绘数据结合第三方软件的三维建模方法(刘云,2008)、(林苏靖,2006)和基于图像对的三维建模方法(金鑫,2006)。

1. 基于扫描仪的三维建模

使用三维激光扫描仪构建大遗址场景模型的优点在于,它可以方便、快速地获取大场景的三维信息,并且可以达到较高的精度,适合用于对模型准确度有很高要求的情况。

通常采用三维扫描仪和数码相机相结合的方式对遗址主体进行扫描。其中由激光扫描仪获取场景的点云数据,数码相机同步获取对应的场景纹理信息,再经过后期的数据处理生成场景的真实感三维模型。

建模一般应包括数据采集、数据预处理、三维模型重建等 3 个阶段,其工作流程如图 8-5 所示。

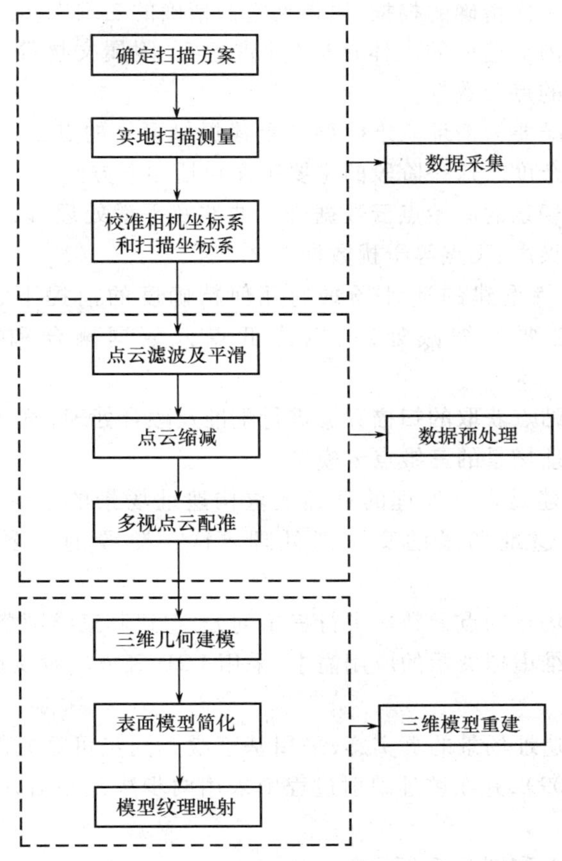

图 8-5 三维激光扫描建模的流程

数据采集是实现遗址三维模型重建的前提，这一阶段的主要工作包括如下几方面。

（1）制定扫描方案，包括确定扫描机位的位置分布，规划扫描仪移动路径，设置扫描补偿参数，确定不同机位的扫描精度等。

（2）设置靶标、全站仪等辅助设备，以远近结合和闭环的方式对遗址场景进行立体、精确地快速扫描，以获取遗址场景的几何和纹理信息。

（3）对相机坐标系和扫描坐标系进行校准处理，以统一扫描仪坐标系（scanner's own coordinate system，SOCS）和相机坐标系（camera coordinate system，CMCS），从而保障纹理映射的准确性。

具体实施时，一般先扫描一个较大的范围，争取使扫描范围内能有尽可能多的反射体（靶标），得到遗址场景的粗扫点云图。由于点云拼接要依据反射体的中心坐标，所以在每一个位置粗扫结束后，应该找出扫描图上反射体（靶标）的位置并对其进行一次精确的扫描，以得到它们精确的三维坐标。然后，应该在粗扫点云图的范围内对遗址的主体目标（如古建筑、附属文物等）进行精确扫描，以得到其高精度的点云数据。

数据预处理既要为遗址三维模型的重建提供可靠的点云数据，同时又要降低模型重建的复杂度。这一阶段的主要工作包括如下方面。

（1）对遗址场景的原始点云数据进行滤波及平滑处理，以去除与待重建的遗址场景无关的噪声、飞点等干扰数据。

（2）在保证待重建的遗址场景的几何精确度的前提下，对场景的原始点云数据进行必要的缩减处理，以降低点云数据融合和模型重建的复杂度。

（3）对不同站点获取的扫描数据进行配准及融合处理，通过坐标变换，以获取一个完整的遗址场景的三维点云模型。

三维模型重建是在预处理的基础上重构遗址场景的三维表面模型，并通过纹理映射实现遗址场景的真实感处理。这一阶段的主要工作包括如下方面。

（1）对遗址场景的点云数据进行三角剖分，重建其三维网格模型。

（2）根据三维虚拟展示的应用需求，采用LOD等方法对遗址场景模型进行简化处理。

（3）为增强遗址场景的真实感，采用基于激光同步可见光图像的纹理映射方法（张学东，2009），并在纹理映射过程中采用两步法误差估计和补偿，以提高纹理映射的精度。

具体如图8-6和图8-7所示。

图 8-6 小雁塔遗址 3 个视角对应的点云模型

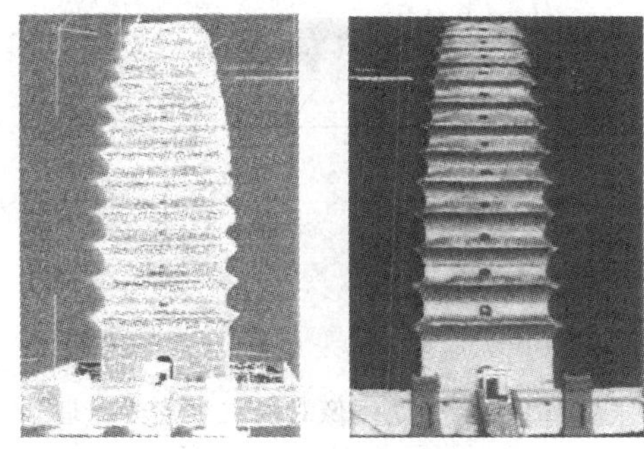

图 8-7 重构出来的小雁塔的网格模型和表面模型

2. 基于测绘数据结合第三方软件构建 3D 模型

在测绘数据的基础上可用来辅助进行手工建模的第三方软件种类很多，常用的有 MultiGen Creator 和 3Ds MAX 等。相比较而言，3Ds MAX 建模功能强大，对对象的细节描述非常生动，适合于对象的精细建模。但其缺点是建模数据量非常庞大，不能满足实时渲染对数据量的要求，需要简化、消除冗余数据才能用于虚拟场景的三维建模。MultiGen Creator 是 MultiGen-Paradigm 公司专门针对可视化仿真行业应用特点推出的实时可视化三维建模软件系统，它是专门为复杂虚拟场景的实时漫游而设计的建模工具，但其精细建模方面却不能和 3Ds MAX 相媲美(刘云，2008)。

三维建模软件一般通过层级结构管理场景中的模型。在建模方面，除了提供手工建模方式，有些软件也提供额外的功能来支持由高度图或 CAD 数据等直接生成模型，有些商业软件还提供材质和渲染功能，可以方便地看到模型的最终效果。

总体来说，基于测绘数据和第三方软件的建模方法的优点是设备要求低、技术难度低，但这种方法工作量大、数据量大、工作效率低，并且对于形状复杂的文物进行测绘非常困难且不易进行。因此，该方法适用于大范围易于测量且形状单一的文物遗址的三维建模。

3. 基于图像对构建3D模型

基于图像对构建3D模型的方法通过一组不同角度的数码照片，利用计算机视觉原理来恢复三维信息，其原理如图8-8所示。

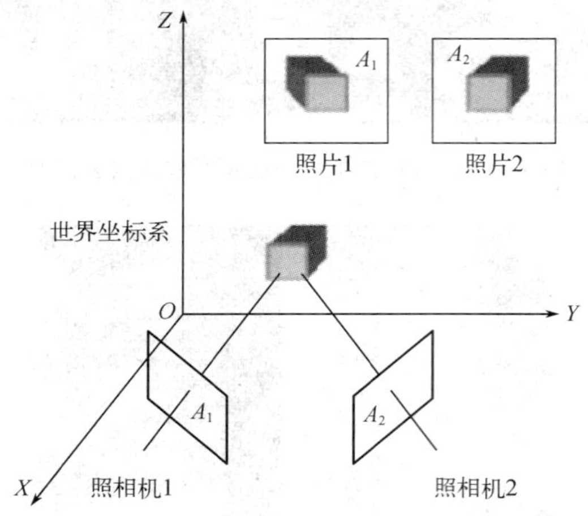

图8-8 基于立体像对的三维建模原理

图像是二维数据，但在关于某一场景的两幅或多幅图像中可以找到许多线索，从中可以推知图像所记录的场景或物体的几何结构信息。这些线索包括物体中边与边之间的几何关系、两幅图像的视差关系、两幅图像中特征点的对应关系以及物体轮廓信息等。

三维照片的拍摄方法多样，目前有基于滑杆的、基于分光镜的或基于镜面反射的，但其基本原理都是从两个不同的角度拍摄物体的图像，经过图像配准以后，获得物体的一对用于左右眼显示的图像。这一技术的具体细节参见第7章。

8.1.4 文物和其他物体的建模

遗址中往往有很多文物，为保证场景的完整性，需要对这些文物进行建模。另外，为增强漫游的真实感，还需在场景中添加诸如植物、天空等模型。

1. 文物建模

对于文物建模，由于对准确度有较高的要求，所以一般还是使用三维扫描仪的方式来获取数据，构建模型。构建文物模型的过程和构建遗址场景的过程是一致的，只是构建文物模型时使用的扫描仪精度更高。对于精度要求不高的装饰性物品或建筑模型，可以在测绘数据的基础上使用手工建模的方式构建模型。

2. 植物建模

植物作为自然界中常见物体，在虚拟地理环境中是不可缺少的自然要素。一方面仿真的植物可以大大增强场景的真实感，另一方面在某些特定的虚拟研究领域,植物本身就是重要的研究对象或参考对象,这种情况下,更是要求场景中的植物具有高度逼真性。

植物模型一般可分为真实的三维模型和二维图像模型两类。真实的三维模型逼真度高,但是建模复杂度高,无论是使用扫描的方法、基于图像的建模方法还是程序或者手工建模,想要获得逼真的三维植物模型都是比较困难的。并且由于植物的三维模型复杂度高,在场景中大量使用会严重影响计算效率。植物的二维图像模型在虚拟现实环境中使用比较广泛,主要有布告板技术和十字交叉表示法(Alexandre,2001)两种常用方法,图像模型复杂度很低,可以在场景中大量使用,但近距离观察时逼真度较差。

3. 天空建模

通常采用半球模型模拟天空,并通过纹理映射技术增强天空模型的真实感。此外,还可通过纹理移动技术产生动态的天空效果。其基本思路是先建立天空半球模型,再采用一层天空背景纹理贴在该几何模型上,最后再贴上第二层云彩纹理,并根据时间设置该纹理层的移动矩阵,使得云彩运动起来,同时加入随机模型,使云彩运动更真实。

8.1.5 模型的无缝集成

在整个大遗址场景构造过程中,涉及的模型主要有地形模型、遗址模型、文物和其他模型。这3类模型的数据来源和建模环境上都可能存在着很大的差别。而且每类模型在建模过程中是相对独立的,这就造成了最终的模型可能在数据类型和坐标系统上截然不同。因此,为了将各类模型集成到一个统一的环境中形成完整的大遗址场景,就需要对不同数据格式和坐标系统的模型进行无缝融合。

1. 不同数据格式的模型融合

不同数据格式的模型融合首先要确定最终的发布环境及支持的数据格式,然后将其他不同的数据格式转换为目标格式。这种转换功能通常可以通过软件提供的辅助功能来完成。如果目标格式为自定义格式,则转换的功能需要自主编程来实现。需要注意的是,在开始建模时,最好选用通用格式(如 *.3ds、*.obj等)保存数据,这类格式由于已形成通用标准,很多软件都会提供转换支持。另外如果在一开始建模时就使用发布环境支持的模型格式,则转换的工作量就会减少很多。

2. 不同坐标系统的模型融合

由于地形模型、遗址模型、文物和其他模型很可能是在不同的环境下分别建立的,因此存在着不同的坐标系统,比例尺度也有差异,需要经过合理的转换(如缩放、平移等)将遗址模型和文物等其他模型导入地形模型的场景,再根据各种模型在现实中的实际位置，将其放置到地形模型场景中的相对位置，利用彼此之间的相对位置关系进行定位组合场景。

在融合的过程中需要注意，随着视点的变化，场景从一个细节层次过渡到另一细节层次时，场景地形的高程可能发生变化，这时场景也要作相应的改动。同一场景中地形模型是多尺度的，在地物模型同时跨越若干个多分辨率模型的情况下，若处理不当，三维实体就会在不同分辨率的地形边缘产生错误，如一部分实体悬在空中或钻入地表以下，另一部分在地表。此外地形模型的表面一般有起伏，而地物模型的底面是水平的，并且本身是竖直向上的，这都会造成地物模型与地形模型分离、地物模型方位或空间位置偏离等现象。

8.2 绘制技术

文物与文化遗址的绘制技术就是根据基于光学原理的光照模型计算其可见面投影到观察者眼中的光亮度大小和色彩的组成，并把它转换成适合图形显示设备的颜色值，从而确定投影画面上每一像素的颜色和光照效果，最终生成具有真实感的图形。这种真实感图形是通过文物与遗址表面的颜色和明暗色调来表现的，它和对象表面的材料性质、表面向视线方向辐射的光能有关，它的计算复杂，计算量很大，因此，在对文物与文化遗址的绘制不同于一般绘制技术，需要一些专用的设备与特殊的技巧方法。

8.2.1 文物老化效果模拟

老化现象在我们的日常生活中随处可见，物体处于自然环境中，受到周围环境的影响，如风吹、雨淋、空气污染、阳光照射、植物的附着等，都会或多或少地出现老化现象，对于我们的直观感觉就是表面出现污损、铁锈、裂纹及划痕等。有些长时间的老化现象甚至会带来物体形态上的大范围改变，比如长期的风化和水流冲刷等。特别是对于文物这样长时间掩埋于地下，表面的老化现象尤为突出。一旦一个虚拟场景中的文物没有任何的老化现象存在，我们会马上产生强烈的虚假感，从而质疑这个场景的真实性。对于文物复原来说，除了要复原出精细的数字文物模型外，复原出文物表面的老化现象也是增强复原后数字文物真实感的一个重要的环节。

8.2.2 老化效果模拟技术

老化效果的模拟方法可以分为两大类：一是手工绘制，即通过手工绘制不同材质上的老化效果，然后将多个材质叠加生成；二是程序模拟，即通过程序的方法自动生成带有老化效果的贴图。对于老化效果模拟的研究可以分为如下 3 个阶段。

在第一个阶段，研究主要围绕如何模拟老化现象产生的最终效果，即模拟静态的老化现象。程序纹理在这个阶段被广泛应用于模拟老化现象所产生的不规则纹理和形状。其中包括 Perlin 噪波（Perlin，1985）、反向扩散纹理（reaction diffusion textures）（Turk，1991）、（Witkin，Kass，1991）及三维表面细胞自动机（3D surface cellular automata）（Gobron，Chiba，2001）。另一类代表性的技术是基于分形细分技术（fractal subdivision techniques）、相对简单的分布模型（relatively simple distribution models）的污渍生成技术（Badler，Becket，1990）及之后的可达性及曝光量贴图（accessibility and exposure maps）技术（Miller 1994）、（Hsu，Wong 1995）。这类技术主要用于生成对物体几何形状有很强依赖性的污渍效果。这个阶段的技术的最大特点就是直接生成了老化现象的最终结果，但没有模拟老化随时间变化的过程。

在第二个阶段，基于物理原理的方法开始成为研究的重点，这种方法可以模拟老化的连续变化过程。这其中具有代表性的人物包括 Dorsey（基于雨水侵蚀）（Dorsey，1996a）、（Dorsey，1996b）、（Dorsey，2000）、（Dorsey，1999）、Paquette（基于裂痕和剥落）（Paquette，2001）、（Paquette，2002）、Merillou（基于金属腐蚀）（Merillou，2001）、Bosch（基于划痕）（Bosch，2004）、Desbenoit（基于苔藓生长）（Desbenoit，2004）等。他们的理论的最大共同点就是都是基于某一种特定的老化现象产生的真实的物理原理进行建模，从而逼真地模拟这种老化现象的产生过程。尽管基于物理原理的方法可以完全自动地模拟逼真的老化过程，然而这种方法有一个致命的缺点，就是要为每一种老化效果建立一个新的模型，而且是在对其底层物理过程有详细了解的基础上。此外，有时一个基于物理的模拟是不可能的，因为物质衰老过程还未被完全了解或者是过于复杂而无法模拟。

在第三个阶段，由 Chen 等提出了一种基于 γ-ton 技术的全局模拟方法。该方法通过模拟 γ-ton 在场景中的传播来模拟老化现象在场景中的发展过程。这种方法的优点是模型简单，并且由于 γ-ton 可携带多种侵蚀物质，可以同时模拟多种老化现象的传播过程，因此，本书主要介绍这一技术。

8.2.3 基于 γ-ton 技术的文物老化效果模拟

γ-ton 技术的核心是模拟 γ-ton 在场景中的传播过程，在这一传播过程中，粒子会与场景中的物体发生碰撞，并将一些侵蚀物质从碰撞物体的表面带起或者留在物体表面，这个过程是从物理原理和观察中抽象出的简化模型。因为引起物体老化的一些因素，如空气、水滴等，都可以用小粒子来模拟其运动。除此之外，γ-ton 也包括诸如泥点、草籽等粒子的概念，因此，在考虑 γ-ton 的运动规则时，也要考虑带有质量的粒子的运动方式。

在 γ-ton 技术的模型框架（见图 8-9）中，主要包括 3 个主体，即老化源、γ-ton、物体表面。其中，老化源决定了引起老化的物质的位置，也是 γ-ton 发射的位置。有些老化源具有明确的位置，比如由水流引起的水渍或生锈的痕迹，由于水流有特定的位置和方向，因此，可以使用方向性的老化源，和方向性光源的概念类似。如果是像空气中的氧气或灰尘这种没有特定位置和方向的老化源引起的生锈或脏污，则可以使用环境老化源，同样和环境光源的概念类似，具体如图 8-10 和图 8-11 所示。

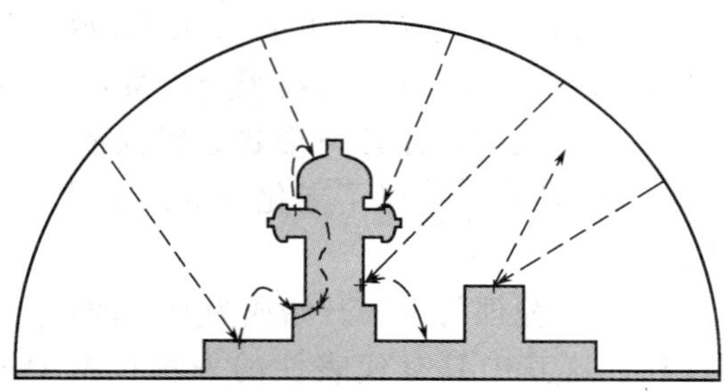

图 8-9　γ-ton 技术理论框架示意

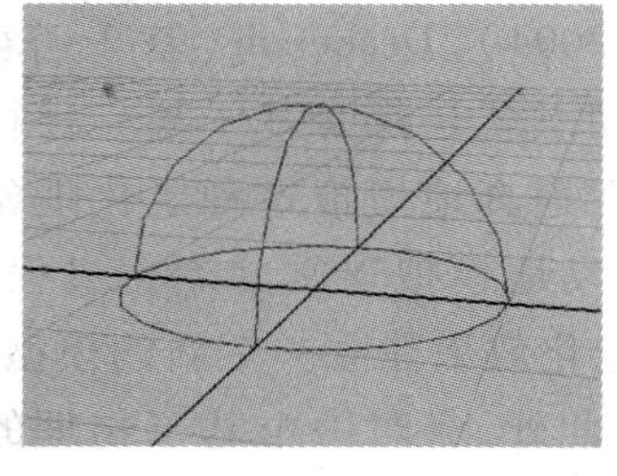

图 8-10　环境源

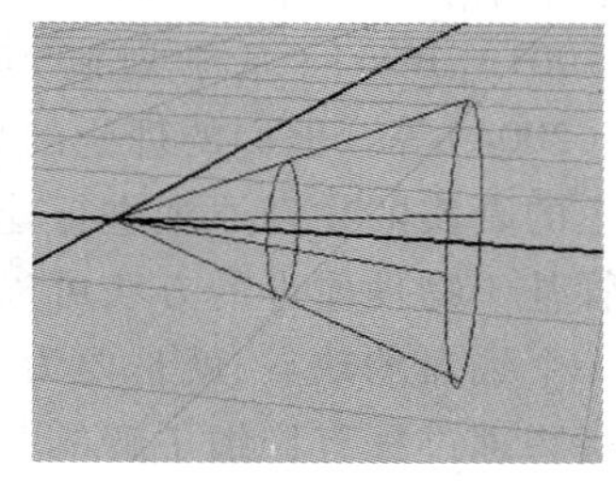

图 8-11　方向源

γ-ton 在场景中传播时，会携带不同的侵蚀物质，这些物质在粒子与物体表面发生碰撞时会留下，也可能携带起物体表面原有的侵蚀物质。侵蚀物质在物体表面的分布形成了最终的老化效果的分布，这种分布可以以贴图的方式存储。在传播的过程中，γ-ton 在每一时刻只会遵循 4 种基本运动方式中的一种进行运动，这 4 种基本运动方式为沿直线传播、沿抛物线传播、沿表面流动和附着在表面（见图 8-12）。

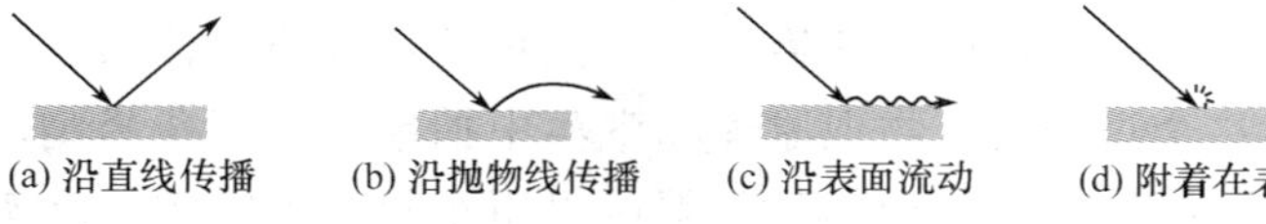

图 8-12　γ-ton 传播方式示意

物体表面的属性分为两部分：几何属性和侵蚀属性。几何属性是指物体模型本身的曝光量属性。曝光量属性表示模型表面一点在空间中的暴露程度，即可达到性。

假设有一条光线 R_i 从 P 点发出，与障碍物发生碰撞，碰撞点与 P 点的距离为 d_i。当 d_i 增加时（即障碍物远离 P 点），则障碍物对于表面曝光量属性 G_ξ 的影响减小，因此，表面更多地暴露在空气中，即

$$G_\xi = \lim_{n\to\infty}\frac{1}{n}\sum_{i=1}^{n}\omega(d_i)$$
$$\omega(d_i) = \frac{d_i}{d_h + d_i}(d_h > 0) \tag{8.1}$$

其中，常数 d_h 是半暴露距离，这个值大约是点 P 与其他障碍物的距离的平均值，可以将曝光量值降到 0.5 左右。这是一个隐含的参数用来定义怎样的距离才算远离 P 点。通过计算表面的曝光量属性，我们可以判断出模型表面哪些部分处于凹陷或夹缝中，而这些区域也是最容易产生老化现象的部分，因为侵蚀物质容易积攒在这些部分中。

侵蚀属性则决定了物体表面接受那种侵蚀物质的影响，例如，金属材质会受到空气、湿气等的影响而生锈，但是不可能接受如草籽之类的侵蚀而长出苔藓或杂草。由于 γ-ton 携带的侵蚀物质可能不止一种，需要通过侵蚀属性来判断表面受那种物质的影响。除此之外，侵蚀属性还决定了粒子可以从表面上带起的侵蚀物质，以及粒子与表面碰撞后运动方式的改变。侵蚀物质在粒子与物体表面之间的传递可以使用一组简单的规则定义。

```
surf. rust = surf. rust + gton. itemChange * gton. rust;
gton. rust = gton. rust + surf. itemChange * surf. rust;
```

其中，surf. rust 和 gton. rust 分别发生碰撞的表面点处和 γ-ton 所携带的灰尘这种侵蚀物质的量。gton. itemChange 表示粒子每次和表面发生碰撞时转移灰尘这种侵蚀物质的比例，而 surf. itemChange 表示表面每次发生碰撞时向粒子转移灰尘这种物质的比例。

每种侵蚀物质都有对应的老化 map，用于记录该侵蚀物质的分布，也就是一种老化现象的分布。这些 map 在粒子传播的过程中会不断被更新，并且会影响表面的曝光量属性，从而使已发生老化现象的部分及其周围区域更容易聚集粒子，从而更容易发生老化现象，这一规律是基于观察得到的，如图 8-13 所示。

整个的传播过程是使用迭代的方式实现的，每次迭代都会生成一组侵蚀物质的老化 map。迭代的次数可以由用户根据需要设定。最终这组连续变化的老化 map 可以在多重材质中决定哪些地方使用老化后的材质绘制，哪些部分使用未老化的材质绘制，进而得到最终的渲染效果，如图 8-14 和图 8-15 所示。

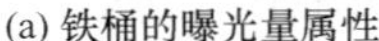
(a) 铁桶的曝光量属性

(b) 铁桶的老化 map

(c) 铁桶生锈效果

图 8-13　铁桶的生锈模拟

图 8-14　铜瓶的生锈模拟序列

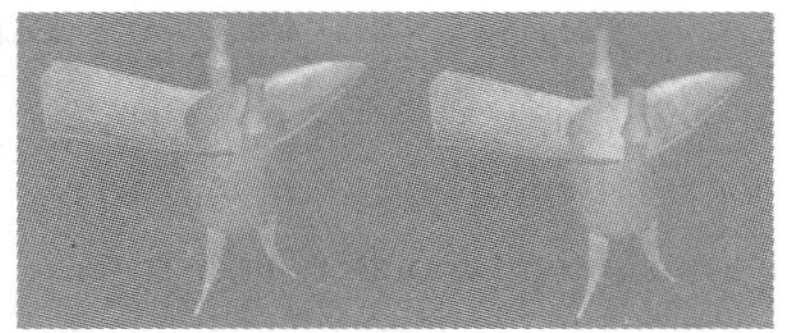

图 8-15　铜爵的生锈模拟

8.2.4　基于置换贴图的文物老化效果模拟

置换贴图常被用于为数字模型的表面添加丰富的细节，如模型表面不规则的凹凸纹理或者特定的图案等。这些细节无法用手工的方法建模。在复原一些无法直接使用三维扫描的方法获得数字模型的文物时，可以使用置换贴图在模型上添加更多的细节，使文物模型更为逼真。置换贴图可以从图片中提取，因此，可以使用文物表面的图案图片来复原文物表面的雕刻、纹饰等。

但是由于置换贴图并不是直接改变模型，而是在渲染阶段扰动点的位置，因此，在计算物体表面的曝光量属性时，无法将由置换贴图产生的细节处的曝光量属性计算出来。为了模拟细节处的老化现象，我们将高度场轮廓追踪（height field profile tracing）引入到原来的 γ-ton 技术中，替换原有的计算曝光量属性值和 γ-ton 与表面碰撞的求交方式，从而将置换贴图的影响在求交时考虑在内。

高度场轮廓追踪的思想是在计算求交过程中,根据 γ-ton 和原始表面的交点位置与置换贴图确定的点的真实位置,来计算出交点在置换后表面的实际位置。由于 γ-ton 传播方式的特殊性,我们在这里使用具有双层参考面的高度场轮廓追踪(见图 8-16)。

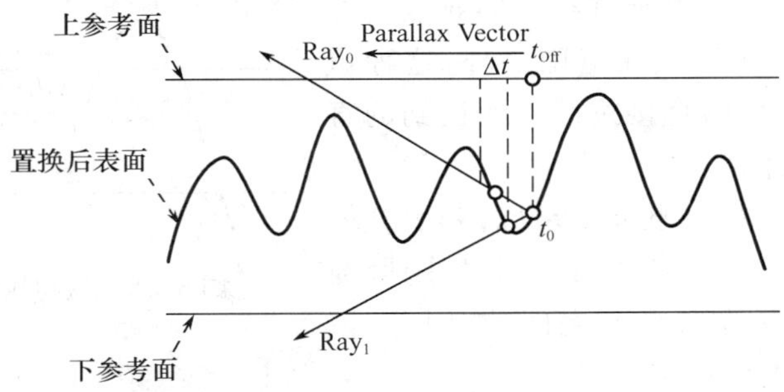

图 8-16 双参考面的高度场轮廓追踪示意

上下参考面决定了置换变形的范围,其中上表面为原始表面,下表面仅为计算方面添加,不是真实表面。在计算曝光量属性时,需要从表面一点发射一定数量的采样射线来判断该点的遮挡情况。首先,需要根据置换贴图找到当前计算曝光量属性的点的真实位置,然后在该点的上半球空间里随机产生一定数量的射线。判断这些射线是否与置换后的表面相交,需要先判断它们是否和上下参考面相交。如果与上表面相交,则需要使用沿视差向量方向步进查找的方式查找是否与置换表面存在交点。如果与下表面相交,则说明肯定与置换表面存在交点,同样可以使用步进查找的方式找到真实交点的位置。

在判断粒子与表面碰撞的情况时,沿直线运动的判别方式与计算曝光量属性时是相同的。当粒子沿抛物线运动时,首先,需要将抛物线用直线段逼近,然后计算每个直线段与参考面的相交情况,这个过程与直线求交是相似的。如果某一直线段和置换表面有交点,则表明抛物线与表面有交点,否则表示抛物线与表面无交点。具体如图 8-17 所示。

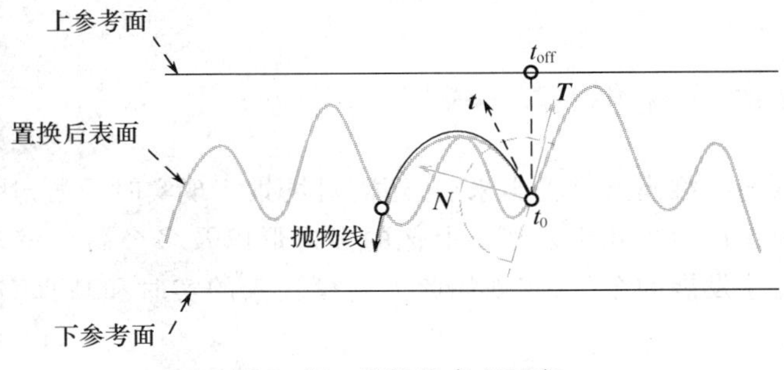

图 8-17 抛物线求交示意

流动的情况可以使用几个小抛物线轨迹来模拟，所以也可以使用上述方法进行判断。在讨论抛物线求交时，需要考虑抛物线的路径超出上下参考面范围的情况。在这种情况下，需要对每个直线段进行分情况讨论，根据每个直线段的起点和终点判断它是否处在上下参考面范围之外。具体如图 8-18 所示。

如果 $d_{start} \leqslant d_{off}$，表示直线段的起点在参考面范围之内，而终点在范围之外，这种情况为正常情况，可以直接按照前面提到的直线求交的方法计算。

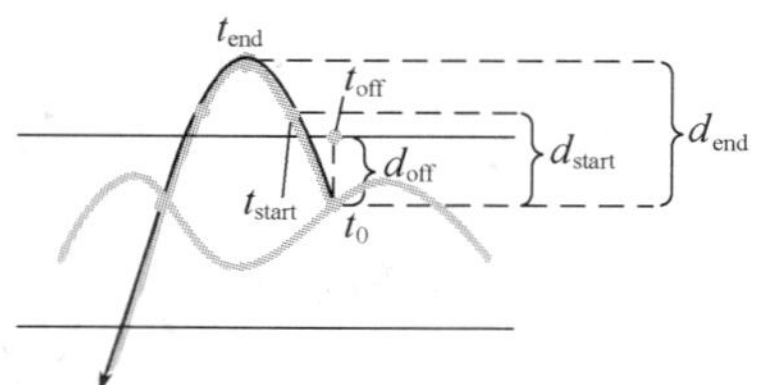

图 8-18 抛物线分段判别

如果 $d_{start} > d_{off}$ 并且 $d_{end} > d_{off}$，表示直线段的起点和终点都在参考面范围之外，因为置换后的表面是在参考面之间的，因此，该直线段不会和表面相交。

如果 $d_{start} > d_{off}$ 并且 $d_{end} \leqslant d_{off}$，表示直线段的起点在参考面范围之外，而终点在范围之内。在这种情况下，我们需要将直线段的起点和终点对换，这样，就可以按照标准的直线求交进行计算。

在将具有双层参考面的高度场轮廓追踪引入 γ-ton 技术后，我们可以使用置换贴图为文物模型表面提供丰富的细节，同时这些细节处的生锈效果也可以被模拟，对于复原文物的真实感有了很大的提升。图 8-19 与图 8-20 是使用该方法得到的一些效果。

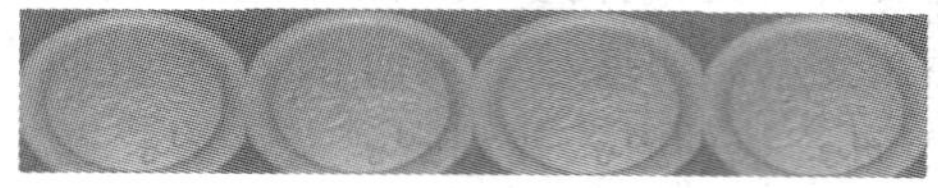

图 8-19 铜盘的生锈模拟（铜盘上的图案为置换贴图生成）

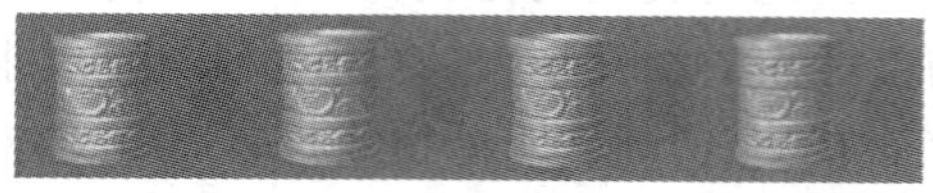

图 8-20 铜质笔筒的生锈模拟（笔筒上的花纹为使用置换贴图得到）

8.3 场景的可视化

遗址场景的三维模型重构出来后，还需对场景实现实时漫游，达到展示的效果。但场景中往往包含几千万甚至上亿的多边形以及多个高分辨率纹理数据，即使在硬件高速发展的今天，实现如此大规模场景的实时和高真实感绘制仍是一个挑战。

为实现绘制的加速，常用的方法包括场景优化、细节层次技术（level of detail,LOD)、基于图像的绘制技术(image based rendering,IBR)、实时消隐技术以及基于硬件(即 GPU)支持。

8.3.1 场景管理

为了有效地绘制大规模的复杂虚拟场景,对场景数据采用最优的数据表示方法变得非常重要。这是由于虚拟场景的绘制,不仅要将几何数据输送到图形绘制管道,还要进行碰撞检测和复杂的可见性计算等。因此,正确的场景数据表示方法对整个场景绘制的实时性提高至关重要。目前,通用的场景数据表示方法有八叉树(在二维上即为四叉树)、BSP 树和场景图等。

1. 八叉树

八叉树(见图 8-21)表示(Chamberlain,1996)首先求场景的包围盒,然后沿 X、Y、Z 3 个轴向分别进行分割得到 8 个子象限(常用数字 0 ~ 7 来表示),然后对子象限继续递归分割直到满足要求,这样整个三维空间被细分成小的立方体,并通过用递归表的方式组织成层次结构。场景的八叉树层次结构在预处理阶段生成,在实时绘制时,依据视点变化对树结构进行自适应的修改。四叉树同八叉树类似,是八叉树在二维上的特例。

2. BSP 树

BSP 树(Kovalcik,2006)的英文全称为 binary space partioning trees,即二维空间分割树,简称为二叉树。BSP 树的基本思想是空间中的任何平面都将整个空间分割成两个半空间,所有位于该平面某一侧的点定义了一个半空间,位于另一侧的点定义了另一个半空间,采用这一思想对空间进行迭代分割,就可以建立起整个虚拟场景的描述以及场景中各种对象的描述。BSP 二叉树(见图 8-22)通常比与之类似的四叉树或八叉树有更多的节点。但叶子节点的数目并不比它们多,而且二叉树的计算处理算法可以表达得更为简洁。

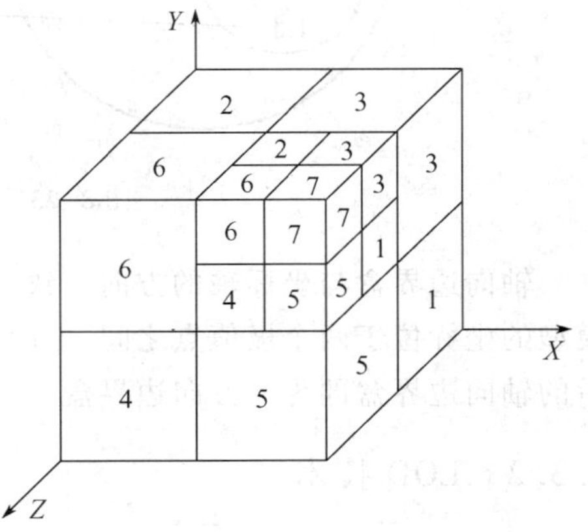

图 8-21 八叉树示意

3. 场景图

与树结构表示相反,场景图(见图 8-23)表示(罗朔锋,2005)企图用边界体(边界盒)将场景中的对象包围起来。场景图是一个有向、简单的连接图。场景图的叶节点包括模型的几何数据,分支节点包含一些模型聚集和变换信息。场景图表示方法最初用在光线跟踪算法中,用来进行快速的边界球相交测试。依据场景的不同,可以采用不同的边界体来构造场景图。常用的边界体有边界盒(边界球)、轴向边界盒(AABB)、方向边界盒(OBB)。

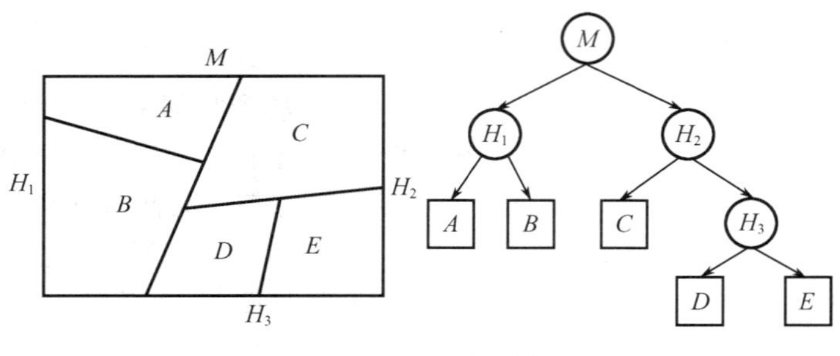

图 8-22　BSP 树结构

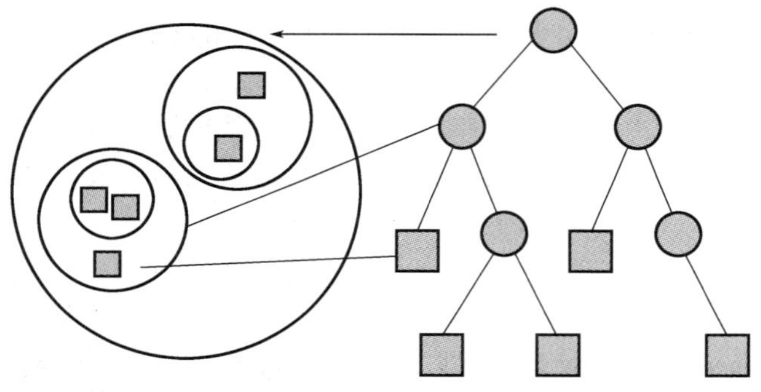

图 8-23　场景图示意

轴向边界盒与坐标轴的方向一致,定义了两个极值点;边界盒所包围的几何模型的坐标位于两个极值点之间;方向边界盒的表面法向量两两正交,任意旋转后的轴向边界盒即为一方向边界盒。

8.3.2　LOD 技术

基于 LOD 的虚拟场景实时绘制技术是目前虚拟现实应用中的重要研究内容。目的是在预处理阶段对多边形模型或场景建立多分辨率表示,然后在实时绘制阶段中依据模型与视点的距离,选择适当分辨率的模型表示进行绘制。如果模型离视点较远,在屏幕空间的投影区域覆盖的像素较少,则用粗糙的模型进行绘制;相反,如果模型离视点较近,则采用精细的模型进行绘制。

LOD 技术可以采用同一种图元(rendering primitive)表示物体,如采用三角形数量不同的模型(即分辨率不同的模型)表示同一个物体,如图 8-24 所示;也可以采用复杂度不同的图元表示来描述物体。如当物体距离相机很远时,采用纹理图像表示物体,即采用 IBR 技术对物体进行绘制,如广告牌(billboard 或 imposter)算法;或者采用点和线表示物体,典型的有点精灵(sprit)。而当物体距离相机很近时,则采用三角形或多边形模型。

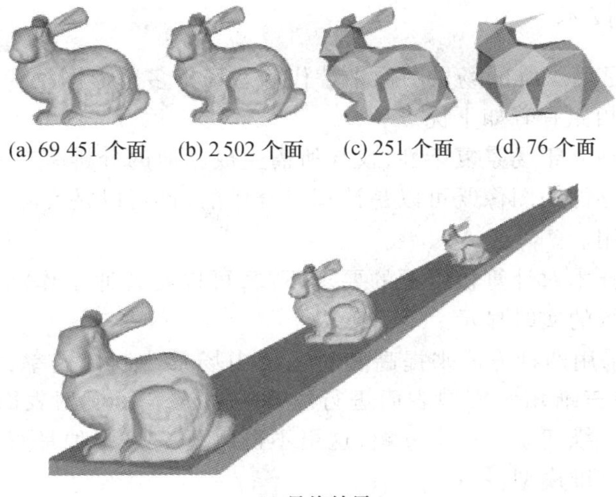

(a) 69 451 个面 (b) 2 502 个面 (c) 251 个面 (d) 76 个面

(e) 最终结果

图 8-24 兔子的不同细节模型构造及绘制

LOD 技术和简化算法息息相关。它需要在预处理阶段采用某一种简化算法把模型从最精细程度逐渐简化到最粗糙程度,从而建立同一个模型的多分辨率描述。经典的简化算法有顶点删除算法(vertex remove)(Schroeder,1992)、塌边算法(edge collapse)(Algorri,1996)、点对收缩算法(vertex pair contraction)(Garland,1997)、顶点聚类算法(vertex clustering)(Low,1997)等。这一领域的具体情况可参考综述文章(Cignoni,1998)。

细节层次在具体实现时有两种形式:离散的 LOD 模型(Gumbau,2007)、连续的 LOD 模型(Oscar,2009)。离散的 LOD 模型在预处理阶段采用简化算法得到一个物体若干个分辨率不同的模型,然后在实时绘制阶段根据物体与视点的距离,这些模型中选择某一个分辨率合适的模型进行绘制。这种方法实现简单,只需保存几个分辨率不同的模型的几何描述,在绘制时,模型的选择算法计算量几乎可以忽略不计,因此绘制效率很高。但这种方法容易在不同分辨率模型进行转换时出现抖动现象。虽然可以在模型转换时对两个不同分辨率的模型采用混合叠加的方法,或通过增加离散模型的数目来改善这种情况。连续的 LOD 模型则没有抖动的问题,但它也更加复杂。不仅在预处理阶段需要对模型简化过程进行编码(根据这一编码,可以让物体从最精细的分辨率模型逐步转化成最粗糙的分辨率模型,反之亦然)。并且在绘制阶段,需要根据物体到当前视点的距离,结合编码,计算出适合的 LOD 模型。该计算会增加时间花销,严重时甚至会抵消或超过 LOD 模型给绘制带来的好处。因此,虽然它能保证简化的连续性,但在大遗址的虚拟漫游中一般都采用离散的 LOD 模型。

8.3.3　IBR 技术

IBR 技术是用二维的场景图像来替代静态场景多边形网格模型。该技术与传统绘制技术相比有着如下优点。

(1) 绘制独立于场景复杂性,仅与所需生成画面的分辨率有关。

(2) 预先存储的图像既可以是计算机合成的,也可以是实际拍摄的,而且两者可以混合使用。

(3) 绘制技术对计算机资源的要求不高,可以在普通工作站和个人计算机上实现复杂场景的实时显示。

IBR 技术采用两种方法来提高实时系统中场景绘制帧速率:一种是纹理映射技术,通过在三维几何模型表面进行纹理映射来表示模型表面的细节(这种方法在物体的三维建模时已有介绍,这里不再重复);另一种是直接用物体的图像代替物体的三维模型。

可以采用少量纹理图像表示物体,如广告牌(billboard)采用一张始终朝向观察者的图片,或两张相互垂直的图片,或 3 张相互交叉的图片表示物体(见图 8-25)。这种方法的绘制效率很高,但双目视差效果很差,只适用于绘制远处的物体。

还有一种方式是等角度围绕物体水平一周拍摄得到一组等焦距、光照条件一样的一组照片,然后在实时漫游时,根据当前的视点和观察方向,对照片进行变形处理合成视点相关的图片,如图 8-26 所示。一般利用特征线段来控制变形的过程。首先通过特征线建立图像间的对应关系,然后使用简单的线性插值完成特征线的变化,最后通过变换控制完成所有像素点的变化。

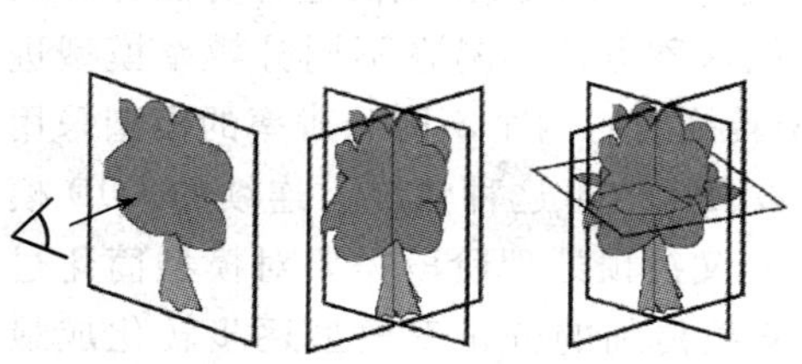

图 8-25　采用广告片表示树木[20]

图 8-26　敦煌石窟彩塑的 IBR 图片[5]

8.3.4 实时消隐技术

有效地确定三维场景的可见模型是在交互式帧速率下绘制复杂场景的关键。借助这种技术,可以只对看得见的物体进行绘制,而对视窗之外的物体,或在视窗内但不可见的物体则不进行绘制,从而提高绘制的效率。

消隐过程也叫可见性剔除,它是真实感图形绘制的一个重要环节,具体分为视锥体裁剪(view frustum culling),背面裁剪(back-face culling)和闭塞裁剪(occlusion culling),如图 8-27 所示。

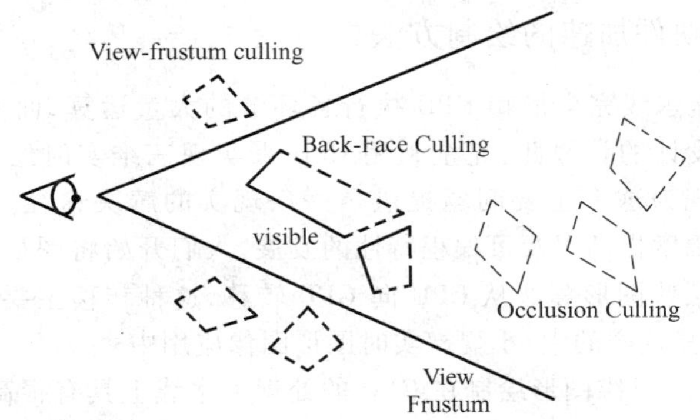

图 8-27 可见性判断示意(Cohen,2003)

视锥体裁剪用于剔除视锥体之外的多边形,以减少需要绘制的多边形数量(Slater,1996)。通常采用边界体层次结构或某一空间树状结构(如 KD 树、八叉树或 BSP 树)来裁剪多边形。通过将视锥体与层次结构进行比较,迅速将场景中位于视锥体之外的多边形裁剪掉。具体实施过程中,可首先建立一个边界体树,然后遍历树结构用来测试视锥体是否与边界体相交。如果边界体不与视锥体相交,则停止遍历树结构,因为,边界体的子树也位于视锥体之外;否则继续判断其子树。

背面裁剪用于剔除物体背对当前视点的多边形,只绘制物体正面的多边形。多边形的朝向由其法向决定。因此,可根据法向量是否背向观察方向来确定多边形位于物体的背面还是正面。

视锥体裁剪算法用来剔除掉视锥体之外的对象,但是位于视锥体之内的对象并不总是可见的,一些物体可能被场景中其他对象遮挡或隐藏起来,因此,在场景绘制前也没有必要输送到渲染管道进行绘制。闭塞裁剪算法是比视锥体裁剪更复杂的算法,用来确定位于视锥体之内但被其他对象遮挡而不需要绘制的场景多边形。算法中用来遮挡其他对象的物体称为闭塞体(occluders),被遮挡的对象称为闭塞对象(occludees)。闭塞裁剪技术的关键是如何确定场景中的最佳候选闭塞体,最简单的方法是将视见体之内距离视点较近的对象作为闭塞体。Coorg 和 Teller 建议在给定视点下对每一个可能的闭塞体计算所有可能被遮挡的物体的区域,这些区域被闭塞体的边界平面所划分,然后将闭塞对象同这些区域进行相交测试,如果对象的边界体完全位于这些内域内,则在该视点下对象不可见。

常见的视锥体裁剪算法有 Z-buffer 算法(Greene,1993)、层次闭塞映射(HOM)(Zhang,1997)、入口剔除(portal culling)(Airey,1990)等。这一领域的具体情况可参考综述文章(Cohen,2003)。

8.3.5 基于硬件加速的绘制方法

传统图形流水线完全依赖 CPU 执行各环节的大量运算,而 CPU 并不是专门为图形运算设计的。因此,完全利用 CPU 来实现三维实时绘制是非常困难的。GPU 的出现为这一重要问题提供了一条现实的解决途径。近年来,随着 GPU 性能的大幅度提高以及可编程特性的发展,人们开始将图形流水线的某些处理阶段以及某些图形算法从 CPU 向 GPU 转移,这种转移主要集中在像虚拟现实、计算机仿真这样的中、小规模实时图形图像应用中。

同 CPU 相比,三维图形绘制在 GPU 的处理流水线上具有很高的效率,原因有以下几点。

1. 一定的并行性

并行性功能主要是通过多个渲染管道和 RGBA 4 个颜色通道同时计算来体现的,另外,在一个时钟周期内可以同时获取两个甚至更多纹理。顶点程序的多个渲染管道意味着一个时钟周期可以并行处理多个顶点,而对于像素程序同样如此。相对于并行机而言,图形卡提供的并行性虽然很弱,但它在十分廉价的基础上为很多应用提供了一个很好的并行方案,尤其是对于图形本身的应用来说。

2. 高密集的运算

由于图形卡内部的内存接口位宽远远大于 CPU 上的位宽,如 GeForce FX 的内存位宽达 256 位,显然高于 CPU 上 32 位的位宽,这样整个计算的带宽大大提高。GPU 相对于 CPU 来说,更适应传输大块的数据,虽然 CPU 上有缓存可以加速整个计算过程,但 CPU 上的缓存相对于图形卡显存来说太小,一般只有 256 KB,而现在的显存大多都在 64 MB 以上。

3. 减少了 GPU 与 CPU 的数据通信

尤其是当整个应用针对图形生成的时候,不再需要在 CPU 与 GPU 之间进行多次数据交换从而可以将 CPU 解放出来做其他的处理任务。这些优势使得 GPU 比 CPU 更适用于流处理计算,因此,GPU 也被认为是一个 SIMD 的并行机或者流处理器,可以用于处理大规模数据集,使应用得到加速。

4. 向量运算的架构

CPU 本质上是一个标量计算模型架构,计算单元偏少,它的这种架构主要针对复杂控制和低延迟而并非高带宽,所以在处理大规模向量运算时在性能上捉襟见肘。而 GPU 本质上却是一个向量计算模型架构,计算单元丰富,它的这种架构使它在处理大规模向量运算时体现出较高的性能。

虽然 GPU 具有非常高的计算速度,但由于 GPU 与 CPU 在系统结构上存在本质的区别,以前在传统图形流水线上实现的算法并不能直接照搬到 GPU 图形流水线上来,因此,目前大部分基于 GPU 的绘制工作主要集中在研究适当改造传统图形流水线的串行处理模型,使之适用于 GPU,并把 GPU 的并行计算能力和性能优势发挥到极致。

参考文献

Airey J M, Rohlf J H, Brooks JR F P. Towards image realism with interactive update rates in complex virtual building environments. Computer Graphics (1990 Symposium on Interactive 3D Graphics), 1990, 24(2): 41 - 50.

Alexandre A, Neyret F, Poulin P. Interactive rendering of trees with shading and shadows. Proceedings of the 12th Eurographics Workshop on Rendering Techniques, 2001: 183 - 196.

Algorri M E, Schmitt F. Mesh simplification. Computer Graphics Forum, 1996, 15(3): 78 - 86.

Badler N I, Becket W. Imperfection for realistic image synthesis. Journal of Visualization and Computer Animation, 1990, 1(1): 26 - 32.

Bareelo J, Forte M, Sanders D H. Virtual reality in archaeology. Oxford: ArcheoPress, 2000.

Bosch C, Pueyo X, Merillou S, et al. A physically-based model for rendering realistic scratches. Computer Graphics Forum, 2004, 23(3) : 361 - 370.

Bregler C, Cohen M F, Devevec P, et al., editors. Image-based modeling, rendering, and lighting. SIGGRAPH'99 Course 39, August 1999.

Chamberlain B, Derose T, Salesin D, et al. Fast rendering of complex environments using a spatial hierarchy. Proceedings of the Graphics Interface 1996 Conference, 1996: 132 - 141.

Cignoni P, Montani C, Scopigno R. A comparison of mesh simplification algorithms. Computers & Graphics, 1998, 22(1): 37 - 54.

Cohen-Or D, Chrysabthou Y, Silva C T, et al. A survey of visibility for walkthrough applications. IEEE Transactions on Visualization and Computer Graphics, 2003, 9(3): 412 - 431.

Desbenoit B, Galin E, Akkouche S. Simulating and modeling lichen growth. Computer Graphics Forum 2004, 23(3): 341 - 350.

Dorsey J, Hanrahan P. Modeling and rendering of metallic patinas. Proceedings of SIGGRAPH '96, 1996: 387 - 396.

Dorsey J, Penersen H K, Hanrahan P. Flow and changes in appearance. Proceedings of SIGGRAPH '96, 1996: 411 -420.

Dorsey J, Edelman A, Jensen H W, et al. Modeling and rendering of weathered stone. Proceedings of SIGGRAPH'99, 1999: 225 -234.

Dorsey J , Hanrahan P. Digital materials and virtual weathering. Scientific American, 2000, 282 (2): 64 -71.

Garland M I, Heckber P S. Surface simplification using quadric error metrics. In: Proceedings of SIGGRAPH '97, 1997: 209 -216.

Gpbron S, D Chiba N. Crack pattern simulation based on 3D surface cellular automata. The Visual Computer, 2001, 17(5): 287 -309.

Greene N, Kass M, Miller G. Hierarchical z-buffer visibility. Proceedings of ACM SIGGRAPH1993, 1993: 231 -238.

Gumbau J, Ripolles O, Chover M. LOD Manager: A framework for rendering multiresolution models in real - time applications, Short Communications Papers of proceedings of WSCG 2007, 2007: 39 -46.

Hartley R I, Zisserman A. Multiple view geometry in computer vision. Second Edition. Cambridge University Press, 2004.

Hsu S C , Wong T T. Simulating dust accumulation. IEEE Computer Graphics & Applications, 1995, 15(1): 18 -22.

Kovalcik V, Sochor J. Fast rendering of complex dynamic scenes. Theory and Practice of Computer Graphics 2006. Germany : Eurographics Association, 2006: 81 -87.

Low K, Tan T. Model simplification using vertex-clustering. Proceedings of the 1997 symposium on Interactive 3D graphics, 1997: 75 -82.

Lu D M, Pan Y H. Image based modeling and rendering for dunhuang art cave. Proceedings of the 6th International Conference of CAD/CG, 1999: 1172 -1176.

Merillou S, Dischler J M, Ghazanfarpour D. Corrosion: Simulating and rendering. Proceedings of Graphics Interface 2001, 2001: 167 -174.

Miller G. Efficient algorithms for local and global accessibility shading. Proceedings of SIGGRAPH '94, 1994: 319 -326.

Oscar R, Miguel C , Jesus G, et al. Rendering continuous level-of-detail meshes by masking strips. Graphical Models, 2009, 71(5): 184 -195.

Paquette E, Poulin P, Drettakis G. Surface aging by impacts. Proceedings of Graphics Interface 2001, 2001: 175 -182.

Paquette E, Poulin P, Drettakis G. The simulation of paint cracking and peeling. Proceedings of Graphics Interface 2002, 2002: 59 -68.

Perlin, K. An image synthesizer. Proceedings of SIGGRAPH '85,1985: 287 -296.

Schroeder W J, Zarge J A, Lorensen W E. Decimation of triangle meshes. Proceedings of SIGGRAPH '92, 1992: 65 -70.

Shreiner D, Woo M, Neider J, 等. OpenGL编程指南(原书第6版), 徐波译. 机械工业出版社, 2008.

Slater M ,Chrysanthou Y. View volume culling using a probabilistic caching scheme. Proceedings of VRST '97 : the ACM symposium on Virtual reality software and technology, 1997: 71 - 78.

Turk, G. Generating textures for arbitrary surfaces using reaction-diffusion. Computer Graphics (Proceedings of SIGGRAPH 91), 1991, 25(4): 289 - 298.

Witkin A, Kass M. Reaction-diffusion textures. ACM SIGGRAPH Computer Graphics, 1991, 25 (4): 299 - 308.

Zhang H, Manocha D, Hudson T, et al. Visibility culling using hierarchical occlusion maps. Proceedings of ACM SIGGRAPH'97, 1997: 77 - 88.

何方荣, 戴光明. 三维分形地形生成技术综述. 武汉化工学院学报, 2002, 09(3): 85 - 88.

金鑫, 孙卫东. 基于激光同步扫描图像的三维景物纹理映射. 仪器仪表学报, 2006, 27(6): 2084 - 2088.

林苏靖, 杜志强, 向浩. 基于3DS MAX的古建筑LOD建模与可视化. 测绘信息与工程, 2006, 31(4): 27 - 29.

刘刚, 郑新. 敦煌石窟壁画大型数字展示技术选择. 敦煌研究, 2005, (5): 107 - 111.

刘军. 文化遗址的三维场景建模及虚拟展示技术研究. 西北大学硕士学位论文.

刘云, 汪云甲, 邵亚琴. 基于Multigen Creator /Vega的建筑物漫游系统的研究与实现. 测绘通报, 2008, 9: 19 - 22.

罗朔锋, 李雪耀, 熊新平, 等. 高性能面向对象场景图系统. 系统仿真学报. 2005, 2: 424 - 428.

彭庸. 高真实感地形场景仿真研究. 西安电子科技大学硕士学位论文, 2009.

齐敏, 郝重阳, 佟明安. 三维地形生成及实时显示技术研究进展. 中国图像图形学报, 2000, 5 (4): 269 - 274.

王家耀, 崔铁军, 苗国强. 空间信息系统原理(三)数字高程模型及其数据结构. 海洋测绘, 2004, 24(3): 1 - 4.

张爱武, 孙卫东, 李风亭. 基于激光扫描数据的室外场景表面重建方法. 系统仿真学报, 2005, 17(2): 384 - 391.

张学东. 基于分层实现的三维场景重构技术研究. 科学技术与工程, 2009, 9(7): 1938 - 1941.

赵晓林. 基于VRGIS的三维古遗址重建与网络发布. 首都师范大学硕士学位论文.

第9章 数字博物馆技术

数字博物馆(digital museum,DM)是采用计算机和网络技术构建,作为实体博物馆在网络上的虚拟代言人,即“虚拟博物馆”。与传统博物馆相比较,数字博物馆有存储数字化、获取网络化、资源共享化、展示多样化、管理计算机化等特点。

基于Internet的数字博物馆突破传统博物馆的诸多瓶颈问题,利用计算机图形学、仿真技术、多媒体技术、人工智能技术、计算机网络技术、并行处理技术和多传感器等高新技术,模拟人的视觉、听觉、触觉等感官功能,使人能够沉浸在计算机生成的虚拟境界,不受时间和空间的限制,自由地欣赏古代文化遗产的魅力。通过一维文字信息、二维图像、三维模型、视频等多种媒体手段,展现现实博物馆的内容,并予以视觉上的扩充;提供基于内容的检索技术手段,快速寻找定位文物资料,超越传统博物馆拥有的服务功能;提供多种数字水印技术手段,保护数字文物资料的版权归属,从而对珍贵文物资料形成一道没有围墙的保护圈,为数字资料的有效传播提供有效的手段。

数字博物馆摆脱了传统意义上博物馆所必需的建筑、陈列、参观时间等条件的束缚,打破了时间与空间的限制,使任何人在任何时间、任何地点都能够获取所需的可移动文物和不可移动文物信息(徐士进,2007)。它改变了传统博物馆静态展示文物的服务特征,实现了立体彩色显示、多媒体存取、远程网络传输、智能化检索、跨库无缝链接和虚拟现实,创造出超时空信息服务的新境界。

数字博物馆的发展吸引着越来越多的目光,人们不仅可以足不出户地从数字博物馆中了解到各种各样的文物信息,还能体验到博物馆数字化为人们带来的方便及高效(北京市科学技术协会信息中心,2009)。目前国内外对数字博物馆的研究已经取得了一定的成果,在Internet上可以访问的数字博物馆有许多,国内外许多知名的博物馆纷纷建立了网站,国内18所教育部重点支持的大学数字博物馆也已全部开通。

9.1 数字博物馆基础

博物馆是收集、保护、展示各种重要文物、标本的场所,是社会文化基础设施的重要组成部分。计算机和网络对现代生活产生了巨大的影响,数字化、虚拟现实充斥我们身边的各个角落,建筑领域也要面对数字化的浪潮。随着信息技术特别是网络技术的发展、网络教育的兴起,用数字化手段对大学博物馆进行数字化改造,建成基于网络的数字化博物馆系统,对于实现资源共享、保护珍贵的博物馆资源具有极其重要的意义。我国博物馆数字化建设的浪潮为网上博物馆的大量出现提供了契机。

数字博物馆是近年来伴随着信息技术的发展及其文物博物馆领域的拓展应用而产生的一件新生事物。学术界对这个全新事物的命名并不统一,除了"数字博物馆"以外,还有"数字化博物馆"、"虚拟博物馆"、"网上博物馆"和"电子博物馆"等称谓(刘英,2007)。

数字博物馆可以理解为以数字化形式对自然遗产和文化遗产的各方面信息进行存储管理,是将计算机网络技术、数据库技术、多媒体技术、虚拟现实技术、人工智能技术、人机交互技术等现代信息技术应用到博物馆藏品采集、保管、研究、展示、管理等工作程序中,为文物提供永久的数字化保存、修复、管理和展示手段。

数字博物馆与实体博物馆相比,有如下明显的优势。

(1) 展品的无限可复制性,减少频繁的真实展示,保护了文物,降低了展品损坏和被偷盗的可能。

(2) 展示手段多样,数字博物馆传达给用户的信息量大,各种多媒体信息同时展现给用户以拓展其想象空间,容易形成沉浸感和对展品文化的构思。

(3) 使参观不受到时间和参观路线的限制,随心所欲;为提高全民族的科学文化水平作出了贡献。

(4) 在数字博物馆中,容易利用计算机技术恢复出文物原有的存在环境,增加展品展出的氛围及展示出其附着的文化背景。而在实体博物馆展出时很难恢复原来的存在环境。

(5) 数字博物馆的应用提高了博物馆展品的管理水平,方便进行查询和研究。

数字博物馆在实施公众教育活动时,能充分利用文物展品的各种信息,以互动方式开展有效的教育活动。学校组织学生结合博物馆进行学习和教育过程中,受到时间、经费等各个方面的限制,数字博物馆完全打破了这些限制,使博物馆和学校教育的协作得以最大限度地发挥。数字博物馆由各种数据库构成,它将博物馆的各种信息完全、准确地保存为数字文件,并可反复修改,我们可以利用数字博物馆作为信息存储中心,作为史料资料的保存基地。数字博物馆的信息数据库包含全部的博物馆信息。通过对数据库的检索与分类,参观者或者工作人员可以方便、快捷地搜索到所需要的相关信息。数字博物馆可以通过虚拟技术模拟真实场景,观众不出门也可以通过浏览数字博物馆参观博物馆内的展览或活动,配合模拟的声音与图像实现真实感,达到数字博物馆与观众间的互动。

实体博物馆和数字博物馆不可能相互替代,只能相互补充。数字博物馆属于实体博物馆在数码领域的延伸,其起到的作用是辅助实体博物馆功能的实现。数字博物馆是基于实体博物馆的数字化信息在虚拟的网络世界实现文化教育功能的站点。在数字博物馆的建设理念中,“虚”是指通过网络传播的信息帮助观众在思维中建立起相关文化知识的框架,最终引导观众回到实体博物馆,通过自身接触实物的体验,建立起自己的知识体系。可以说数字博物馆或者虚拟博物馆的建设是与实体博物馆共生并相得益彰的。

9.1.1 设计原则及技术

数字博物馆的体系结构的主要设计原则如下所示。

(1) 由于数字博物馆系统用户较大,要注意硬件系统的可扩展性和性能。

(2) 由于数字博物馆系统权威性,要注意软件系统的安全性和可靠性。

(3) 要注意软件系统组成的多样性,以体现数字博物馆系统的通用性。

(4) 管理软件的发展必须遵循开放系统的原则,保证平台通用性。遵循公共的国际标准,以方便今后的升级与维护。

(5) 数字博物馆通信既要支持高速专线用户,也要支持拨号用户;以多媒体信息通信为主,网络带宽要求较高;用户分布广泛,既有访问频度高、实时性强的专业研究人员,又有大量非专业的普通访问者。

9.1.2 开发模式

各数字博物馆因为表现内容、支持技术的不同,呈现出多种模式。从目前状况来看,数字博物馆的开发模式主要有单纯的网站模式、展品和展馆的三维虚拟展示模式、实现了展馆或场景的虚拟漫游和三维仿真模式、通过一些虚拟现实设备完成虚拟漫游和仿真模式。

1. 单纯的网站模式

单纯的网站模式是图片、文字、视频等平面媒体的集成,对这类模式,目前国内许多博物馆采用,它制作简单,成本低,对技术要求不高,访问速度快,其主要作用是对博物馆的一些信息资料做宣传和公布。使用这种模式,可以在图片中加数字水印以保护版权。

2. 展品和展馆的三维虚拟展示模式

展品和展馆的三维虚拟展示模式可以采用环境技术实现对展品的三维展示,采用多幅二维图像的拼接技术,拼接工作可以采用相应的软件完成。对三维展品,绕文物连续拍摄多张图像,可绕文物一周,每张图像有明显重复的地方,以便以后的多张图像拼接。环景拍摄技术,也可以采用一些自动装置,如自动旋转云台,转一个角度,给相机发一个脉冲信号自动拍照,最后完成 360°旋转拍照。对复杂的三维展示,可以采用一些数字三维采集设备或者 3Ds MAX 软件建模。若没有三维采集设备,也可以用 3Ds MAX 对文物造型进行建模,然后对文物进行二维拍照,采集出文物的纹理信息,给建模好的文物造型进行贴图,然后存储成流行的 Web 3D 格式,用户就可以在网上浏览了。

3. 实现了展馆或场景的虚拟漫游和三维仿真模式

建模软件给场景做精细的建模、渲染,然后存成流行的 Web 3D 格式,在定义一定的路径后即可实现用户的虚拟漫游和三维仿真,用户可以用方向键在博物馆内自由穿行,并可以在虚拟场景中定义热键,使用户观看一定的内容。但是这种方式的缺陷是不能完成复杂的用户交互,文物的摆放方式、路径等信息在建模完成后不能改变。此种方式限制了用户对文物信息的进一步了解。

4. 通过一些虚拟现实设备完成虚拟漫游和仿真模式

用户可佩戴三维眼镜等虚拟现实设备在虚拟博物馆中漫游,增加用户的“沉浸感”。但是现阶段虚拟设备还未普及,因此,不能要求普通用户坐在家里用虚拟现实设备进行虚拟博物馆的浏览与漫游。

9.1.3 软硬件体系及框架

数字博物馆一般由 3 个部分组成,即硬件平台、软件平台和资源平台。硬件平台包括服务器、各种输入输出设备和网络设备等,它们是数字博物馆构建的基础。资源平台包括各种媒体信息资源,如文字、声音、图像、动画和三维虚拟展品等,它们是数字博物馆的灵魂和核心,是数字博物馆系统中最富生命力的部分。软件平台则分为系统软件和应用软件两个层次。数字博物馆的组成如图 9-1 所示。

数字博物馆软件平台可分成3个部分,即数字博物馆支撑系统、数字博物馆藏品资源库和数字博物馆管理系统,如图 9-2 所示。图 9-3 为详细的系统组成。

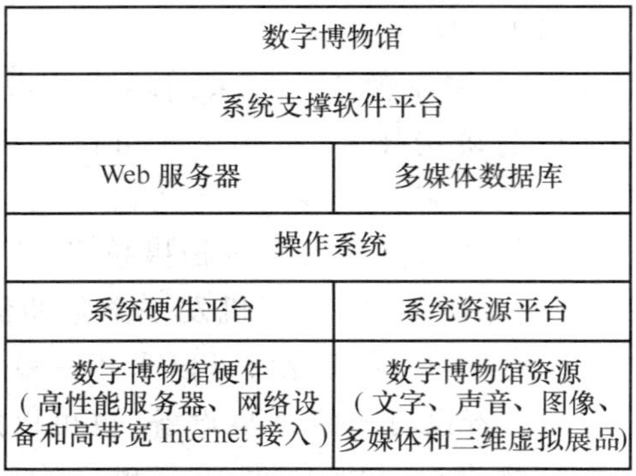

数字博物馆
系统支撑软件平台
Web 服务器
多媒体数据库
操作系统
系统硬件平台
系统资源平台
数字博物馆硬件
(高性能服务器、网络设备和高带宽 Internet 接入)
数字博物馆资源
(文字、声音、图像、多媒体和三维虚拟展品)

图 9-1 数字博物馆系统的组成

开发用户
管理用户
用户
博物馆支撑系统
展示系统
开发平台
资源
媒体素材
博物馆藏品资源库
支撑系统管理
资源管理
博物馆管理系统
校园网、CERNET、Internet 网络支撑平台

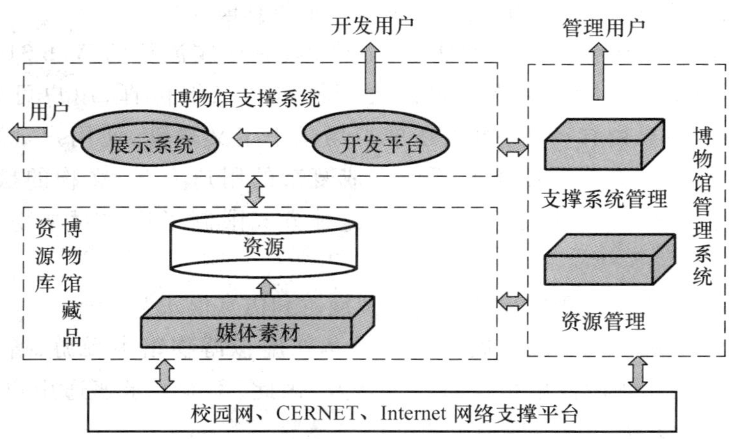

图 9-2 软件平台组成

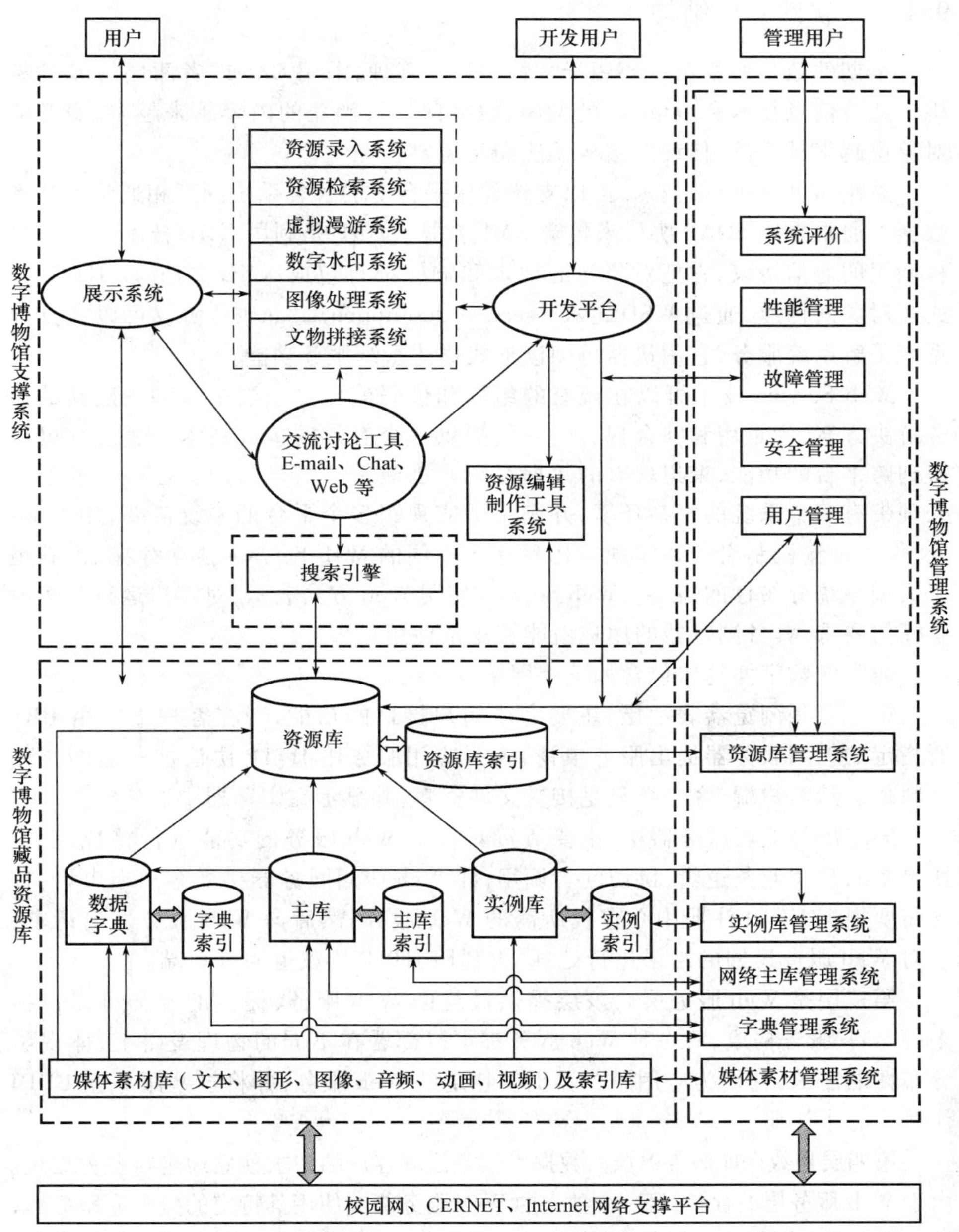

图 9-3 软件平台详细组成

9.1.4 软件4层结构

早期的数字博物馆主要用于文物信息的管理，采用C/S或者两层的B/S结构。随着信息技术和Internet的发展，数字博物馆涵盖的内容越来越多，服务的对象也越来越广泛，传统的结构无法满足需要。

采用Web Service技术，可以支持异构平台上的各类系统的互相通信和共享数据。通常采用SOAP协议来传输XML数据，SOAP是利用XML技术与远程过程调用的通信协议，它把对象间的请求和响应都打包成XML文档，以HTTP方式在对象间传递，通过WSDL(web service description language)协议可以让其他系统了解系统服务，它用机器可阅读形式描述系统服务功能。

Web Service技术可以在现有的组件和代码前放置一层中间层创建新的业务解决方案，为重用和整合现有的系统提供一个有效的集成技术。通过它可以得到跨平台的功能，聚集现有的数据系统并创建新的信息门户。这些功能帮助处理带有多个系统的复杂环境，并满足了实现跨多个平台的系统需要，用Internet作为传输机制启动和实现应用程序。不同的Web Service独立存在，也满足了大型系统分布性的需要。Web Service使用Web方式表示，对客户运行环境没有任何要求，具备浏览器的用户就能够正常使用。

通常的数字博物馆包含如下4层结构。

第一层是浏览器表示层，主要完成用户接口的功能，即在客户端向由URL所指定的应用服务器提出服务申请，Web应用服务用HTTP协议把所需的文件资料传送给客户端，客户端只是接受文件资料，并显示在浏览器中。

第二层是应用服务器层，主要负责对各个Web服务的功能进行整合，形成博物馆的整体业务逻辑，供访问者调用，即Web应用服务器接受客户端申请，首先需要根据UDDI注册中心查找所需的Web服务，然后向Web服务发出请求，并对Web服务返回的结果进行处理，再利用HTTP协议返回客户端。

第三层是Web服务层。该层提供最终的Web服务，提供的服务可以包括多种Web服务构成，每一种Web服务都可以部署在不同的物理设备上，体现了分布性的需求，它们为应用服务器提供特定的Web服务，并将这些服务在UDDI注册中心中注册。

第四层是数据库服务器层。数据库服务器应客户端请求独立地进行各种处理。由于Web服务层的存在，每一个独立的Web服务能够使用其特定的数据库服务器，真正实现了数据的分布保存，使用大型应用对数据安全性和分布性的要求。

9.1.5 藏品数据库及管理

根据数字博物馆的数据特征，通常把整个数据库组织成：负责馆藏资料管理的数据库；保存二维图像资源的图像数据库；保存视频及动画的视频数据库；保存三维形状的三维形状数据库。

管理数据库：负责馆藏资料的管理任务，同时负责维护协调其他数据库，提供检索界面。

馆藏资料库：保存各种馆藏物品的文献资料、相关介绍、研究文章。

图像资源库：保存馆藏的各种物品的图像以及相关的历史图像。

视频展示库：保存有关的视频数据、动画演示等。

三维实体库：保存馆藏物品的三维数据，能够提供逼真的真实感显示，为虚拟现实提供素材。

几个部分相互结合，以管理数据库为中心，组成一个协调工作的多级分布式集群数据库系统，如图9-4所示。

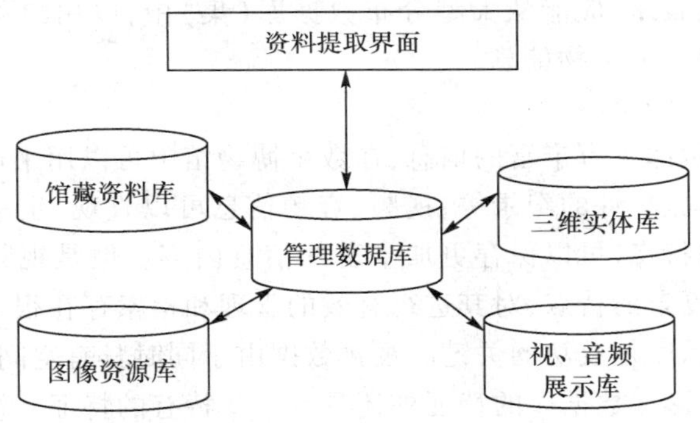

图9-4　分布式集群数据库系统

各部分数据库的具体组织结构如下所示。

1. 管理数据库

管理数据库主要管理馆藏文物的入馆、存档、维护等日常管理，以及对其他4个部分数据库的管理工作、操作权限等，是馆藏物品清单数据及其他信息的存储地。具体内容包括：馆藏物品的清单，对所有馆藏物品都有唯一标记号，同时利用分类组织馆藏物品；馆藏物品的入库时间、进馆时间等；馆藏物品的信息维护人员、权限信息，保证馆藏信息的安全性；相关图像、资料、三维实体、视音频数据，以便于用户到相应数据库中提取有关资料和馆藏物品的其他信息。

2. 馆藏资料库

博物馆所收藏的物品都有很高的资料价值、科学研究价值及相关的史料资料。内容包括馆藏物品的文档资料、相关介绍等信息，如各种标本的分类种属信息、相关习性介绍等。该部分资料是馆藏物品的核心资料，具有很高的使用价值，主要以文档资料为主，分类索引，以便于检索。

3. 图像资料库

图像资料库就是能够有效存储、管理、组织和检索文物相关图像数据的数据库。图像资料库不仅仅只是现有数据库技术在图像数据上的一种应用,因为图像作为一种多媒体信息,还含有对人类感觉系统(视觉与听觉)比较明确而在数据中未有效描述的内容线索,基于内容的检索符合人类感觉经验,易于接受,也成为图像资料库的一个重要特征。图像资料都有一些难以用字符和数字符号描述的内容线索,如图像中某一对象的形状、颜色和纹理等,当用户要利用这些线索对数据进行检索时,就不得不首先将其人工转化为文本或关键词形式。但这种转换带有一定的主观性,且极其费时。构建的馆藏图像资料库数据量庞大,经过人为关键词描述的方法,工作量更庞大,并且很难进行直观、有效的检索。进行基于内容的检索(content based retrieval, CBR)将成为一项迫切的要求。CBR是一种信息检索技术,应能从大型分布数据库(集)中,以用户可以接受的响应时间查询到所要求的文物信息。

4. 视、音频展示库

视、音频展示库含有丰富的信息,在数字博物馆中可以用来进行相关资料的演示,有关的活动、事件的纪录等,视频、音频信息可以直观、生动、真实、高效地表现现实世界的特点,可以保存更加丰富的信息内容。但是视频音频数据具有信息量大、结构复杂的特点,对其进行有效的管理和检索存在很大的难度。合理构建视、音频展示库是成功的关键。视频数据由于同时具有空间和时间信息,因而除了局部具有影像数据库的特征外还具有一些特有的特征。视频是由一组相关的图像帧构成的,根据帧间的相关性分成视频段,多个视频段构成一段视频。同时还有视频镜头变化情况和图像特征、领域知识等。视频音频数据存储应采用标准压缩格式,方便检索和节省存储空间,目前国际标准组织的MPEG4标准应用广泛,MPEG7及MPEG21标准将提供基于内容的压缩存储标准。

视、音频注释库主要存放一些描述性的信息来表述所指向的视、音频段,通常要建立基于注释的索引。它充分利用视、音频包含的丰富信息,根据语义内容来访问视、音频展示库。注释通常通过人机交互的方式进行。

注释语言包括文字注释、图标注释、源注释等,文字注释有语句注释和关键性注释。图标注释利用图标表示视频的时域特征。源注释利用数字摄像机在视频数据流中加入相关信息作为视频注释依据,包括摄像机的运动、角度、镜头距离等,或者是视频的语音信息。

5. 三维实体库

三维实体库用于存放馆藏物品的三维造型信息,便于物品的真实感现实和损坏重建、复制,也可用于虚拟现实的部件库。其数据类型可以是抽象的点线面数据,也可以是实体的三维扫描数据。由于三维实体库数据量大、自身又具有一定的三维空间结构,因此采用面向对象的层次结构具有很大的优势。

三维实体库存放馆藏物品的三维点阵数据或者是点线面数据,该数据可以用于实体的显示,同时还包括材质信息,以便于真实地显示实物。

对于三维点阵数据可以采用分层的结构进行管理,多层叠加成为实体。而点线面的抽象模型则采用点线面作为对象,通过对象组合构成实体。数据库中保存的数据应该提供多分辨率表示特征,便于不同的浏览要求。存储格式统一,从而便于显示、浏览和搜索。

媒体素材库的基本管理要求有:① 提供制作功能;② 提供编辑功能;③ 提供剪辑功能;④ 提供查询功能;⑤ 提供预览功能。

对于查询功能而言,更有效的文本数据库查询技术和多媒体资料的查询策略是数字博物馆的重要技术。像传统的博物馆一样,大量的信息需要被分类、索引、组织、连接起来以便于访问和使用。如果没有工具,人们不可能用手工来完成这些任务。数字博物馆平台可提供自动的工具来创造指向文本或多媒体信息的访问指针,这是手工索引达不到的。丰富的信息处理能力可以提供索引、建档、关联、知识网创建等功能以便于管理人员使用。管理人员可以使用文件组织和筛选工具,这种工具提供特定的个人化信息,并对超量的信息进行管理。如何对多媒体信息建立索引,让用户进行有效的查询,也是当前研究的热点之一。直接针对立索引,可以按照颜色、形状、纹理在图像中的位置对图像进行查找。对数字博物馆中的信息进行属性检索,提供文本搜索工具以进行全文检索。除了文本搜索外,还需提供先进的基于数字化的图像、影像或声音内容的查询技术。

其他具体要求包括:保证内容的安全性和可靠性;媒体素材的建立基于面向访问的元数据模型;提供高效搜索各类媒体素材的功能;提供由相关的各类媒体素材构建成不同展示内容的构建模型和有效设计方法;对构建好的展示内容提供下载或压缩下载功能;支持最大并发访问能力;保证系统的可扩展性。展示内容传输管理则应有:支持多媒体上传和下载功能,保证多媒体传输的安全性、稳定性和保密性,集成现有实用、成熟技术和产品,保证传输的及时性和可靠性。

9.2 藏品数字化标准及规范

9.2.1 内容分类与指标体系

根据对象属性特征和管理工作的基本要求,确定了博物馆藏品信息类目。规范采取层级分类法,将博物馆藏品信息指标分为指标群、指标集和指标项3个层级,其体系结构如图 9-5 所示。

<table>
<tr><td rowspan="4">指标群</td><td rowspan="2">指标集</td><td>指标项</td></tr>
<tr><td>指标项</td></tr>
<tr><td rowspan="2">指标集</td><td>指标项</td></tr>
<tr><td>指标项</td></tr>
</table>

图 9-5 指标体系结构

藏品信息指标体系(陈红京,2006)包括 3 个指标群,33 个指标集,139 个指标项。

1. 指标编码方法

本规范的指标类目代码为字母数字混合型层次码。每一个完整代码分为 3 层,长度为 5 位。其结构如图 9-6 所示。

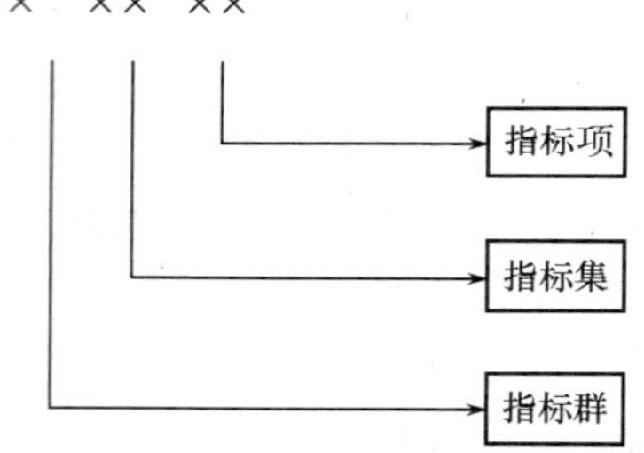

图 9-6 字母数字混合型层次码结构

指标群用 1 位大写拉丁字母表示,例如:

A 藏品信息指标群

B 藏品管理工作信息指标群

C 藏品文档与声像资料信息指标群

指标集用 2 位阿拉伯数字表示,例如:

A 藏品信息指标群

A01 名称指标集

A02 分类指标集

A03 年代指标集

指标项用 2 位阿拉伯数字表示,例如:

A01 名称指标集

A0101 原名

A0102 名称

注意,具体的博物馆藏品信息分类代码因为涉及较多的文博专业知识,由于本书的篇幅限制,不能一一列出,请感兴趣的读者查询相关资料。

2. 相关标准

(1) 数字博物馆藏品信息指标体系的有关指标项的著录,应参照下列标准。

GB/T 2260—1999 中华人民共和国行政区划代码

GB 2659—2000 - T 世界各国和地区名称代码

GB 3100—1993 国际单位制及其应用

GB 3304—1991 中国各民族名称的罗马字母拼写法和代码

GB - T 7156—2003 文献保密等级代码与标识

GB/T 7408—2005 数据元和交换格式、信息交换、日期和时间表示法

(2) 日期和时间表示法。

GB/T 2261—1980 人的性别代码

GB9649—2009 地质矿产术语分类代码

(3) 陨石学、岩石学、古生物学。

GB9649.9—1998 地质矿产术语分类代码 矿床学

GB/T 14467—1993 中国植物分类与代码

GB/T 15628.1—1995 中国动物分类代码——脊椎动物

ZB40—94/CBLB 论著出版形式类别代码

9.2.2 数字化藏品的元数据规范

在各类数字化信息的管理过程中,元数据方法是广泛采用的方法。元数据是描述数据的数据,能够用来规范化、普遍性地描述和管理各类数字化信息资源。数字化文物资源数量庞大,必须进行规范化的管理。

元数据是关于数据的数据。元数据在资源的存储、管理、交换过程中,被广泛应用于数据集属性的结构化描述。元数据具有抽象性的特点,是对信息集的结构化、抽象化和概括化描述,能够刻画数字化资源和数据的本质特征。

元数据是保障数字化资源共享和交换的有效手段和前提条件,通常用于数字化资源和信息的规范化描述,描述范围包括资源的内容、质量、表示方式、存储格式、管理方法等特征,用以规范数字化资源的存储、查找、发现、校验、评价、选取等任务。

元数据在数字博物馆中的应用,能够规范管理博物馆实体性藏品的数字化信息资源,在数字化资源的生成、描述、标注、检索、管理、应用、共享等方面具有极为重要的意义。国内外在数字博物馆的应用中,并未出现针对数字博物馆的元数据标准,通常采用较为成熟的数字博物馆元数据标准。数字博物馆常用的元数据标准包括都柏林核心(Dublin Core,DC)元数据、艺术作品描述目录(CDWA)元数据、可视资源委员会核心(VRA Core)元数据等。

都柏林核心元数据是目前影响力最大的元数据标准,该标准是一项国际化、跨学科研究的相关成果,已在国际上形成了事实的应用标准。DC元数据来源于OCLC发起并组织的项目成果,由DCMI负责维护,基本规范集合中包括15个"核心元素",用于约束数字化信息的组织和描述方式,广泛应用于数字化图书馆等领域。DC元数据标准是由计算机专家、网络专家和图书馆专家等人员所组成的非正式小组开发的,目的是要建立一个广泛的元数据元素集,用以描述任何网络信息资源,并且尽量简单,保证任何作者无需专门的培训就可以创建自己文件的元数据。DC元数据标准具有创建和维护简单、广为理解的句法、系统

互用性、可扩展性等特点，支持扩展，可以使用 TYPE 和 SCHEME 限定词以及 LINK 参照对元素进行扩展。

CDWA 元数据由 AITF(the Art Information Task Force)于 1996 年开发，主要为提供和使用艺术信息的团体(如博物馆和档案馆)描述艺术作品(包括其图像)提供结构化工具。该元数据是针对描述艺术作品的需求而设计的，描述重点在于“可动”的对象及其图像，包括来自不同时期和地理范围的油画、雕刻、陶艺、金属制品、家具、设计、表演艺术等。该元数据有 27 个核心元素的主要类目，每个核心元素类目又含有一层或多层子类目元素，包括主题、记录、管理等项目。博物馆数字化藏品具有对应的物理形态，往往还同时具有数字化多媒体素材资源和对应时空、人物、历史文化等背景知识，CDWA 元数据中的元素可以有效地反映数字化藏品的特点，比较适合于数字博物馆藏品及数字化资源的描述。

VAR Core 元数据是美国可视资源委员会(VAR)制定的标准，用于规范描述可视文化作品及其图像资源，2000 年 6 月已经出版到第三版。该标准规范描述的可视作品主要指绘画、雕塑、表演、乐曲、文艺作品、建筑物及其设计或其他富有文化含义的物品等。VAR Core 元数据描述的对象包括物品的复制品或代表物，可以是实物信息，也可以是相关的幻灯片、照片、摄像或各种数字化形式的文件。VAR Core 元数据方法描述的作品可以拥有多个数字化形式。VAR Core 元数据的标准规范包含 17 个核心元素。

9.2.3　媒体素材库的内容标准

媒体素材是指传播博物馆资源信息的基本材料单位，按媒体形式来分包括文本类素材、图形(图像)类素材、音频类素材、动画类素材和视频类素材；按内容来分主要有名词概念类素材、符号类素材、人名类素材、背景材料类素材、说明类素材、历史资料类素材、相关研究成果类素材或其他素材。

媒体素材库是数字博物馆的基础，包含了博物馆中收藏的各种实物、标本以及对它们的说明和介绍等信息资源。媒体素材库中的素材应具备实物及其相关资料和制作脚本，其中的图表、图像、声音、动画和视频要采用先进、高效、符合国际标准的压缩技术进行压缩，以满足存储和网络传输的要求，并且应该建有索引信息，以便快速地查询、浏览和存取。媒体素材库中的素材应具备实物及其相关资料和制作脚本。媒体素材库中的图表、图像、声音、动画、视频要采用先进、高效、符合国际标准的压缩技术进行压缩，以满足存储和网络传输的要求。

1. 文本素材

文本素材的主要类型有展品介绍、人物说明、历史资料、相关研究成果等以文字为媒介的参考资料。

文本素材中的汉字采用 GB 码统一编码和存储,英文字母和符号使用 ASCII 码编码和存储。文本素材应具备的属性、属性编写的格式如表 9-1 所示。

表 9-1 文本素材的属性及格式

属 性 名	数 据 类 型	编 写 说 明
素材编号	Number(10)	素材的唯一标识码,入库时自动计算生成
类型	Char(15)	文本素材所归属的类型
学科(专业)	Char(15)	素材属于哪一个或哪几个学科或专业
来源	Char(200)	指明素材的出处
内容简介	Char(200)	素材简要说明(限 100 个中文字符)
关键词	结构类型	素材内容的关键词(限 5~10 个)
素材编写时间	Data	本素材编写的时间,格式为 * * * */* */* *,如 1999/11/03
素材编著者	结构类型	素材编著者的姓名、单位、联系信息等
素材长度	Number(6)	素材中字符的数目,以汉字字符为准

2. 图形图像素材

由于博物馆的性质,会有大量的实物需要以图形或图像的形式在网络上展示。图形/图像素材应采用目前网络通用的 GIF 和 JPG 格式中的一种来处理和存储。其中,彩色图像的颜色数不能低于 256 色,灰度图像的灰度级不低于 128 级,扫描图像的扫描分辨率不低于 150dpi。

图形/图像素材的主要类型有符号类、仪器类、风景类、人物类、植物类、动物类、建筑类、电器类、计算机类、交通类、标志类、广告类、微生物类、农作物类、地质类和说明类等。图形/图像素材应标注的属性有如表 9-2 所示。

表 9-2 图形/图像素材应标注的属性

属 性 名	数 据 类 型	编 写 说 明
素材编号	Number(10)	素材的唯一标识码,入库时自动计算生成
类型	Char(15)	素材所归属的类型
学科(专业)	Char(15)	图形/图像属于哪一个或哪几个学科或专业
来源	Char(200)	指明素材的出处
内容简介	Char(200)	素材简要说明(限 100 个中文字符)
关键词	结构类型	素材内容的关键词(限 5~10 个)

续表

属性名	数据类型	编写说明
素材编写时间	Date	本素材编写的时间,格式为＊＊＊＊/＊＊/＊＊,如1999/11/04
素材编著者	结构类型	素材编著者的姓名、单位、联系信息等
数据量	Number(6)	指明图形/图像数据的大小(字节数)
存储格式	Char(15)	指明文件的图形/图像格式(GIF、JPG 格式等)、编码类型
分辨率	Char(10)	指明图形/图像的长度、宽度,以像素为单位,格式如800×600
扫描分辨率	Number(5)	指出图像扫描时使用的精度(dpi)
颜色数	Number(4)	指明图形/图像的颜色数或灰度级

3. 音频素材

参观博物馆的一大特色就是在访问者参观博物馆的同时,可以得到工作人员的现场解说和指导,而一些学科的信息资源也包括声音信息,因此,我们在素材库中加入了音频素材。数字化音频的采样频率不低于 1 kHz,量化位数至少为 8 位,声道数至少为单声道。

音频数据存储的主要格式有 WAV、MP3、MIDI 和流式音频格式。数字化音频采用 WAV 格式,用于欣赏的音乐使用 MP3 格式,MIDI 设备录取的音乐使用 MIDI 格式,而用于实时交互的音频使用流式媒体格式。所有音频数据都需要制作成流式媒体格式,若有其他格式的音频数据(如 WAV、MP3、MIDI 等),则需要入库两份,一份是原格式,一份转换为流式媒体格式。解说使用的语音采用标准的普通话(英语及民族语言版本除外)的男女双声配音,英语使用标准的美式英语男女双声配音。语音的语调不能过于平淡,应使用适合解说指导的语调。

音频的主要类型有音乐类、自然界声音、语音(Speech)等。

音频素材应标注的属性如表 9-3 所示。

表 9-3 音频素材应标注的属性

属性名	数据类型	编写说明
素材编号	Number(10)	素材的唯一标识码,入库时自动计算生成
类型	Char(15)	音频素材所归属的类型、编码类型
学科(专业)	Char(15)	素材属于哪一个或哪几个学科或专业
适用对象	Char(15)	指明其内容适用于哪个层次的教育对象
来源	Char(200)	指明素材的出处

续表

属 性 名	数 据 类 型	编 写 说 明
内容简介	Char(200)	素材简要说明(限 100 个中文字符)
关键词	结构类型	素材内容的关键词(限 5~10 个)
素材编写时间	Date	本素材编写的时间,格式为 * * * */ * */ * *,如 1999/01/11
素材编著者	结构类型	素材编著者的姓名、单位、联系信息等
数据格式	Char(15)	WAV、MP3、MIDI 格式或流式媒体格式
数据量	Number(8)	指明音频数据的大小(K 字节数)
采样频率	Number(4,4)	数字化音频数字化过程的采样频率,以 kHz 为单位
量化位数	Number(3)	数字化音频数字化过程的量化精度
声道数	Number(1)	采样声道数
情感类型	Char(15)	音频的情感取向
播放时间	Number(4)	以秒钟为单位,播放时间≤6 000 秒钟

4. 视频素材

由于部分博物馆的实物无法用图形/图像的形式清晰展现,或者为了把部分实物的说明更直观化,就不得不使用视频素材来全方位说明。

视频类素材使用 4 种存储格式,即 AVI 格式、QuickTime 格式、MPGE 格式和流式媒体格式。

在个人计算机平台上要使用 AVI 格式,Apple 系列使用 QuickTime 格式,主要用于单独欣赏的较大视频素材使用 MPEG 格式,在网上实时传输使用的视频类素材为流式媒体格式。所有视频数据都需要制作成流式媒体格式(.ASF),若有其他格式的音频数据(如 AVI、MPGE、MOV 等格式),则需要提交两份,一份是原格式,一份转换为流式媒体格式,其中每帧图像的颜色数不低于 256 色或灰度极不低于 128 级。视频类素材中的音频和视频图像要有良好的同步。视频采样使用 Y、U、V 分量采样模式,采样基准频率为 13.5 MHz,采样格式有 3 种,即 4:1:1,4:2:2 和 4:4:4。具体如表 9-4 所示。

表 9-4 视频素材应标注的属性

属 性 名	数 据 类 型	编 写 说 明
素材编号	Number(10)	素材的唯一标识码,入库时自动计算生成
类型	Char(15)	视频素材所归属的类型
学科(专业)	Char(15)	素材属于哪一个或哪几个学科或专业

续表

属性名	数据类型	编写说明
来源	Char(200)	指明素材的出处
内容简介	Char(200)	素材简要说明(限100个中文字符)
关键词	结构类型	素材内容的关键词(限5~10个)
素材编写时间	Date	本素材的编写时间,格式为＊＊＊＊/＊＊/＊＊,如1999/01/11
素材编著者	结构类型	素材编著者的姓名、单位、联系信息等
数据格式	Char(15)	AVI、MPEG、QuickTime格式或流式媒体格式
数据量	Number(5)	视频数据按字节计算的长度
帧数	Number(5)	视频素材中的帧总数目
关键帧	Binary	具有代表性的帧
帧规格	Char(10)	最大帧的长度与宽度,以像素计,格式如640×480
情感类型	Char(15)	视频的情感取向
播放时间	Number(4)	以秒为单位,播放时间≤6 000秒钟
采样频率	Number(4)	数字化时的采样频率,以MHz为单位
采样格式	Char(15)	采样格式类型

5. 动画素材

有时一些说明性资料需要以动画的方式表现出来。动画素材使用的格式为GIF格式、Flash格式、AVI格式、FLI/FLC格式或QuickTime格式。所有动画数据都需要制作成GIF格式或Flash格式,若有其他格式的动画数据(如AVI、FLI/FLC、Mov等格式),则需要提交两份,一份是原格式,一份转换为GIF格式或Flash格式。动画色彩造型应和谐,帧和帧之间的关联性要强。动画类型有说明动画、研究动画等两种。动画素材应具备表9-5所示的标注属性。

表9-5 动画素材应标注的属性

属性名	数据类型	编写说明
素材编号	Number(10)	素材的唯一标识码,入库时自动计算生成
类型	Char(15)	动画素材所归属的类型
学科(专业)	Char(15)	素材属于哪一个或哪几个学科或专业
来源	Char(200)	指明素材的出处
内容简介	Char(200)	素材简要说明(限100个中文字符)

续表

属 性 名	数据类型	编写说明
关键词	结构类型	素材内容的关键词(限5~10个)
素材编写时间	Date	本素材的编写时间,格式为****/**/**,如1999/01/11
素材编著者	结构类型	素材编著者的姓名、单位、联系信息等
格式	Char(15)	GIF、Flash、AVI、FLI/FLC 或 QuickTime 格式
数据量	Number(8)	按字节计算的数据长度
帧数	Number(5)	动画中的帧数目
帧规格	Char(10)	最大帧的长度与宽度,以像素计,格式如640×480
情感类型	Char(15)	动画的情感取向
关键帧	Binary	具有代表性的帧画面

9.3 数字博物馆虚拟展示

9.3.1 藏品的二维展示技术

藏品的二维展示是藏品展示的最基本手段(齐越,2008)。每件文物以高质量的二维图片显示,配有详细的说明文字和清晰的三视图。三视图保证可以从文物的多个角度看到文物的细节,如篆刻、款识、造型等,还可以开发文物图片特效系统,利用 Java 等特效技术,完成对文物图片的加光照、变换背景、放大镜、增加雨雪效果等特效,增强展示效果。

9.3.2 藏品的三维展示技术

1. 对象电影方式

对象电影是一种物品展示技术,它通过按固定角度绕物体拍一周图像,如果保证图像的曝光处于同样的层次,这样图像在进行循环播放时就给人一种环视的错觉,从而认为是围绕真实物体进行观赏,这样用户就可以在计算机前从多个位置欣赏物品。对于待展示的展品,绕文物一周连续拍摄多张图像,每张图像内容上应该有部分明显重复的地方,便于以后的多张图像拼接。然后采用 Flash 或者专门拼接软件完成多幅二维图像的拼接工作。

2. VRML 虚拟显示

对于高级复杂的三维展示,利用一些数字三维采集设备或者用 3Ds MAX 软件建模，加上纹理信息后，采用 3D Web 技术展现在网页上。如利用加拿大 Inspect 公司的三维照相机设备，通过对文物的多角度拍摄，采集物体三维信息和纹理信息，最后形成完整的带纹理的物体，输出可以存成多种 Web3D 格式，如.wrl。这样，只要浏览器安装 VRML 插件，用户就可以浏览该种格式的三维文物。用户可以按照自己的意愿以任意角度、尺寸去查看虚拟文物，文物造型、纹理逼真，能充分反映文物的原貌，如大小比例、破损程度及镌刻的文字等。若无三维采集设备，也可以用 3Ds MAX 软件对文物造型进行建模，然后对文物进行二维拍摄，采集出图像中的纹理信息，给建模好的文物造型贴图，然后存储成流行的 Web 3D 格式，用户便可以在网上进行浏览。对于这种方式，文物造型和纹理信息等不能够完全和真实文物相符。

3. Cult3D 虚拟显示

对于虚拟文物的展示，还要强调其交互功能。VRML 虚拟显示交互功能比较简单，只能做到简单的旋转和缩放，对于三维虚拟文物的表面信息可以清晰、方便地展示。但是，古代文物制作精良，内部结构设计巧妙，如果要展示其内部结构、工作原理或者某些机关技巧等，仅用 VRML 虚拟显示就显得不足。Cycore 公司的 Cult3D 是一项全新的极具潜力的网络 3D 技术，得到越来越多用户的青睐。Cult 3D 主要用于在网页上建立互动的三维实体，具有一个跨平台的三维引擎。Cult3D 所具有的这个跨平台三维引擎号称是世界上最快的三维算图引擎，从实际应用中我们发现，Cult3D 不但绘图速度快，并且绘图效果非常出色。并且 Cult3D 不需要特殊的图形加速卡硬件支持，全是由软件来控制。Cult3D 的内核是基于 Java，可以嵌入 Java 类，这使其能跨平台地支持所有的主流浏览器。具有优秀的互动性是我们用 Cult3D 技术展示虚拟文物的原因，利用 Cult3D 技术展示的虚拟文物大致有以下 3 个特点。

(1) 为了展示虚拟文物的各个角度和细节造型，用户可以在网页中对三维虚拟文物进行各式各样的操作，如 360°旋转、缩放、平移等，让用户充分体现真实物体的属性。例如，用户可以旋转、缩放展示的某古代的化妆柜仔细查看其表面材质和铜拉手的制作工艺。

(2) 可以充分展示虚拟文物的内部结构和各部件的精妙牵连和互动关系，对于古代的化妆柜的展示，用户更想看到化妆柜内部的机构和布局，此时，单击化妆柜的锁扣，化妆柜将自动打开，展现其内部结构，用户可以再次放大和旋转仔细查看。当再次单击锁扣，化妆柜关闭。这种展示方式充分体现出了数字博物馆中虚拟文物的优点，在真实博物馆中，参观者触摸文物是绝对禁止的。但是在数字博物馆中，参观者可以按照自己的意愿观看虚拟文物，充分体会其中的精妙。还可以在虚拟文物中加入音效，使用户的每一个操作附加声音。

(3) 虚拟文物良好的网上可操作性，不仅可让用户有亲手操作的真实感，展现产品本身的内部构造和相互关系，更由此缩短了用户和博物馆之间的距离，增加了其参观博物馆的兴趣。

4. 展馆的虚拟显示

对于展馆的虚拟显示，也采用了两种方式。一种方式是采用多幅连续图像的拼接技术，即所谓360°的环景或全景拼图。在技术上本质是把不同时刻、不同朝向、同一位置拍摄的若干张有重叠的图像无缝合成一张大图（从水平方向和垂直方向），同时使缝合处的色彩或者灰度均匀过渡。利用全景图技术可以制作大视野的广角图和全景图。如果拍摄的图像数目和角度比较多，也可以拼接成球体展示，三维效果也很好。另一种方式是用3Ds MAX、MultiGen Creator等建模软件给场景做精细的建模、渲染，然后存成流行的Web 3D格式，如VRML格式，在定义一定的路径后即可以实现用户的虚拟漫游和三维仿真，用户可以用方向键在博物馆内自由穿行。还可以在虚拟场景中定义一些热点，设定一些链接，使用户单击后观看一定的内容。但是这种方式存在的最大缺陷是展馆模型包括模型中的文物数据、摆放方式和路径信息等信息是在建模完成时就固定了的，建模完成后不能改变，不能完成复杂的用户交互。

9.4 数字博物馆检索技术

9.4.1 分类及关键字检索

随着网络化、信息化的发展，对计算机的信息存储、传输和处理能力的要求迅速增长，对海量信息的检索与利用成为当前计算机信息检索技术的一个重要研究和应用领域。在网络环境下，作为信息检索领域中的新的研究热点，实用化的信息检索系统主要是基于人工分类目录或关键词匹配。

基于人工分类目录的信息检索系统通过人工整理分类，得到的信息有较高的准确度，但是在处理海量信息资源时工作量巨大，效率不高、深度有限；基于关键词匹配的信息检索系统可以利用关键词进行索引，可以自动实现全文检索，支持海量数据，但是只能支持特定模式的关键词索引，无法引用信息语义和含义。

9.4.2 基于语义的检索技术

传统检索系统在智能处理能力上的缺乏，导致不能满足数字博物馆用户的需求。如何解决好诸如信息组织、知识表示、机器理解与人机交互等问题，对于提高信息利用的效率是非常重要和迫切的。近年来，语义Web的提出为解决这些问题提供了契机，语义检索的目的是通过从语义Web上获取的数据增强并改进传统的搜索结果（基于信息检索技术），将语义检索作为对传统检索系统的性能改进手段。

语义检索活动的目标是开发一系列计算机可以理解和处理的表达语义信息的语言及相关技术，以支持网络环境下广泛、有效的自动推理。在目前阶段，它的研究热点主要在以下方面：支持对网络信息资源及其内容的语义和语义关系表征，支持基于语义的代表系统对数据的自动分析、理解和处理，支持代理系统间基于语义的知识交换，支持不同应用领域和系统间基于语义对数据自动进行的交换、转换和复用。

当前基于 Ontology 的语义检索系统已经得到了广泛的关注和应用，在语义 Web 环境下研究基于 Ontology 的语义检索是信息检索领域的一个新的研究方向，未来的语义检索将在理念、技术、人性化、智能化等方面取得全面突破，当然，这些突破也需要计算机软硬件技术、通信技术、人工智能技术、可视化技术等的支持，但无论如何，未来的语义检索一定以一个崭新的面貌，朝着更加灵活、实用、界面友好、智能化和可视化等方向发展。

9.4.3　基于内容的图像检索

基于内容的图像检索（content based image retrieval，CBIR）是一项从图像数据库中找出与检索内容相似的图像的检索技术。它利用从图像中自动抽取出来的底层特征，如颜色、纹理、轮廓和形状等特征，进行计算和比较，检索出符合用户需求的结果图像集，且其检索结果可以借鉴文本检索技术中的相关反馈技术得到优化与提高。目前 CBIR 技术实现的基础是对底层特征信息的计算和比较，也即是“视觉相似”。将 CBIR 技术引入数字博物馆的藏品图像中，将有力地拓展数字博物馆展示的空间，提高搜索效率和手段。

由于相同内容的图像有不同的表现方式，例如，同一场景下的图片有远景和近景之分，而且图像信息的内容比较丰富，互相关联性比较强。而 CBIR 由于内容表达的不精确性，必然是一种近似的检索，结果中往往出现误检和遗漏，而且需要注意以下两点。

（1）大型数据库的快速检索。在实际的多媒体数据库中，不仅数据量巨大，而且种类和数量繁多，因此要求 CBIR 技术快速地实现对多媒体信息的检索。

（2）作为一种多媒体技术，CBIR 技术具有很强的交互性，以相关反馈作为检索的有效手段。通过用户的相关反馈，检索系统学习用户的意图和准则来指导图像检索过程，有效地提高了图像检索的效率。

9.4.4　基于内容的视频检索

随着多媒体技术和网络技术的飞速发展，视频在多个领域得到广泛地应用。对这些海量的而且包含大量非结构化信息的数据进行组织、表达、管理、查询和检索成为人们的迫切需求。因此基于内容的视频检索(content based video retrieval,CBVR)成为近年来研究的热点。

CBVR 系统如图 9-7 所示。

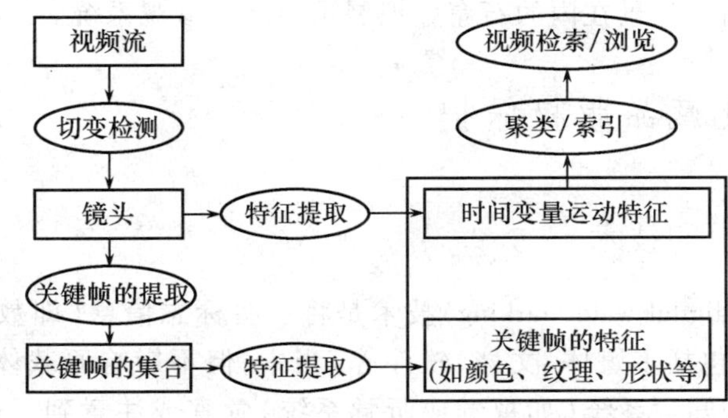

图 9-7 CBVR 系统

首先,进行视频结构分析,将视频序列分割为镜头,并在镜头内选择关键帧,这是实现一个高效的 CBVR 系统的基础和关键。其次,提取镜头的运动特征和关键帧中的视觉特征,作为一种检索机制存入视频数据库。再次,根据用户提交的查询按照一定的特征进行视频检索,将检索结果按相似性程度交给用户,当用户对查询结果不满意时可以优化查询结果,自动根据用户的意见灵活地优化检索结果。

9.4.5 基于内容的三维模型检索

基于内容的三维模型检索技术涉及计算机图形学、计算机视觉、图像处理、图像理解、人工智能、模式识别和数据库等诸多研究领域。该研究的深入必将推动其他相关领域的发展。基于内容的三维模型检索技术的主要特点如下所示。

(1)"百闻不如一见",三维模型的空间复杂性使得三维模型难以用简单的词语来表达。对于三维模型来说,形状是个复杂的概念,至今仍然没有统一的定义,三维模型可以通过多边形网格、体积、点云数据等来表示。

(2)对于从不同三维模型中获得的特征,很难自动地在它们之间建立联系,只能通过相似性度量来建立联系。

(3)具有相同拓扑结构的模型表达的语义可能不同,如模型马与模型人的拓扑结构也许会相同,但是语义却差别很大。

(4)具有同样语义的模型也许会有不同的拓扑结构。例如,从外表看,椅子有很多种形状,拓扑结构也不同,但是它们都属于椅子。而对于同一个模型,由于它的位置与方向不同,它所表示的特征也许有很大不同,因此,在检索过程中应该将这些因素都考虑进去。

基于内容的三维模型检索技术的应用非常广泛，浙江大学与敦煌研究院合作，利用虚拟现实、图像处理与人工智能等技术解决敦煌石窟虚拟重现、脱落壁画复原与演变模拟等问题，完成了莫高窟中壁画与彩塑的数字化摄影与保存，并开发了包括莫高窟外景在内的石窟虚拟展示与旅游参观系统。

9.5 数字化藏品版权保护

9.5.1 数字水印技术

数字水印（digital watermarking）技术是将一些标志信息（即数字水印）直接嵌入数字载体（包括多媒体、文档、软件等）当中，但不影响原载体的使用价值，也不容易被人的知觉系统（如视觉或听觉系统）觉察或注意到。通过这些隐藏在载体中的信息，可以达到确认内容创建者、购买者、传送隐秘信息或者判断载体是否被篡改等目的。数字水印是信息隐藏技术的一个重要研究方向。

数字水印技术基本上具有以下几个方面的特点。

（1）安全性。数字水印的信息应是安全的，难以篡改或伪造，同时，应当有较低的误检测率，当原内容发生变化时，数字水印应当发生变化，从而可以检测原始数据的变更；当然，数字水印同样对重复添加有很强的抵抗性。

（2）隐蔽性。数字水印应是不可知觉的，而且应不影响被保护数据的正常使用，不会降质。

（3）鲁棒性。指在经历多种无意或有意的信号处理过程后，数字水印仍能保持部分完整性并能被准确鉴别。可能的信号处理过程包括信道噪声、滤波、A/D 与 D/A 转换、重采样、剪切、位移、尺度变化以及有损压缩编码等。易损数字水印主要用于完整性保护，这种数字水印同样是在内容数据中嵌入不可见的信息，当内容发生改变时，这些数字水印信息会发生相应的改变，从而可以鉴定原始数据是否被篡改。

（4）数据的有效载荷。指在单位时间内或在一个作品中水印编码的比特数。不同的应用可能要求的数据有效载荷不同。很多应用要求检测器执行两个功能：首先，它必须能判断数字水印是否存在；其次，如果数字水印存在，能鉴别信息中哪一条信息被加密了。

（5）虚警率。虚警是指在实际上不含数字水印的作品中检测出数字水印。虚警率则是指在给定的检数中虚警发生的次数。有两种略微不同的方法定义虚警率，在数字水印著作中经常混淆这两种方法，它们之间的区别在于到底是把数字水印还是把载体作品看成是随机变量。在后者中，虚警率是指假设数字水印确定而随机选定作品时，检测器能检测出作品中数字水印的概率。作品选择所服从的分布与应用紧密相关,因此,用这两种方法定义的虚警率有很大的区别。在绝大多数应用下,人们更关注把载体作品看成是随机变量的定义。

数字水印有如下分类。

1. 按特性划分

(1) 按数字水印的特性可以将其分为鲁棒数字水印和易损数字水印两类。鲁棒数字水印主要用于在数字作品中标示著作权信息,利用这种数字水印技术在多媒体内容的数据中嵌入创建者、所有者的标示信息,或者嵌入购买者的标示信息(即序列号)。在发生版权纠纷时,创建者或所有者的信息用于标示数据的版权所有者,而序列号用于追踪违反协议而为盗版提供多媒体数据的用户。用于版权保护的数字水印要求有很强的鲁棒性和安全性,除了要求在一般图像处理(如滤波、加噪声、替换、压缩等)中保持完整外,还需能抵抗一些恶意攻击。

(2) 易损数字水印与鲁棒数字水印的要求相反,易损数字水印主要用于完整性保护,这种数字水印同样是在内容数据中嵌入不可见的信息。当内容发生改变时,这些数字水印信息会发生相应的改变,从而可以鉴定原始数据是否被篡改。易损数字水印应对一般图像处理(如滤波、加噪声、替换、压缩等)有较强的免疫能力(鲁棒性),同时又要求有较强的敏感性,即:既允许一定程度的失真,又要能将失真情况探测出来,必须对信号的改动很敏感。人们根据易损数字水印的状态就可以判断数据是否被篡改过。

2. 按数字水印所附载的媒体划分

按数字水印所附载的媒体,我们可以将其划分为图像数字水印、音频数字水印、视频数字水印、文本数字水印以及用于三维网格模型的网格数字水印等。随着数字技术的发展,会有更多种类的数字媒体出现,同时也会产生相应的数字水印技术。

3. 按检测过程划分

按数字水印的检测过程可以将其划分为明文数字水印和盲数字水印。明文数字水印在检测过程中需要原始数据,而盲数字水印的检测只需要密钥,不需要原始数据。一般来说,明文数字水印的鲁棒性比较强,但其应用受到存储成本的限制。目前学术界研究的数字水印大多数是盲数字水印。

4. 按内容划分

按数字水印的内容可以将其划分为有意义数字水印和无意义数字水印。有意义数字水印是指数字水印本身也是某个数字图像(如商标图像)或数字音频片段的编码;无意义数字水印则只对应于一个序列号。有意义数字水印的优势在于,如果受到攻击或其他原因致使解码后的数字水印破损,人们仍然可以通过视觉观察确认是否有数字水印。但对于无意义数字水印来说,如果解码后的数字水印序列有若干码元错误,则只能通过统计决策来确定信号中是否含有数字水印。

5. 按用途划分

不同的应用需求造就了不同的数字水印技术。按数字水印的用途，我们可以将其划分为票证防伪数字水印、版权保护数字水印、篡改提示数字水印和隐蔽标示数字水印。

票证防伪数字水印是一类比较特殊的数字水印，主要用于打印票据和电子票据、各种证件的防伪。一方面，伪币的制造者不可能对票据图像进行过多的修改，所以，诸如尺度变换等信号编辑操作是不用考虑的。另一方面，人们必须考虑票据破损、图案模糊等情形，而且考虑到快速检测的要求，用于票证防伪的数字水印算法不能太复杂。

版权保护数字水印是目前研究最多的一类数字水印。数字作品既是商品又是知识作品，这种双重性决定了版权保护数字水印主要强调隐蔽性和鲁棒性，而对数据量的要求相对较小。

篡改提示数字水印是一种易损数字水印，其目的是标示原文件信号的完整性和真实性。

隐蔽标示数字水印的目的是将保密数据的重要标注隐藏起来，限制非法用户对保密数据的使用。

6. 按数字水印隐藏的位置划分

按数字水印的隐藏位置，我们可以将其划分为时（空）域数字水印、频域数字水印、时/频域数字水印和时间/尺度域数字水印。

时（空）域数字水印是直接在信号空间上叠加数字水印信息，而频域数字水印、时/频域数字水印和时间/尺度域数字水印则分别是在 DCT 变换域、时/频变换域和小波变换域上隐藏数字水印。

随着数字水印技术的发展，各种数字水印算法层出不穷，数字水印的隐藏位置也不再局限于上述 4 种。应该说，只要构成一种信号变换，就有可能在其变换空间上隐藏数字水印。

9.5.2 图像数字水印技术

随着多媒体技术的发展，数字媒体在人们生活中扮演着越来越重要的角色，广泛应用在教育、科研、工程等各个领域。但是数字媒体（主要是数字图像、视频、音频等）在提供了大量便捷的同时，本身也具有一个严重的缺陷，即很容易被非法修改、复制和传播。特别是现在 Internet 的迅速发展和普及，使网上数字媒体所面临的安全问题更加严峻，如果它们的知识产权不能得到有效的保护，将造成巨大的经济损失。

为了保护数字媒体的知识产权，最早人们采用了加密的方法，即将数据加密，使得只有掌握密钥的授权用户才能解密数据，从而使用数字媒体产品。但加密的方法只能控制用户是否能够存取数据，与数据本身并无直接关系，因此一旦被破解，这些数据就会很轻易地被修改、复制、传播。为解决这个隐患，人们又提出了新的知识产权保护手段，即数字水印。数字水印是将一段标志版权所有者的信息（如一个伪随机序列或一个经过处理的标志媒体）嵌入到要保护的媒体产品中，但在这个过程中通常采用特定的技术手段使被嵌入的信息不会被人感知到，只有知识产权的所有者才能通过检测器确定数字水印是否存在。

图像数字水印的应用领域如下所示。

1. 版权保护

作为数字水印嵌入图像中的信息可用于标志版权所有者。在有关版权的法律纠纷中，如果图像的版权所有者事先已加入了数字水印，则可利用掌握的密钥从图像中提取出数字水印，证明自己的知识产权，从而有效地维护了自己的利益。

2. 加指纹

数字水印（即指纹）还可用于标志使用图像的用户，这是在发布时由用户信息生成并嵌入的。一旦发现未经授权的非法复制品，即可根据从中提取出的数字水印（即指纹）确定它的来源，这可用于追踪非法复制品和非法使用。

3. 内容验证

由于数字图像很容易被修改，所以为了校验图像内容的完整性，必须有相应的内容验证措施。传统的做法是采用数字签名（digital signature），但由于数字签名对于图像内容的改变非常敏感，因此大大限制了它的应用。有了数字水印这种技术后，可通过对数字水印的检测判断图像是否被修改过。

4. 信息隐藏

信息隐藏也是数字水印的重要应用之一，将通信信息以数字水印的形式嵌入到图像中，再传递给对方，这样便可以一种难以察觉的形式完成与对方的通信。

9.5.3 三维数字水印技术

数字博物馆是为了满足文物专家和文物爱好者对文物的研究、探索和欣赏而设立的，它将数据放置在 Internet 上，让更多的人能够不受时间、地域的限制来对其进行自由访问、浏览或者下载。在下载的人群中，主要可分为两类人，一部分就是用于收藏，以做欣赏之用；另一部分人则是利用网络上的博物馆资料来牟利（如在他处使用并且注明自己为原创者，或者部分修改后作为商用资料）。如何有效地防止这样的版权侵犯，是摆在我们面前的一道难题，这就需要采取一定的措施来应对这样的举动。

在数字博物馆中,一般都包含有文本信息、二维图像、音频、视频和网格模型信息。这里要介绍的系统就是主要就三维网格数字水印进行了具体的研究,提出了3种可用于数字博物馆中的网格数字水印算法,并且进行了测试和数字水印攻击,系统的功能如图9-8所示。

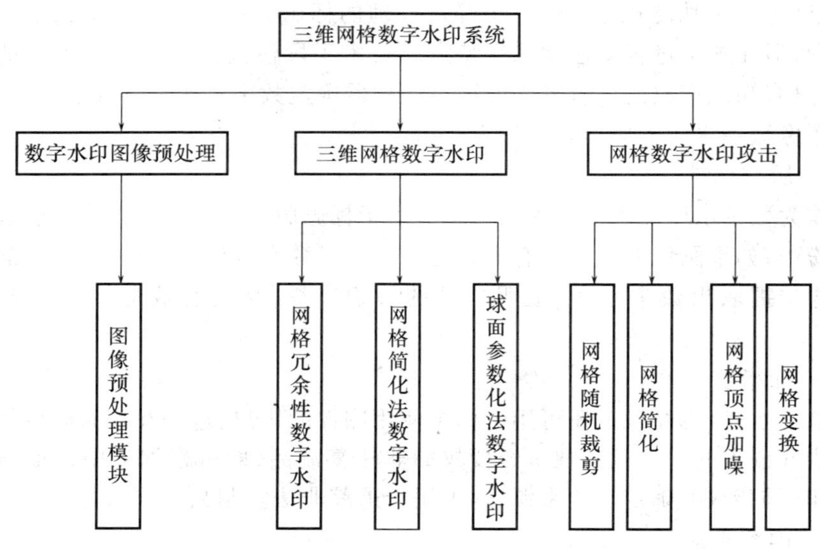

图9-8　三维网格数字水印系统

考虑到三维数据模型自身的特点,不能像二维数字水印算法一样,对图像的像素进行嵌入和提取数字水印的操作,本书采取改变三维数据模型中三角面片的顶点坐标来实现数字水印的嵌入操作。在三维空间中,对顶点坐标进行小的改动,并不会影响到三维数据显示时的视觉效果。当然也可以改变顶点之间的关系来嵌入数字水印,但是如果对主要关系处理不当,会造成视觉上的大的改变。也可以采用改变三维数据中纹理贴图信息来嵌入数字水印,但是这种方法也存在缺陷,对于诸如三维扫描仪或重构出来的原始三维数据并没有包含纹理信息,数字水印信息将无法嵌入,而且纹理只是三维数据的附加信息,容易受损或者被替换掉。下面介绍的嵌入数字水印算法的最大优点在于其简单可行。

首先,嵌入数字水印算法。

(1) 读入三维数据。本系统中处理的三维数据仅限于通用的3ds格式数据,从读入的三维数据中分离出其顶点坐标。

(2) 将数字水印信息分解为二进制码流。本系统中依然采用二维彩色图像标志作为数字水印信息来对三维文物数据进行保护。

(3) 嵌入数字水印操作。将二进制码流依次嵌入分解出来的顶点坐标中。

图9-9为三维几何模型嵌入数字水印信息的流程。

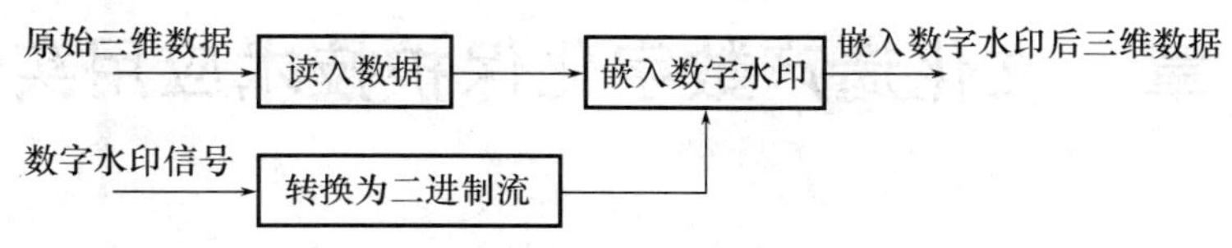

图 9-9　三维几何模型嵌入数字水印的流程

嵌入数字水印算法的数字水印提取过程也比较简单,提取中不需要原始三维数据的参与。

(1) 读入三维几何模型数据,从三维数据的众多信息中分离出本算法所需要的顶点坐标信息。

(2) 提取数字水印,对分离得到的顶点坐标信息进行提取数字水印的操作。

(3) 对提取出的二进制码流进行恢复字节操作,最终恢复为嵌入时的二维彩色图像信息。图 9-10 为三维几何模型提取数字水印的流程。

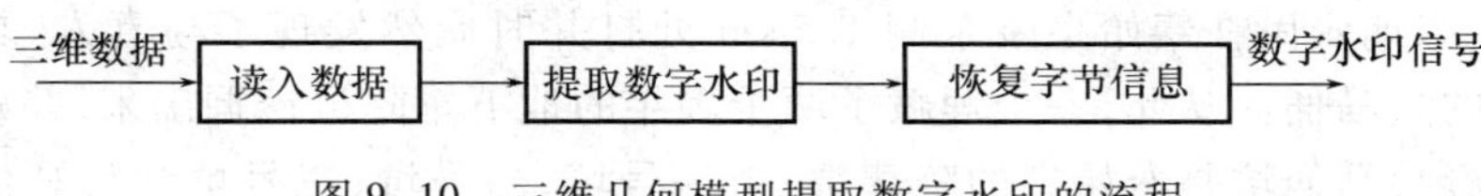

图 9-10　三维几何模型提取数字水印的流程

参考文献

北京市科学技术协会信息中心. 数字博物馆研究与实践. 中国传媒大学出版社,北京

陈红京,等. 数字博物馆资源建设规范与方法. 上海科学技术出版社,上海

齐越,等. 博物馆数字资源的管理与展示. 上海:上海科学技术出版社,上海

徐士进,等. 数字博物馆概论. 上海科学技术出版社,上海

刘英,等. 数字博物馆的生命力:2007 年北京数字博物馆研究. 中国传媒大学出版社,北京

第 10 章　文化遗产数字化保护技术应用实例

10.1　秦始皇陵兵马俑一号坑第三次发掘的数字化

秦始皇是第一个统一中国的皇帝，他的陵墓在西安城东 30 千米处。1974 年 2 月，当地农民在秦始皇陵东侧 1.5 km 处打井时偶然发现了与真人、真马一样大小的兵马俑。从此，一个埋藏了两千多年的地下军阵被挖掘出来，并建成博物馆。秦兵马俑坑是秦始皇的陪葬坑，由一号坑、二号坑、三号坑和兵马俑坑组成。秦始皇兵马俑被誉为“世界第八大奇迹”，1987 年被联合国教科文组织列入“世界人类文化遗产”目录。

1978—1984 年，陕西省考古研究所秦始皇兵马俑考古队对一号坑进行了发掘，发掘面积为 2 000 m^2，出土陶俑 1 087 件，并对部分陶俑进行了修复和复位。1985 年，考古队对一号坑展开第二次发掘，发掘面积为 2 000 m^2。遗憾的是，由于当时技术设备不完善，为了更好地保护文物，第二次发掘只进行了一年就停止了。2009 年 6 月 13 日，秦始皇兵马俑一号坑开始第三次发掘，这是秦始皇兵马俑博物馆第一次独立对一号坑进行发掘。目前，秦始皇兵马俑一号坑第三次发掘文物层堆积全部清理结束，现已出土 114 件兵俑、12 匹陶马及大量铜器和漆木器。图 10-1(a)展示了著名的秦始皇兵马俑一号坑的全景和军阵。图 10-1(b)展示了一号坑第三次发掘的位置。图 10-1(c)展示了一号坑第三次发掘的现场全景。图 10-1(d)展示了第三次发掘的细节。

(a) 一号坑全景

(b) 第三次发掘的位置

(c) 第三次发掘的现场全景

(d) 第三次发掘的细节

图 10-1 秦始皇兵马俑的发掘

秦始皇兵马俑一号坑第三次发掘在学术研究和文物保护方面都有重大的意义,2009 年 9 月,西北大学可视化所与秦始皇兵马俑一号坑考古队启动展开一号坑三次发掘的数字化探索工作,主要包括发掘现场和陶俑个体数据采集及预处理、陶俑碎片拼接及虚拟复原、考古报告所需的线划图、剖面图及定量尺寸标注、原始发掘现场的重建与展示。

10.1.1 陶俑碎片拼接及虚拟复原

秦始皇兵马俑第三次发掘出土 100 多件陶俑,有些陶俑出土时已几乎全部被烧成炭迹或灰烬,有些陶俑和陶马被砸,估计有千余个碎片,如何管理陶片,将这些碎片虚拟复原成陶俑是兵马俑发掘工作中亟须解决的问题。

1. 数据采集及预处理

陶俑碎片的数据采集是利用某种技术手段获取碎片的表面、纹理、材质等离散数据信息,并将这些信息转化为一定格式,存储在计算机中以供研究人员的研究或处理,这是一个数字化处理过程。图 10-2 展示了对陶俑碎片的数据采集过程。

(a) 整理陶俑碎片

(b) 定位标记点

(c) 用三维激光扫描仪扫描数据

图 10-2 数据采集

采集到的数据包含一定的噪音数据还缺失了某些数据,所以数据的预处理要完成对噪音数据的去噪及缺损数据的修补。图 10-3 展示了对陶俑数据的预处理工作。

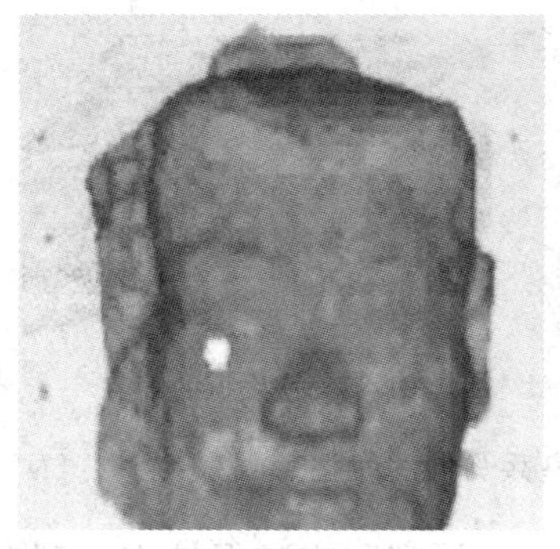

(a) 数据除噪

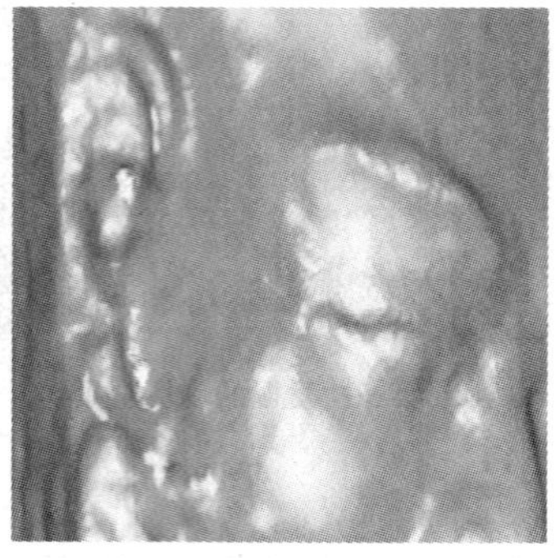

(b) 模型修补

图 10-3　数据预处理

2. 信息管理

将采集的秦俑碎片数据导入数据库进行数字化管理,保存每个碎片的二维信息和三维模型信息。图 10-4 展示了碎片二维信息和碎片三维模型信息的存储。

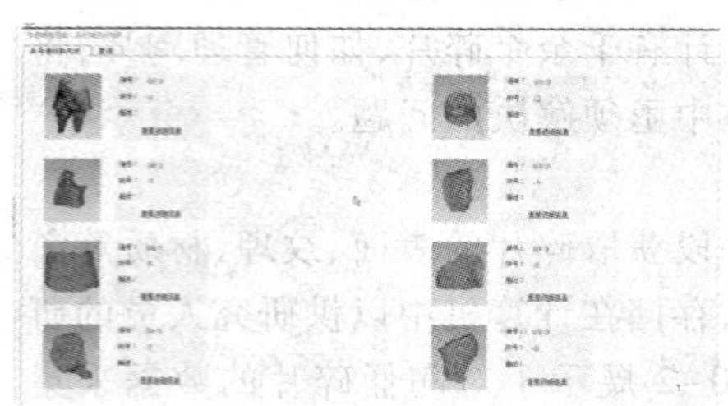

(a) 碎片二维信息的存储

(b) 碎片三维模型信息的存储

图 10-4　信息管理

3. 碎片拼接

对预处理后的三维数据提取碎片轮廓特征,通过特征匹配交互式碎片拼接,虚拟复原秦俑。图 10-5 展示了秦俑碎片的拼接过程。

4. 考古资料数字化

根据考古发掘报告的需求,为考古学者清楚了解文物内部结构特征提供帮助而开发计算机辅助自动化系统提取文物正视图、前视图、左视图及右视图线画图,剖视图和定量尺寸标注。图 10-6 展示了陶俑 G:9-3 6 号碎片提取的正视图。图 10-7 展示了提取的兵马俑线画图。图 10-8 展示了陶俑 G:9-3 6 号碎片的三视图及定量尺寸标注。

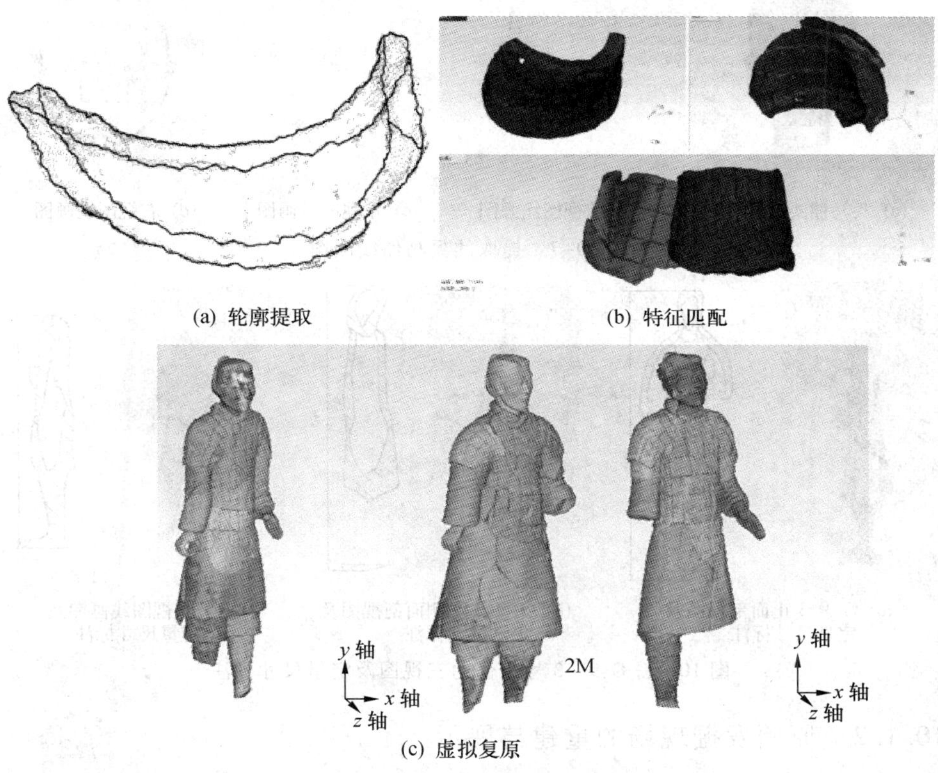

(a) 轮廓提取 (b) 特征匹配

(c) 虚拟复原

图 10–5 碎片拼接

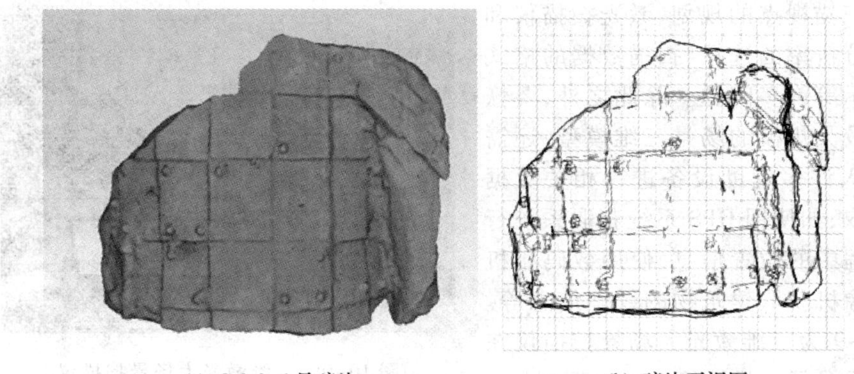

(a) G:9-3 6 号碎片 (b) 碎片正视图

图 10–6 提取碎片正视图

(a) 兵马俑头三维模型

(b) 前视图线画图

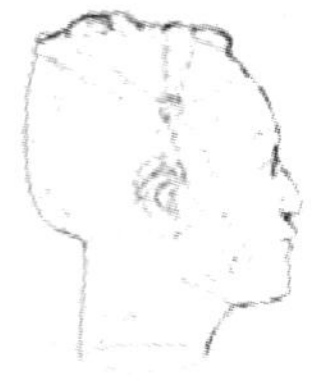
(c) 左视图线画图

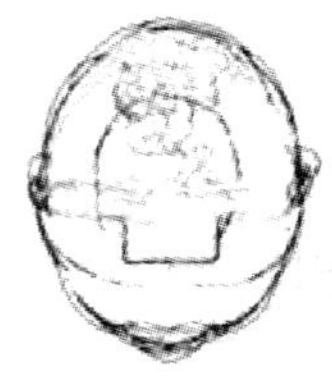
(d) 右视图线画图

图 10-7 提取的兵马俑线画图

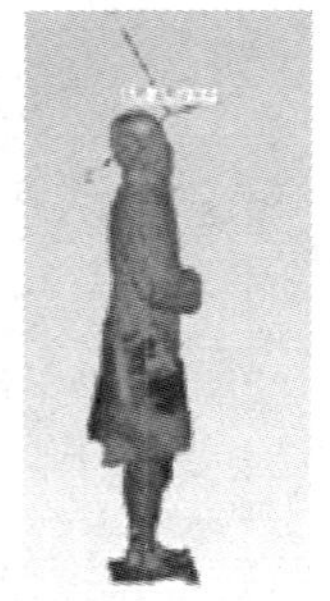
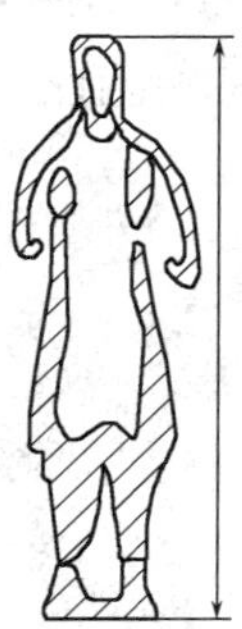
(a) G: 9-3 正面剖视图及定量尺寸标注

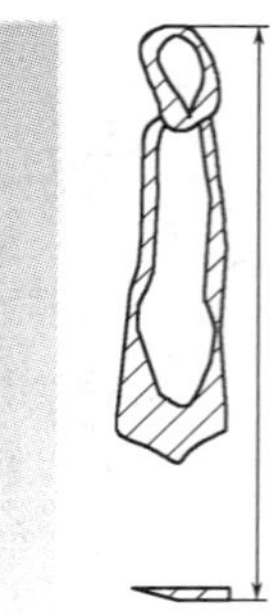

(b) G: 9-3 左侧面剖视图及定量尺寸标注

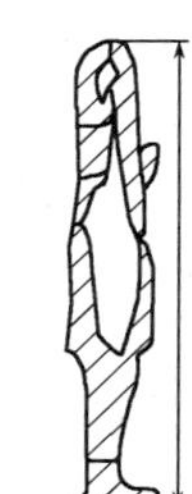
(c) 左视图线画图及定量尺寸标注

图 10-8 G:9 -3 号陶俑的三视图及定量尺寸标注

10. 1. 2 原始发掘现场的重建与展示

1. 场景数据采集

使用三维激光大场景扫描仪获取较完整且质量较高的场景三维数据,需要考虑扫描视点的规划、激光扫描仪和扫描分辨率的选择、扫描数据的格式及表示等许多问题。除此之外,要恢复出较大规模的场景三维模型,还需要引入许多辅助设备进行相关数据的提取,如使用 GPS 系统获取系统行驶过程中的位置信息,使用数码相机或摄像机获取建筑物的纹理信息等。图 10-9 为三维激光大场景扫描仪在扫描兵马俑一号坑第三次发掘现场。

图 10-9 三维激光大场景扫描仪

2. 数据融合

由于模型数据的需要基于不同视点是移动多次获取过程,即每次扫描得到数据都是处在以当前视点为原点定义的一个坐标系下。因此,为了将所有的扫描数据放在一个公共的坐标系下，首先需要解决不同视点下的数据融合问题。图 10-10 为数据融合后得到兵马俑 G:9 过道和 G:10 过道场景不同时期的点云数据。

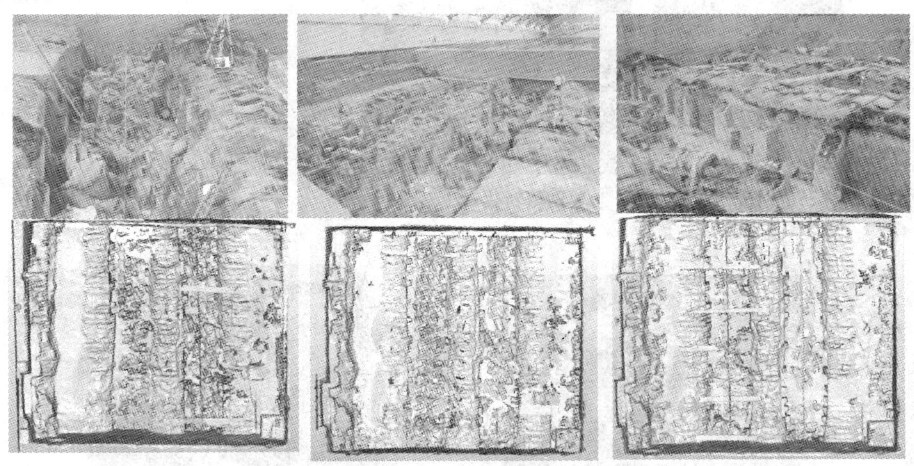

(a) 2010 年 3 月发掘现场融合数据 (b) 2010 年 6 月发掘现场融合数据 (c) 2011 年 3 月发掘现场融合数据

图 10-10 数据融合

3. 模型网格化

融合后的扫描数据是离散的三维点云，不能真实、准确地表示发掘现场表面，还需将三维点云转化为三角网格模型。图 10-11 是兵马俑 G:9 号坑不同时期的网格模型，为达到更好的可视化效果，还需进一步对模型进行网格细化。

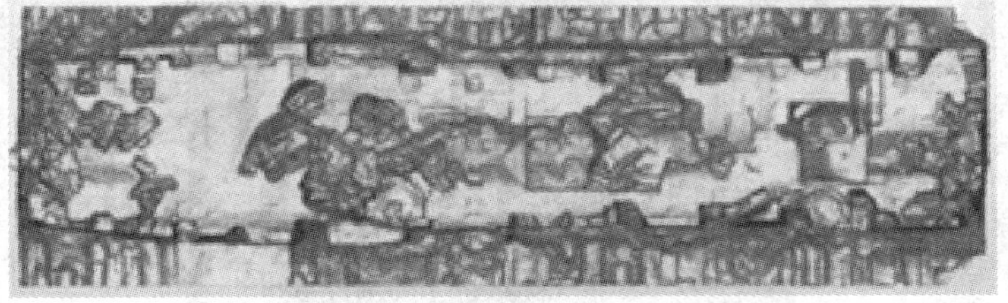

图 10-11 兵马俑 G:9 号坑 2011 年 3 月发掘现场的网格模型

4. 纹理映射

经过数据融合和网格化后，得到具有一定几何准确性的场景三角网格模型，但三角网格结构较复杂。为了更好地满足可视化要求，恢复出真实感更强的场景三维模型需要转化网格拓扑，形成结构简单的多边形网格模型。并且要对纹理照片进行 UV 展开，使得纹理图像和三维模型更好匹配。最后对获得的网格模型添加纹理，完成纹理映射。图 10-12 为秦兵马俑 G:9 号坑纹理映射后得到的最终效果。

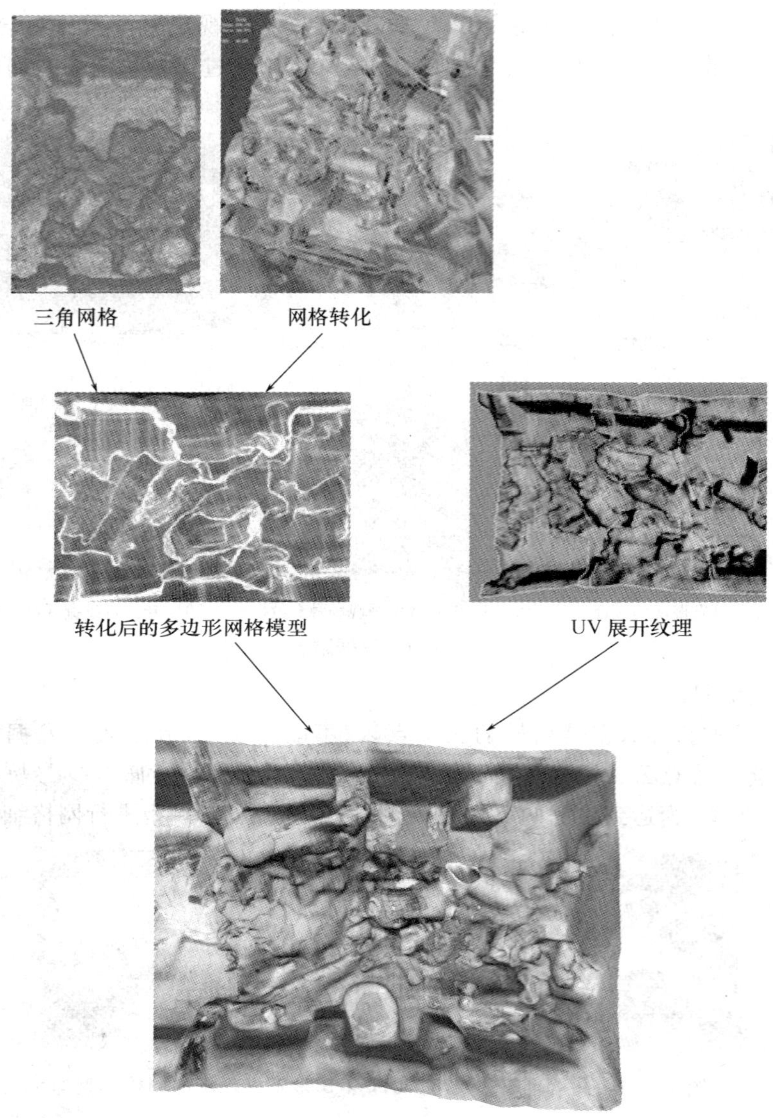

图 10-12　秦兵马俑 G:9 号坑纹理映射最终效果

10.2　大唐芙蓉园数字化虚拟展示

大唐芙蓉园是中国第一个全方位展示盛唐风貌的大型皇家园林式文化主题公园。早在历史上,芙蓉园就是久负盛名的皇家御苑,隋文帝开皇3年(公元583年)就于此修建了“芙蓉园”。现今的大唐芙蓉园建于原唐代芙蓉园的遗址上，总建筑面积近10万平方米，亭、台、楼、阁、榭、桥、廊，一应俱全。园中亭台楼阁、雕梁画栋，包括紫云楼、仕女馆、御宴宫、芳林苑、凤鸣九天剧院、杏园、陆羽茶社、唐市等众多景点。今天的大唐芙蓉园以"走进历史、感受人文、体验生活"为背景，展示了大唐盛世的灿烂文明。

大唐芙蓉园内唐式古建筑在建筑规模上居全国第一，是世界上最大的建筑群，集中了唐时期的所有建筑形式，园区仿唐建筑设计建设、园区景观设计建设继承和发扬了我国古典建筑、古典园林建设的优良传统。大唐芙蓉园以其独特的魅力和无可比拟的历史地位，成为华夏子孙寻根追梦的文化祖庭和重温盛世的精神家园，被誉为"中华历史之园"、"精神之园"、"自然之园"、"人文之园"、"艺术之园"，象征着中华民族崛起的伟大时代，是中国繁荣昌盛的新世纪图腾。图10-13展示了大唐芙蓉园的园内建筑。

(a) 紫云楼　(b) 仕女馆

(c) 雕塑　(d) 园内全景

(e) 园内建筑　(f) 芳林苑

图10-13　大唐芙蓉园二维展示

大唐芙蓉园的整体设计思路借鉴了唐代建筑群的布局思想与建筑形式，以三进三重门一院为布局，并采用了唐代的分层和才分制方法，使得古代建筑精髓得以向实际建造转化。在重建过程中，为了建立唐代建筑的三维数字化档案，需要通过各种高精度测量手段获取单个木构件的三维数据，并从木构件的加工到整体建筑物组装进行全程质量控制与监理，最后利用虚拟现实技术开发虚拟建筑环境。

1. 数据获取

考虑到大唐芙蓉园建筑物的结构复杂性及其高精度的要求，一系列数据获取手段都应用到其中，包括手工测量、仪器测量、摄影测量及激光扫描，这些手段相互补充，有利于探寻到最佳的解决方案。

2. 三维建模

基于上述手段获取的数据，所有针对建筑对象和某个部分的建模均以部件为单位进行。如图 10-14 所示，一个复杂的木构建筑由各种不同类型、不同形状的木构件组合而成，而建模工作正是针对这种特点，对每一个构件进行三维建模。

3. 纹理制作

利用数码相机拍摄建筑物的数字影像，然后利用 Photoshop 软件对其进行纠正、缩放、匹配等处理。由于要实时运行三维模型，其建模方法与以造型为主的建模有很大的不同，大多用其他技术（如纹理）而不是增加几何造型复杂度来提高逼真度。图 10-15 是纹理映射后的古建筑。

图 10-14　木构建筑的三维建模

图 10-15　纹理映射

4. 虚拟漫游

应用 VRP 开发平台进行二次开发，加入天空盒、太阳光和雨雪等场景特效，并运用 VRP 中的定点相机或行走相机生成漫游系统，图 10-16 是大唐芙蓉园虚拟漫游展示。

(a) 西门 (b) 紫云楼

(c) 仕女馆 (d) 亭

(e) 杏园 (f) 唐市

图 10-16 大唐芙蓉园虚拟漫游